山川出版社

Gomi Fumihiko
五味文彦

古代国家と中世社会

明日への日本歴史―1

はじめに

日本の歴史については、津田左右吉の『文学に現はれたる我が国民思想の研究』があり、続いて井上清『日本の歴史』、網野善彦『日本社会の歴史』が著されてきたが、本シリーズはこれら先学の著書とは違い、時代の思潮あるいは時代精神に注目して、縄文時代から現代に至るまでを、百年ないしは五十年を単位に捉えて著した。

第一巻は、「古代国家と中世社会」と題し、縄文・弥生時代に続き、「文明化」「制度化」「習合」「開発」「文化」「家」「身体」「職能」「型」をキーワードに、都市史や武士論、さらに学校・疫病・演劇史に力点を置いた。

第二巻は、「戦国の社会と天下人の国家」と題して、「自立」「所帯」をキーワードに、都市と学校・疫病史に力点を置き描いた。

第三巻では、「近世の政治と文化の世界」と題し、「制度」「世界」をキーワードに、学芸・疫病史に力点を置いた。

最終の第四巻では、「近代社会と近現代国家」と題し、「改革」「文明」「経済」「環境」をキーワードに、政治・社会・文化の流れを、総合的に記したが、これらを書くなか、ロシアによるウクライナ侵略が始まり、それに憂いつつ筆を進めてきた。いずれの巻も現代への関わりに注目しつつ書いており、本書によって、縄文期から現代にかけて時代の動きがよくわかるばかりか、未来に向かっての動きをも知るに違いない。

なお本書は、『文学で読む日本の歴史』全五巻に多くを負っていることを付記しておく。その際、十世紀から十一世紀にかけてのキーワードの「風景」を「文化」と改めた。

二〇二三年一月

明日への日本歴史1　古代国家と中世社会——目次

第Ⅲ部　中世後期…………289

装幀　水戸部 功
本文組版　角谷 剛
図版作成　曽根田栄夫

第Ⅰ部　原始・古代

一　神話に見る起源説話の世界

神々の誕生

『古事記』は、最初に天地の成り立ちについて、「天地《あめつち》初めて発《あらは》れし時に、高天原《たかあまのはら》に成りませる神の名は、天之御中主神《あめのみなかぬしのかみ》」と語り始め、高天原に誕生する神々を次々に記してゆく。高天原に生まれた伊耶那岐命《いざなぎのみこと》（イザナギ）と伊耶那美命《いざなみのみこと》（イザナミ）の二神は、天津《あまつ》諸神に、この漂っている国土を整え固めよと命じられ、「天の沼矛《あめのぬほこ》」（玉飾りした矛）を与えられたので、それを天の浮橋《うきはし》から指しおろし潮を掻きまわすと、オノコロジマが生まれた。

そこで二神はその島に下り、島に立てた天の御柱《みはしら》を回って婚姻、次々と大八州《おおやしま》の島々を生んで「国」を生み終えると、さらに風や木・山・野などさまざまな神を生んで、その生まれた神々もまた神々を生んだ。これらの神々は、天上の天津神と地上の国津神からなり、天神地祇《てんじんちぎ》として祀られてゆくもので、そこからは古代人の世界観がうかがえる。

二神は多くの神を生むが、イザナミが火の神を生んだので火傷を負い、黄泉国《よもつくに》に往ってしまう。イザナギが追いかけ、帰って欲しい、と頼むと、「黄泉神と相談するので待て、その間、我を見るな」と、イザナミに言われたのだが、戻るのが遅くイザナミを見に行くと、醜い様であった。恥ずかしい姿を見られたイザナミは激高、八種の雷神に黄泉の軍勢を副えイザナギを襲わせた。その襲撃をくぐり抜けたイザナギは、黄泉の坂を塞いで逃れ、川で禊《みそぎ》をすると、多くの神が生まれた。最後に、左目を洗った時に天照大神《あまてらすおおみかみ》（アマテラス）が、右目を洗った時に月読命《つくよみのみこと》が、鼻を洗った時に須佐之男命《すさのおのみこと》（スサノヲ）が生まれたので、アマテラスに高天原を、月読命に夜の国を、スサノヲには海原を治めるよう託すと、その命令を嫌がったスサノヲが、イザナギに掛け合い、拒否されたことからアマテラスに訴え、神の子を産む勝負を行なってそれに勝ったとして、衣を織っていたアマテラスの機屋《はたや》に入って乱暴を働いた。そのため機を織る仕事を汚されて怒ったアマテラスは、天の岩屋に閉じ籠もってしまう。

高天原も葦原中国《あしはらのなかつくに》も暗闇になって邪悪なものが蔓延したので、困りはてた高天原の神々は、天の安《やす》の川原に集まって協議、アマテラスを岩屋から誘い出す計略を練った。場を定めて中心に木を立て、優れた技をもつ神のつくった玉や鏡などをその枝に飾りつけ、布刀玉命《ふとたまのみこと》がそれを御幣として捧げ持ち、天児屋命《あめのこやのみこと》が祝詞《のりと》を申し、力持ちの天手力男神《あめのたぢからをのみこと》（タヂカラオ）が岩屋の戸の脇に隠れ待機して、用意万端整ったので、あられもない姿をした天宇受売命《あまのうずめのみこと》（アマノウズメ）が岩屋の前の桶に乗って、踏み鳴らし踊りだすと、高天原が鳴り響くほどに神々がどっと笑った。

この騒ぎに「怪し」と思ったアマテラスが、岩屋の戸を細めに開けて、何をしているのか尋ねると、枝に懸けていた鏡が差し出され、その鏡に映る我が姿を覗きみようとしたところ、タヂカラオが機を逃さずアマテラスの手をとって岩屋の外に引っ張り出し、もうこれから内へは戻れません、と布刀玉命が申し上げた。こうしてアマテラスが外に出て、高天原も葦原中国もあかるくなったというが、この話には、神の祀り方や祭の起源が記されている。

時は夜、神々が集まる場が定められ、清浄な場とされる。木の枝に玉や鏡が懸けられ、神が降臨して枝に依り憑く。祝詞が捧げられ、酒食をともにする宴会が開かれ、宴もたけなわの頃、神を楽しませる芸能（神楽）が演じられ、神がお出ましになると、豊かな稔りや病魔の退散などの願いがこもった祈りが捧げられ、宴が終わる。帰りゆく神々を送って、清められた祭の場が閉じられ、日常に復帰する。

国づくりの説話

明るくなった高天原では、八百万《やおよろず》の神が集まり、今後のことを相談した結果、スサノヲを「神《かむ》やらひ」して高天原を追放した。スサノヲは葦原中国に下り、出雲の「肥《ひ》の河上《かわかみ》」の鳥髪《とりかみ》の地に降《くだ》ると、箸《はし》が流れてきたのでスサノヲが訪ね求めてゆくと、出雲の国津《くにつ》神である大山津見神《おおやまつみのかみ》の子の老夫婦が泣いているのに出会う。

話を聞くと、彼らの子の櫛名田比売《くしなだひめ》が「高志《こし》の八俣《やまた》のをろち」に食べられようとしているとのこと、スサノヲは、我は天上から下ってきたと語り、ヒメを妻とし、「八俣のをろち」退治に向かった。をろちが酒を飲んで寝ているところを退治し、出雲の須賀《すが》の地に宮を置いて、この時に「八雲立つ　出雲八重垣　妻籠《つまご》みに　八重垣作る　その八重垣を」と歌った。これが『古事記』に見える初めての和歌で、以後、和歌はさまざまな物語の場面で詠まれ歌われる。話は和歌の起源をも語る。

スサノヲの出雲の国津神の娘クシナダヒメとの結婚の物語に続いて、その二神の子孫である天之《あめの》冬衣神《ふゆきぬのかみ》が、刺国大神《さしくにおおのかみ》の娘刺国若比売《わかひめ》との間に儲けた大国主神《おおくにぬし》（オオクニヌシ）の話となる。オオクニヌシとその兄弟（八十神《やそかみ》）は、稲羽《いなば》（因幡）の八神比売《やかみひめ》に求婚しようと連れ立って出かけた。一行が「気多之前《けたのさき》」（気多岬）まで来ると、丸裸の兎が伏していたので、八十神が、海塩を浴び、山の頂で強い風と日光にあたって横になるのがよい、と教え、兎がそうすると、海塩が乾くにつれ、体中の皮が裂けてしまい、兎はその痛みに苦しみ泣き伏した。最後に大袋を背負った末弟のオオクニヌシが通りがかったので、事情を兎が語る。

隠岐島からこの地に渡ろうとして渡る術なく、策を練った。そこにいた「和邇《わに》」（鮫）に、あなたたち一族と、私一族ではどちらの数が多いか競争しよう、同族を集めてほしい、この島から気多岬まで並べば、私がその上を渡って数える、と誘った。和邇が集まり列をなしたので、数えながら渡り、陸地に飛び降りようとした時、「汝はだまされたな」と、つい言ってしまい、怒った和邇に捕まり、すっかり毛を剝《む》かれてしまった。

話を聞いたオオクニヌシが、水門《みなと》に行って真水で体を洗い、蒲《かば》の穂をとって敷き散らし、その上を転がれば、膚はもとのように戻る、と教え、兎がそうすると体は元に戻った。そこで兎は予言した。八十神は八神比売を絶対に得ることはできまい、あなたが手に入れる、と。兎は稲羽の素兎《しろうさぎ》で兎神ともいわれ、オオクニヌシの持つ大袋には、姫との結婚の婚資が入っていたのである。その予言の通り、八神比売はオオクニヌシと結婚することになった。
話は、八神比売の婿取り物語であり、兎はヒメに相応しい婿神の候補を選ぶのが役目であって、和邇と同族の数を競い、隠岐から稲羽に渡ったのは、和邇こと国内の豪族の数の調査であるとともに、隠岐と因幡の境界領域の調査であった。兎は国の王を迎えるために、因幡の国内の豪族の実情、国内の実態を調査し、その調査対象である豪族の反撃を受けたことになる。素菟の話は、因幡の国づくりの物語であり、国の継承の物語であった。

倭国家の形成

『日本書紀』は巻一・二で神代を記し、その最初は「古《いにしえ》に天地《あめつち》未だ剖《わか》れず、陰《め》陽《お》分れず、混沌にして鶏子《とりのこ》の如く、溟涬《めいけい》にして牙《きざし》を含めり」と、天地が混沌としていることから語り始め、「国常立尊《くにのとこたちのみこと》より、伊奘諾尊《いざなぎのみこと》・伊奘冉尊《いざなみのみこと》まで、是を神世《かみのよ》七代《ななよ》と謂ふ」と、国常立尊が生まれてから、次々に神が生まれたとして、その神話世界を語る。

その代々を経て、巻三では、日向の高千穂宮にあった神日本磐余彦天皇《かむやまといわれびこのすめらみこと》(イワレヒコ)が、兄や皇子を集めた。天孫降臨以来、多くの年月を経てきたが、我らは未だに西辺にあり、全土は王化されていない。東には青い山々が四周を取り囲む美しい土地があり、天から饒速日命《にぎはやひのみこと》が下っている、と聞く。その地は大業を広げ、天下を治めるのにふさわしいのでそこを都としたい、と語る。この宣言に、皆が賛同し東の大和の地を目指した。

河内から入って龍田へと進軍するが、道が険阻なために先に進めず、軍を東に向け、生駒山《いこまやま》を経て中州《うちつくに》へ入ろうとするも、この地を支配する長髄彦《ながすねひこ》に苦戦、兄の五瀬命《いつせのみこと》が流れ矢で負傷し撤退を余儀なくされる。イワレヒコは悟った。日の神の子孫である我らが、日に向かって戦うのは天道《あめつみち》に逆らうもの、神祇を祀り日の神を背に負うべきと兵を引き返した。

五瀬命は矢傷が重くなり、紀伊国の竈山《かめやま》で死去、紀伊吉野でのイワレヒコの苦難の様を見た天照大御神（アマテラス）は、武甕槌神《たけみかづちのかみ》と相談してイワレヒコに霊剣を授け、八咫烏《やたがらす》を送って導かせるなど、支援すると、最後の長髄彦との戦いでは、天が曇り、雹が降って、鵄《とび》が現れイワレヒコの弓の先にとまって金色の煌きを発したことにより、長髄彦の軍は混乱、イワレヒコの軍が優勢に転じた。この様子を見届けた大和を支配する饒速日命は、長髄彦を殺して降伏し、イワレヒコが大和の国の支配者となった。

イワレヒコの「東征」は、西の国の文化の摂取の旅であった。イワレヒコは、西の文化を背景に大和の南の熊野や吉野に住む人々を武力で従え、大和の盟主の地位を築き、国見岳で八十梟帥《やそたける》を討ち、磯城《しき》に攻め入って征服、さらに高尾張邑《たかおわりむら》の土蜘蛛を捕らえ殺して中州を平定、畝傍《うねび》山の東南の橿原の地を都に定め、美和の大物主の娘を正妃とした。橿原宮で初めて天下を治めた天皇ということから、始馭天下之天皇《はつくにしらすすめらみこと》と称した（神武天皇）。以下、漢風諡号《しごう》により歴代の天皇を記す。

神武天皇の妃は、三輪の大物主神と勢夜陀多良比売《せやだたらひめ》の娘媛蹈鞴《ひめたたら》五《い》十鈴媛命《すずひめのみこと》であるが、その二神の結婚の経緯は、勢夜陀多良比売が美人との噂を耳にした大物主が、赤い矢に姿を変えて比売が用を足すのを見計らって川の上流からたどりついて結ばれたものという。大物主とはオオクニヌシの別名で、天孫の子孫である神武天皇は、大和の国づくりをオオクニヌシの国づくりに倣って行なったことになる。

神武天皇は大和を治めるべく、功のあった道臣命《みちおみのみこと》を築坂邑《つきさかのむら》に、大来目《おほくめ》を畝傍山の西に居住させ、珍彦《うづひこ》を倭国造《やまとのくにのみやつこ》に、その弟猾《うかし》を猛田《たけた》邑の猛田県主《あがたぬし》に、磯城を磯城県主に、また剣根《つるぎね》を葛城国造に任じた。これらは国造や県主などの地方豪族の起源を物語るもので、大和の国の支配の原型はこの時に定まった。

さらに天皇は、「我が皇祖《みおや》の霊《みたま》、天《あめ》より降鑑《くだりみそこなは》し、朕《わ》が躬《み》を光《てら》し助けたまへり。今し諸虜《もろもろのあたども》已《すで》に平げ、海内《あめのした》に事無し。以ちて天神《あまつかみ》を郊祀《こうし》し、用ちて大孝を申すべし」と、賊を平定すると、海内の無事を宣言して、鳥見《とみ》の山中に「皇祖の天神」を祀り、国中を巡幸して腋上《わきがみ》の丘に登り、そこから見た大和の地形が蜻蛉《あきつ》の尾に似ていたので秋津洲《あきつしま》と命名した。

この神武天皇以後、第九代の開化《かいか》天皇に至るまでの『日本書紀』は、王の事績をほとんど記さず、代々の天皇が大和の王として君臨し、父系で継承されていることを語っているが、大きな変化は崇《す》神《じん》天皇の治世から始まる。天皇は大和の三輪山西麓の磯城に宮を築き、崇神紀四年十月に群卿《まえつきみたち》や百僚《もものつかさ》を召し、皇祖の跡を継承したので、天下安泰のために共に努力するよう求めた。ここに天皇を支える群卿の存在が初めて記される。

崇神紀五年、「国内《くにのうち》に疫疾《えのやまい》多く」、民の死亡が大半から、天皇は神に謝し、翌々年に我が徳を以て治めるのは困難として、御殿に祀っていた天照大神を外に出し、三輪山の神の子孫に祀らせ、八百万の神を祀ったところ、疫病は終息、大和の各地の神を祭る体制が整えられた。天皇が政治の中心にあって、神祇の主宰者であったと語っている。

大和王権の物語

崇神紀十年七月、天皇が民を導き教化するためには、王化を進める必要があるとして、群卿のなかから使者を選んで四方に派遣、命に従わない者がいれば、兵をもって討つよう指示したことから、北陸道に大彦命《おおひこのみこと》、東海道に武渟川別《たけぬなかわわけ》、「西道」（山陽道）に吉備津彦《きびつびこ》、「丹波」（山陰道）に丹波道主命《たにはのみちぬし》ら四道将軍《しどうしょうぐん》が派遣された。続いて崇神紀十二年、戸口を調査し、課役を賦課するなど、大和国内の支配を固めた天皇は、倭国全体の支配へと進めたので、初めて天下が平穏になり、「御肇国天皇《はつくにしらすすめらみこと》」と称された。崇神紀六十五年に任那国《みまなのくに》が蘇那曷叱知《そなかしち》を派遣して朝貢してきたと語り、この時期から朝鮮半島との交流が記される。

次代の垂仁《すいにん》天皇については、垂仁紀三年に新羅《しらぎ》王子の天日槍《あめのひぼこ》が宝物を奉じ来朝しており、外交関係が大きな課題に浮上、垂仁紀はこの渡来人伝説のほか、出雲の野見宿禰《のみのすくね》が大和の当麻蹶速《たいまのけはや》と相撲をとって蹴殺したという相撲節会の起源、皇后が亡くなった際に野見宿禰の進言により殉死の風俗に代えて埴輪を埋納した埴輪の起源など、さまざまな風俗や事物の起源説話を記す。

注目されるのは垂仁紀二十五年、天照大神の祭祀を皇女の倭姫命《やまとひめのみこと》に託したところ、近江から美濃を回って伊勢に入った倭姫命が、伊勢神宮を建て、斎宮を五十鈴《いすず》川のほとりにたてたと記す伊勢神宮の起源である。二十七年には諸社に武器を献納、神地《しんち》（神社の領有する地域）・神戸《かんべ》（神社に属して諸役を神社に納めた民戸《みんこ》）を定め、初めて屯倉《みやけ》（天皇・皇族の領有地）を設け、河内国の高石《たかし》池や茅渟《ちぬ》池を造り、多くの池溝を開いて農業を盛んにし、仁政に尽くしたという。垂仁紀三十九年には、大和の石上神宮を物部氏に管理させ、垂仁紀九十九年、亡くなった天皇の陵を守る三宅氏の始祖にも触れるなど、氏の形成も語る。

垂仁天皇に続く景行《けいこう》天皇の代には、全国平定に向けて積極的に動いたことを語る。景行紀三年、天皇は紀伊、四年に美濃国に行幸、十二年に九州で熊襲《くまそ》が背いたと聞くや、これを討つべく自身が西下して、熊襲梟帥《たける》を殺害し九州を巡行した。

二十七年には、東方に武内宿禰《たけうちのすくね》を遣わして北陸・東方諸国を視察させ、東夷の中の日高見国《ひたかみのくに》が、肥沃な土地で、その蝦夷《えみし》は勇猛果敢であるとの報告を得るが、そこに九州の熊襲がまた背いたことから、皇子の日本武尊《やまとたけるのみこと》（ヤマトタケル）を遣わして熊襲の征討にあたらせた。ヤマトタケルは童女の姿に変装して、酒宴を開いていた川上梟帥《かわかみたける》を謀殺し、翌年に復命するも、景行紀四十年に蝦夷が叛いたので、その征討が群卿にはかられ、ヤマトタケルが任に赴くことになる。

タケルは伊勢神宮に参り、叔母の倭姫命から、スサノヲが「八俣のをろち」を退治した時に、をろちの身体から出てきた草薙剣《くさなぎのつるぎ》を与えられ、東の国へと向かい、駿河では賊に狩に誘われて、野で焼かれそうになるが、燧《ひうち》をとりだし迎え火をつけて難を逃れた。草薙剣がひとりでに出てきて、草を払い、賊を滅ぼしたのでその地を焼津という。

相模から上総に渡る時には、暴風が海路を遮ったが、妾の弟橘媛《おとたちばなひめ》が人身御供《ひとみごくう》になって身を海中に投じると、暴風が鎮まり渡海できた。陸奥国では蝦夷の賊首を戦わずに従え、常陸を経て甲斐国の酒折宮《さかおりのみや》にやってきて、「新治《にひはり》　筑波を過ぎて　幾夜か寝つる」と歌い、その日数を伴人に尋ねたところ、灯火の人が「かがなべて　夜《よ》には九夜《ここのよ》　日《ひ》には十日《とおか》を」と唱和した。連歌のはじまりである。

北武蔵・上野を経て碓氷峠で東南の地を見渡し「吾嬬《あづま》はや」と語ったことから、この山の東の諸国は「吾嬬国」と称されるようになったという。信濃国を経て尾張で尾張氏の娘を妻とするが、近江の胆吹山《いぶきやま》に荒神がいるのを聞き、単身、退治に向かうが、荒神に祟られ身体が不調に陥り、伊勢国に入ったところの能褒野《のぼの》で亡くなる。『古事記』はタケルが次のように歌ったという。

倭《やまと》は　国の真秀《まほ》ろば　たたなづく　青垣《あおかき》　山籠《やまごも》れる　倭し麗《うるは》し
命《いのち》の　全《また》けむ人は　畳薦《たたみこも》　平群《へぐり》の山の　熊白樫《くまかし》が葉を　髻華《うづ》に挿せ　その子

大和の国を想う望郷の歌である。タケルは白鳥陵《しらとりのみささぎ》に葬られ、その際に八尋の白鳥となって天に翔け上ったという。崇神天皇に始まる諸国平定の話は、ヤマトタケルによる武力征圧によって完成を見たことになる。『古事記』『日本書紀』の語る神話世界には、多くの起源伝説が存在したが、次に具体的な歴史の動きを考古学の発掘の成果に基づき、縄文期から見てゆくことにする。

二　日本社会の基層

縄文文化と定住への道

縄文時代とは縄文式土器が使用された時代をさし、今から一万五千年前から始まり、二千五百年前までの約一万二千年の時期である。Ⅰ期（草創期、一万年前まで）、Ⅱ期（早期、六千三百年前まで）、Ⅲ期（前・中・晩期、二千五百年前まで）の全部で三期に分類されている。

その草創期の一万一千年前までの代表的遺跡が、鹿児島市の桜島を東に臨む台地上の斜面に竪穴住居跡がある掃除山《そうじやま》遺跡である。隆起線文《りゅうきせんもん》土器群と磨製《ませい》・打製《だせい》石器、槍先形尖頭器《やりさきがたせんとうき》、石鏃《せきぞく》・砥石《といし》などが出土しており、遺跡からは直径数メートルの二棟の竪穴住居、煙道《えんどう》つき炉穴《ろあな》や舟形・円形の配《はい》石炉《せきろ》などの調理用施設、土坑、ドングリや木の実を割って砕いて製粉する磨石《すりいし》や石皿《いしざら》などが出土しており、安定した定住生活が認められる。

鹿児島県の志布志市の東黒土田《ひがしくろつちだ》遺跡からはドングリを貯蔵した穴蔵が、薩摩半島西側の南さつま市の栫ノ原《かこいのはら》遺跡の集落遺跡からは、縄文土器や石皿、擦石など家財道具ともいうべき遺物が出土している。温暖な気候やそれにともなう植生などの自然環境が生まれた南九州から、こうした生活様式が始まり、日本列島全体の温暖化とともに広がった。

竪穴住居の集落の大規模なものは、静岡県芝川町（二〇一〇年、富士宮市に編入合併）の大鹿窪《おおしかくぼ》遺跡や群馬県みどり市の西鹿田中島《さいしかだなかじま》遺跡などに認められ、定住生活へと動き始めているが、それは気候の温暖化と軌を一にする。落葉広葉樹林が豊かな森を育み、矢先につける石鏃が工夫された弓矢や、落し穴で中小の動物を射止める狩も広がった。海流の活性化でサケやマスの遡上が促され、河川漁撈も行なわれるようになった。

Ⅱ期になると、本格的な暖かさが到来、植物の食料や河川漁撈への依存度が高まり、定住する傾向が著しくなる。鹿児島県霧島市の上野原《うえのはら》遺跡がその代表例で、桜島を南に臨む海抜二百五十メートルの台地に五十二軒の竪穴住居が発見されており、住居の建て替えの痕跡が認められ、炉や家財道具が充実していた。量の増加だけでなく、実際の生産活動には使われない奇妙な形の打製石器や土を捏ねて焼いた人や物をかたどった像が現れ、そこには何らかのメッセージが込められているものと見られ、後者は土偶として展開してゆく。

集落が環を描いて並ぶ環状集落をなすのが東京都国分寺市の恋ヶ窪《こいがくぼ》遺跡で、その環は直径百五十メートルほど、竪穴住居と見られる掘り込みが七十三も見つかっており、広場を中心とした定住集落が出現してきたことがうかがえる。温暖化による縄文海進にともなって太平洋岸を中心にして海浜部に集落が生まれ、貝塚が現れるようになったのも見逃せない。

神奈川県横須賀市の夏島《なつしま》貝塚は、カキの貝殻や木炭片の年代測定により日本最古の貝塚として知られ、下層からは夏島式土器が出土し、炉跡が発見されている。青森県八戸市の長七谷地《ちょうしちやち》貝塚、和歌山県田辺市の高山寺《こうざんじ》貝塚など、広く早期から貝塚が出現するようになった。

縄文安定期の文化状況

Ⅱ期からⅢ前期にかけ、温暖化はピークに達し、落葉樹林が北上し、縄文海進とともに入江が発達、魚貝の生息域が拡大、大規模な貝塚が出現し、拠点集落が形成されてきた。その代表例が、栃木県宇都宮市の段丘上に立地する根古谷台《ねごやだい》遺跡である。Ⅱ期の集落遺跡で、利根川支流の姿川《すがたがわ》の右岸段丘上にあって三百二十基以上の墓坑《ぼこう》があり、それを囲むように竪穴住居や建物遺構が出土する。台地中央の広場に穴を掘り、遺体を埋葬して墓地とした環状集落が出現するようになった。

墓坑は長さが一メートルほどで、耳飾・管玉《くだたま》・石鏃などの副葬品があり、その墓が五〜十基ほどまとまって群をなし、二十か所ほどある群が百メートル×七十メートルの範囲に広がる。周辺には竪穴住居、長方形大型建物、方形建物、掘立柱建物が弧状に並んで発見されている。生活の跡を窺わせる遺物は少なく、祭祀関連の遺物が多いことから、主として複数の集団が葬祭儀礼を行なった場と考えられている。

青森市の三内丸山《さんないまるやま》遺跡では、巨大な掘立柱群等とともに長楕円形平面の大型竪穴住居を含む五百棟の住居跡が想定され、その数は五千五百年前から四千年前までの長期間の累積であれば、同時期に存在した住居数は二十から三十程と見られている。多数の住居が同じ場所で長期間にわたり営み続けられたのは、生活が安定していたことを示している。狩猟漁撈と植物質食料の採集が行なわれ、荏胡麻《えごま》や瓢箪《ひょうたん》・紫蘇《しそ》など有用植物の栽培が始まっていたことも明らかにされている。

縄文土器の多くは深鉢形の煮沸用土器だが、これが堅い果物や根茎類のアク抜きなどに大きな威力を発揮した。三内丸山遺跡での花粉分析からは、自然の植生に人間の手が加わり、集落の周辺に栗林が人為的に形成される過程が明らかにされている。ドングリやトチの実などアク抜きの必要な物には、高度なアク抜き技術が開発され、大量の打製石斧《せきふ》が出土するのは、ヤマイモなどの根茎類も積極的に利用されたことを想定させる。

こうした栗林の人為的拡大やヤマイモ増殖のための植生の管理は、農耕に近づいた植物利用の半栽培の段階と捉えられ、この資源の保護管理は、単に植物質食料に対してばかりでなく、狩猟や漁撈にも行なわれており、遺跡から出土する鹿の骨のほとんどが成獣のもので、メスよりもオスのほうが多い。

東京都北区の中里《なかざと》貝塚は大規模な貝の処理工場であったが、ほとんどが大型のハマグリとカキのみで、徹底した保護管理が行なわれていた。福井県若狭町の鳥浜《とりはま》貝塚では、瓢箪・アブラナ・アサなどの植物が栽培され、岡山市の朝寝鼻《あさねばな》貝塚では稲のプラント・オパール（植物珪酸体化石）が検出されるなど、Ⅲ期始めにはコメが既に知られていた可能性が高く、Ⅲ期後半には西日本では相当広範にコメが存在していたらしいが、社会を変えるほどのものではなかった。

縄文社会の特徴

縄文社会の特徴の一つは、拠点的大集落があり、さらに周辺に、より小規模な集落が衛星のように散らばっていて、縄文人の世界観が表現されている点にある。岩手県紫波町の西田《にしだ》遺跡では、中央の墓地を核にして周囲に掘立柱建物群があり、その外側に竪穴住居と貯蔵穴群がとりまく同心円状の計画的景観を呈する集落が営まれていた。

千葉県松戸市の子和清水《こわしみず》貝塚では、墓地の周りに貯蔵穴群があり、その外側を竪穴住居群がとりまく三重構造の集落が知られている。さらに秋田県鹿角《かづの》市の大湯環状列石《おおゆかんじょうれっせき》、青森市の小牧野《こまきの》遺跡のストーン・サークルや周堤墓などの墓地などを合わせて見て行くと、死後の世界が表現されているものと指摘できよう。

特徴の第二は、大ストーン・サークルや石川県金沢市のチカモリ遺跡のクリの巨木を配した環状柱列などの共同祭祀の巨大記念物である。近隣の複数の集落が共同で作り上げたものと考えられ、集落は孤立していたわけではなく、呪術的権能をもつリーダーが存在、階層差が成立していたことを物語っている。

第三は、広域なネットワークの形成である。新潟県姫川の翡翠《ひすい》は、周辺の新潟県糸魚川市の長者ケ原遺跡や富山県朝日町の境A遺跡などで鰹節形の大珠《たいしゅ》に加工され、遠く離れた中部・関東・東北地方南部の遺跡からみつかっている。時代も晩期になると小玉化し、さらに遠隔地の東北地方北部、北海度の石狩低地にまでもたらされており、墓地では死者が身に付けている。食と関係する物資、特に塩も広範囲に流通していた。

関東地方では茨城県南部の霞ヶ浦沿岸にある法堂《はっとう》遺跡や上高津《かみたかつ》貝塚など、東北地方では松島湾沿岸の里浜《さとはま》貝塚や二月田《にがで》遺跡などで土器を用いた製塩が知られ、製塩を行なった遺構も確認されている。製塩土器は関東では関東平野一円にひろがり、東北でも宮城県栗原市の山王囲《さんのうがこい》遺跡や山形県村山市の宮ノ前遺跡、新潟県村上市の上山《うえやま》遺跡まで発見されている。

このように産出地や生産地の限られた物資が遠隔地に運ばれて使用されたことは、個々の集落が地域内で日常的には食料や必要な物資を確保するとともに、隣接する集落どうしのネットワークを通して遠隔地から物資や情報を入手していたことを物語る。この関係は日本列島全域に及び、北部九州から朝鮮半島、北海道はサハリン方面にも広がっていた。

第四は、狩猟具・漁撈具・厨房具などさまざまな道具やそれらを製作するための工具がつくられ、用いられたことで、たとえば縄文式火焔土器の姿は、岡本太郎が衝撃を受けたように、その燃え上がるような形状は、縄文人の心の叫びを示しているかのようである。

第五は、土偶《どぐう》・石棒《せきぼう》・石剣《せっけん》・石刀《せきとう》・土版《どばん》・岩版《がんばん》・土面《どめん》・石冠《せっかん》などの遺物であり、縄文人の精神生活を反映し、土偶には女性性、石棒には男性性が認められ、縄文人はこれらを介し、神秘的な生殖力が大地に生える植物や、そこに生きる生物が食料の豊饒をもたらすことを願っていたと見られる。

弥生文化への進展

縄文晩期には大規模集落が減少、小規模集落が圧倒的に多くなり、竪穴住居がみつかる事例が少なくなる。それは寒冷化が進行し、海が次第に後退(海退)したことにともなうものであって、沖積地の環境が大きく変動、縄文人の生活が修正を迫られた結果である。

このため縄文人は宗教儀礼に力を注ぐようになり、石棒を巨大化させ、乳房や妊娠線など女性的表現の明確な土偶が作られ、全身が煩雑なまでに装飾された土偶や、東北地方では遮光器《しゃこうき》土器、関東ではミミズク土偶も作られた。抜歯習俗が本格化し、死後の儀礼も行なわれ、分散していた同族があつまって死者を再葬することが行なわれた。

集落が縮小するとともに、植物の多角的利用をはかるようになり、雑穀を組み合わせた生業形態を受け入れるようになり、そこに灌漑《かんがい》稲作が導入されるいくつかの段階を経て、弥生時代への展開が可能となった。その弥生時代を早期・前期・中期・後期に沿って見て行くと、特徴的事象が次のように広がった。

第一は灌漑稲作で、早期以後、九州から始まり、前・中期に東北北部に至る。
第二は環濠集落で、早期以後、北部九州から関東・北陸北部に中期中頃に及ぶ。
第三は集団間の争いで、早期以後、北部九州に顕著、中期後半以後、中部以西に及ぶ。
第四は金属器で、前期末から中期初頭以後、東日本では中期中頃以後普及する。

まず一定数の人々が、朝鮮半島から海を越えて北部九州周辺に移住し、灌漑稲作などの新技術をもたらし定着した。福岡市の板付《いたづけ》遺跡や宮崎県都城市の坂元遺跡は、この点をよく物語っている。北部九州の早期の夜臼式《ゆうすしき》土器には、壺・甕・鉢という弥生土器の基本組成ができており、甕は朝鮮半島の無文土器と同じ製作技法が用いられている。半島系の製作技術が浸透し、板付遺跡のような灌漑水田遺構が生まれ、水田耕作の鋤や鍬類、木製農具製作の大陸系磨製石斧類、石包丁などの遺物が現れ、弥生早期には稲作情報が中部地方にまで広がった。

第二に、居住域の周囲に濠をめぐらした集落の環濠集落が、日本列島では弥生早期に北部九州で出現した。このことは福岡平野の中央に位置する那珂《なか》遺跡や、東部の粕屋町江辻《えつじ》遺跡に認められ、那珂遺跡は低い台地上の南西縁に立地し、二条の環濠が円形にめぐっている。環濠は、外部の攻撃からムラを護る防御、居住区と墓域、ムラの内部と外部を分ける区画、集落の社会的役割や存在などを示す象徴であって、これらは防御・区画・象徴等の役割を担い、環濠を共同で掘削することによって生じる集落構成員の結束の機能があった。

第三の集団間の争いを通じ、有力者が台頭したことが墓制からうかがえる。早期に筑紫平野の東小田峯《おだみね》遺跡は、有力者層だけが独立し方形の低墳丘墓がつくられており、前期末から中期前半になると、有力者層の顕在化が一層明確になった。

宗像市の田熊石畑《たぐまいしはたけ》遺跡では、十数メートル四方の範囲内に並ぶ木棺墓に、十五点の銅剣・銅矛《どうほこ》・

銅戈《どうか》が副葬され、福岡市の吉武高木《よしたけたかぎ》遺跡では、甕棺と木棺墓が集中するなか、中央寄りの墓から銅剣・銅矛・銅戈・多鈕細文《たちゅうさいもん》鏡・管玉・勾玉《まがたま》の首飾りがまとまって出土しており、特定人物が傑出した扱いを受けていた。

第四の金属器については、青銅器が前期末から中期初頭に、朝鮮半島から銅剣・銅矛・銅戈の三点セットで導入され、福岡県・佐賀県・熊本県などの遺跡では、それらを鋳造する際の鋳型が発見されており、佐賀県小城《おぎ》市の土生《はぶ》遺跡や熊本市の八ノ坪《はちのつぼ》遺跡では、青銅器の鋳型や製品をともなっている。鋳造には鋳型を製造、青銅を熔解し流し込むことが必要であって、鋳造工人は九州に移住して青銅器を鋳造、その技術が後継者に伝えられてゆく。鉄器は中期初頭以後に現れるが、皆、鋳造鉄斧《てっぷ》であって、多くは破損した鉄斧片を研ぎ直し鑿《のみ》や鉇《なた》に再加工したものである。

西日本への広がり

九州で始まった稲作技術は東方に伝わり、岡山県総社市の南溝手《みなみみぞて》遺跡や兵庫県伊丹市の口酒井《くちさかい》遺跡・大阪府寝屋川市の讃良郡条里《さらぐんじょうり》遺跡・長野県飯田市の石行《いしぎょう》遺跡など中部地方以西の各地で土器に付着した籾痕《もみあと》が確認されている。ただ石包丁や鋤の出土はわずかで、水田跡の検出例はなく、壺もわずか、稲作情報は伝えられたが、小規模な稲作に過ぎない。

弥生前期初めになると、北九州の遠賀川の河川敷にある立屋敷《たてやしき》遺跡の弥生式土器（遠賀川系土器）が伊勢湾沿岸まで一気に分布する。遠賀川系土器を出す遺跡は西日本一帯に確認され、なかでも神戸市の大開《だいかい》遺跡は簡素ながらも環濠集落をなしている。この段階から高知平野の田村遺跡や奈良県田原本町の唐古《からこ》・鍵《かぎ》遺跡が拠点的集落として成長した。

前期前半から中頃になると、遠賀川系土器を主とする集落が濃尾平野一帯に出現し、平野の低湿地に位置する朝日遺跡（愛知県清須市）では、中期には四ヘクタールの居住域が南北に併存する大規模集落となり、中期前葉には最古級の銅鐸が鋳造されている。

大阪府和泉市・泉大津市にまたがる池上曽根《いけがみそね》遺跡は、前期中頃から後半にかけて拠点環濠集落となり、中期末まで存続し、間もなく姿を消すのと前後し、南約一キロに池浦遺跡が沖積低地の微高地に出現、前期後半段階では居住域が分散していたのが、前期末には約三ヘクタールの環濠集落となり、環濠外に方形周溝墓の墓域が設けられ、中期初頭には居住域が中央に集約された。

中期中頃には環濠が外側に拡張されて約六・四ヘクタールとなり、中期後半には環濠の外側にも広がり一一ヘクタールになった。遺跡には、東西の柱間十間、南北一間の高床式の大型掘立柱建物跡が検出され、同じ位置に四回にわたる建て替えがあり、中央南側に井戸が設けられており、神殿のような宗教施設、大型作業施設、大型倉庫かと考えられている。兵庫県川西市の加茂遺跡でも、同じ中期後半の大型掘立柱建物が確認され、建物跡には二〜三重の溝が掘られ、三重以上に廻《めぐ》らされた環濠に囲まれた集落が形成されている。

金属器は、北部九州で武器形青銅器がつくられ始めたのと同じ頃、近畿周辺でも青銅器が鋳造され、京都府向日《むこう》市の鶏冠井《かいで》遺跡、名古屋市から清須市の朝日遺跡、福井県坂井市の加戸下屋敷《かとしもやしき》遺跡では、中期初頭から前葉の銅鐸鋳造の、兵庫県尼崎市の田能《たの》遺跡で中期前葉の銅剣《どうけん》の、鋳型《いがた》が見つかっている。銅鐸は菱環鈕《りょうかんちゅう》式や外縁付鈕《がいえんつきちゅう》Ｉ式など中期初頭から前葉の型式の製品が分布する。近畿地方では九州とは違い、大型の銅鐸が盛んに鋳造されたが、武器形青銅器は少数にとどまり、中期後半には扁平鈕式銅鐸が大阪府や兵庫県南部の中心的集落で生産されるようになる。

銅鐸は厚いレンズ形の中空の身《み》の部分と上方の吊り手（鈕）部分からなり、身の上面中央に孔《こう》がうがたれ、青銅や石でできた舌《ぜつじょう》状の棒を垂らし、身の内面下方にめぐる突帯《とったい》は、振り鳴らした際に舌を受ける構造をとる音響具であるが、時期の変化とともに吊り手の断面菱型の外側・内側に装飾の帯がつく外縁付鈕式・扁平鈕式がつくられ、後期になると、吊り手は板状になって機能が急減し、身のサイズも大きくなって音響具の機能は低下する。

全国で五百点知られる銅鐸のうち六十点ほどに絵画表現があって、シカが圧倒的に多く三割以上を占め、人物、魚、鳥、イノシシの順に多い。シカの多くが角のない姿で、鳥が首の長い姿で描かれているのは、脱穀の場面での絵画の、豊作を祈る観念とあわさって、聖獣や精霊として描かれたものと見られている。銅鐸は集落を離れた山中でも発見され、滋賀県野洲《やす》市の小篠原《こしのはら》遺跡では山の斜面で、神戸市の桜ヶ岡神岡《かみか》遺跡では丘陵上で見つかっている、

島根県雲南市の加茂岩倉《かもいわくら》遺跡の、出雲平野を見通せない山中から銅鐸三十九点が、出雲市斐川《ひかわ》町神庭《かんば》の荒神谷《こうじんだに》遺跡では山よりの谷あいから銅剣三百五十八点、銅矛十六点、銅鐸六点が発見されている。意図的に埋められたと考えられ、山中のみならず、大阪府八尾市の跡部《あとべ》遺跡や愛知県一宮市

の猫島《ねこじま》遺跡では方形周溝墓に埋納されており、地霊を鎮めるために埋納されたものと考えられている。

関東・中部の弥生文化

「弥生時代」という名称は、東京都文京区弥生町向ヶ岡貝塚から見つかった壺に由来するが、この壺は後期後半の製作と考えられ、上部に縄文が施され、弥生式土器は縄文土器の伝統を引き継いでいた。東日本への稲作情報は、西日本と同じ頃の土器に付着した籾痕が、長野県飯田市の石行遺跡で見つかっているものの、この地で稲作が行なわれた形跡はない。中部関東地方では弥生前期から中期に至るまで農耕社会とよぶような状態ではないが、中期中頃から沖積平野のなかに本格的農耕集落が突如出現する。

神奈川県小田原市の中里遺跡は、足柄平野に立地し、約四ヘクタールの居住域の南側に方形周溝墓がひろがり、竪穴住居跡九十七基、掘立柱建物跡六十八基がみつかり、居住域の中央寄りに独立棟持柱付掘立柱建物が三棟ある。そのうちの北西側一棟は柱間が二間×七間あり、井戸が六基、北東部を直線溝で掘削し、石斧や木製農具製作の農具が出土、本格的な稲作農耕に基盤を置く集落である。出土土器のうちに東部瀬戸内方面から搬入の大型壺があることから、瀬戸内方面との交流があって、集落形態や農耕技術が導入されたものと考えられる。

中期中頃には沖積低地生活の拠点集落が、相模川流域の海老名市の中野《なかの》桜野《さくらの》遺跡や千葉県の小糸川流域の常代《とこしろ》遺跡など南関東に出現する。続く中期後半になると、河川流域に約二ヘクタール規模の環濠集落が群在するようになった。鶴見川流域では東西十五×南北六キロ圏内に十七もの環濠集落が、間隔をおいて群集、中期末にはその間に小集落が点在するようになり、流域人口は集落群が出現した段階で約五百人、その後、数倍の増加が推定されている。

鶴見川本流沿いの折本西原《おりもとにしはら》遺跡は、当初約四ヘクタールであったのが、後に八ヘクタールに広がり、支流の早渕《はやぶち》川沿いの権田原《ごんたっぱら》遺跡が四ヘクタールあるなど、各河川沿いに大型集落がひとつずつある。その環濠集落は約二ヘクタール規模で、環濠の内外で居住域と墓域が明確に分かれ、環濠内の居住域には有力者が埋葬される大型方形周溝墓が一、二基存在する。大塚《おおつか》・歳勝土《さいかちど》遺跡の大塚区は、居住域の全面発掘で延べ百二十五基の住居が検出されており、一時期には二十五基内外の住居からなるムラであったと考えられている。

北陸での本格的な農耕集落は前期に出現した。石川県小松市の八日市地方《ようかいちじかた》遺跡は、潟湖《かたこ》をめぐる浜堤上に新たな小規模な集落として現れ、中期前葉に一ヘクタール程の環濠集落であったのが、中期中頃には三ヘクタールに拡大、中期後半まで存続した。中国地方に特徴的な分銅形土器や濃尾・近畿以西に多い銅鐸形土製品、鳥形・剣形木製品の祭祀具が多数、また北近畿や中部高地、濃尾平野方面の土器が出土し、周辺地に勾玉を供給しており、濃尾平野の集落と同じく東西日本を結ぶ扇の要の役割を果たした集落である。

この時期、北陸北半部では環濠集落がいっせいに出現、農耕社会へと本格的に急展開したが、中部高地でも中期中葉に長野県北部で本格的な農耕集落群が出現、長野市の松原遺跡は中期後半に八百×三百メートルの巨大集落となり、土器は北陸経由で西日本の文化要素が導入された。銅戈の出土は福井平野までであったのが、中野市の柳沢遺跡では居住域に隣接する墓域と水田域の間の土坑に銅鐸と銅戈が埋納されており、西日本の文化要素の早い段階での中部高地への流入が認められる。

東北地方の弥生文化

東北地方では、遠賀川系土器に似た壺や甕などの土器が、庄内平野に始まって、秋田平野、津軽平野、青森県北部の馬淵川流域、仙台平野の諸地域で出土し、西日本との交流のあったことが考えられるが、八戸市の荒谷《あらや》遺跡では、小さな土坑に埋設された砂沢式《すなざわしき》の弥生前期土器の中に石斧が収められていた。同市の是川中居《これかわなかい》遺跡の土坑に埋設された広口壺からは勾玉が十点出土し、西日本から搬入されたものと知られる。

弥生前期になって灌漑稲作が広がった。津軽平野の弘前市砂沢遺跡では、遠賀川系土器に似た土器を含む多数の砂沢式土器をともなって約六×十一～二十二メートルの長方形区画の水田面が六面検出され、灌漑用の水路も併設されていた。庄内平野の生石《おいし》Ⅱ遺跡では炭化米が出土し、各地の弥生前期土器に付着した籾痕もあって、灌漑稲作が行なわれたと考えられている。

中期前葉以後になると、津軽平野の田舎館《いなかだて》遺跡では、総延長一・五キロの範囲の四か所に二・二～二・七ヘクタールほどの水田域が造成され、仙台平野の富沢《とみさわ》遺跡群では中期初頭から後期までに八面の水田面が検出され、中期中葉には六〜一四へクタールの水田面が三か所確認され、同平野の高田B遺跡や中在家南《なかざいけみなみ》遺跡では、河川跡から豊富な水田工具が検出されている。

中期段階になると、関東・中部以西のような集住する集落を見いだせない。秋田市の地蔵田《じぞうでん》B遺跡では、三〜四棟の住居が繰り返し建て替えられ、住居面積が五十〜百二十平方メートル内外と、縄文期に分散居住していたのが、一緒に居住するようになったものである。ただ小規模集落が分散的に居住、耕地にふさわしい地区に灌漑水田を造成して管理する方式が一般的であった。

生業用具は縄文晩期から大きな変化はなく、狩猟や堅い果実類の利用が継続し、稲作を取り込んだ複合的な生業形態と見られる。松島湾沿岸の遺跡群の変化を見ると、縄文晩期後半までは盛んに貝塚を形成していたのが、晩期末期には遺跡数と規模を減らしながら、製塩が弥生中期まで連綿と存続する。土偶は弥生前期まで東北一円に見られたが、中期中頃には姿を消し、漆器も姿を消す。

弥生中期後半から後期前半まで津軽平野では遺跡が確認できなくなるが、中期後半の段階では仙台平野や山形盆地では一時的に遺跡の断絶が見られるものの、中期末には再び集落群が展開し、仙台平野の富沢遺跡群などではかなり広大な水田経営が行なわれており、後期に規模を縮小しながら継続した。

中期後半からは北海道系の北方文化の影響が明確になってきて、日本海側の秋田県域から新潟県域までの地域に宇津ノ台式の土器が分布するようになる。この土器は北陸の小松式土器と北海道の続縄文土器の恵山式《えさんしき》土器の影響を受けており、日本海を通じた文化交流が盛んであったことがわかる。後期前半から北海道から能登半島を往来する人々が物資や情報を担い、後期後半になると、続縄文文化の人々が下北半島や津軽平野の海岸域に進出するようになった。

三　国づくりの原型

国々で王を称す

二千年前の日本列島の事情を記した中国の史書『魏志』倭人伝には、「倭人は帯方《たいほう》の東南大海の中に在り。山島によりて国邑《こくゆう》をなす。旧《もと》百余国、漢の時朝見《ちょうけん》する者あり。今、使訳《しやく》通ずる所三十国」とあり、日本は倭国と称し、百余国あって、このうち漢との間には三十国ばかりが交渉をもっていたという。『後漢書』東夷伝には、「倭の奴国」が建武中元二年（五七）に漢に朝賀、光武帝《こうぶてい》から印綬《いんじゅ》を与えられたといい、「国、皆王を称し、世々統を伝う。その大倭王は邪馬台国《やまたいこく》に居る」と、倭の国々は皆が「王」と称していたという。

大陸文化と接触して自らの存在を国の王と称するようになったのであるが、その王が並び立つなか、幾つかのグループが生まれ、そのひとつが邪馬台国を中心とする国々であった。中国の史書が語るこの時代の倭は、考古学的年代からは弥生時代後期に相当し、一世紀半ば頃から三世紀の半ば頃まで続き、その間の五七年に倭の奴国が印綬を漢の光武帝から与えられたのである。印綬の「漢《かんの》委奴国王《わのなのこくおう》」の金印は、江戸時代に博多湾の志賀島《しかのしま》から発見され、同様な蛇の鈕をもつ印は中国の雲南省でも発見されている。

奴国の故地と考えられているのが福岡平野中心部にある須玖岡本《すぐおかもと》遺跡群で、大石の下の甕棺からは前漢鏡が二十余り、銅剣四本などが出土している。この墓は五七年をややさかのぼる時期の王墓と見られる。『魏志』倭人伝によれば、倭国では死者がでると喪主が号泣し、他の人はその周りで歌を歌い、舞を舞って酒を飲んだという。

奴国の隣の伊都《いと》国の中心地は、博多湾南の怡土《いと》平野にある三雲《みくも》・井原《いはら》遺跡群で、そのうちの三雲《みくも》南小路《みなみしょうじ》遺跡からは、大量の漢鏡や銅剣・玉類など豪華な副葬品をともなう墓が時期を連続して出土し、前一世紀から後二世紀ごろまで継続して造営されていた。倭人伝によれば伊都国にいたる前は末盧《まつら》国で、その前の海を隔てた「一大国《いとこく》」は、壱岐島の原の辻《はるのつじ》遺跡がそれと考えられている。

弥生中期から環濠が台地の裾に楕円形に巡らされ、環濠内は約二十四万平方メートルにも及び、中期から後期にかけて無紋土器、楽浪土器、三韓土器や銭など中国や朝鮮からの文物が出土、環濠の外からは水田の畦が検出され、西北には船着場も存在する。「方三百里可《ばか》り。竹木・叢林多く、三千ばかりの家あり。やや田地あり。田を耕せども猶《なお》食するに足らず」という記述を裏付けている。

山陰地方では、弥生時代後期の二世紀以降に方形の墳丘墓の四隅《よすみ》を突出させた形態の四隅突出型墳丘墓と称される墓が営まれていた。四隅が突き出ているのは墳頂部に登るために四方の通路を発達させたものと考えられ、墳丘の斜面に石が貼られ、裾には石列がめぐらされている。最初に確認されたのは島根県邑南町《おおなんちょう》の順庵原《じゅうなんばら》一号墳で、さらに出雲東部の斐伊《ひい》川流域や飯梨《いいなし》川流域、因幡の千代《せんだい》川流域などに濃密に分布、伯耆《ほうき》にも分布し、各地域の王墓と見られる。北陸地方においても富山市杉谷《すぎたに》の杉谷四号墳が確認されている。最も発展した時期の様相を示しているのが島根県安来《やすぎ》市にある仲仙寺《ちゅうせんじ》八・九号墓で十数個の碧玉《へきぎょく》が、宮山四号墓で鉄刀が出土している。

出雲市の西谷三号墳は長辺が五十メートルにも及び、墳頂部にいくつかの埋葬施設が営まれ、中心部には二基の木槨墓《もっかくぼ》が並んで存在している。その内部からガラス玉や碧玉が出土し、埋葬施設には山陰東部地域や吉備地域からもたらされた土器があるなど、諸地域との交流が推測され、相互に交流しながら連合を結ぶようになったものと考えられる。

九州と中国地方の墳墓と集落

佐賀県東部にある吉野ヶ里《よしのがり》遺跡は、脊振《せふり》山地を北端とした脊振山地南麓の丘陵地帯にあり、南の有明海へと標高がしだいに低くなる、その南の開けた地に所在する。弥生時代中期から、吉野ヶ里の丘陵地帯を一周する形で環濠が出現しはじめ、それに囲まれた集落が発展してゆくとともに、防御が厳重になり、墳丘墓や甕棺が多く見られるようになった。

弥生時代後期には、外濠と内濠の二重の環濠が生まれ、V字型に深く掘られた総延長約二キロ半の外濠で囲まれ、内側の面積は約四十ヘクタールにも及ぶ。濠の内外には木柵、土塁、逆茂木《さかもぎ》などの、敵の侵入を防ぐ柵が施され、見張りや威嚇のための物見櫓《ものみやぐら》が環濠内に複数置かれた。大きな外濠の中には内濠が二つあり、その内側に建物がまとまって存在し、内郭の内外の建物の遺構は祭祀が行なわれる主祭殿・東祭殿などで、近くの竪穴住居や高床住居には祭祀に携わる人々、その側近などが暮らしていたと考えられている。食料を保管する高床式倉庫や貯蔵穴、土坑、青銅器製造跡なども出土する。

遺跡の南部と北部の二つの墳丘墓は、ひとつは南北約四十六メートル、東西約二十七メートルの長方形に近い墳丘をなし、高さは四メートル半以上あったと推定され、首長墓と考えられている。頂上から墓壙《ぼこう》を掘って十四基以上の甕棺を埋葬した墓もある。こうした多数の遺体がまとまって埋葬された甕棺、石棺、土坑墓などは、共同墓地と考えられ、甕棺の中の人骨には、怪我をしていたり、矢尻が刺さったりしたもの、首から上が無いものなどがあって、これらは戦争が行なわれたことを物語っている。多数の土器や石器、青銅器、鉄器、木器が出土するばかりか、勾玉や管玉のほか銅剣、銅鏡、織物、布製品などの装飾品や祭祀道具なども出土し、九州で初めてとなる銅鐸も遺跡の周辺部で発見されている。

最盛期は三世紀頃で、古墳時代の始まりとともに、濠には大量の土器が捨てられて埋め尽くされ、集落もほぼ消滅して離散する。遺跡内に三基の前方後方墳があるが、これは弥生時代の集落が消滅した後に造られたものと考えられている。

岡山県倉敷市の楯築《たてつき》遺跡も弥生時代末期に造営された首長の墳丘墓で、壺形土器や特殊器台《きだい》・特殊壺が出土し、いずれも畿内地域よりも遡る技術がうかがえる。直径約四十三メートル、高さが五メートル弱の主丘に、北東・南西側にそれぞれ方形の突出部を持ち、突出部両端の全長は七十二メートルもあって同時期の弥生墳丘墓では日本最大という。弥生時代後期には独特な集落や墓が各地に生まれ、そこを中心に周辺地域を支配する王の国が形成されていったと考えられる。

この時期の集落遺跡を大きく特徴づけているのは、墓よりむしろ集落の周りに濠をめぐらした環濠集落であり、百メートル以上の比高差を持つ山頂部に集落を構えた高地性集落である。

奈良県の田原本町の唐古《からこ》・鍵《かぎ》遺跡は、弥生時代後期には直径数百メートルの集落の周囲に、四条ほどの濠からなる幅百から百五十メートルもの環濠帯がめぐらされ、濠と平行して土塁や柵列が営まれている。淀川右岸の高槻市の古曾部《ふるそぶ》・芝谷《しばたに》遺跡は山の斜面まで含め五十万平方メートルに及ぶ広さで営まれ、香川県詫間《たくま》町の紫雲出山《しうでやま》遺跡は瀬戸内海に突き出した半島上の標高三百五十一メートルの山頂付近に集落があり、大量の石鏃が出土する。

環濠集落や高地性集落は、王の国の拠点集落で、その集落が他とは隔絶した存在を示す必要から環濠を設け、高地に立地するが、やがて他の王との争いが生じ、防御性が高まってゆくと、戦争関連遺構・遺物なども多く出土する。

北部九州から伊勢湾沿岸にかけての集落では発達した矢尻や殺傷された人骨、破損と修繕のなされた武器などの戦争に関わる可能性のある考古学的物証が指摘されているが、南九州から東海・南関東・北陸にかけては、戦争があったと考えられる考古学的事実を示す遺物や遺構は比較的少ない。時期と地域とによって、同じ弥生時代後期の遺跡が示す様相も異なっていることがわかる。

古墳時代とは

三世紀後半から奈良盆地の纒向《まきむく》や、吉備の津寺《つでら》・加茂《かも》、筑紫の比恵《ひえ》・那珂《なか》などの集落には、各地から運ばれてきた土器がたくさん出土し、奈良盆地では箸墓《はしはか》・西殿塚《にしとのづか》・桜井茶臼山《ちゃうすやま》・メスリ山古墳など、墳丘の高さが二百メートルをも超える古墳が続々と築かれており、この頃から前方後円墳の時代が始まる。

列島に広く分布する前方後円墳は同じような形をとり、どの方向からも仰がれるよう高く造られており、王墓としての特徴をよく備えている。前方後円墳全体の構成は、墳丘（前方部・後方部・造《つくり》出《だし》）、埋葬施設（棺室・槨室・石室）、副葬品、外表施設（封土固めの葺石《ふきいし》、祭祀用の土器・埴輪）からなり、前方部は平面が撥形《ばちがた》や長方形、方形、台形などで突出し、後方部は平面が円形で埋葬のための墳丘とし大きく高く造られている。

この後円部は亡き首長を埋葬し、盛大に埋葬祭祀が行なわれていたと見られ、頂上が平坦に造られ、下の土中に埋葬が行なわれ、裾部から頂まで高く造られ、斜面の勾配は二十五度以上の急勾配で築造時には葺石が敷かれ、登ることができないようになっていた。

大型の前方後円墳の周りには、小型の前方後円墳や円墳・方墳が造られることが多く、複数の大型古墳から構成される古墳群が形成されている所も多い。分布域は、北は岩手・山形県、南は鹿児島県大隅半島を限界としている。

前方後円墳のうち三世紀に造られて最古と考えられているのが箸墓古墳で、前方部は前面幅が撥形をなし、後円部の直径に匹敵するほどに開いている。山城の椿井《つばい》大塚山《おおつかやま》古墳などもほぼ同時期に造られたが、高さは後円部の方が高い。次の段階になると、前方部が前面に向かってまっすぐ伸び、幅が狭く低くなるが、その典型が桜井茶臼山古墳で、時期が下るにつれ、後円部の直径と前方部の幅がほぼ同じになり、前方部が巨大化の一途をたどる。

古墳時代の中期には、大阪平野に巨大古墳が造られ、その巨大前方後円墳の中で最も大きいのが、和泉の大仙陵《だいせんりょう》古墳で世界最大の墳墓を誇り、墳丘の全長は四百八十六メートル、高さが三十六メートルに及び、周りは三重の周濠が巡らされている。後期になると、巨大古墳は畿内地方から消えてしまうが、東日本などでは造られ続けてゆく。前方後円墳の時代が大きく転換していった。

この前方後円墳の時代、大陸では漢の統一帝国が衰退から滅亡へと動いており、秦漢と帝国という巨大なコスモスが衰退するなか、その周辺でミクロコスモスが生まれ、高句麗をはじめ朝鮮半島でも特徴的な大型墳墓が成立している。

前方後円墳の特徴の第一は、巨大で多大な労働力が用いられている点にあり、地域を基盤に成長した豪族・首長が葬送と祭祀の場として築いた。第二は地域によってやや違いが見える点で、大和で円丘に前方部を付けた形の石塚古墳やホケノ山古墳などの前方後円墳が生まれた頃、濃尾平野では前方後方墳が生まれ、出雲では四隅突出型墳丘墓が認められる。

第三は地域的統合のシンボルとなっていた点。四世紀後半から各地で大きな前方後円墳が分散して築かれていった。奈良盆地の北部（佐紀盾列《さきたてなみ》）、西部（馬見《まみ》）、中央部、和泉北部（百舌鳥《もず》）、河内南部（古市）、丹後、吉備中部など、次々と大型古墳が築かれてゆく。そこには地域の人々が見上げる形で、地域統合が示される仕組みがあった。

第四は、同様な権力との交流を経ながら、地域に蓄積された力をまとめる地域的権力がつくられ、しだいに統一的な権力へ形成された動きが認められる点。第五には、国が形成されてゆくなかで築かれた点である。『魏志』倭人伝は、卑弥呼が亡くなった時、「大いなる冢《つか》を作る。径百余歩《けいひゃくよほ》、葬に徇葬《じゅんそう》する者《もの》、奴婢《ぬひ》百余人」の王墓が築かれた、と記しており、墳墓には始原《しげん》としての権力がそこに表現されていて、それが王にほかならない。王の存在は、その後の大王・天皇へとつながる王権のあり方を規定することになる。

前方後円墳の形成

各地の前方後円墳を見てゆくと、大和の大和《やまと》・柳本《やなぎもと》古墳群、佐紀古墳群、馬見古墳群、和泉の百舌鳥古墳群、河内の古市古墳群の畿内五大古墳群は、四世紀後半の大和・柳本古墳群から連続する大型古墳群で、前期の古墳は大和では桜井茶臼山古墳、メスリ山古墳などで、他の古墳群は前期の末頃からしだいに造られてきた。

山城の初期の椿井大塚山古墳は、墳丘が全長約百七十五メートル、後円部の直径が約百十メートル、高さが二十メートルで、丘陵を断ち切る形で造られた関係から少し歪む。前方部は長さが約八十メートル、高さが約十メートルと推定されている。前方部は撥形に開き、濠は認められず、埋葬施設は、竪穴式石室に板石・割石を積んで壁を立ち上げ、床には板石・礫《れき》・砂を敷き、その上に粘土を施し、長大なコウヤマキの木棺を安置、石室内には朱が塗られ、水銀朱がまかれていた。三角縁獣文帯《さんかくぶちじゅうもんたい》四神四獣鏡三十二面のほか、内行花文鏡《ないこうかもんきょう》が二面、方格規矩鏡《ほうかくきくきょう》、画文帯神獣鏡《がもんたいしんじゅうきょう》が各一面など、鏡と武具が出土する。

畿内以外の地では東北の福島県会津盆地でも、会津若松・塩川・喜多方・会津板下の四地域に分布しており、このうちの会津板下には前方後円墳、前方後方墳を含め二十基もあり、最大の亀ケ森《かめがもり》古墳は百二十七メートル、会津大塚山古墳（百十四メートル）、一箕《いっき》古墳（約九十メートル）、堂ケ作山《どうがさくやま》古墳（八十四メートル）などが築かれた。栃木県の那須地域では、墳丘長が六十四メートルの駒形大塚《こまがたおおつか》古墳が三世紀後半に造られはじめ、四世紀後半の墳丘長が百十四メートルの上侍塚《かみさむらいづか》古墳に至るまで造られたが、後期になると無くなってしまう。

群馬県では、前橋市に所在する前橋八幡山古墳と前橋天神山古墳がともに墳丘長が百三十メートルにも及び、四世紀に築造され、後者から中国伝来の舶載鏡が四面出土している。五世紀初頭になると、その南西十キロほどの高崎市の倉賀野地域に拠点が移ったと見え、墳丘長が百七十五メートルの浅間山《せんげんやま》古墳が築かれ、さらに東三十キロの太田市には東日本最大規模の墳丘長二百十メートルの太田天神山古墳が五世紀中葉に築かれた。

中国地方の吉備地域では、弥生時代末に備中地域で山の尾根に築かれた宮山古墳墓群が築造され、宮山型の特殊器台と特殊壺をともない、これは大和の箸墓古墳や西殿塚古墳からも出土し、両者の交流がうかがえる。三世紀後半には、備前地域に都月坂《とつきざか》一号墳（三十三メートル）・津島笹ヶ瀬の七つぐろ一号墳（四十五メートル）・備前車塚古墳（四十八メートル）などの前方後円墳が相次いで造られた。九州の宇佐地域では、川部・高森古墳群が南から北に流れる駅館川《やっかんがわ》右岸の台地に位置し、六基の前方後円墳が三世紀から六世紀の間に継続して築造され、赤塚古墳は全長約五十七メートル、後円部の直径が三十六メートル、高さ約五メートルで三世紀末に築造された九州最古の前方後円墳という。周囲に幅八メートルから十一メートルの空濠を有し、石室には箱式石棺を有し、副葬品として三角縁神獣鏡四面、三角縁龍虎鏡《りゅうこきょう》一面、碧玉管玉、鉄刀片、鉄斧などが出土している。

銅鏡は、椿井大塚山古墳や福岡県の石塚山古墳、原口古墳出土のものと同笵鏡《どうはんきょう》（同じ鋳型を用いて鋳造した鏡）であって、同じ地域に連続して前方後円墳が造られたのは、氏の流れが形成されていたことを物語るもので、上毛野氏についてみると、『日本書紀』に、崇神天皇皇子の豊城入彦《とよしろいりびこ》命が東国統治を命じられ、「上毛野君・下毛野君の祖」となり、垂仁紀五年に八綱田《やつなた》が命を受け狭穂彦《さほびこ》を討って、「倭日向武日向彦八綱田《やまとひむかたけひむかひこやつなた》」の名を与えられ、八綱田は豊城入彦命の子であったという。

景行紀五十五年、豊城入彦命の孫の彦狭島王《ひこさしまおう》は、東山道十五か国の都督に任じられたものの、途中の春日の穴咋邑《あなくいむら》で没したため、上野国に葬られ、代わって彦狭島王の子の御諸別《みもろわけ》王が翌年に蝦夷を討ったとあり、安閑紀元年に武蔵の笠原直《かさはらのあたい》使主《おみ》と笠原直小杵《おき》の内紛がおきた際、上毛野君小熊《かみつけのきみおぐま》が小杵から援助を求められた、と見える。大和では、磯城《しき》古墳群の近くに物部氏、馬見古墳群の近くに葛城氏、桜井茶臼山古墳、メスリ山古墳群の近くに阿倍氏が勢力を広げ、氏を継承していた。

四　倭王の時代

倭国の整備

成務《せいむ》天皇は、諸国の行政区画として国郡《くにのこおり》・県邑《あがたむら》を定め、それぞれに造長《みやつこおさ》・稲置《いなぎ》を任命し、国県を分かち、南北東西の道に随って邑里《むら》を定め、地方行政機構の整備を図ったので、人民は安住し、天下は太平になったという。群卿のなかから武内宿禰《たけうちのすくね》を大臣《おおおみ》となし、天皇と群卿を繋ぐ存在とし、『先代旧事本紀《せんだいくじほんぎ》』「国造本紀《こくぞう》」に載る国造の半数が設置時期を成務朝と伝える。

続く仲哀《ちゅうあい》天皇は、倭武尊の子でその武の系譜を引き、諸国に白鳥《しらとり》を献じるよう命じ、異母弟が越《こしの》国《くに》の献じた白鳥を奪ったとして誅殺、気長足姫尊《おきながたらしひめのみこと》を皇后《きさき》（神功《じんぐう》皇后）となし、熊襲討伐に向け皇后とともに筑紫に赴いたところ、神懸りをした皇后が、西海の宝の国（新羅）を授けるという神託を得たにもかかわらず、それを信じずに神を非難したため、神の怒りに触れて亡くなる。

神宮皇后は、仲哀天皇紀九年三月、吉日を選んで斎宮に入り、自ら神主となって武内宿禰に命じて琴をひかせ、中臣烏賊津《なかとみのいかつ》使主を審神者《さにわ》（神託を聞きその意味を解く者）となし琴の頭部と尾部に織物を置き、仲哀天皇に教えを説いた神の名を聞いた。神祭を行なって神託を受ける作法の始まりである。続いて子（応神《おうじん》天皇）を妊娠したまま、筑紫から玄界灘を渡って朝鮮半島に出兵、新羅の国を攻めたところ、新羅が戦わずして降服し、朝貢を誓い、高句麗や百済も朝貢を約したという。いわゆる「三韓征伐」の伝承である。

皇后は畿内に帰ると、我が皇子（応神天皇）に異母兄の香坂《かごさか》皇子・忍熊《おしくま》皇子が反乱を起こして戦いを挑んできたが、武内宿禰や武振熊命《たけふるくまのみこと》の働きで平定したという。応神天皇は、「海部《あまべ》、山部、山守部、伊勢部を定めたまひき。また剣池《つるぎのいけ》を作りき」と、内政に意を尽くし、武内宿禰が「新羅人《しらぎびと》参り渡り来つ。ここをもつて建内宿禰命引き率《い》て、堤池に役《えだ》ちて、百済池を作りき」と、土木事業に渡来人の活用をはかった。

百済の国主肖古王《しょうこおう》は、雄雌各一頭の馬を阿直岐《あちき》に付けて献上、横刀《たち》や大鏡も献上したが、この阿直岐は阿直岐史《ふひと》等の祖という。王仁《わに》が論語十巻、千字文一巻、併せて十一巻を貢進するが、王仁は文首《ふみのおびと》等の祖で、『日本書紀』応仁記二十年に「倭《やまと》の漢直《あやのあたい》の祖《おや》阿知使主《あちのおみ》、其の子都加使主《つかのおみ》、並びに己が党類《ともがら》十七県《こおり》を率て、来帰《まうけ》り」と見え、この時期に渡来人が来たことにともなう記事である。神功紀五十二年条には百済の肖古王から貢納に七支刀《しちしとう》があったとあり、七支刀からは日朝関係史の一齣が浮かんでくる。

広開土王碑と倭王の遺使

西暦二六六年、倭の女王が晋の武帝に使者を派遣して朝貢したころ（『晋書』武帝紀）、朝鮮半島の北方の国内城（吉林省集安）を都とした高句麗の広開土王《こうかいどおう》の事績を記す碑文が、四世紀末の倭国の動きを伝える。広開土王は、領土を拡大し、礼成江《れいせいこう》を境界とする朝鮮半島南東部の百済に攻勢をかけ、壬辰年（三九二）に石硯城を含めて十城を奪取し、関弥城を陥落させ、甲午年（三九四）に水谷城（黄海北道新渓郡）を築いた。

乙未年（三九五）、礼成江まで反撃していた百済軍を撃破し、丙申年（三九六）に漢江を越えて侵攻、百済の五十八の城を陥落し、百済王から多数の生口や織物を献上させ、永く隷属することを誓わせた。ところが、丁酉年（三九七）、百済が王子腆支《てんし》を人質に倭に送って通交したので、庚子年（四〇〇）、半島の南西部の新羅に歩兵五万騎を派遣し、倭の侵攻を受けていた新羅を救援した。これに倭軍が新羅の王都を侵攻し、高句麗軍が迫ると退いて、半島南部中央の任那《みまな》・加羅《から》の地まで後退した。新羅が奈勿尼師今《なもつにしきん》の王子未斯欣《みしきん》を人質として倭に送って通交したので、高句麗は甲辰年（四〇四）に帯方界において倭軍からの攻撃を受けた、という。

この碑文から、倭は四世紀後半に朝鮮半島に進出していたことがわかる。朝鮮半島の三国鼎立期に任那・加羅の地と交流し、そこを足場に半島に勢力を広げていたものである。加羅とは半島南部の洛東江《らくとうこう》、蟾津江《せんしんこう》流域に分布する小国家群であり、洛東江流域の金官《きんかん》国や大伽耶が有力で、そのうちの金官国辺を任那といった。加羅の国々からは多くの人々が、三世紀から四世紀にかけ、半島情勢の変化とともに倭国に渡って、先進文明をもたらした。

この点は、須恵器や竈、馬具などの新たな技術を物語る考古的遺物が畿内地域を中心に出土していることからも知られ、『日本書紀』に、応神天皇の時代に渡来人の来たことが記されているのは、その事実の反映と見られる。

『晋書』安帝紀や『太平御覧』は、四一三年に高句麗・倭国が東晋の安帝に貢物を献じた、と記しているので、倭は中国と交流していたかに見えるのだが、高句麗と争っていたことや、その貢物が貂皮《てんがわ》や人参などであれば、高句麗が派遣した使者が倭の使者と名乗った可能性が高い。倭の大和王権が本格的に中国と交渉をもつのは、南朝の宋代になってからである。

その『宋書』倭国伝は、「倭国は高麗の東南大海の中にありて、世々貢職を修む」と始まって、高祖の永初二年（四二一）、倭王の讃《さん》が、宋に使者を派遣し、武帝から除綬を賜う詔を与えられたと記す。この前年に南朝の宋が建国され、百済がすぐ朝貢しているので、これに倣って倭は使者を派遣したのであろう。その四年後の「太祖の元嘉二年」にも、「讃、また司馬曹達《しばそうたつ》を遣わして表を奉り、方物を献ず」と、讃が司馬曹達を遣わし、宋の文帝に貢物を献じている。朝鮮半島の三か国、特に百済に倣って宋と結ぶことを考えたものである。

讃は応神天皇の子の仁徳《にんとく》天皇と考えられており、『古事記』下巻の最初を飾る仁徳天皇の記事はこのほか豊富である。河内平野の水害を防いで開発するため、難波の堀江の開削と茨田《まんだ》堤の築造を行ない、山背《やましろ》の栗隈《くりくま》県に灌漑用水を引かせて茨田屯倉を設け、和珥《わに》池・横野堤を築造、灌漑用水として感玖《こむく》大溝を掘削、広大な田地を開拓する事業を推進した。初めて国郡の境を画し、郷土の産物を記録、民政に尽力した。

人家の竈から炊煙が立っていないことに気づいて租税を免除、倹約のために宮殿の屋根の茅さえも葺き替えなかった。都を大和から難波の高津宮に遷《うつ》し、紀角宿禰を百済へ遣わし、対外関係にも目を向けていた。ただ、讃を仁徳天皇と見る確証はない。伝承・説話が多く、在位が八十七年の長きに及んだとある点からも疑わしい。

倭王の武

讃が亡くなって弟の珍《ちん》が倭王になると、再び使者を派遣して貢物を献じ、自らを使持節《しじせつ》、都督《ととく》倭・百済・新羅・任那・秦韓《しんかん》・慕韓《ぼかん》の六国諸軍事、安東大将軍、倭国王と称し、正式な認証を求めると、元嘉《げんか》十五年(四三八)に安東将軍・倭国王に任じられ、さらに倭隋等十三人も平西・征虜・冠軍・輔国将軍に任じられたという。

珍は讃の跡を継承して、安東大将軍・倭国王のみならず、朝鮮半島を支配する権限を与えるように求めたのだが、そのすべては認められず、安東大将軍よりも地位の低い安東将軍に任じられ、倭国王だけを認められ、珍に仕える十三人の役職が認められた。珍が配下の人々に官爵を求めたのは、中国の官制を通じて体制の安定化をはかり、宋の冊封《さくほう》体制下に入って朝鮮半島への利権を求め、国内支配を強化しようとしたからである。

冊封体制は本来、中国の皇帝が国内の貴族や功臣に爵位や封地をあたえる制度であるが、それを周辺諸国や民族にも及ぼし、首長に爵位や官号を与えて国際秩序を整えてきていた。珍に認められた安東将軍が官、倭国王が爵に相当し、珍に対し日本列島の支配を認めはしても、半島における権益は認めなかった。

珍の跡をうけた済《せい》は、元嘉二十年（四四三）に宋の文帝に朝献して、安東将軍・倭国王となり、元嘉二十八年（四五一）に「使持節、都督倭・新羅・任那・加羅・秦韓・慕韓六国諸軍事」を加号され、安東大将軍の号も与えられるなど、大幅に権限を認められ、臣下の二十三人も軍・郡に関する称号を与えられた。倭国王の力が認識されてきたことによる。

済はすぐに亡くなり、その「世子の興《こう》」が使を宋に遣わし貢献した。興の派遣した使者に対し、世祖は、大明六年（四六〇）に詔を出し、辺境の地をしっかり治めるよう命じ、安東将軍・倭国王に任じ、ついで安東大将軍に任じたが、この時も朝鮮半島への権限は認めてはいない。

興が亡くなると弟の武《ぶ》が立ち、自ら使持節、都督倭・百済・新羅・任那・加羅・秦韓・慕韓七国諸軍事、安東大将軍、倭国王と称し、順帝の昇明二年（四七八）に使を遣わし上表した。先祖からの偉業によって、東は毛人の五十五か国を支配、西は衆夷の六十六か国、そして北は九十五か国を支配下においたことを誇り高く語り、中国の「王道」の徳があまねくゆき渡り、その領域が遠くに及んでいると絶賛した。このうち北の九十五か国とは朝鮮半島の国々をさし、高句麗への対抗心を露わに示したものであって、次のように語っている。

武は、愚かではあっても、王統を継承し、統治するべく、率いて天子にお仕えしようとして、百済から遥かな道のりではあるが、航海の準備を怠らなかった。しかし高句麗が理不尽にも百済を併合しようと企て、辺境の地で殺戮《さつりく》などをやめようとせず、使者を送るたびに途中を押し止められ、良風を失っているため、海路があっても、あるいは通じ、あるいは通じない有様である。

私の亡き父の済は、高句麗が海路を塞ぐのを憤り、百万の戦備を整えたところ、兵士たちは声をあげて喜び、大挙して出征しようとしたが、にわかに父と兄を喪い、成就の功が得られなくなった。私は籠もることとなり、軍隊を動かせず、いたずらに安息して、未だに勝利していない。今に至って、甲を練り、兵をおさめ、父と兄の志を継ごう、と思う。

義士や勇猛な軍隊、文武功を立て、白刃が眼前に交わろうとも顧みない。もし皇帝の徳により、この強敵を打ち摧《くだ》き、我が国難を除いて太平をもたらしてもらえれば、歴代、天子への忠誠を替えることはない。私はひそかに自らを開府儀同三司《かいふぎどうさんし》と仮称し、その他の官爵もみな仮授して、忠節に励んでいる。

倭王は、高句麗がこの三年前に百済の都漢城を陥落させており、これへの対抗からも使節を派遣したのである。「開府儀同三司」とは、三司（大尉《たいじょう》・司徒《しと》・司空《しくう》）と同格で、府こと官庁を開設できる資格を有する官号である。諸国の王でこの官号を有していたのはわずかで、その一人が高句麗王だった。武には、使持節、都督倭・新羅・任那・加羅・秦韓・慕韓六国諸軍事、安東大将軍、倭王を認められ、この時期までに全国支配を達成していたことが国際的にも認められたことになる。

倭の五王のモニュメント

これら倭国王は『古事記』『日本書紀』に見える、どの天皇に該当するのであろうか。武については、雄略《ゆうりゃく》天皇の和風諡号を、『日本書紀』が大泊瀬《おおはつせ》幼武命《わかたけるのみこと》、『古事記』が大長谷若建命・大長谷王と記しており、その名の一部「タケル」にあてたと見られ、稲荷山古墳鉄剣の銘文に見える「獲加《わか》多支鹵《たける》大王《だいおう》」や江田船山古墳の鉄剣の銘文「獲□□□鹵大王」の名とも一致するところから、雄略天皇であると多く認められている。他の王について、使者派遣と履中天皇以下在位年数の関係を表にしてみると、允恭《いんぎょう》を除いてはすこぶる対応している。

使者派遣年	倭王	関係天皇
永初　二年（四二一）	讃	履中《りちゅう》が六年在位
元嘉十五年（四三八）	珍	反正《はんぜい》が五年
元嘉二十年（四四三）	済	允恭が四十二年
大明　六年（四六〇）	興	安康《あんこう》が三年
昇明　二年（四七八）	武	雄略

五世紀の全国統一を物語るモニュメントが、和泉・河内の巨大前方後円墳である。畿内五大古墳群と称される大和・柳本古墳群、佐紀古墳群、馬見《うまみ》古墳群、和泉の百舌鳥《もず》古墳群、河内の古市《ふるいち》古墳群のうち、前期末の四世紀後半から、大和北部の佐紀古墳群に大規模古墳の築造が移る。

墳丘の長さが二百七メートルで三段築成の佐紀陵《みささぎやま》山古墳に始まり、墳丘長二百十八メートルの佐紀石塚山古墳、そして佐紀古墳群の二百七十六メートルを有する五社神《ごさし》古墳へと続き、二百四十メートル以上と推定される宝来山《ほうらいさん》古墳に至るが、これを最後に佐紀古墳群からは大型古墳の姿が消え、大型古墳の造営は西の大阪平野南部に移る。

このうち古市古墳群は、河内の羽曳野市から藤井寺市にかけて広がり、その最初は、四世紀後半築造の、墳丘長が二百七メートルの仲津山古墳であって、二重の周濠をもち、馬蹄形の外域を有する。これを先駆に、五世紀初頭には百舌鳥古墳群が堺市北西部の上町台地に続く台地上に築かれ、東西、南北ともそれぞれ約四キロメートルの範囲に分布する墳丘長約三百六十五メートルに及ぶ上石津《かみいしづ》ミサンザイ古墳が築造されている。

その規模からこれまでの大型古墳とは違った性格を有すると考えられる。これに続くのが古市古墳群の誉田御廟山《こんだごびょうやま》古墳で、墳丘の長さは四百二十五メートルで三段築成され、周囲に馬蹄形の濠がめぐらされ、内濠の外側には幅の広い中堤がめぐり、外側にも濠がめぐらされている。古墳の周囲には多くの陪塚《ばいちょう》があって、前方部の前面の丸山などは径が五十メートルの円墳で、規模が大きい。

さらに続くのが列島最大規模の百舌鳥古墳群の大仙陵《だいせんりょう》古墳で、墳丘は四百八十六メートルもあり、三段築成され、三重の濠がめぐり、多くの陪塚が存在する。しかしこれを最後に巨大古墳は姿を消す。ただ、これら大阪平野南部の巨大古墳の出現が、この地の勢力が王権を掌握したとはいえない。古墳は被葬者の本貫地に営まれることが多いのだが、この場合は全国統合したことを物語るものであり、倭国王の墳墓として新たな意味を付与され、大阪平野南部に墳墓が築かれたとみるべきであろう。

大型の前方後円墳は地域の統合のモニュメントとして登場し、それが継続されて造られてきた背景には、古墳に埋葬された王の王統が形成されるようになり、巨大古墳ともなると、それの所在する畿内地方に生まれた大和政権が日本列島を統合したことを物語っている。大王による列島の統一と大王統が形成されてきたことを示している。

五　文明化の動き

二つの鉄剣

倭王武こと雄略天皇の時代から文明化が始まる。四七八年の倭王武の上表文は駢儷体《べんれいたい》の漢文で書かれており、これを記したのは渡来人であろう。『日本書紀』雄略十二年十月条は、天皇が「史部《ふみとべ》の身狭村主青《むさのすぐりあお》、檜隈民使博徳《ひのくまのたみのつかいはかとこ》」を寵愛し、二人を十二年四月に呉《ご》国に派遣、その二人は十四年四月に呉の使者や呉が献上した「才伎《てひと》」（技術職人）と「漢織《あやはとり》、呉織《くれはとり》」の織物の衣縫いとともに、住吉津《すみのえのつ》に到着している。雄略紀七年、大伴大連室屋《おおとものおおむらじむろや》は詔《みことのり》を受けて東漢直掬《やまとのあやのあたいつか》に命じ、今来《いまき》の才伎を飛鳥の地に居住させたと見え、雄略は死に際しては大伴大連室屋に東漢直掬の後事を託している。その東漢直掬は、新たに渡来した人々を指揮し住まわせたといい、この時期に渡ってきた倭漢氏の指導者になったと考えられる。

渡来人の活用とともに文字が使用されたが、これを裏付けるのが、文字を刻んだ刀剣が東西の二つの古墳から出土した事実である。埼玉県行田市の埼玉《さきたま》古墳群の稲荷山《いなりやま》古墳の後円部から、画文帯《がもんたい》環状乳神獣鏡《かんじょうにゅうしんじゅうきょう》や多量の埴輪とともに鉄剣が出土、両面に漢字が金象嵌《きんぞうがん》で表され、銘文の表の字に「辛亥の年七月中、記す」とあって、辛亥年（四七一）に、「ヲワケの臣」が代々にわたり宮廷に「杖《じょう》刀人《とうじん》の首《おびと》」（武官の頭）になって奉仕していたことを記している。

その代々について、上祖のオホヒコ、その児、タカリのスクネ、その児、テヨカリワケ、その児、タカヒ（ハ）シワケ、その児、タサキワケ、その児、ハテヒと見える。「児」とあって、いかなる縁で繋がるのかは明らかでないが、代々は、その名からヒコ、スクネ、ワケの三つの段階があったことがわかる。

裏には、ヲワケの臣が「ワカタケ（キ）ル（ロ）の大王の寺、シキの宮に在る時、吾、天下を左治し、此の百練の利刀を作らしめ、吾が奉事の根原を記す也」とある。「辛亥年」とは「ワカタケルの大王」が雄略天皇であることから四七一年と考えられる。埼玉古墳群は、大型古墳の周りに小型古墳があり、円墳三十五基、方墳一基からなっていて、畿内で大型の前方後円墳が衰退した時期に逆に隆盛を迎えていた。ヲワケの臣が葬られた墳墓は小規模で、粘土槨《ねんどかく》と礫槨《れきかく》の二つの埋葬施設があるうちの中心部の粘土槨ではなく、礫槨に副葬されており、追葬されたものと考えられている。

もうひとつは、熊本県の玉名郡の、菊池川の左岸、標高約三十メートルの清原台地に立地する清原古墳群に所在する古墳時代中期の江田船山《えたふなやま》古墳から出土した。古墳は、墳長が六十二メートル、前方部の長さが二十五メートル、後円部の直径が四十一メートル、くびれ部近くの前方部両側には台形状の造出が確認されている。周溝から発見された遺物は、円筒埴輪・朝顔形埴輪および蓋形・家形・馬形と考えられる埴輪の破片や須恵器《すえき》の高坏《たかつき》・大甕などである。

出土品は中国・朝鮮系の遺物を多く含み、鏡は神人車馬《しんじんしゃば》画像鏡と画文帯神獣鏡をはじめ獣帯鏡や変形四獣鏡で、装身具一式がそろう。武器・武具のうち銀錯銘《ぎんさくめい》大刀《たち》と呼ばれる直刀は、刀身の平地の片面に花と馬、片面に魚と鳥が銀象嵌で表され、その棟の部分に銀象嵌で、銘文が「治天下獲□□□鹵大王世、奉事典曹人《てんそうじん》名无利弖《むりて》、八月中、用大鉄釜幷四尺廷刀、（中略）作刀者名伊太和、書者張安也」とあって、「獲□□□鹵大王」は「ワカタケル大王」と読め、ワカタケル大王こと雄略天皇に比定されている。被葬者の「ムリテ」は雄略の宮中に「典曹人」として仕えたとあるが、典曹とは文を司る職掌である。

東西日本の古墳から同じ王の名を記した刀剣が出土した事実は、大和王権の支配が広域に及んでいたことを物語っている。「ヲワケの臣」は「杖刀人の首」として宮中に仕え、「ムリテ」は「典曹人」として仕えていて、東国からは武人が、西国からは文人が出仕するようになったと言えよう。彼らは地方の首長から派遣された存在で、雄略紀には「養鳥人《とりかい》」「宍人《ししびと》」「船人」なども見られ、これらとあわせて考えると、稲荷山鉄剣に「吾が奉事の根原を記す」とあることから、大和朝廷により奉事人として制度化された存在であり、後の舎人制や随身へとつながってゆく。

倭国の文明化と豪族

ワカタケル大王は、天下を治め、有力な首長を組織するとともに、優勢な力を削ぐことへと向かうがその地方豪族の首長の存在を群馬県高崎市の三ツ寺《みつでら》I遺跡がよく示している。榛名山の東南麓を流れる井野川《いのがわ》の支流の猿府川《さるふがわ》の右岸に展開する首長居館であって、居館の北と東には猿府川を利用した濠、南と西には人工的な濠を造り、一辺が約百四十メートルの方形をなす。

郭内は柵列で区分されて南北に二分され、南区画の中央に四面庇をもつ一辺が十三メートルほどの大型の掘立柱建物が建ち、これが主屋と見られ、近くに水に関わる施設があって、そのひとつは上屋のある立派な井戸で、もうひとつは濠と結ばれた石敷きの施設で、ともに祭祀に関わって構築されていたと考えられている。北や西の区画内には、従者や工房に関わる竪穴住居などがあり、未発掘部分には倉庫群があったものと推定されている。

居館本体部は大規模な盛土がなされ、その下から幾つかの竪穴住居が検出されていて、もともと集落があったと推定されている。住居から出土した土器の編年から、五世紀後半にはじまり、終末は榛名山の噴火の六世紀初頭の頃と考えられている。近くの保渡田《ほどた》古墳群は、いずれも墳長が約百メートル、二重の盾型周濠の前方後円墳で、五世紀後半の造営と見られており、ここに葬られた首長と深い関係にある、と考えられている。

雄略天皇の時代が文明化の起点にあったことは、『万葉集』の巻頭を飾るのが次の雄略天皇の歌と見られていることからもわかる。

籠《こ》もよ　み籠《こ》持ち　ふくしもよ　みぶくし持ち　この岡《おか》に　菜摘《なつ》ます児《こ》　家告《の》らせ　名
告《の》らさね　そらみつ　大和の国は　おしなべて　我こそ居《お》れ　しきなべて　我こそいま
せ　我こそは　告《の》らめ　家をも名をも（一）

菜を摘む乙女よ、名乗ってほしい、大和の国をことごとく治めているのは我であり、我から名乗るゆえに、と詠んでおり、王者に相応しい歌である。『万葉集』は、文明化の始まりを雄略天皇の時代に見、和歌をその天皇から始めたのであろう。仏教説話集『日本霊異記《にほんりょういき》』の最初も、天皇の奉事人である随身として仕えた少子部栖軽《ちいさこべのすがる》の話「雷《いかづち》を捉えし縁《えに》」である。

中国に使者を派遣してその秩序に入る意味はなくなっていた。雄略天皇（倭の武王）以降、中国への遣使は途絶え、冊封体制は事実上、解消されたが、雄略紀に始まる国内支配の強化は、順調に進まなかった。雄略の第三子の清寧《せいねい》が位につくも、五年にして亡くなり、清寧に皇子が誕生しなかったため、播磨にいた履中《りちゅう》天皇の孫顕宗《けんぞう》・仁賢《にんけん》が探し出され、相次いで立てられた。

顕宗は父を殺害した雄略を恨み、その陵墓を破壊しようと思ったが、仁賢が諫めて思いとどまったといわれ、ここに古墳時代の終焉が近いことがわかる。その在位はわずか三年で仁賢が位につくも、仁賢も在位十一年で亡くなり、子の武烈《ぶれつ》が位についた。

皇子のいない武烈が武烈紀八年（五〇六）に亡くなると、男子の王族はなくなり、大連の大伴金村《かなむら》、物部麁鹿火《もののべのあらかひ》、大臣《おおおみ》の巨勢男人《こせのおひと》らが協議して、越前にいた応神天皇五世の孫の男大迹王《おおどのおおきみ》を迎え、翌年、河内国の樟葉宮《くずはのみや》で即位し、武烈天皇の姉妹手白香皇女《たしらかのひめみこ》が皇后となった。その継体紀七年（五一三）、百済の武寧王《ぶねい》が易・詩・書・礼・春秋を講ずる五経博士《ごきょうはかせ》を派遣してきた。

中国の高度な文明を伝えたもので、文明化は新たな段階に入った。継体紀十年には漢高安茂《あやのこうあんも》が派遣されて継続的に五経博士が送られてきた。二十四年、毛野臣《けぬのおみ》が対馬で病死し、その葬送歌は「枚方《ひらかた》ゆ　笛吹《ふえふ》き上《のぼ》る　近江《おうみ》のや　毛野《けな》の若子《わくご》い　笛吹き上る」であって、葬送儀礼として伎楽《ぎがく》や笛が奏され、歌や舞が披露され、伎楽が伝来してきた。

朝鮮半島の国家形成の動きが活発になり、新羅は五一四年に法興王が即位すると、五二〇年に律令を制定、五二一年に南朝の梁に入貢し、五二四年に百済の聖明王《せいめいおう》も梁に入貢し、金官国を軍事的に制圧したので、倭は五二七年（継体紀二十一）に近江毛野を派遣したが、そこで起きたのが九州北部に勢力をもつ磐井《いわい》の反乱である。『古事記』は、筑紫君磐井が天皇の命に従わないので、天皇が物部荒甲《もののべのあらかい》・大伴金村《かなむら》を派遣して磐井を殺害させた、と簡潔に記している。

継体天皇は磐井の反乱を鎮圧したものの間もなく亡くなり、安閑《あんかん》天皇が位につくが、この時期から屯倉《みやけ》と国造《くにのみやつこ》の制が全国的に広がった。豪族の首長間の対立や一族の内紛に乗じて、中央の支配が地方に及んだもので、首長を国造になして地域の支配を認めるとともに、彼らに屯倉を献上させて直轄領としたのである。安閑紀二年五月の筑紫の穂波《ほなみ》屯倉・鎌《かま》屯倉、尾張国の間敷《ましき》屯倉・入鹿《いるか》屯倉、上毛野国の緑野《みどの》屯倉、駿河国の稚贄《わかにえ》屯倉等々である。八月には、詔を出して国々に犬養部《いぬかいべ》を置き、九月に桜井田部連《さくらいのたべのむらじ》・県犬養連《あがたいぬかい》・難波吉士《なにわのきし》等に屯倉の税を主掌するよう命じている。

欽明朝の仏教伝来

安閑天皇も早くに亡くなり、群卿《まえつきみ》が弟の宣化《せんか》天皇を立てると、天皇は蘇我稲目《そがのいなめ》を大臣になし、以後、蘇我氏が継続して大臣となって群卿を統括しており、この段階で大臣の制が設けられたと見られる。その蘇我氏は六世紀に台頭し、朝廷の財政に関与、吉備《きび》の白猪《しらい》屯倉の設置に関わり、渡来系の船史《ふねのふひと》に船賦《ふねのみつぎ》を管理させるなど、渡来系氏族と密接な関係をもち、宗我部という部の民を所有、朝鮮半島の文化に早くに接するなど文明摂取に積極的であった。

宣化天皇も早く亡くなり、継体天皇と手白香皇女との間に生まれた欽明《きんめい》天皇が、五三九年（宣化紀四）に即位し、天皇は大伴金村と物部尾輿《おこし》を大連、蘇我稲目を大臣としたが、大伴氏・物部氏は天皇の親衛軍で、旧勢力を代表する豪族であったが、大伴金村が失脚して、蘇我稲目の娘の堅塩媛《きたしひめ》や小姉君《おあねきみ》が欽明の妃となり、蘇我氏が王族との婚姻関係を通じて最有力豪族に成長した。

欽明天皇の即位とともに、高句麗・百済・新羅・任那から使者が到来し、貢物を献納したので、天皇は秦人や漢人など渡来人を集め、国郡に住まわせ戸籍に登録させたところ、秦人の戸数は七千五十三戸に及んだという。百済の聖明王（聖王）は、天皇のために釈迦金銅像や経論を添えて仏教弘通《ぐつう》の功徳を賞賛する上表文を献上、その仏像を見た天皇は、仏教を受け入れるべきかを諮問した。

これに蘇我稲目が、西の諸国は仏を拝礼し、我が国だけがこれに背くことはできない、と受け入れを勧めると、物部尾輿らは、我が国王の天下のもと、天地に百八十の神がいるのに、改めて蕃神を拝するならば、国神《くにつかみ》たちの怒りをかう恐れがある、と反対を表明した。崇仏・廃仏の意見が二分したのを見て、天皇は仏教への帰依を断念するが、蘇我稲目には仏像を授け、私的礼拝や寺の建立を許可した。

そこで稲目は、飛鳥の小墾田《おはりだ》の家に仏像を安置するが、疫病が流行し、物部・中臣氏が「仏神」に国神が怒ったためである、と奏上、天皇は、仏像の廃棄や寺の焼却を認め、有司《つかさ》に仏像を難波の堀江に流させ、伽藍を焼かせた。それでも、欽明紀十四年五月、河内の泉郡の茅渟《ちぬ》の海で梵音がするとの報告があり、池辺直《いけへのあたい》を派遣したところ、海に浮かんでいた楠木がもたらされたので、天皇は画工に命じ仏像を造らせた。

欽明紀十五年二月、百済から「楽人」の施得三斤《せとくさむこん》・季徳己麻次《きとくこまし》・季徳進奴《しんぬ》・対徳進陀《たいとくしんだ》が渡来するが、これについて『新撰姓氏録《しんせんしょうじろく》』は、欽明朝に呉の国王の子孫と伝える和薬使主《やまとくすしのおみ》が、大伴狭手彦《おおとものさてひこ》に従って内外典薬や仏像とともに「伎楽調度一具等」を持って渡来した、と記しており、新羅楽と百済楽が伝わった。

百済はその後も、五経博士の王柳貴《おうりゅうき》に代えて固徳馬丁安《ことくまちょうあん》を派遣、医博士《くすしの》・易博士《えきの》・暦博士《こよみの》も交替させ、採薬師《くすりとりはかせ》や楽人を派遣し、仏教信仰の波、文明化の波は、次々に日本列島に及んできたが、天皇は正式に仏教を受容しなかった。

欽明紀三十二年（五七二）四月、欽明天皇が亡くなり、位についた敏達《びだつ》天皇は、「仏法を信《う》けたまはずして、文史《しるしぶみ》を愛《この》みたまふ」と、仏法を信じず文学や歴史を好んだが、敏達紀六年（五七七）十一月に、百済の威徳王《いとくおう》から経論や律師・禅師・比丘尼などの僧、造仏工、造寺工が献上されると、難波の大別王《おおわけのきみ》の寺に安置し、その二年後には新羅からも仏像が献上された。

蘇我稲目の子・馬子は、敏達紀十三年（五八四）九月、百済から鹿深臣《かふかのおみ》のもたらした弥勒の石像と、佐伯連《さえきのむらじ》の仏像の二体を請い受け、修行者を探し訪ね、播磨にいた高麗の僧恵便《えべん》を師として、仏殿を宅の東に造って法会を営み、石川の宅にも仏殿を設け、この地で司馬達等《たっと》の娘・善信尼《ぜんしんのあま》らが日本人最初の出家者となった。

そうしたなかで、敏達紀十四年、疫病が流行、馬子が罹患したので、物部尾輿の子・守屋、中臣勝海《なかとみのかつみ》らは、蘇我氏による仏教崇拝が原因であると訴え、天皇の許可を得て、廃仏毀釈を実施、仏像の廃棄や伽藍の焼却、尼僧らの衣服をはぎ取り、海石榴市《つばきち》（大和の市場）で鞭打ちをした。

ところが、天皇も病に罹ったので、老いも若きも「是、仏像焼きまつる罪か」とひそかに語りあうなか、馬子が三宝の力を借りなければ治らないと奏上すると、馬子独りに仏法が許され、新たに寺院が造られて尼たちを迎えた。疫病も今度は仏教受容を進めることになって、八月、敏達天皇が亡くなる。

飛鳥の王権

欽明天皇の第四皇子で、蘇我稲目の娘堅塩媛を母とする用明《ようめい》天皇が位につくと、天皇は「仏法《ほとけのみのり》を信《う》けたまひ、神道《かみのみち》を尊《とうと》びたまふ」と、神仏ともに尊崇する立場をとり仏教への関心が深かった。用明紀二年（五八七）、病気になった天皇は、「朕、三宝に帰らむと思ふ。卿等議《はか》れ」と、天皇として初めて仏教を信受する「三宝帰依」を表明して、蘇我馬子と物部守屋が争い、守屋が殺害される。

臨終の際、司馬達等の子鞍部多須奈《くらつくりたすな》が、天皇のために出家して道を修め、丈六の仏像を造りたい、と申したので、天皇は悲しみ、心を乱したという。『日本書紀』はこれを南淵《みなぶち》の坂田寺《さかたでら》の仏像であると記す。用明天皇の皇子厩戸皇子《うまやとのみこ》（聖徳太子）は、馬子とともに推古元年（五九三）に物部氏との戦いの際の誓いから、摂津国難波に四天王寺を建立したという。

蘇我氏支援の推古天皇が飛鳥豊浦宮で即位すると、仏教受容への反対勢力はなくなり、推古紀二年（五九四）二月条は、「詔《みことのり》して三宝を興隆せしむ」と、天皇が「三宝を興す」と積極的に宣言、仏教布教の政策を展開する。天皇を支えた蘇我稲目は、大和の飛鳥の地に基盤を置き、ここに向原家・小墾田家・軽曲殿などの居宅を持っていたが、子の馬子は本格的な寺院として、飛鳥寺の造営を崇峻紀元年（五八八）から着手した。

百済から仏舎利、僧、寺工、鑪盤博士、瓦博士、画工が贈られ、「法興寺」（飛鳥寺）の建立にあたった。東漢氏系の飛鳥衣縫《あすかのきぬいの》造《みやつこ》樹葉《このは》から土地を譲り受け、推古紀元年に塔を建て始めて三年後に完成し、高句麗僧の慧慈《えじ》や百済僧の慧聡《えそう》を住まわせ、馬子の子善徳《ぜんとこ》を寺司とした。その慧慈から、隣国の隋が官制の整った強大国であって、仏法を篤く保護していることを聞いた天皇は、遣隋使派遣を考え、推古紀八年（六〇〇）に派遣、推古紀十一年十二月には豊浦宮で冠位十二階を制定した。

翌十二年四月、聖徳太子は十七条の憲法を制定したと言われる。第一条は「和《やわらぐ》を以て貴《とうと》しとし、忤《さか》ふること無きを宗《むね》とせよ」、第二条は「篤《あつ》く三宝を敬《うやま》へ。三宝とは仏・法・僧なり」、第三条は「詔《みことのり》を承《うけたまわ》りては必ず謹《つつし》め、君は天なり、臣は地なり」と始まり、この最初の三か条は、君臣の道に関する一般原則であり、第四条以下は基本的に群卿《ぐんけい》・百寮《ひゃくりょう》（多くの公卿と官吏）を対象とする。ま

⑥訴訟の中央への上申義務などを伝え、東国に国司を遣わして治める、と宣言した。その東国には八組の使者を派遣しており、帰京した国司の論功行賞から、第三組が毛野方面、第五組が駿河方面に遣わされたものと見られている。

詔の①は、九月に諸国に出された土地兼併禁止の詔と関わって、豪族たちの「己民」の役使規制へと連動した。②④は、地方豪族の審査に関わるもので、⑥と相俟って地方の新秩序の編成を意図していた。同日に出された鐘匱《かねひつ》の制では、伴造や尊長が下した裁決への直接の上訴を認めており、新秩序形成への意欲が強かった。男女の法も定め、良民・奴婢の子の帰属を定めている。

十二月に都を飛鳥から摂津の難波長柄豊碕宮《なにわのながらのとよさきのみや》へ遷すことを定めると、大化二年(六四六)正月、改新の詔を出した。第一条は、かつて国内の土地・人民が天皇・王族・豪族によって私的に所有・支配され、天皇・王族の支配民が子代の民、所有地が屯倉と呼ばれ、臣・連・伴造・国造・村首ら豪族の支配民が部曲《かきべ》、所有地は田荘《たどころ》と呼ばれていたのを廃し、代替措置として食封《じきふ》を大夫に給し、その大夫に民政の推進を命じた。

第二条は、政治の中枢となる首都や畿内・国・郡などの地方行政組織を整備し、その境界の画定、中央と地方を結ぶ駅伝制《えきでんせい》を定め、第三条は、戸籍・計帳による人民把握と、班田収授という土地制度をしき、第四条は、田の調という田地の面積に応じ賦課される新税制を定めた。これら基本的方針は、その後に紆余曲折はあるが、政策として進められてゆき、やがて律令《りつりょうせい》制として結実してゆく。

三月には、旧俗矯正の詔を出し、薄葬令と称される儒教的秩序に基づく造墓規制・風俗統制を行なっている。陵墓はこれまでは自由に造られていたのだが、造墓を身分別に定め、天皇陵にかける時間を七日以内に制限したことなどから、古墳時代は事実上終わった。冠位制度も改訂され、かつての冠位十二階は、大化三年に冠位十三階、大化五年に十九階となり、従来、大臣・大連を出した有力氏族を冠位制度に組み込み、天皇を頂点とした序列に整えた。

世襲制の役職であった伴造や品部を廃止し、特定の氏族が特定の役職を世襲する制度も廃し、八省百官の制定によって官僚制への移行を進めた。大臣・大連の廃止にともない、太政官が置かれ、左大臣・右大臣に置き換えられた。礼法も策定され、職位に応じた冠、衣服、礼儀作法が制定され、冠位の無い良民は白衣を身につけ、白丁《はくちょう》と呼ばれた。

だが、性急な改革は大きな反発を受けた。大化四年の冠位十三階の施行に際しては、左右両大臣が新制の冠の着用を拒み、翌年に左大臣阿倍内麻呂が死去し、その直後、右大臣蘇我倉山田石川麻呂が謀反の嫌疑をかけられ、山田寺で自決した。政治を支えるべき左右大臣を失うなど群臣の離反が目立つようになった。

難波京への遷都

天皇は六五〇年に年号を白雉《はくち》と改め、地方では評制の改革を進め、群臣の離反に対しては対外政策で威信の回復をはかった。白雉四年、五年と続けざまに遣唐使を派遣し、進んだ法制度や文化の輸入に努め、北陸道の越国《こしのくに》には渟足柵《ぬたりのき》と磐舟柵《いわふねのき》を設けて東北地方の蝦夷に備えている。

難波長柄豊碕宮の宮殿が白雉三年（六五二）に完成すると、この宮を『日本書紀』は、言葉では言い尽くせないほどの偉容を誇る宮殿である、と記すが、建物はすべて掘立柱建物からなり、草葺屋根であった。回廊と門で守られた北側の区画は東西百八十五メートル、南北二百メートル以上の天皇の住む内裏で、東西約三十六メートル・南北約十九メートルの前殿《ぜんでん》と、ひとまわり小さな後殿《こうでん》が廊で結ばれ、その前殿が正殿である。東西約三十三メートル、南北十二メートルの内裏南門があってその左右に八角形の楼閣状の建物がある。建物はすべて掘立柱である。

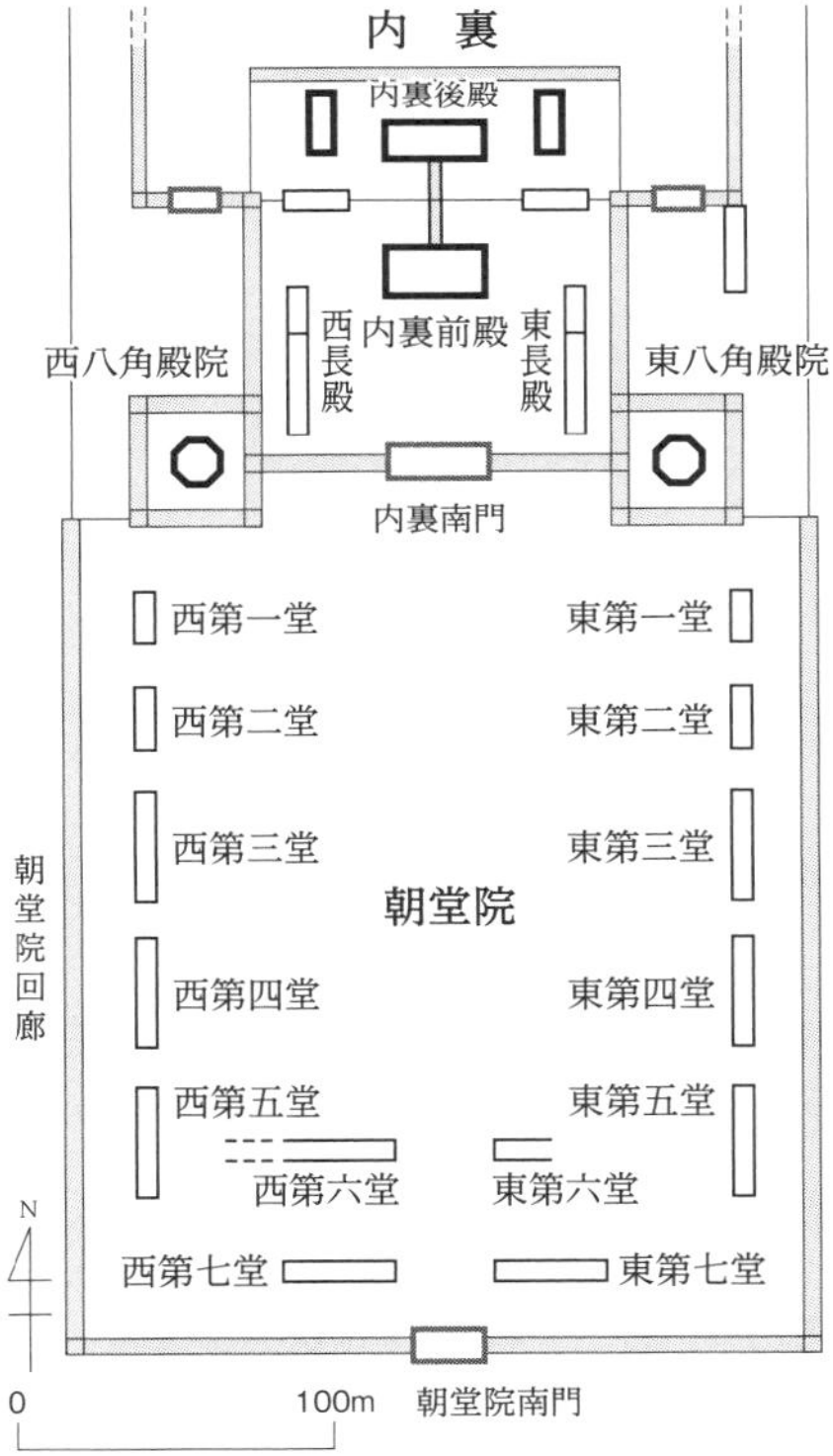

前期難波宮配置図

内裏の前は朝堂院《ちょうどういん》で東西約二百六十三メートル、南北約二百三十四メートルあって、東西に各七棟の朝堂があり、朝堂院の南門は内裏南門と同じ規模で、荘厳なものであった。

この難波宮の造営や性急な改革を行なう孝徳天皇に不満をもった中大兄皇子が、白雉四年（六五三）に難波宮を引き払って飛鳥に戻ると、群臣もこれに従ったことから孝徳天皇は全く孤立し、翌年に憤死、皇極天皇が重祚《ちょうそ》した（斉明《さいめい》天皇）。

六五八年、孝徳天皇の遺児有間皇子《ありまのみこ》は、謀反を起こそうとしたとして処刑された。紀伊白浜に護送された皇子は一切釈明をせずに次の歌を詠んだという（『万葉集』）。

磐代《いはしろ》の　浜松が枝《え》を　引き結び　真幸《まさき》くあらば　またかへり見む（一四一）

家にあらば　笥《け》に盛《も》る飯《いひ》を　草枕　旅にしあれば　椎《しひ》の葉に盛る（一四二）

幸いにも家に帰ることができればよいのだが、と詠んだが、その願いも空しく終わる。斉明天皇はこの年と翌年、越国守の阿倍比羅夫《あべのひらふ》を東北地方に派遣して蝦夷の服属をはかると、比羅夫は蝦夷と粛慎《みしはせ》人を捕虜に帰還した。六六一年、天皇は朝鮮出兵のため九州に向かい、その一行が伊予に寄港した時、額田王《ぬかたのおおきみ》は次の歌を詠んだという（『万葉集』）。

熟田津《にきたつ》に　船《ふな》乗りせむと　月待てば　潮《しほ》もかなひぬ　今は漕《こ》ぎ出でな（八）

ところが、斉明天皇が滞在先の九州の朝倉宮で急死したので、同行していた中大兄皇子が即位せずに「称制」として朝廷の実権を握ると、阿倍比羅夫を筑紫大宰帥《だざいのそち》に起用し、九州の豪族中心の軍兵を渡海させた。その船舶は百七十余隻、兵力は一万余人であった。

翌年にかけ派遣軍は百済人とともに戦い、当初は優勢が伝えられていたのが形勢が逆転、その翌年三月、主力部隊の第二次派遣軍二万七千人が出発し、八月、倭・百済連合の万余の軍が唐・新羅軍の白村江河口に突撃したが、待ち構えていた唐・新羅水軍に大敗を喫した。この敗戦を契機に、中央集権体制の構築の必要性から、唐や新羅による侵攻に備えて防御体制を整え、亡命百済人を官人に登用、近江からさらに東国に移住させ、その農業技術を駆使して東国の開発にあたらせた。

六六四年に辺境防備のために防人を配し、情報を伝えるための烽《とぶひ》を対馬・壱岐・筑紫に配備、水《みず》城《き》を築いて大宰府の備えとした。大宰府の前身は、推古朝時に博多付近に置かれた筑紫大宰であり、政庁は博多湾から南東に移され、亡命百済の貴族の指導によって北に大野城、南に基肄《きい》城、鞠智《くらち》城を構えた。この朝鮮式山城は、屋島城・金田城・備前の鬼ノ城や播磨の城山城、讃岐の城山城、伊予の永納山城《えいのうさんじょう》など、瀬戸内海沿岸の各地にも造られていった。

六　律令国家と都城

近江遷都

六六七年に中大兄皇子は都を飛鳥から近江に遷した。「天下《あめのした》の百姓《おおみたから》、都遷すこと願はずして、そえあざむく者多し。童謡《わざうた》亦多し。日々連夜、失火の処《みずながれ》多し」と『日本書紀』が記すように、飛鳥の都から離れることへの批判は大きかったのだが、白村江の戦いの失敗を顧み、中央集権的支配を達成するためと、東国の軍事力を重視することから、すぐ近くに湖がある風光明媚な地を選んで、政治の一新を狙った。

発掘によって、飛鳥岡本宮よりも規模は小さく、前殿と正殿、南門からなる内裏と、その周囲を官庁がとりまく機能的な京であり、周辺には多くの寺院が建てられた。天皇は翌年に即位し（天智天皇）、六七〇年に「戸籍《へのふみ》を造る、盗賊と浮浪とを断む」と、戸籍を作らせた。庚午《こうご》の年に作成されたので「庚午年籍《ねんじゃく》」という。これは、中央豪族の地方支配の実情を調査し、造都のための労働力を確保する意図もあって、永久保存され、氏姓の根本台帳となった。人民を把握する体制を築き、中央集権体制に邁進した。

六七一年には初めての法典『近江令』を施行したとされるが、その初見は九世紀に編まれた『弘仁格式』の序に「近江朝廷の令」二十二巻とあることによるものであり、疑問視されてはいるが、後の律令への動きが始まっていたことは明らかであり、その律令の整備へと動いたのが、中大兄皇子の政治と外交とを間近に見聞し、支えていた弟の大海人皇子（天武天皇）である。

六六八年末に高句麗が滅び、対外関係が再び緊迫するなか、六七一年に天智天皇は太政官制をしいて伊賀采女宅子《いがのうねめのやかこ》との間に儲けた大友皇子を太政大臣、左大臣に蘇我赤兄《あかえ》、右大臣に中臣金《かね》、御史《ぎょし》大夫《たいふ》に蘇我果安《はたやす》・巨勢人《こせのひと》・紀大夫《きのうし》らを任じた。

六七一年、重病に陥った天智天皇が、大海人皇子を病床に呼び寄せて後事を託そうとしたが、大海人皇子は倭姫《やまとひめ》皇后を即位させ、大友皇子を執政にするよう天皇にすすめ、自らは出家し、その日のうちに剃髪、吉野に下り、妻（後の持統《じとう》天皇）や草壁皇子《くさかべのみこ》らと一緒に住んだ。皇子の選んだ吉野は、先に古人大兄皇子《ふるひとのおおえのみこ》が出家して住み、斉明天皇が離宮を設けた地であり、奈良盆地の南の山奥深く、攻められても防御が可能で、四方に道がつながり、情報を得、発信するのに便があった。

六七一年、大津宮で天智天皇が亡くなって大友皇子が朝廷を主宰、後継に立ったのを契機に、翌年六月二十二日、大海人皇子は挙兵を決意、美濃に使者を派遣し、わずかな供を従えてその後を追った。作戦は、近江朝廷が東国の勢力と結ぶのを遮断し、東国勢力を味方に引き込むもので、東国から数万の軍勢を不破に集結させ、琵琶湖東岸を進み、七月二十三日に大友皇子を自害に追いやった（壬申の乱）。

勝因は、戦略的に優れ、天智天皇を支えてきたこれまでの政治の実績や、妻が天智天皇の皇女であったことなどによる。近江朝廷の内部にあって実権を握る道もあったのだが、天皇中心の政治を果断に行なうためには、天智天皇・大友皇子に連なる諸勢力を排除し、実力で近江朝廷を倒すことが最上であると考えたのであろう。

こうして都は大和に戻され、近江の都は荒れていった。次の歌は、柿本人麻呂《かきのもとのひとまろ》が天智天皇の造営した近江宮が荒れてしまった様を詠んだ「玉襷《たまたすき》　畝傍の山の」と始まる歌の反歌と、石見国の妻と別れて詠んだ歌である（『万葉集』）。

さざなみの　志賀の辛崎《からさき》　幸《さ》きくあれど　大宮人の船待ちかねつ（三〇）
ささの葉は　み山もさやに　さやけども　吾は妹をおもふ　別れ来ぬれば（一三三）

和歌の文化は宮廷歌人の登場とともに耀きを増し、柿本人麻呂は後世に歌聖と称された。

天武新政権と寺院の造営

乱に勝利した天武天皇は、天智天皇の大津宮を捨て、飛鳥の古京に帰還、飛鳥の島宮《しまのみや》、ついで飛鳥岡本宮に入り、それに加えて東南の少し離れた所に新たな殿舎（エビノコ郭）を造営、飛鳥浄御原宮を造り、中国の皇帝の正殿（太極殿）を模し大極殿を建て、政治の中枢塔の役割を担わせた。

六七三年二月二十七日に即位した天皇は、妻を皇后とし、太政官のメンバー六人のうち右大臣中臣金を斬首、他を辞めさせ、大臣は一人も置かず、直接に政務をみた。要職に皇族の諸王をあてはしたが、実権をもたせず権力を自らに集中させ、国家に君臨した。壬申の乱により「新たに天下を平らげ」初めて即位した、と告げただけに、天武天皇は、自らを新王統の創始者として位置づけたもので、天皇の号もこの時期から明確に使用された。

即位して間もなく行なったのが官僚制の整備で、六七三年、官人はすべて大舎人《おおとねり》に任用してから出仕するものと定め、大舎人には天皇の身辺を警護して忠誠心を養わせ、官僚を養成した。翌年、官職と位階とを関連づける官位相当制を採用、六七八年には毎年、官人の勤務評定を行ない、位階を進め、定期的・体系的な昇進機会を与える考選法を始めた。

六七五年には部曲《かきべ》（豪族の私有民）を停止し、豪族や寺社の私的支配を否定、諸豪族を官人秩序に組み込んだ。皇族・臣下・寺院に認めてきた山沢・島浦・林野・池などの私有地を取り上げ、有力者の私的支配を否定し、官位官職、功績に応じて個人に封戸《ふこ》（食封《じきふ》）を与える形に切り替えた。神祇体系の頂点に、天照大神を祀る伊勢神宮を据え、各地の神を天皇の下に位置づけて体系化、民間習俗を積極的にとりこんで国家的祭祀とした。

礼楽の秩序を整えるために五節《ごせち》の舞や新嘗祭《しんじょうさい》などを国家的祭祀に高めて大嘗祭《だいじょうさい》を始め、古来の神の祭も重視し、地方的祭祀の一部を国家の祭祀にとりこんで保護し、国家の管理に服させた。仏教保護も手厚く、六七三年に川原寺《かわらでら》で一切経の書写を行なったが、この寺は斉明天皇の死後に天皇の「宮」を「寺」に改めたもので、百済大寺に続く国の大寺として造営、旧境内の遺構によって一

興福寺仏頭（興福寺蔵・飛鳥園提供）

塔二金堂に三面僧房からなっていた。同年、飛鳥の宮の近くに百済大寺を移して高市大寺《たけちだいじ》と命名、その三年後に大官大寺《だいかんだいじ》と改称した。九重塔をもつ大寺である。

六七六年には使者を全国に派遣して『金光明経《こんこうみょうきょう》』と『仁王経《にんのうきょう》』を説かせている。『金光明経』は、国王は天の子であり、生まれたときから守護され、人民を統治する資格を得ている、と説く経典であり、『仁王経』は、法が滅びる時、水火・盗賊・疫疾・戦争などの災危がおきるのを免れ、国家を安穏にする般若波羅蜜《はんにゃはらみつ》を受持して講説をすることを説く経典である。

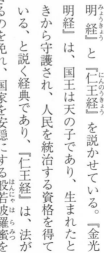

こうした天皇の動きを受けて多くの寺院が造営・修造されたが、そのひとつの山田寺《やまだでら》は、蘇我倉《くら》山田石川麻呂《やまだいしかわまろ》の造営に始まり、中門・塔・金堂・講堂が南北に一直線に並び、回廊のめぐらされた伽藍配置からなることが、発掘により明らかになった。六八五年に講堂の本尊が完成するが、これの一部が後に興福寺にもたらされた「仏頭《ぶっとう》」で、その穏やかな表情からは新時代の動きがうかがえる。

同時期の仏像には、当麻寺《たいまでら》金堂本尊の弥勒仏像や四天王像、当麻寺近くの石光寺《しゃくこうじ》の石造弥勒仏、大阪羽曳野市の野中寺《やちゅうじ》の弥勒菩薩像がある。仏像の宝庫の法隆寺は六七〇年に「四月癸卯朔壬申夜半之後　災法隆寺一屋無餘」と、焼失するが再建され、今に残る世界最古の木造建築であり、その重厚感の溢れる建築も新時代の息吹を伝えている。六八〇年、天皇は皇后の病気に際し薬師寺建立を祈願し、自らの病に際しても仏教に頼り快癒を願うなど、寺院造営は広く地方にも及んだ。

古代国家の体制

天皇は、日本の国土の領域の形を整えるために、六七九年に龍田《たった》山・大坂《おおさか》山に関を置き、難波には外壁を築かせ、六八二年、南西諸島の種子島、屋久島、奄美大島の人々に禄を下し、東北地方では陸奥国の蝦夷に冠位を授け、越《こし》の蝦夷《えみし》伊高岐那《いこきな》に評《こおり》を立てるのを認めた。

六八三年から六八五年にかけて全国に派遣された使者が、国界の画定を行ない、国司の任務を定めたので、評制によって下から進められてきた地方の制度が、この時期から上からの国司制や畿内七道制に基づく地方行政機構に収斂された。

六八三年には、諸国に陣法《じんぽう》を習わせ、六八四年に「政《まつりごと》の要《ぬみ》は軍事《いくさのこと》である」と、文武の官と諸人に用兵と乗馬とを習えと命じ、武装に欠ける者がおれば罰すると命じ、八色《やくさ》の姓《かばね》を定め、いくつかの氏族の姓を引き上げる優遇措置をとって、氏姓制度を全面的に再編成、皇族の裔を真人《まひと》、旧来の臣の氏族を朝臣《あそん》、連を宿禰《すくね》とした。この政治の断行のため綱紀粛正をはかり、皇族臣下の高位者に流罪以下の処分を下し、群臣や百寮、天下の人民に、諸悪をするな、と詔を下した。

白村江の戦い後、唐と新羅が互いに朝鮮半島の支配をめぐって争い、それぞれ日本との通交を求めてきたので、新羅に使者を派遣して文化を摂取する一方、唐には使者を遣わさずに国としての体面を繕った。六八五年に京と畿内の人夫の武器を検査、軍隊指揮の用具と大型武器を評の役所に納めさせて、地方軍制も整えた。国号を「日本」と定めたのも、外交面のみならずこうした動きとともにあった。同年に、筑紫大宰が三足《みつあし》の雀を貢上したので、「天瑞《あまみつ》」として、給禄と大赦を行ない、「庭中《おおば》」で推古天皇の時に小墾田宮の式楽となっていた小墾田舞《おはりだまい》と、高麗・百済・新羅の三国楽が奏された。

天皇は、「諸国に家ごとに仏舎を作り」「仏像及び経を置き、礼拝供養せよ」との詔を出したので、六九二年に「天下の諸寺、およそ五百四十五寺」と、爆発的に寺院が増加した。地方寺院の多くは瓦葺であり、この瓦に大きな影響力を与えたのが川原寺式の軒丸瓦《のきまるがわら》で、白鳳寺院と呼ばれる。それは北の陸奥国の伏見廃寺から肥後の興善廃寺まで六百か所以上に及ぶ。寺院造営にあたったのは評の司《つかさ》で、『出雲国風土記』に「飯石郡少領主」の出雲臣、「出雲郡大領」の日置臣、「大原郡大領」の勝部臣らの名が造営人として見える。

さらに政治と文化の中心となる宮都の造営に着手した。永続的都を建設する抱負から適地を探し、天武紀五年（六七六）に、新益京《あらましのみやこ》（藤原京）として完成する都城の造営にとりかかった。整地した道路に側溝を掘らせた様子を詠んだ、「大君は神にしませば水鳥の　すだく水沼《みぬま》を都となしつ」（四二六一）、「大君は神にしませば赤駒の　腹ばふ田居《たい》を都となしつ」（四二六〇）の歌がある。六八二年に三野王《みのおう》らに命じて地形を検分させ、天皇自身も新城に行幸、翌年には京を見てまわり、六八四年に宮室の地を定め、都市計画に基づく工事を開始した。

ところが、六八六年五月、天武天皇はにわかに病に倒れ、病気の平癒が祈られたものの、その効なく七月半ばに「天下《あめした》の事は大小《おおきちいさき》を問《い》はず、ことごとく皇后《きさき》及び皇太子《ひつぎのみこ》に啓《もう》せ」という勅を出し、国政を皇后と草壁皇子にゆだねて亡くなる。

藤原京

天武天皇の死により都の造営は中断されたが、持統天皇の手で進められて二十年近くの歳月をかけて完成をみた。新都の中軸線を南に延長した先に天皇陵が築かれ、初の本格的都城の藤原京であって、六九四年に持統天皇は藤原宮に移った。飛鳥盆地の北西、耳成山・畝傍山・香久山の大和三山に囲まれた地を中心に藤原宮を配し、東西九百二十八メートル、南北九百七メートルのかつてない広大な京となった。

内裏内郭、大極殿、朝堂院、朝集堂、その左右に朝廷の諸官庁（曹司《ぞうし》）が立ち並び、中央の宮は周囲を掘立柱の塀の大垣と十二の宮城門を計画的に配置し、外堀が廻《めぐ》らされた。南は皇族・貴族・役人が住む京で、東西、南北方向に走る道路が碁盤目状に街区を区画する十条四方の、ほぼ正方形の条坊制が施された。

持統紀五年（六九一）の宅地配分では、位階によって大きさが決められ、五位以上の貴族の占める

藤原京復元模型の全景（橿原市提供）

四町を筆頭に、二町・一町などと細かく分けられ、その計算から四百四十五町が与えられ、全体の宅地の三割弱を占め、さらに大官大寺や薬師寺の巨大伽藍建築群があった。

中国の古典『周礼《しゅらい》』の「考工記」の記述と合致しており、それに基づいて計画がされたのだが、現実の中国の都城の長安と一致をみない。これは情報不足や、地形面で南東が高く北西に向かって低いこと、南面してすぐに山があることなどの制約による。

天皇の代替わり毎に宮を遷《うつ》していたのが、持統・文武・元明三代の天皇の都となり、朝堂院の正殿（大極殿）が成立し、内廷機能と外廷機能が分離した。有力な貴族や豪族が別個に宮を構えていたのが、京城内に宅地が班給されて集住するようになり、瓦葺き礎石立ちの壮大な宮殿が営まれ、律令国家の出発を飾った。

中央集権国家の威容を示す装置として多大な労働力と時間、費用をつぎ込んで完成したのであり、この地から持統天皇が詠んだ歌（『万葉集』）に「春過ぎて　夏来《き》たるらし　白たへの　衣干したり　天《あめ》の香具山」（二八）がある。天武天皇は都を見ることはなかったが、その陵墓周辺に多くの陵墓が築かれ、キトラ古墳や高松塚古墳の内部の壁画には、四神が描かれ、高松塚古墳の東壁の男子群像や西壁の女子群像からは、唐代の人物画の強い影響がうかがえる。飛鳥池の発掘では、六八三年に銀の地金の使用を認めつつ銀銭の使用を停止して銅銭に一本化した銅銭の富本銭《ふほんせん》が出土している。

六八八年に律令の令のみの『飛鳥浄御原《あすかきよみはら》令』が発布された。後の『大宝令』『養老令』とは細かな点で異なるも、実質的意義や内容は同じであり、天武・持統政権のもとで日本の律令体制の基礎が定まったのである。この段階で日本の国家の来歴を知り、今後の方向を探る必要から『古事記』『日本書紀』が編まれた。

『日本書紀』の編纂は、七二〇年五月に漢文による「日本紀三十巻・系図一巻」としてなるが、天武天皇は豪族の持つ帝紀・旧辞の内容に不満を抱いて、稗田阿礼《ひえだのあれ》に帝紀と旧辞を詠み習わせ、これが七一二年に太安麻呂《おおのやすまろ》により『古事記』として完成をみた。和風漢文という日本語表記がひとつの段階に達したことを物語っている。

大宝律令制定

六八六年五月、天武天皇が亡くなったのと同日に大宝令が施行された。大宝律令は「律」六巻・「令」十一巻からなり、日本史上初めて律と令がそろった形で成立、七〇〇年に令がほぼ完成、残る律の作成が行なわれ、唐律をほぼ導入し『大宝律令』として完成、律令の選定には刑部《おさかべ》親王・藤原不比等《ふひと》・粟田真人・下毛野古麻呂《しもつけのこまろ》らが携わった。

特徴の第一は、行政法や民法にあたる「令」が、唐令に倣いつつも日本社会の実情に則して改変された点にある。中央の官制は、天皇を中心とした二官八省（太政官・神祇官の二官、中務省以下の八省）の官僚機構を骨格に据え、太政官の議政官は大臣・大納言、後に追加された中納言や参議からなり、国政を審議して天皇に上奏して裁可を得る仕組みであった。各官庁は長官《かみ》・次官《すけ》・判官《じょう》・主典《さかん》の四等官制をとる。元号や印鑑を用い、定められた形式に従って文書を作成する手続き・形式重視の文書主義であった。

第二は、唐の方式を基準とする制度への転換である。官位が一位、二位などの数字によって上下関係を示す中国式に変えられ、その位階秩序に沿って官職を対応させる官位相当制がとられ、五位以上には特権が与えられて貴族と称され、畿内豪族が独占する傾向にあった。大学寮について言えば、中国の太学に相当し、式部省の管轄下にあって、学生や釈奠《せきてん》のことを職務とする大学頭・大学助・允・属《さかん》の四等官制をとる。典薬寮《てんやくりょう》では、職員に医官が任じられ、臨床系医師、医生を教育する医博士、薬園管理と薬園生六人を教育する薬園師が置かれ、内薬司にも内廷医療を担当する医師が置かれた。

第三の特徴は、民衆を把握する公地公民制と班田収授制で、戸籍・計帳を作成、租庸調の税制を導入した。民衆を戸に編成、五十戸を里として里長《りちょう》を置き、毎年、戸主に戸の内訳を記す計帳《けいちょう》・手《しゅ》実《じつ》を出させ、それを基に戸数を集計した計帳を作成、その年の庸調の収入が示され、六年に一度、戸籍が作成された。租庸調制の租は田にかかる税で、諸国の正倉に納められ、調・庸は二十一歳から六十歳の男子にかかる人頭税で、土地の織物や特産物など雑物が課され、庸は本来は中央での労働が課されたが、布を納めることに代えることも行なわれた。

第四の特徴は、地方行政において「評」が「郡」に名が変えられて郡司が置かれ、地方官制として国・郡・里などが定められた点にある（国郡里制）。中央政府が派遣した国司には多大な権限が付与され、地方豪族が職を占める郡司にも一定の権限が認められた。

以上の特徴を有する律令を全国一律に施行するため、大宝元年（七〇一）八月に明法博士《みょうぼうのはかせ》を西海道以外の六道に派遣して新令を講義させ、翌年には大宝律令を諸国に頒布した。ここに統治・支配の仕組みが国家の支配領域（東北地方を除く本州、四国、九州の大部分）にほぼ一律的に及ぶこととなった。大宝二年（七〇二）、遣唐使の粟田真人は、大宝令を携えて唐（則天武后《そくてんぶこう》が建てた武周）に渡り、「日本国の使者」と伝え、国号が倭から日本にかわったことをわかってもらえたという。

制度化の進捗

六九七年二月に持統天皇は軽皇子《かるのおうじ》を皇太子とし、八月一日に軽皇子に譲位し（文武《もんむ》天皇）、持統は初の太上《だいじょう》天皇（上皇）となり、譲位後も文武天皇と並んで執政の座にあった。慶雲《けいうん》三年（七〇六）閏正月、政府は京畿と因幡・三河・駿河の国などの疫病の流行で、医薬を給して療治させ、神祇に祈禱させ、四月には河内・出雲・備前・安芸・淡路・讃岐・伊予などの飢疫《きえき》から使者を派遣、賑恤《しんじゅつ》し、「天下諸国疫疾」で初めて「土牛《どぎゅう》」を作って「大儺《たいな》」（疫病神）を祀っている。これは後に年末の追儺《ついな》（鬼やらい）の行事につながる。

大宝律令を制定した後、現実にあわない部分ができてきたので、慶雲二年（七〇五）から三年にかけて多少の手直しが施され（慶雲の改革）、七〇七年、文武天皇が亡くなると、跡を継いだのは、持統天皇の妹で文武天皇の母阿閉皇女《あべのおうじょ》であった。夫の草壁皇子は皇太子となったものの、持統紀三年（六八九）に亡くなり、文武紀元年（六九七）に皇子が文武天皇として即位、同日に皇太妃となったのだが、文武天皇も病に倒れて亡くなった。このためまだ孫の首皇子《おびとのおうじ》（後の聖武《しょうむ》天皇）が幼いため、皇后を経ず即位した（元明《げんめい》天皇）。

天武天皇の皇子が多くいるなか、幼い首皇子への継承を図るために持ち出したのが、天智天皇が改めることのない恒久の規範として定めたといわれる持統・文武直系への皇位相続の原則（不《ふ》改《かい》の常《じょう》典《てん》）であって、これに基づいて文武から譲られて即位する、と宣言した。この苦しい措置を助け補佐したのが藤原鎌足の子不比等である。

不比等は軽皇子（文武天皇）擁立に功があり、その後見として政治の表舞台に出ると、女官の橘《たちばなの》三千代《みちよ》と結婚、文武の即位の直後に娘の宮子《みやこ》を文武夫人となし、宮子に首皇子（聖武天皇）が生まれると、橘三千代との間に儲けた娘光明子《こうみょうし》を聖武天皇に嫁がせた。

唐の長安城を見聞した遣唐使の報告から、中央集権的帝国に相応しい京が求められ、長安城にならい新京を造ることになった。奈良盆地南部の藤原京から北部への遷都の審議は、慶雲四年(七〇七)に始まり、翌和銅《わどう》元年に元明天皇により遷都の詔が出され、安倍宿奈麿《やどなまろ》を平城宮長官に任じ、「秋収の後を待ち、路橋を造らしめよ」(『続日本紀』)と、道路と橋の土木工事から始まった。

慶雲五年正月、武蔵国秩父から和銅が献じられたので和銅に改元し、和同開珎《わどうかいちん》を鋳造し、和銅三年(七一〇)三月に藤原京から平城京に遷都、左大臣石上麻呂《いそのかみのまろ》が藤原京の管理者となり、政治の実権は遷都遂行の右大臣藤原不比等が握った。和銅三年に遷都した時には、いまだ内裏と大極殿、その他の官舎が整備された程度であったが、寺院や邸宅などは段階的に造営されてゆき、それとともに平城京の造営事業は諸国の人々を疲弊させた。

『続日本紀』和銅四年正月十六日の詔は「諸国の役民《えきみん》、郷に還るの日、食糧絶へ乏しくして、多く道路に飢ゑて、溝壑《こうがく》に転顚《てんてん》すること、その数少なからず」と記すなど、「率土の百姓」が多大な負担に堪えかね道ばたで行き倒れになり、道路で飢え、王臣に仕え、出家することにより課役の免除を図ろうとした百姓が増加していることを憂え、国郡司に対策を命じた。同五年(七一二)五月に郡司や人民の評価基準を定め、国司巡行の際の食料の支給基準を定め、租税収入の確保に向けて地方支配を強化した。

藤原不比等と長屋王

この和銅年間から諸国行政の官庁として国府が置かれてゆき、和銅六年に諸国司に『風土記』編纂を命じ、国内の実態把握をさせた。そのうちの『常陸風土記』は、「かがひの会」(歌垣)について「宇太我岐といひ、また加我ひといふ」と記し、春に山入りしてカミや精霊を迎え、歌舞や飲酒・性的交わりをなしたという。『万葉集』に高橋虫麻呂《むしまろ》の詠んだ筑波山の歌にも見える。

鷲《わし》の棲む　筑波の山の　裳羽服津の　その津の上に率ひて　娘子壮士の行き集《つど》ひ　かがふかがひに　人妻に　我も交はらむ　我が妻に　人も言問《ことど》へ　この山を　うしはく神の昔より　禁《いさ》めぬ行事《わざ》ぞ　今日のみは　めぐしもな見そ　事も咎《とが》むな（一七五九）

山の神のもと、「かがふかがひ」で若い男女がのびのび交歓を楽しんだ、と詠んでいる。

元明天皇は、和銅八年(七一五)九月に自身の老いを理由に譲位し、首皇子が若いため、独身の娘の氷高皇女《ひだかのおうじょ》に皇位を譲り(元正天皇《げんしょう》)、同日に太上天皇となった。二代続く女帝の誕生である。その翌年(霊亀《れいき》二年〈七一六〉)に遣唐使派遣となり、押領使が多治比県守《たじひあがたもり》、大使が阿部安麻呂《あべのやすまろ》、副使が不比等の子藤原馬養《うまかい》(宇合《うまかい》)である。

不比等は養老元年(七一七)に郷里制をしき、養老三年七月には唐王朝の制度をとりいれ、国司を監察する按察使《あぜち》の制度を設けて地方制度を整え、仏教を統制した。七一六年に寺院の実態調査を行なって財物管理を徹底させ、寺院の統合を進め、翌年には勝手に僧尼になることを禁じるなど僧尼統制を徹底させた。

養老四年（七二〇）に亡くなり、前後して粟田真人ら主な議政官も相次いで亡くなったので、代わって天武天皇の皇子・高市皇子と天智天皇の皇女との間に生まれた長屋王《ながやのおおきみ》が政務を掌《つかさど》った。養老五年（七二一）五月、元明太上天皇は発病し、娘の吉備《きび》内親王の婿長屋王と藤原不比等の子房前《ふささき》二人に後事を託して、葬送の簡素化を遺詔《いしょう》とし一生を終えた。

長屋王政権は、養老六年に陸奥出羽按察使管内の調庸を免除、陸奥と大宰府に置いた鎮所《ちんしょ》への兵粮稲穀《とうこく》の運搬を奨励し、公出挙と私出挙の利息を三割に軽減する措置をとり、百万町歩《ひゃくまんちょうぶ》開墾計画を打ち出し、翌年に三世一身の法を定め、新たに開墾した土地には三世代に伝えることを認めて開墾を奨励した。開墾田がきちんと掌握され、こうして遷都と政治改革を通じて、律令制による制度化は列島の隅々に及んだ。

『続日本紀』は神亀《じんき》元年（七二四）に、太政官が「万国の朝する所、是れ壮麗なるに非ざれば何を以て徳を表さん」と、分散している貴族を平城京に集住するように奏し、造都とともに京に集住するようになった。その京は、南北に長い長方形で、北端中央に平城宮の宮城が位置し、そこから中央を貫く朱雀大路を軸に、右京・左京からなり、左京の張り出しの地には外京《げきょう》が設けられた。

設計にあたっては、大和盆地中央部を南北に縦断する古道の下ツ道・中ツ道を基準とし、下ツ道が朱雀大路に、中ツ道が左京の東を限る東四坊大路に当たる。二条大路から五条大路にかけては、三坊分の条坊区画が東四坊大路より東に張り出して外京と呼ぶ。

東西軸に一条から九条大路、南北軸には朱雀大路と左京の一坊から四坊、右京の一坊から四坊の

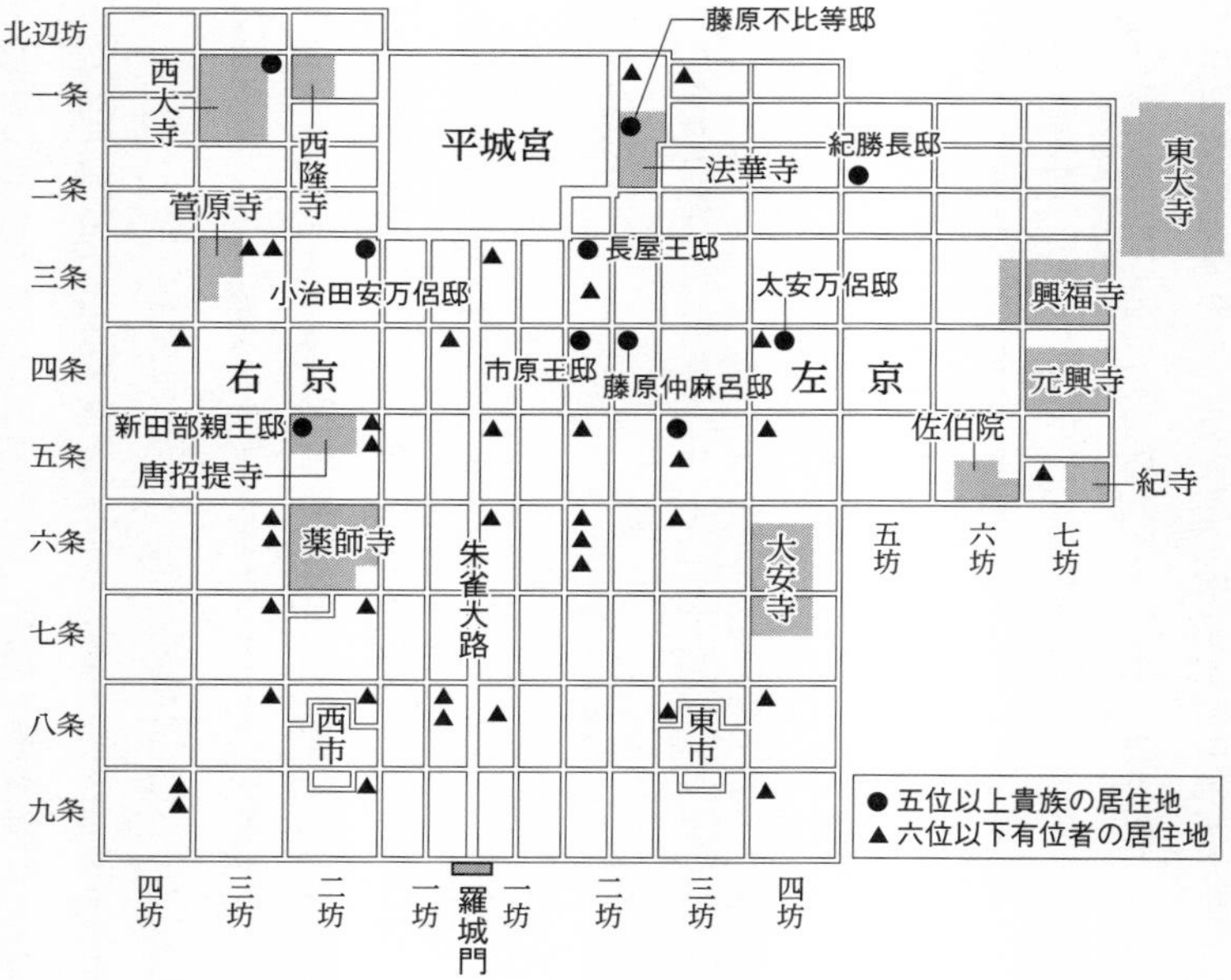

平城京の貴族（五位以上）の居住地　佐藤信「宮都の形成と変容」（2001）による

大路が造られた。各大路の間隔は約五百三十二メートル、大路で囲まれた部分の坊は、堀と築地に区画され、その中を東西・南北の三つの道で区切って、十六のブロックの坪からなる。四通八達《しつうはったつ》した道路が交差する地の「衢《ちまた》」に市が開かれた。

古代都市

平城宮の広さは一キロ四方で、中心部に天皇の生活空間である内裏と、政務・儀式・饗宴の場がある中央区、東区には大極殿と朝堂院、二官八省の官庁が配され、園池を持つ宴遊施設があり、周囲を築地大垣と外濠が囲む。大垣には十二の宮城門があって、南面中央に二階建ての朱雀門から南へ朱雀大路が伸びる。

平城宮は、東の張り出しの東院あわせ約百二十ヘクタール、大極殿と朝堂院は、朱雀門から入って北の正面の中央区にあり、大極殿の前には朝庭の広場を東西両側から南北棟の朝堂が囲み、饗宴・儀式が行なわれた。東区も中央区と同様で、天皇は大極殿の北にある内裏正殿から東区の大極殿に出御し政務・儀式を行なった。朝堂は掘立柱建物だったが、礎石立ちとなり、瓦葺の建築に変えられるが、内裏は伝統的な掘立柱建物であった。

宮内の二官八省の官庁は、東西棟の正殿の南に庭を囲んで東西に脇殿が配され、東区の南端には優美な園池があり、池は州浜・立石が配され、水面上にせり出した建物は「玉殿」と称され、釉薬《ゆうやく》をかけた瓦屋根の建物であった。京域は東西約四・三キロメートル、南北約四・七キロメートルに及び、長安を模して造られたが羅城はなく、京南面の門が羅城門と称され、形式だけにとどまる。

道路の両側に街路樹として柳やエンジュが植えられ、側溝を設けて排水路や水道として機能させ、その幅は三メートルから八メートルに及ぶ。左京では二坊の中を東堀河が、右京では秋篠川が南流し、木工寮・左右京職によって橋が架けられていた。側溝に沿って築地塀が造られ、その内側は宅地とされた。平城宮の東側の一坊大路と二坊大路の間には、四町の宅地を占有した藤原不比等や長屋王、藤原仲麻呂《なかまろ》らの邸宅が造られていった。

長屋王には佐保《さほ》（現在の奈良市法華寺町・法蓮町一帯）の別邸があり、別邸ではしばしば詩宴が開かれ、王は詩壇のパトロン的な存在であった。『懐風藻《かいふうそう》』にはその佐保楼で詠まれた大学助背奈公行文《せなのきみゆきふみ》や大学助教下毛野虫麻呂、備前守田中浄足《たなかのきよたり》らの歌が載っている。公務で大宰府から上京した大宰少弐の小野老《おゆ》は、平城京の整備された様子を「あをによし奈良の都は咲く花の　薫《にお》ふがごとく　今盛《さか》りなり」の歌（三二八）に詠んだ。

京内の衢では、京城の四隅で道饗《みちあえ》祭が六月と十二月の晦日に、臨時には宮城四隅疫神祭が、朱雀門では十二月の晦日に百官人が集まって大祓《おおはらえ》が行なわれ、災いをもたらす鬼やばけものが侵入するのを防いだ。これに関わる木製人形や人面墨書土器が出土している。治安維持のため、夜鼓《やこ》が鳴ってから暁鼓《ぎょうこ》が鳴るまで、公使や婚嫁・喪病などの理由以外の通行が禁じられ、街ごとに街舗が置かれて衛府《えふ》が詰め、不審な通行者を取り締った。衛府は衛門府、左右兵衛府、左右衛士府の五衛府、神亀五年（七二八）に中衛府が加わり数千人の兵が治安にあたった。

貴族以上の一町以上の宅地は五条以北におさまり、藤原京の広さを勘案するに、人口は十万程度に及んでいた。官人のほか、京戸の中には僧尼や商工業者、奴婢もおり、もともとこの地に住む「菅原の民」のような農夫、京戸でない住民もいた。官人のなかの本貫の地が他にある「番上《ばんじょう》官」、各地から労役として上京した衛士・仕丁、一時的に来た運脚・役丁などで、地方から上京した仕丁や下級官人の宿所は各官司が設け、運脚の宿所は京内に有した調廷《ちょうてい》であった。

都市民と寺院

手工業者の多くは中務省《なかつかさしょう》画工司《がこうし》に所属する画師《えし》・画部《えかきべ》、大蔵省典鋳司《てんじゅし》の雑工部・雑工戸《ざっこうこ》、織部《おりべの》司《つかさ》の挑文師《あやとりのし》・染戸《そめへ》、宮内省木工寮《もくりょう》の工部、鍛冶司《かぬちつかさ》の鍛部・鍛戸《たんこ》などの品部《しなべ》・雑戸《ざつこ》などの工人や、写経所に経師《きょうじ》・装潢《そうこう》など、恒常的に官司に属して従事するか、輪番で働くかしていた。商業に携わる市人《いちびと》は、東西の市司《いちのつかさ》管轄下にある東西市が八条にあり、午《うま》の時に開かれて入り、日の入りとともに出た。敷地は四町ほどで多くの店舗が並び、「絹肆」「布肆」などと書いた標が立てられた。商品は、食料品、筆・墨・紙の写経用品、糸・絁《あしぎぬ》、坏・埦・佐良《さら》などの食器類、薪・炭・筵・俵薦・木履《ぼくり》・櫃・薬などが「正倉院文書」から知られる。市人は「市人籍帳」に登録され、市人以外にも市で商売を行ない、遠距離を往来し、京内を振り売りする商人もいた。

十万人もの人がいれば、大きな問題は塵芥《じんかい》と屎尿《しにょう》の処理にあった。塵芥は穴を掘って埋め、燃やし、溝に捨てていたが、屎尿は穴を掘ったものや、道路の側溝から宅地内に引き込んで排泄し、溝に戻す水洗式があり、大きな溝をまたぐトイレ建物の遺構が発掘されており共同便所と見られている。こうした事情から悪臭に悩まされていた。

京内には藤原京から寺が次々と移され、薬師寺と元興寺（飛鳥寺）は養老二年（七一八）、大安寺（大官大寺）は霊亀二年（七一六）、薬師寺（本薬師寺）・興福寺は養老四年（七二〇）に造興福寺仏殿司が設置されており、以後続々と寺院が造られ、神亀五年（七二八）以後に金鐘寺《こんしょうじ》（現・東大寺法華堂）、天《てん》平《ぴょう》十七年（七四五）以降に東大寺・法華寺が造営された。

こうして築地塀、瓦葺の堂塔伽藍、高く聳える塔などの寺院が立ち並び、都は威容を誇った。それとともに運輸業者も生まれ、造東大寺司に属す西市庄は購入した食品を五十五文で車一両を雇用して運んでおり、東西の市から車二両で運送したことが「正倉院文書」から知られ、長屋王家の木簡には「車借人《しゃしゃくにん》」の存在が見える。

寺院の造営にともなって写経と造像が盛んになった。神亀五年（七二八）に長屋王は『大般若経《だいはんにゃきょう》』百巻を書写しており、興福寺の西金堂には本尊の丈六釈迦三尊像ほか多くの羅漢像が造られ、平城京は仏都として栄えていった。僧尼は寺院以外で民衆を教化することが禁じられていたが、民間に出て布教する僧も現れ、市で布教を試みる者も出た。市には京外の商旅の人、仕丁や衛士、病や食糧欠乏で故郷に帰れぬ人なども多くいた。

寺院は救済の場でもあった。特に太子信仰の広がりとともに法隆寺は聖徳太子創建の寺であり、滅んだ上宮王家の寺として救済の寺となった。『法隆寺伽藍縁起幷流記資財帳《がらんえんぎるきしざいちょう》』によれば、中門の仁王像や五重塔初層安置の塑造彫刻群は和銅四年（七一一）の製作とある。

西院伽藍に続いて、天平十年（七三八）、行信《ぎょうしん》僧都が斑鳩宮の旧地に太子を偲んで建立したのが八角堂の夢殿を中心とする東院伽藍で、夢殿には救世観音像が安置され、救いの場として機能していった。法隆寺に隣接して尼寺の中宮寺が建てられると、ここには本尊の木造の菩薩半跏思惟像《はんかしいぞう》が弥勒菩薩像として造られ、弥勒の世への救済への意図がうかがえる。

行基と聖武天皇の治世

一般の人々の救済に当たったのは民間に出て仏教を広めた僧である。行基《ぎょうき》は、河内国大鳥郡に生まれ、入唐して玄奘《げんじょう》の教えを受けた道昭《どうしょう》に学び、二十四歳で受戒して法興寺（飛鳥寺）に住み、のち薬師寺に移り、やがて山林修行をして優れた呪力・神通力を身につけ、山を出て民間布教を始めたところ、多くの困窮者が生まれているのを見聞した。

その行基のもとに逃亡した役民や流浪者が多く集まり私度僧《しどそう》となったので、政府は、霊亀三年（七一七）に「小僧行基」が、巷に群集してみだりに罪福を説き、徒党を組んで指を焼いて灯火にし、臂を焼いて写経し、家々を訪ねて邪教を説き、食料以外の物を無理に乞い、聖道と謀って百姓を惑わす、と糾弾して、その布教を禁じた。

しかし行基集団は拡大を遂げ、養老六年（七二二）に平城京右京三条に菅原寺《すがわらでら》を建立、京住の衛士や帳内・資人・仕丁・采女や商工業者に信者を広げていった。翌年の三世一身法で開墾が奨励されると、池溝開発などの行基の活動が急速に進展、声望が高まった。道場や寺院を多く建立し、溜池は十五窪、溝と堀は九筋、架橋は六所、困窮者のための布施屋は九か所設立された。行基にまつわる話を『日本霊異記』が載せている。

和泉の泉郡郡司の大領夫妻が出家し、行基について仏道修行に励んだ話や、奈良の富の尼寺の上席の尼の娘が、いつも真心をこめて菜を摘み行基に捧げていて救われた話、山城の紀伊郡の女が、同郡の深長寺にいた行基に助けを求めると、仏法を信じるように言われ、そうしたところ助かった話など、多くが救いの話である。

養老七年（七二三）、左京から両目の赤い白亀が献上されて、翌年に神亀元年（七二四）と改元され、皇位を譲り受けた首皇子が同日に即位した。待望の聖武天皇の誕生であって、長屋王は左大臣に昇進した。天皇はその十一月、外国の使節や辺境の民、地方の豪族や民たちに、徳を顕し示し平城京を荘厳すると宣言した。神亀三年(七二六)十月、播磨国に行幸、その帰路、藤原宇合を知造難波宮事《ちぞうなにわぐうじ》に任じ、朱鳥《しゅちょう》元年(六八六)には焼失した難波宮の再建を命じ、翌年に光明子《こうみょうし》との間に皇子を儲けるなど、順風満帆な船出となった。

ところが、神亀六年二月、長屋王が国家転覆罪に問われ、天皇を呪詛した嫌疑を受けて自邸で自決する(長屋王の変)。失脚の真相は不明だが、変の後、不比等の四子(長子が武智麻呂《むちまろ》、次子が房前《ふささき》、三子が宇合、四子が麻呂)が政権を握る。武智麻呂の家系を南家、房前の家系を北家、宇合の家系を式家、麻呂の家系を京家といい、その後の藤原氏の発展の基礎が築かれた。六月、年号が天平に改元され、八月に光明子が皇后となり、皇后宮職が旧長屋王邸に置かれた。

四子政権から広嗣の乱へ

藤原四子政権は律令財政の整備に力を注ぎ、地方の郡に蓄積されていた稲を正税として一括把握して効率的な運用を行なうこととし、班田を実施してその余った公田の地子を京に進めるよう改めた。天平二年(七三〇)には、治安維持令を西国中心に発し、翌年に畿内に惣官、七道に鎮撫使《ちんぶし》を設けて治安維持にあたらせた。国際緊張の緩和につとめ、天平四年正月に新羅使、八月に遣唐使を派遣、東海・東山道に参議藤原房前を、山陰道に参議多治比県守《たじひのあがたもり》、西海道に参議藤原宇合を節度使に任命した。

同六年二月、聖武天皇は朱雀門での歌垣を見ている。男女二百三十余人が集まり、五位以上の風流ある者が交わり、四位の長田《ながた》王・栗栖《くるす》王・門部《かどべ》王、五位の野中王が頭となって唱和、難波曲・倭部曲・浅茅原《あさじはら》曲・広瀬曲・八裳刺曲の音を奏し、都の中の士女が喜びを極めた。山野での歌垣が都にひろがったもので、集まった男女らには禄が与えられた。

天平七年（七三五）から大宰府管内の西海道諸国で天然痘の流行が猛威を振るい、九月に新田部《にいたべ》親王、十一月に舎人《とねり》親王が死去、都にまで影響が及んだので、天皇は同八年に吉野に行幸して疫病調伏にあたり、光明皇后は五月一日に仏典すべてを書写する一切経書写を発願、九月から書写を開始した。皇后は母県犬養三千代《あがたいぬかいみちよ》の影響を受けて深い信仰を抱き、二月に法隆寺で法華経講読の法華会を開き、法隆寺の東院造営に向けて動いた。

天平二年（七三〇）に興福寺に五重塔を造営、母の一周忌供養のため西金堂を建てると、聖武天皇も写経事業に乗り出し、天平七年（七三五）頃から内裏で一切経の書写を開始している。天皇・皇后そろっての仏教信仰への傾倒にもかかわらず、疫病の猛威は止まず、天平九年には朝廷の首脳部をも襲い、藤原四子すべてがこの年に亡くなって、阿倍《あべ》内親王が天平十年（七三八）正月に皇太子になった。

橘諸兄《もろえ》が首班になって政治を主導、聖武・光明の意思に沿って仏教政策を推し進め、行政を手直しし、官人の養成機関として吉備真備《きびのまきび》に本格的に大学を整備させるなど、順調に政策を推進した。

真備は、養老元年（七一七）に阿倍仲麻呂とともに唐に留学し、仲麻呂は唐の太学に学び科挙に合格する優秀さから、玄宗皇帝に「朝衡《ちょうこう》」という高官に任じられて、帰国を許されず、「あまの原ふりさけ見れば春日なる　三笠の山にいでし月かも」と明州で詠んだと伝わる（『古今和歌集』）。

真備もその学識を知られ、帰朝すると大学助、東宮学士となって阿倍内親王の教育にあたり、儒教の古典に基づく社会規範の受容に向けて努力した。礼の秩序を整えることに腐心し、釈奠《せきてん》の制を整備、書籍を「二教院」に収めた。同じく遣唐使に任じられ辞退した石上宅嗣《いそのかみのやかつぐ》は一隅の書庫を「芸亭《うんてい》」と名付け、仏典以外の外典を収め人々に公開して、日本最初の公開図書館となった。

大宰少弐の藤原広嗣《ひろつぐ》は、天平十一年九月に朝廷に災難が続くのは、僧正玄昉《げんぼう》や吉備真備を重用している今の政治が悪いためであると訴えると、天皇は直ぐに反応、広嗣の行為を謀反と断じ、大野《おおのの》東人《あずまひと》を大将軍に任じて追討にあたらせた。東人は、養老四年（七二〇）の蝦夷の反乱後、多賀柵を築き、天平元年（七二九）に陸奥鎮守将軍に任じられて東北地方の開発と征討事業に関わっていた。

天平五年に最上川河口付近の出羽柵を雄物川河口付近に移し、天平九年に多賀柵から出羽柵への直通連絡路を開通させ、経路上にある雄勝村の征討の許可を朝廷に申請して、持節大使の兵部卿藤原麻呂《まろ》が関東六か国の騎兵を率い多賀柵へ到着すると、東人はその騎兵や鎮兵、陸奥国兵、帰順した蝦夷などを率いて遠征に出発、雄勝村の蝦夷を帰順させ、奥羽連絡通路を開通させており、この東北地方の経営の功で天平十一年（七三九）に参議となり、持節大将軍《じせつたいしょうぐん》に任じられたのである。

東人は一万七千人を動員、広嗣追討に向かったのだが、この予想外の政府軍の早い動きに遅れをとった反乱軍一万騎は、十月に板櫃鎮《いたびつのちん》（豊前国企救郡《きくぐん》）で佐伯常人《さえきのつねひと》ら官軍六千人余と戦って敗れ、広嗣は捕らえられて処刑された（藤原広嗣の乱）。この乱を契機に在地の豪族を糾合し、政府軍に対抗する動きは途絶えた。

大宰府、続く遷都

藤原広嗣が在任した大宰府は、外交使節との交渉や接待、中央への連絡を行ない、国防面で防人の指揮や軍事施設・兵器の保管・維持を任とし、その政庁は天智紀三年（六六四）の掘立柱建物であったが、持統紀三年（六八九）に本格的に礎石建物で整備されていったと見られ、基壇から建築の安全を祈る須恵器の鎮壇具《ちんだんぐ》が出土している。

その政庁は、南門・中門・正殿・後殿が一直線に並び、正殿正面には東西に脇殿が二棟ずつ配置され、築地で囲み整えられ、「遠の朝廷《とおのみかど》」と称されるにふさわしい威容を誇った。前面は広場で、その東西に「貢上染物所《こうじょうそめものしょ》」などの官衙が設けられ、西側が官人の居住区となっていた。

これら官衙域の南を御笠川《みかさがわ》が流れ、条坊制を明確に記す史料は十世紀以後のこととはいえ、建物や道路遺構から八世紀初頭まで遡る。政庁前面を通る大路を四条大路、政庁中軸線を通るのを朱雀大路と見るならば、東西へ十二坊、北へ一条、南に十八条の方格地割できわめて広く、神護景雲《じんごけいうん》三年（七六九）に「人物殷繁《いんぱん》にして、天下の一都会なり」（『続日本記』）と称されるように人口も相当なものであった。

政庁の西に蔵司《くらのつかさ》、東に学校院、さらに観世音寺《かんぜおんじ》が建てられてゆき、大宰府の周辺には、羅城が備えられ、博多湾と大宰府を結ぶ地には水城《みずき》が築かれ、外側に堀が設けられて水を貯え、内側に土塁を築いて、中央部を御笠川が流れ、門が二つ設けられた。政庁の北側の四王子山頂の稜線に沿って大野城の土塁が築かれ、谷の出口の北側を石垣で積んで、内部に礎石建ての倉庫群があった。南側には大野城同様の構造をとる基肄城《きい》が築かれた。

大宰府は西海道の諸国を管轄下に置き、西海道の仕丁を集めて主船司《しゅせんし》に所属させ、防人司《さきもりのつかさ》を置いて防人を派遣、西辺諸国の防備にあたった。『万葉集』巻二十には、編者の大伴家持《やかもち》が聞き取った防人の歌がまとまって見え、「恐《かしこ》きや命被《みことかがふ》り明日ゆりや　草《かえ》がむた寝む妹なしにして」(四三二一)、「我が妻はいたく恋らし飲む水に　影さへ見えて世に忘られず」(四三二二)などがある。

家持の父旅人《たびと》は、養老四年(七二〇)に征隼人持節大将軍、神亀四年(七二七)に大宰帥となって筑紫に赴任、歌宴をしばしば開き、天平二年(七三〇)正月十三日の饗宴で、歌人から「梅花の歌十二首」が寄せられると、旅人はその序で「時に、初春の令月《よきつき》にして、気淑《よ》く風和ぐ、梅は鏡の前の粉を披《ひら》き、蘭は珮(匂い袋)後の香を薫らす」と詠んだ(これから年号「令和」が採られた)。筑前守の山上憶良《おくら》は、「春されば　まづ咲くやどの　梅の花　ひとり見つつや　春日暮らさむ」の歌(八一八)を詠んで提出した。

広嗣の乱の最中の天平十二年(七四〇)九月、天皇は諸国に観世音菩薩像を造らせ、観世音経を写させ、十月には戦勝祈願で『華厳経《けごんきょう》』の初めての講演を開くが、この経は最新の中国仏教で、玄宗《げんそう》皇帝は各地に華厳宗の開元寺《かいげんじ》を造営していた。講演が終わると、天皇は伊勢に行幸、その途中、山城の恭仁京《くにきょう》への遷都を決断した。平城京を捨てたのではなく、二つの都を営もうとしたものであり、新たな政策の展開を意図していた。

天平十二年十二月に恭仁京に入ると、諸兄が迎え、恭仁京では大極殿の造作なかばのなか、翌年正月に朝賀の儀式が行なわれた。この京造営にあたっては、これまで弾圧の対象だった行基の率いた集団があたっており、仏教統制は新たな段階に入った。

それとともに国分寺・国分尼寺も造営が本格化するが、これ以前の天平九年、国ごとに丈六の釈迦三尊を造ることを命じ、天平十二年六月に七重塔を中心とする寺院建立の方針を示し、金光明最勝王経と法華経の書写を命じていて、天平十三年（七四一）二月に詔を出し、国ごとに国分寺と国分尼寺を造るよう命じた。

天皇は元正太上天皇を平城宮から恭仁宮に迎え、翌年には平城宮から移築した大極殿で朝賀の儀式を行ない、五月に上皇の前で皇太子の阿倍内親王が五節舞《ごせちのまい》を披露、同日に墾田永年私財法を発令して、今後は永年にわたって私財としてよいとした。この施策とともに、各地では条里制と称される耕地の区画整理が行なわれていった。

大仏造営

聖武天皇は天平十四年から近江の紫香楽宮《しがらきのみや》に行幸を繰り返すなか、翌年十月十五日に宮で大仏造立の詔を発し、盧舎那《るしゃな》仏金銅像の造営に踏み切った。「菩薩の大願を発し盧舎那仏金銅像一軀を造り奉る」と発願、国内の銅を溶かして大仏を造り、山を削って大仏殿を造る、と語り「夫《そ》れ、天下の富を有つ者は朕なり。天下の勢を有つ者も朕なり」と、権勢を誇示する一方、多数の人々に協力を求めた。

かつて天皇は難波宮に行幸した際、その途中、河内国大県《おおがた》郡の知識寺《ちしきじ》の盧舎那仏像を拝したことがあって、盧舎那仏像を造ろうと決心したという。盧舎那仏は、『華厳経』に説かれる「蓮華蔵世界」の中心的存在であり、世界の存在そのものを象徴する絶対的仏とされており、『華厳経』は中国経由で六十巻本と八十巻本の漢訳本が日本にもたらされていた。

大仏造営の詔を発するとともに恭仁京造営への天皇の関心は失せ、紫香楽への遷都を考えるようになって、近くの甲賀寺に大仏を造る計画を立てたが、紫香楽京の造営も進まず、副都としての機能の備わる難波宮に行幸して、ここに遷都するとし、天平十六年（七四四）閏正月に難波に行幸、二月に紫香楽宮に戻った。

その最中、難波に残った元正上皇と諸兄が遷都の勅を発し、紫香楽宮を甲賀宮と改め、ここに首都機能をもたせたのだが、聖武は十一月には平城宮に行幸し、平城還都となり、東山の山金里《やまがねのさと》で改めて大仏造立を開始した。外京の麓に金鐘寺があり、天平十四年に大和の国分寺（金光明寺）になすと、惣国分寺として機能してゆき、東大寺へと発展してゆく。

天平十七年正月、大仏造立にあたって、知識の人々を率いて尽力していた行基を大僧正に任じ、十一月に仏教統制機構（僧綱《そうごう》）の筆頭にあって諸兄政権のブレーンの玄昉を筑紫の観世音寺に左遷、天平十八年十月に金鐘寺に行幸、盧舎那仏の燃灯《ねんとう》供養を行なった。この時に既に大仏の原型が完成しており、天平十九年九月に大仏鋳造が開始され、二十部六十華厳経の書写が始まり、二十年七月に造東大寺司が設けられ、大仏鋳造用の銅が長門から運ばれた。

天平二十年正月から法華経千部を書写して元正上皇の病平癒を祈ったが、四月に亡くなり、翌年正月に天皇は平城宮の中島宮で大僧正行基から菩薩戒を授けられて出家を遂げ、太上天皇沙弥《しゃみ》勝満《しょうまん》と称した。天皇出家の初例である。翌年二月に陸奥国から金の発見の報告が届くと、すぐ四月に産金を謝すとともに出家報告のために東大寺に行幸、大仏の前殿にあって北面して像に向かい、左大臣諸兄に「三宝《さんぽう》の奴《やっこ》と仕《つか》へ奉《まつ》る天皇《すめら》が命《おおみこと》らまと、盧舎那の像の大前《おおまえ》に奏《もう》し賜《たま》へと奏《もう》さく」と「三宝の奴」と自称する文言を含む宣命を言上させた。

産金の喜びから天平の年号に「感宝《かんぽう》」の二字を加え、年号を天平感宝とし、以後、四字の年号が続く。閏五月には十二の大寺院に財物や墾田を施入し、陸奥国から黄金九百両が届くも、これだけでは足りず、新羅から輸入することでしのぐことになる。天平感宝元年（七四九）七月二日に阿倍内親王が即位（孝謙《こうけん》天皇）、これにともなって藤原仲麻呂が大納言に昇任した。仲麻呂は藤原武智麻呂の子で、生まれつき賢く、典籍に通じ、橘諸兄の力が衰えてゆくなか、権勢掌握の機会を狙っていた。改元されたばかりの年号も改められ天平勝宝《しょうほう》となり、年内二度の改元である。

大仏開眼供養

八月に光明皇后が皇太后になり、皇后宮職が改組されて紫微中台《しびちゅうだい》が置かれ、その長官の紫微令に仲麻呂がつき、事実上の仲麻呂政権が発足した。太政官上席には諸兄がいたが、やがて引退に追い込まれ、吉備真備も天平勝宝二年正月に筑前守に左遷される。ただ九月に遣唐使派遣にともない、翌年十一月に遣唐副使に任命された。この時の遣唐使の帰国にあたっては、大使の船が帰国できず琉球から風に吹き返されてしまい、副使大伴古麻呂《こまろ》の船に授戒と戒律整備に招かれた唐僧の鑑真《がんじん》が乗り込み、薩摩の秋妻屋浦《あきめやうら》（坊津《ぼうのつ》）にたどりついた。鑑真六度目の渡航の試みであった。

天平勝宝四年（七五二）、東大寺の大仏殿が完成し、鋳造した大仏の鍍金も終えた四月九日、大仏開眼供養会が盛大に開催された。譲位していた聖武太上天皇、光明皇太后、孝謙天皇が臨席し、五位以上は礼服、六位以下は通常の朝服《ちょうふく》を着用して、文武百官の官人が列席したが、その参列者は一万数千人に及んだという。

開眼の導師はインド出身の僧菩提僊那《ぼだいせんな》で、講師は大安寺の隆尊《りゅうそん》律師、読師は元興寺の延福《えんぷく》法師が務めた。開眼の筆に長い緒が繋がれ、参列者はその緒を握って結縁、雅楽寮と諸寺の種々の音楽が悉く集められ、王臣諸氏が大歌によって舞う女舞の五節、大伴が琴を弾き、久米舞《くめまい》、楯伏《たてふし》、集団で歌い躍る踏歌《とうか》、袍《ほう》と袴《はかま》を着て舞う袍袴《ほうこ》などの歌舞、高麗・林邑《りんゆう》〈ベトナム南部にあったチャンパ〈チャム族の国〉〉など外来の楽舞が大仏に奉納された。

開眼の際に使用した筆や、筆に結び付けられた紐の開眼縷《かいげんる》、当日に大仏に奉納された伎楽に使用された面などは、正倉院に宝物として納められたが、この時の天皇の冠は中国風のものであり、服は白色の伝統のものであったことが、その宝物から知られている。

『続日本紀』は「仏法東にいたりてより、斎会の儀、未だ嘗て此の如き盛なるはあらず」と、仏教が伝来して以来、これほどに盛大な儀式はなかったほどの盛儀であると記しており、この供養に向けては新羅から王子の金泰廉《きんたいれん》の率いる総勢七百人の使節団が派遣され、大量の交易物資を将来、アジア仏教史を飾る一大イベントになった。

聖武太上天皇は正法・像法・末法のうちの像法の時代の中興の時という思いを、この十年ほど前の詔で語っていたが、大仏の供養の儀式はそれに相応しいものであった。ただこの工事にはのべ二百六十万人が関わるなど、多大な労働力と費用が消費され、国家財政や人民に多大な消耗をもたらした。二年後、平城京に入った鑑真は、大仏殿の前に設けられた戒壇において、聖武太上天皇や光明皇太后、孝謙天皇らに授戒している。

孝謙天皇と藤原仲麻呂政権

大仏建立を見届けたかのように四年後の天平勝宝八年（七五六）五月二日、聖武太上天皇は五十六歳で没した。死に臨んだ聖武は、未婚の天皇に対し、天武天皇の皇子である新田部親王《にいたべしんのう》の子の道祖王《ふなどおう》を皇太子とするよう遺詔《いしょう》を与えた。天武・持統の直系子孫による皇位継承が途切れることが明らかになっており、皇位継承争いの起きることを未然に防ぐためであった。聖武の気がかりは孝謙天皇の今後の行く末であった。

光明皇太后は聖武の追善のために遺愛の品々を東大寺大仏に献納したが、その目録『国家珍宝帳』に記された品々は六百数十点に及ぶ。その一点一点に皇太后は名称や由来、特徴を記し、「右の物は皆先帝遺愛の品々や内廷に備え付けの物で、先帝ありし日の昔のことを思い出させ、目に触れれば悲しみがこみあげてくる」と、その心情を吐露しており、『国家珍宝帳』は天平文化の目録の観がある。赤漆文欟木御厨子《せきしつぶんかんぼくのおんずし》（漆塗の厨子）や聖武天皇自筆「雑集」、光明皇后筆の「楽毅論《がっきろん》」、王羲之《おうぎし》の書法二十巻、平螺鈿背円鏡《へいらでんはいのえんきょう》と平螺鈿背八角鏡、唐風の女性を描く六扇の鳥毛立女屛風《とりげりゅうじょのびょうぶ》、五絃の琵琶などが納められた。

天平勝宝九年（七五七）三月、孝謙天皇は、道祖王が聖武太上天皇の喪中に皇太子にふさわしくない行動をとったとして廃し、次の皇太子には、仲麻呂が舎人親王の子の大炊《おおい》王を推し、光明皇后や孝謙天皇の意向を背景にこれで押し切った。紫微《しび》令から新設された紫微内相となって大臣としての待遇を受けた仲麻呂は、内外の兵事を掌握し養老律令を施行した。八月に天平宝字《ほうじ》と改元し、雑徭を半減、東国の防人を停止するなどの撫民政策を実施、翌年正月に京畿七道に「民の苦を問う」ことを目的として問民苦使《もみくし》を派遣、五月には義倉法を制定するなど、儒教思想に基づく「仁政」、民政の安定化に取り組んでいった。

こうして孝謙天皇が譲位し、大炊王が即位（淳仁《じゅんにん》天皇）、仲麻呂を大保《たいほ》（右大臣）になし藤原恵美押《えみのおし》勝《かつ》という名をあたえ、鋳銭・挙稲・家印の使用を許可する破格に待遇した。押勝は唐風化政策を推進し、太政官を乾政官《けんせいかん》、紫微中台を坤宮官《こんぐうかん》など、官司名を中国風に改め、天平宝字四年（七六〇）三月に新銭の万年通宝を、和同開珎以来五十二年振りに鋳造し、金銭の開基勝宝《かいきしょうほう》、銀銭の大平元宝《たいへいげんぽう》をも鋳造している。その政治は「枢機の政、独り掌握より出づ、是により豪宗右族皆、その勢を妬む」というもので、他の氏族や同じ藤原氏からも反発を受けた。

天平宝字四年（七六〇）七月に光明皇太后が亡くなると、孝謙上皇と押勝（仲麻呂）・淳仁天皇との間が微妙な関係になった。上皇・天皇が平城京改造のため、同五年に近江の保良宮《ほらのみや》に移ると、上皇が病気になって、その看病に当たったのが弓削《ゆげ》氏出身の僧道鏡《どうきょう》であり、道鏡は東大寺別当の良弁《ろうべん》の弟子で、葛城山で山林修行を積み、良弁の建てた近江の石山寺に住んでいたことから、近くの保良宮に召され、上皇の寵愛を受けるようになった。

同六年、天皇は平城宮に戻ったにもかかわらず、平城京に入らずに法華寺を居と定めたが、ここは光明皇太后が藤原不比等の邸宅を尼寺になしたものであり、「高野天皇、帝と隙あり」（『続日本記』）と天皇との不和が表面化した。六月、上皇は五位以上の官人を召し、天皇が不孝である故に仏門に入り別居することを表明、国家の大事や賞罰は自分が定める、という詔を出した。

すでに上皇は鑑真から菩薩戒を受けていたが、道鏡からも具足戒を受け、正式の出家者の尼になっていた。不和の原因は、天皇と押勝が道鏡を除くよう働きかけ、これに上皇が不満を持つようになったからである。

危機感をつのらせた押勝は、皇子や協力者を衛府、伊勢・美濃・越前三か国の国司などに任じ、自身は「都督《ととく》四畿内《しきない》三関《さんげん》近江《おうみ》丹波《たんば》播磨《はりま》等国《とうこく》兵事使《ひょうじし》」という軍事的要職に就き、上皇と天皇・押勝との対立が始まった。その九月、押勝が軍事の準備を始めていることを察知した上皇は、山村王《やまむらおう》を派遣し、天皇の手から軍事指揮権を象徴する駅鈴と内印を回収、そこで押勝は、太政官印を奪取して、近江に逃走するが、敵方に占守されて国府に入れず、越前を目指してゆく途中で追撃にあい、九月に殺害されてしまう（押勝の乱）。

多賀城と国府

仲麻呂（押勝）の子の恵美朝狩《あさかり》は、天平宝字二年（七五八）に桃生柵《ももうのき》と雄勝柵《おかちのき》の造営を始めており、東北経営はこの時期に本格化し、陸奥では国府機能を兼ねた多賀城《たがじょう》が神亀元年（七二四）に按察使大野東人によって築城された後、八世紀半ばに大規模な改修が行なわれていた。このことを示すのが多賀城碑である。

多賀城　京を去ること一千五百里
蝦夷国界《さかい》を去ること一百廿里
常陸国界を去ること四百十二里
下野国界を去ること二百七十四里
靺鞨《まっかつ》国界を去ること三千里

神火により官衙の倉が焼失したという報告が、八世紀後半から頻出するようになったことも注目される。天平宝字七年（七六三）九月の勅は、「疫死数多く、水旱時ならず。神火しばしば至りて、徒《いたずら》に官物を損ふ。此れは、国郡司等の国神に恭《うやうや》しからぬ咎なり」と指摘しており、発掘によって焼けた倉の跡が見つかる場合が多い。

七　宮廷世界の展開

道鏡と宇佐八幡宮

押勝の乱を経て、道鏡は大臣禅師《だいじんぜんし》となり、押勝によって変えられていた官庁名が旧に復され、十月には淳仁天皇が廃され、淡路に流された。この廃位により孝謙上皇が事実上、皇位に復帰し、後に孝謙上皇は重祚したものとして称徳《しょうとく》天皇と称される。かつて宣命のなかで、未だ世間では仏と神が相触れないものと観念されている、と指摘していたにもかかわらず、出家天皇の道を突き進んだのである。

天平神護元年（七六五）、諸国で飢饉や和気《わけ》王の謀叛事件が起きるなど政情が不安定ななか、同年十月に道鏡の故郷・河内弓削寺《ゆげでら》に行幸し、道鏡を太政大臣禅師に任じ、群臣拝賀を道鏡に対しても行なわせ、由義宮《ゆげのみや》の建設を開始した。

同じ頃に淡路廃帝の淳仁が逃亡かなわず亡くなり、十一月に尼天皇として即位したが、即位式は行なわず、大嘗会にはこれまで参加させていなかった僧侶を出席させた。翌年十月、隅寺《すみでら》（海龍王《かいりゅうおう》寺《じ》）の毘沙門像から仏舎利が出現したとして、道鏡を法王になして法王宮職という官司を設け、法臣《ほうしん》・法参議《ほうさんぎ》などの僧侶の大臣を置き、道鏡の弟弓削御浄朝臣浄人《ゆげのみきよのあそんきよひと》を中納言に任じ、前年に亡くなった豊成に代わって乱鎮圧に功があった吉備真備を右大臣に昇進させた。こうして天皇＝法王の二頭体制が出現する。

道鏡は、「天平神護より以来、僧尼の度縁《どえん》、一切に道鏡が印を用」いと、仏教界に君臨して寺院整備につとめた。称徳天皇は押勝の乱の犠牲者を弔うため木像の百万塔を製作し、東大寺に匹敵する寺院として西大寺《さいだいじ》とその尼寺の西隆寺《さいりゅうじ》の造営を進めた。これにより活発な思想教学の研究が進展、法相・三論・成実・倶舎・華厳・律宗の六つの宗派が、法会での論議を通じて互いに論争を経ながら成長した（南都六宗）。

称徳天皇が皇太子を定めずに政治を進めることを宣言したので、皇位継承をめぐって事件が起きる。神護景雲三年（七六九）五月に、称徳天皇の異母妹不破《ふわ》内親王が氷上志計志麻呂《ひがみしげしまろ》と天皇を呪詛したとして、名を厨真人《くりやのまひと》厨女《くりやめ》（台所で働く下女の意味）に改められて流刑に処された。同年九月に大宰主神の中臣習宜阿曾麻呂《すげあそまろ》が、「道鏡をして皇位に就かしめば、天下太平ならむ」という宇佐八幡宮の託宣を伝えてくると、天皇は、宇佐八幡神が尼法均《ほうきん》の派遣を要請してきた夢を見たこともあって、その神託を確かめるべく、法均弟の和気清麻呂《わけのきよまろ》を勅使として宇佐八幡宮に派遣した。

仏教政策を展開し仏教統治を行なうためには、これを支える神の加護が求められるようになっていたのであり、すでに年号も、押勝の乱平定に神の加護があったとして天平神護に改元され、祥雲が現れたとして神護景雲と改元されていた。天平神護二年四月には伊予国の諸神に位階を授けて神戸を与えるなど、神社位階の神階制度が開始されていた。

宇佐では僧の法蓮《ほうれん》が、大宝三年（七〇三）に隼人征討のための祈禱を行なったところ、八幡神が「我征《ゆ》きて降《くだ》し伏《おろ》すべし」と、自ら征討に赴き、果たしたということをもって、養老五年（七二一）にその褒賞があり、隼人征討の滅罪のための放生会が開かれた。さらに弥勒禅院が神亀二年（七二五）に創建されて二年後に宇佐宮の境内に移され、神社に所属する神宮寺《じんぐうじ》として弥勒寺と命名され八幡神が勧請された。こうして宇佐八幡宮は、神の託宣を通じ国家を護持するところとなっていた。天平十三年（七四一）、聖武天皇は「八幡神宮」と称して、三重塔を寄進し、宮寺八幡宮の位置づけを確定させると、同二十年に創建した東大寺を護るため、八幡神を勧請して東大寺鎮守八幡を造営した（手向山八幡）。

八幡神が朝廷政治に深く関わっていたことから、清麻呂は宇佐神の神託を確かめるべく派遣されたのだが、天皇の期待に反し、託宣は虚偽である、と復命したので、怒った天皇は清麻呂を左遷、大隅国に配流した（宇佐八幡宮神託事件）。

神仏習合

宇佐八幡のみならず諸国では神を鎮護する神宮寺が生まれていた。『藤氏家伝《とうしかでん》』の霊亀元年（七一五）の越前神宮寺はその初見で、敦賀の気比《けひ》神宮寺である。若狭でも神宮寺が若狭彦・若狭姫両神を鎮護する寺として神願寺《しんがんじ》が養老年間に建てられた（『類聚国史』）。

伊勢の多度神宮寺《たどじんぐうじ》の創建に関わった僧の満願《まんがん》は、天平宝字七年（七六三）、伊勢の多度神宮の傍らに住んで阿弥陀仏を拝していると、多度の神から「重い罪によって神に身をやつしてしまった。神の身を離れ、仏教に帰依したい」という託宣があったので、小堂を造り神像を安置したが、これが多度神宮寺であって、桑名郡の郡司が鐘と鐘楼を寄進し伽藍を整備した。満願は、天平神護年間に常陸に鹿島神宮寺を創建、相模の箱根神宮寺の創建にも関わったという。

悩める人々を救うことができなくなり力の衰えた神を、仏が加護し、仏神一体となって支え合う関係が生まれたのである。仏教の広がりとともに、神が仏を加護する関係も生じたのが、鎮守神であって、このような神仏の関係を神仏習合という。習合とは異質な領域観念の調整・統合を意味し、仏と神の領域のすり合わせによる神仏習合が広がった。

神護景雲四年（七七〇）二月、天皇は再び由義宮に行幸して重病に陥ったが、看病にあたったのは宮人（女官）の吉備由利《ゆり》のみであって、道鏡を召さなかった。失脚が明らかになった道鏡の権力は衰え、軍事指揮権は藤原永手《ながて》や吉備真備ら太政官に奪われた。

八月、称徳天皇が亡くなると、群臣が評議し、藤原永手・宿奈麻呂《やどなまろ》・百川《ももかわ》らが推した、天智天皇の孫で施基《しき》皇子の子白壁《しらかべ》王が即日に皇太子となり、新皇太子の命によって道鏡は造下野《しもつけ》薬師寺別当に追放され、和気清麻呂が呼び戻された。

道鏡が左遷された下野の薬師寺の造営は、律令制定に関与して式部卿にまで昇進した下毛野朝臣古麻呂の手によると見られ、その創建年代は白鳳期の古瓦の出土から、律令期よりややさかのぼり、天平五年（七三三）の「下野国薬師寺造司工」という銘のある造薬師寺司に所属する瓦工の存在から、この時期には造営されていた。天平勝宝元年（七四九）に筑紫の観世音寺とともに墾田五百町の経済的基盤が整えられ、天平宝字五年（七六一）には僧尼に授戒する戒壇が設けられ、東大寺・観世音寺とあわせて三戒壇とされ（『東大寺要録』）、東海道の足柄坂以東、東山道の信濃坂以東の僧は、当寺で受戒を行なうものとされ、「体制巍々《ぎぎ》たり、あたかも七大寺の如し」と称される大伽藍へと拡張を見ていた。

光仁朝から桓武朝へ

宝亀元年（七七〇）十月に即位した光仁《こうにん》天皇は、宝亀三年正月、大極殿に出て元日朝賀の儀に臨んだ。前年十一月に遣唐使派遣のために造船を命じ、皇位継承を唐に伝える準備は整えられており、「東夷の小帝国」の再出発となった。

即位は信任厚い藤原百川の援助を受けてのもので、天皇の同母姉の難波内親王が亡くなると、その内親王を呪詛し殺害したとして、皇后の井上《いのえ》内親王と皇子の他戸《おさべ》親王が大和国宇智郡に幽閉され、渡来系氏族の血を引く高野新笠《たかののにいがさ》の産んだ山部《やまべの》親王が宝亀四年に皇太子になった（後の桓武《かんむ》天皇）。

幽閉された二人は宝亀六年に幽閉先で急死し、それとともに藤原式家の兄弟が相次いで亡くなる。宝亀六年に藤原蔵下麻呂《くらじまろ》が亡くなり、翌七年に祟りを恐れた光仁天皇が、秋篠寺建立の願を発するが、八年に藤原良継《よしつぐ》・藤原清成《きよなり》、十年に藤原百川が亡くなる。そればかりか宝亀八年には光仁天皇や山部親王も大病に陥ると、これらは井上内親王の怨霊によるものと考えられるようになり、井上内親王の遺骨を改葬して「御墓」と追称し、墓守一戸を置いた。

翌宝亀九年には、皇太子平癒のため東大寺・西大寺・西隆寺の三寺で誦経《ずきょう》を行ない、天下に徳のある政治を示すために大赦の勅を発し、皇太子の病状回復のため幣帛《へいはく》を伊勢神宮と天下の諸社に捧げ、畿内と畿外の各境界で疫神を祀らせた。

この御霊信仰が広がるなか、天応元年（七八一）、第一皇女の能登内親王に先立たれ、心身ともに衰えた天皇は、四月に病を理由に皇太子に譲位し、同年十二月に亡くなる。

桓武天皇は、光仁天皇の第一皇子として天平九年（七三七）に生まれ、当初は山部王と称され、父の即位後、親王宣下とともに四品を授けられ、中務卿に任じられたが、生母の出自が低かったため、即位に至らない、と思われていた。しかし藤原式家の藤原宿奈麻呂や百川兄弟らがその擁立に動き、宝亀四年（七七三）正月に皇太子、天応元年（七八一）四月には位を譲られると、翌日に同母弟の早良《さわら》親王を皇太子とし、十五日に即位の詔を宣した。

即位年が中国で大きな変革（革命）がおきるとされる辛酉《しんゆう》の年であったこともあり、改革に向けて動くべくすぐに遷都に取り掛かった。遷都とともに新政治を開始してきた前例を踏まえ、延暦元年（七八二）に長岡京遷都に向け、佐伯今毛人《いまえみし》を左大弁、翌年に和気清麻呂を摂津大夫に任じ、同三年に造長岡宮使に中納言藤原種継《たねつぐ》と佐伯今毛人らを据えた。延暦二年、藤原宿奈麻呂の娘乙牟漏《おとむろ》を皇后とし、皇后との間には安殿《あて》親王（後の平城《へいぜい》天皇）を儲け、続いて神野《かみの》親王（後の嵯峨《さが》天皇）を、夫人藤原旅子《たびこ》との間に大伴親王（後の淳和《じゅんな》天皇）を儲けてゆく。

延暦四年（七八五）十一月、母の出た百済王氏の本拠地である河内交野《かたの》で昊天祭祀《こうてんさいし》を執り行なったが、これは中国の皇帝が都の南郊で、天帝と王朝の初代皇帝を祭ったのに倣い、長岡京の南の地で天神と光仁天皇を祭ったもので、自らを光仁新王統の二代目として位置づけた。政権が安定しないなかでの遷都には大きな問題があったが、平城京に根をはる貴族の政治勢力や仏教勢力と決別して、新政権を樹立する必要があった。

各地への遊覧を兼ねて適地を探した結果、山城盆地の西、西山が低く長くのびた向日《むこう》丘陵の南端、桂川や宇治川、木津川など三本の大河川が淀川となる合流点を抑える長岡の地は、列島各地とのアクセス可能な交通の便があり、新都とされた。丘陵地に築かれたのは、平城京で課題の排水の悪さへの対策も考えてのことで、長岡京は発掘調査でほぼ各家に井戸が見つかっており、住人は豊かな水の恩恵を受けることになる。長岡を進言した種継は、「天皇はなはだ委任し、中外の事、皆決をとる」と称された寵臣であった。

長岡京遷都

和気清麻呂は摂津大夫《せっつのかみ》になったが、摂津は他の国とは違い、「職《しき》」と称される一段格上の官庁であって、難波に置かれ、京の京職、内裏の修理を担う修理職《しゅりしき》と同じく、特別な任務を担った。長官は摂津大夫と称され、難波宮の管理や朝廷と都を直接に支える港湾など諸施設の整備にあたった。

清麻呂は難波宮の大極殿などの建物を長岡京に移築し、翌四年に淀川の味生野《あじふの》（大阪市江口）に運

人々が新京が出来たことを喜んで集まった喜びの歌を謡い、異口同音に「平安の都」と呼んだことから、都を「平安京」と名付けることにした、という。その「謳歌」（喜びの歌）とは、遷都の翌年正月に宮中で催された宴で歌われた踏歌《とうか》の「新京楽《しんきょうがく》、平安楽土《びょうあんがくつ》、万年春《まんねんしゅん》」であった。

延暦十五年に大極殿が完成して、天皇は百官の朝賀を受ける。平安京の大内裏から市街の中心に

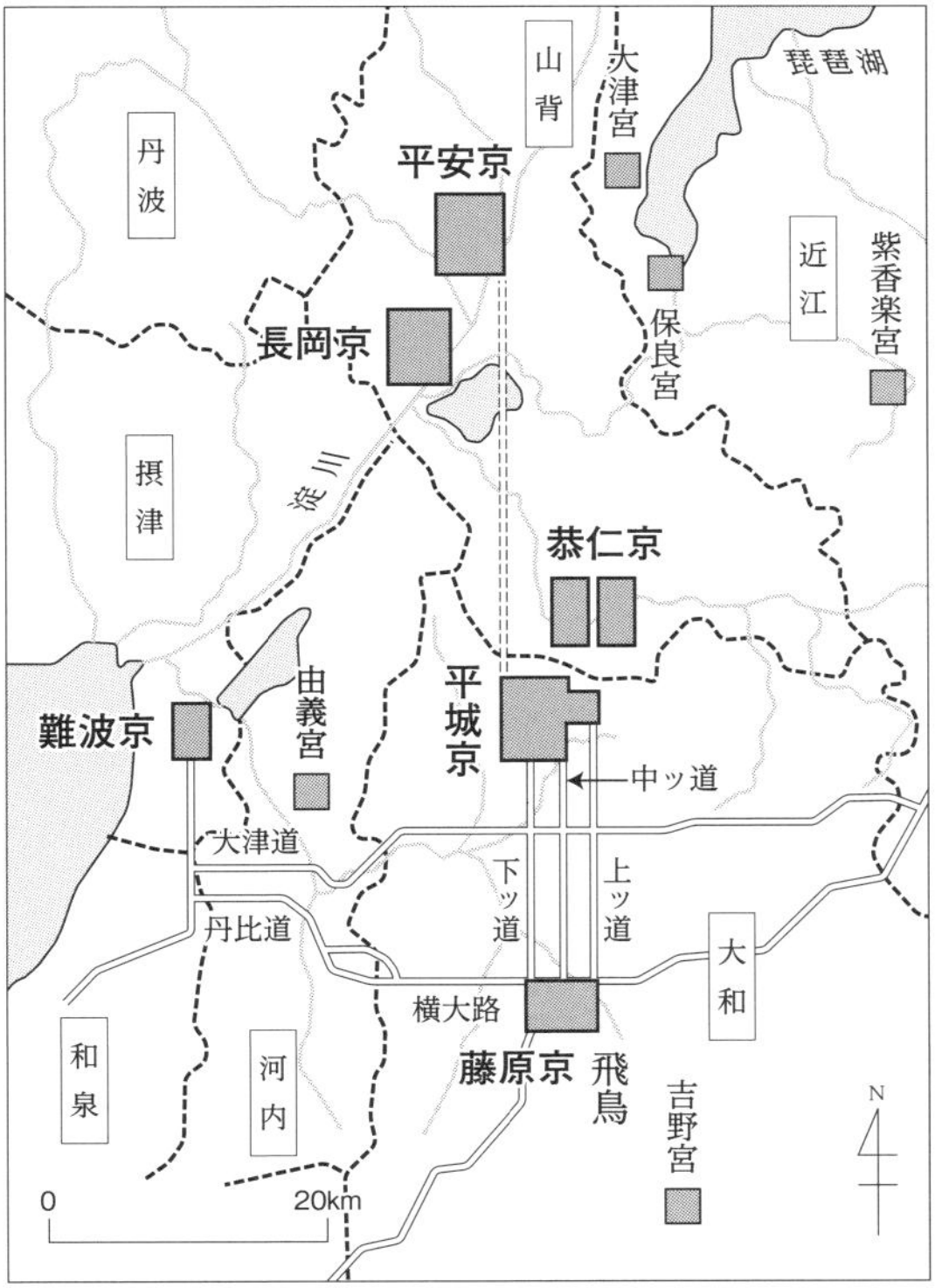

遷都位置図　岸俊男『日本の古代宮都』(1993) による

朱雀大路を通し、左右に左京・右京を配したのは、基本的に平城京を踏襲、唐の長安城に倣ったが、羅城は羅城門の左右を除き造られなかった。京内は東西南北に走る大路・小路によって四十丈（約百二十メートル）四方の「町」が最小単位で、東西方向に並ぶ町を四列集めて「条」、南北方向の列を四つ集めて「坊」と呼び、同じ条・坊に属する十六の町には番号が付けられ、町は「左京五条四坊十町」のように呼ばれた。

平城京では街路の中心線を基準としていたため、街路の幅の違いによって宅地面積に広狭の差があったが、平安京では街路の幅を除いて形成されたため、宅地の広狭は生まれていない。道幅は小路で四丈、大路で八丈以上あり、朱雀大路は二十八丈（約八十四メートル）幅である。堀川小路と西堀川小路では中央に川（堀川、西堀川）を通した。

造都の進められるなか、天皇の目は再び東北地方に向けられた。延暦十三年（七九四）正月、前年に征東使を征夷使に改めて征夷大将軍の大伴弟麻呂に節刀を与え、六月に征夷副将軍の坂上田村麻呂を派遣、その戦闘の末、大伴弟麻呂から「斬首四百五十七級、捕虜百五十人、獲馬八十五疋、焼処七十五処なり」という報告があったが、その日は遷都の詔が出された日であった。

造作と同化政策

延暦十六年（七九七）に坂上田村麻呂が大将軍となり、同二十年に節刀が与えられて遠征、九月に蝦夷を征討したという報告があり、その翌年、田村麻呂に胆沢城《いさわ》（現岩手県奥州市）を築かせ、鎮守府を多賀城から胆沢城に移した。田村麻呂は七月に降伏した阿弖流為《あてるい》と母礼《もれ》を連れて上京、二人の願いをいれて助命し、蝦夷懐柔策をとるよう提言するが、群臣が反対、二人は河内国で処刑される。

桓武天皇は、従前の神としての天皇の位置づけを大きく変化させた。先祖の命日を祀る国忌《こっき》を国家的な忌日とし、天皇は政務を休んで追善の行事を行なうこととし、延暦十年、『礼記《らいき》』を参照して唐の皇帝の祭祀に範をとり、太政官に国忌の対象者を七人に限定すべきことを奏上させ、国忌の対象を天智・施基皇子とその妻、聖武、光仁とその妻、天皇の妻など配偶者をも入れて七つとし、現天皇の系統を優遇した。

天武天皇が新王朝を表明して『日本書紀』の編纂を命じたのに倣い、『日本書紀』が扱った時代以降の歴史の編纂を企画した。文武紀元年（六九七）から延暦十年（七九一）までの約百年の歴史であり、その前半は淳仁期に編纂された「曹案《そうあん》」をもとに、菅野真道《まみち》らが、後半は藤原継縄《つぐただ》らによって編纂された（『続日本紀』）。延暦十六年に完成して桓武天皇に奏上されたが、当代の歴史的正統性を明らかにするのが、編纂の目的であった。

自己の王統の正統化をはかるため、唐の『貞観氏族志《じょうがんしぞくし》』に倣って『新撰姓氏録《しんせんしょうじろく》』も編纂させている。延暦十八年に諸氏に本系帳《ほんけいちょう》（氏ごとの系譜の記録）を提出させ、弘仁六年（八一五）に完成した。京および畿内に住む千百二十八氏を、その出自によって「皇別」・「神別」・「諸蕃」に分類、その祖先を明らかにするとともに、氏名の由来や分岐の様子などを記し、基本的に父系の記述に徹しているところに桓武の狙いがあった。

トップクラスの貴族たちは、渡来系の人々と婚姻関係を結んでいた。藤原氏南家の大納言継縄は百済王敬福《けいふく》の娘で、後宮に重きをなす百済王明信《みょうしん》を妻とし、北家の小黒麻呂は秦下島麻呂《しものしままろ》の娘を妻に葛野麻呂《かどのまろ》を儲け、その葛野麻呂も百済系の菅野浄子を妻としていた。橘奈良麻呂の乱や藤原仲麻呂の乱で活躍の著しかった渡来系の坂上刈田麻呂《かりたまろ》や子の田村麻呂も公卿となし、桓武の母が出た和氏から家麻呂を公卿とするなど、渡来家の人々を登用するとともに、改姓を頻繁に行なって同化政策を進めた。

造作と同化政策を進めるなか、南都の僧には厳しい姿勢をとった。延暦元年に造法華司、同八年に造東大寺司を廃し、さらに延暦二年には私的に寺院を造ることを禁じ、平安京には官寺の東寺と西寺を除き、新たな仏教寺院の建立を認めなかった。南都を仏都として機能させ、平安京を帝都とする意図からのものである。

遣唐使の発遣

天皇は僧らに戒律を守らせることに腐心し、戒律を守るよう一連の法令を出すとともに、教学を重視した。出家する僧侶の資質を確認する課試では、従来は法華経と最勝王経の暗誦を求めていたが、これを改めて延暦十七年（七九八）には経論の理解を課し、毎年に得度を認める者（年分度者《ねんぶんどしゃ》）の数も、十名ほどであったのを、延暦二十二年（八〇三）に法相宗・三論宗それぞれ五名とした。

戒律は天平勝宝六年（七五四）に来朝した鑑真が、聖武太上天皇、光明皇太后、孝謙天皇らに東大寺大仏殿の前で菩薩戒を授け、沙弥や僧に具足戒を授けたことにより、本格的に導入された。鑑真は、五年間を東大寺唐禅院で過ごし、天平宝字三年（七五九）に平城京の右京五条二坊にあった新田《にいた》部《べ》親王邸の跡地に唐招提寺を創建した。

もうひとつ、天皇が重視したのが、山林で修行した修行僧の活動であって、興福寺の僧の賢璟《けんけい》が宝亀年間に東宮の山部親王（桓武天皇）の病気平癒のため、室生の地で延寿の法を修し、竜神の力を得て見事に回復させたので、室生寺の創建を許可、賢璟死後に弟子修円《しゅうえん》が引き継いだ（『続日本紀』『六一山年分《べんいちさんねんぶん》度者奏状』）。最澄と空海の活動が認められたのも、教学の故もあったが、山林での修行によるところも大きかった。

最澄は近江に生まれ、七歳の時に志は仏道を宗とし、「村邑小学《そんゆうしょうがく》」を師範とし、延暦四年（七八五）七月に比叡山に登って山林修行に入り、薬師如来を本尊とする一乗止観院を建立してその活動が認められ、天皇の安寧を祈る内供奉十禅師《ないぐぶじゅうぜんじ》となった。延暦二十一年（八〇二）、和気清麻呂の子弘《ひろ》世《よ》が姉の法均尼の三周忌を営むため、最澄を高雄山寺《たかおさんじ》に招請し、法華会を行なっている。空海は、宝亀五年（七七四）に讃岐多度郡に生まれ、延暦八年（七八九）、大学寮に入って明経道を学ぶが、大学での勉学に飽き足らず、讃岐の曼陀羅寺（観音寺市）などで山林修行に入り、儒教・道教・仏教の比較を論じた『三教指帰』を著し、俗世の教えが真実ではないことを悟った。

天皇は、地方の制度にメスを入れた。郡司制度を延暦二十年三月に郡司の任用基準を譜代制から能力主義の才用制へと完全に切り替え、国司制度についても、前任国司から後任国司への引き渡しを監視し、不正を摘発する勘解由使《かげゆし》を置き、延暦二十二年に菅野真道らが「延暦交替式」を定め、国司の交替方法をマニュアル化した。

宝亀六年（七七五）の派遣以来、途絶えていた遣唐使に大使藤原葛野麻呂を任命、渡航の失敗もあったが、延暦二十三年（八〇四）に実現を見た。最澄は入唐求法《にっとうぐほう》の請益僧《しょうやくそう》に選ばれ、七月に明州に到着、天台山への巡礼の旅に出て、湛然《たんねん》の弟子道邃《どうすい》に天台教学を学び、大乗菩薩戒（円頓戒《えんどんかい》）を受け、禅や密教も相承した。滞在中に書写した経典類は四百六十巻に及び、翌年五月に帰朝して密教の教化霊場として能福護国密寺《のうふくごこくみつじ》（神戸市兵庫区）を開創、七月に上洛、桓武天皇が病床にあって宮中で天皇の病気平癒を祈った。

延暦二十四年（八〇五）に天皇の要請により高雄山神護寺で日本最初の公式の灌頂を行なっており、翌年には求めていた天台業二人（止観業《しかんごう》、遮那業《しゃなごう》各一人）が年分度者として認められた。日本の天台宗開宗である。空海は、大陸に渡り、真言宗第七祖の恵果《えか》から密教を学び、胎蔵界《たいぞうかい》・金剛界《こんごうかい》の両部曼荼羅の意味を学び、大同《だいどう》元年（八〇六）八月に帰国、唐から持ち帰った多数の経典類や、両部大曼荼羅、祖師図、密教法具、阿闍梨付属物の『請来目録《しょうらいもくろく》』を朝廷に提出した。

嵯峨天皇の政治

桓武天皇が大同元年（八〇六）にその生涯を閉じると、安殿皇子が践祚《せんそ》し、父と同じく即位式を行なって（平城天皇）、践祚と即位の区別をはっきりさせ、意欲的に政治に取り組みはじめ、官司の統廃合や年中行事の停止、中・下級官人の待遇改善などを図った。
だが、藤原薬子《くすこ》を尚侍《しょうじ》に任じて宮廷内部の事を一任したことから批判を浴び、父が寵愛した伊予《いよ》親王を謀反の罪で葬ったことから、親王の御霊に悩まされ、大同四年（八〇九）四月に病気を理由に在位わずか三年で、神野親王（嵯峨天皇）に譲位し、同年十二月に旧都の平城京に薬子の兄藤原仲成《なかなり》が造った邸宅に移り住んだ。

翌年九月、平安京の貴族に平城京遷都の詔を出して政権掌握の挙に出るが、この動きを察知した嵯峨天皇が機先を制し、首謀者として薬子の官位を剝奪した。上皇は挙兵して薬子とともに東国に向かおうとしたが、坂上田村麻呂らに遮られ、平城京に戻って直ちに剃髪して仏門に入り、薬子は服毒自害した（平城太上天皇の乱）。

嵯峨天皇は弟の大伴親王（後の淳和天皇）を皇太子に立て、大同四年（八〇九）に即位すると、翌年に蔵人所を置いた。これまで緊急事態における軍事力編成や命令伝達などの勅は、尚侍司の長官である内侍を通じて伝えられていたが、勅が洩れたこともあって、蔵人を通じて伝えることとし、蔵人頭に武官の巨勢野足《こせののあし》と文官の藤原冬嗣《ふゆつぐ》の二人を任じた。

天皇は弘仁《こうにん》三年（八一二）二月、平安京の神泉苑《しんせんえん》で花宴を開いて「神泉苑の花の宴に落花の篇を賦《ふ》す」という漢詩を作り、「文雄をよび」「賞宴にまねき」春風が吹き落す桜の花を愛で、平安京を後世に伝えることが国の安定と考え、平安宮を「万代宮《よろずよのみや》」と定めた。

この神泉苑は、大内裏に南接する地に造営された禁苑で、敷地は二条大路から三条大路まで、南北約五百メートル、東西約二百四十メートルに及ぶ、池を中心とした大庭園で、延暦十九年（八〇〇）に桓武天皇が行幸し、二十一年には雅宴が催されていた。

宮城の十二の門は軍事氏族の名をつけて大伴門、玉手門、佐伯門、伊福部《いふきべ》門などと称されていたのを、唐風に応天門、談天門、藻壁《そうへき》門、殷富《いんぷ》門などと変え、その門の額の文字は、空海・嵯峨天皇・橘逸勢《はやなり》らの「三筆」が書いたという。遣唐使の菅原清公《きよきみ》の提言で儀礼制度を改革し、身分の低い者から高い者には「唐礼」にする、と規定し、官人の服色や位階を記す位記も唐風に改め、蝦夷征討事業は、降伏の蝦夷を俘囚として全国に移住させ、現地の蝦夷には懐柔策で臨み、弘仁四年（八一三）に「中外無事」を宣言した。

実務に長けた有能な文官を起用、なかでも藤原氏北家の右大臣内麻呂《うちまろ》の子冬嗣を蔵人頭として重用した。冬嗣は律令への追加法である格、律令と格の施行細則の式について『弘仁格式』の編纂に従事し、弘仁十一年（八二〇）四月に撰進し、以後、律令は編纂されず、養老律令の公定注釈書『令義解《りょうのぎげ》』が編まれて、『貞観格式』『延喜格式』と続く格式の時代となる。翌年に『内裏式』を撰進し、宮廷の基盤となる内裏を整備、藤原氏の学生のために勧学院《かんがくいん》を創立して、藤原氏の長者が維持管理し、学生は入院名簿を提出寄宿して大学に通学するものとした。弘仁九年には藤原園人《そのひと》に代わり首班となった。

律令制下では、諸司・諸国の報告を聴いて天皇が決済する朝政が行なわれ、政務の報告は朝堂で行なわれたが、公卿が天皇の居所である内裏に詰めることが日常化するようになり、内裏の紫宸殿《ししんでん》が政務の場となり、律令で定められた官司制は変化してゆく。整備された内裏は、平安宮の内部の中央東寄りに存在し、周囲を築地に囲まれ、その内部は北側に後宮、南側に天皇の政務の場である紫宸殿や日常生活の清涼殿があった。

嵯峨朝の改革

京内の治安維持のため、弘仁七年（八一六）に検非違使が置かれると、同十二年に弾正台と同じく非違の糾弾を行なうものとされ、やがて犯罪人の捜索逮捕、拘禁、推問などをも行ない、天長《てんちょう》元年（八二四）に左右衛門府の各一人が佐から選ばれ、衛府の尉からも選ばれ、「廷尉」「判官」と称された。承和《じょうわ》元年（八三四）には左右検非違使を総括する別当が置かれ、参議の文室秋津《ふんやのあきつ》や右衛門督伴善男《とものよしお》がなるなど、左右衛門府の督、あるいは左右兵衛府の督の兼任する中納言・参議が任じられた。しばしば鴨川で洪水が起きたので、水防にあたる防鴨河使《ぼうかし》が天長元年（八二四）に設けられて検非違使が兼ねた。

天安《てんあん》二年（八五八）には明法家が加えられ、衛府の志から選んで「道志」と称し、訴訟・裁判・行刑など警察・司法に関する業務全般を担当、その下に看督長《かどのおさ》・案主《あんじゅ》を置き、看督長は、衛府の衛士から選ばれた火長、下部や放免（前科者）を率いて追捕や獄舎の管理にあたった。

こうして太政官の実務が、弁官や外記、蔵人所に集中して八省の地位が低下するなか、文書作成にあたる中務省の内記が重視された。特定の官職の叙爵を優先する年爵や加階を優遇する制度が生まれ、上級官職が特定氏族に独占されて形骸化が進んだが、実務を担う大政官の弁官局では、藤原氏・源氏の進出が目立った。天皇を護衛する左右近衛府の大将・次将には、武才ある者が登用されてきたが、天皇との個人的関係が重視されるようになって、容姿の優美さが求められ、藤原北家・源氏の比率が高くなった。

地方諸国では弘仁八年（八一七）から七年連続して干害などの被害を受けたことで、財政難が深刻になり、墾田永年私財法を改正、大土地所有の制限を緩和して荒田開発を進め、公営田や勅旨田を設置していった。この動きとともに院宮王臣家《いんぐうおうしんけ》領が形成され、寺社領も厚い保護を得たので、諸家は官人などを組織して家政機構を整えるとともに、国司や地方の豪族に働きかけて、その経済を充実させ、社寺王臣家や院宮王臣家などと称された。

国司は、院宮王臣家に対抗して独自に在地勢力と結び、いっぽうで院宮王臣家とも結んだので、弘仁三年（八一二）五月三日の太政官符は、国司が私利を求めて墾田を買い、王臣を語らって豊かな土地を占め、民業を失わせていることを指摘して、禁制を加え、さらに天長元年（八二四）八月には国司に良吏を選ぶこととし、勘解由使に、解由（前任の国司の落度のないことを証明する文書）を検査し、その検査の結果を天皇に奏上することとした。

多くの皇子女が誕生し、男女三十二人にも及んだので、天皇は弘仁五年（八一四）、皇子女八人に源姓を与えて臣籍に下し、その子孫は嵯峨源氏といわれた。一字名を特徴とし、皇位継承権はなくなるが、官僚社会への進出が認められ、政治に重きをなした。源融《みなもとのとおる》は左大臣にまで昇り、鴨川の岸辺に河原院《かわらのいん》を構え、嵯峨に山荘の棲霞観《せいかかん》を営むなど、風流で豪奢な生活を送った。河原院は、八町の広大な敷地で、「陸奥国の塩竈の形を造りて、潮の水を汲入て池に湛《たた》へたりけり。さまざまに微妙《いみじ》く可笑《おか》しき事の限を造て住給ける」という庭園であった（『今昔物語集』）。

第九皇女の有智子《うちこ》内親王は、弘仁元年（八一〇）に初代の斎院《さいいん》となった。天皇即位の初めに未婚の内親王あるいは女王が卜定《ぼくじょう》されると、その斎王は賀茂川で禊《みそぎ》を行ない、初斎院として二年間、潔斎につとめ、三年目の四月から賀茂祭の祭礼に奉仕した。その賀茂祭は四月の吉日の中酉日《なかのとりのひ》が祭日で、賀茂斎王が上・下両社に参り、朝廷から派遣された使者が行列をつくって従い（『延喜式』）、朝廷の最も重要な祭のひとつとなった。

鴨川では穢れを払う禊が行なわれ、天皇の穢れを付着させた人形《ひとがた》（撫物《なでもの》）を賀茂川の瀬で水に流す七瀬《ななせ》の祓《はらえ》が、高野川との合流点の河合から下流（鴨川）にかけて、一条・土御門・近衛・中御門・大炊御門・二条大路が鴨川と交わる七つの瀬で行なわれるようになった。

最澄と空海

嵯峨朝に大きな影響を与えたのが、遣唐使の持ち帰った唐の文化であった。空海は密教を含む最新仏教の文化体系を将来、大同四年（八〇九）に嵯峨天皇が即位すると、入京して高雄山寺（後の神《じん》護寺《ごじ》）に入り、翌年に嵯峨天皇のために鎮護国家のための祈禱を行なって宮中との関係を深めた。弘仁三年（八一二）十一月、空海は高雄山寺で金剛界結縁灌頂を開壇、その入壇者には最澄も含まれ、十二月に胎蔵灌頂を開壇し、入壇者は最澄とその弟子円澄《えんちょう》、光定《こうじょう》、泰範《たいはん》ら百九十名にのぼった。

最澄は東国布教の旅に出かけたが、下野には「東国の導師」「東国の化主《けしゅ》」と称され、比叡山で最澄が行なった一切経書写に協力した道忠《どうちゅう》の弟子がいて、その拠点の下野大慈寺《だいじじ》や上野緑野寺《みどのじ》に多宝塔を建立し、法華経千部を安置、同じような多宝塔を各地に建立、法華経千部を各地に安置してゆくなか、人間は誰でも学んで努力すれば悟りの境地に入ることができる、とする一乗の思想を主張する最澄に、会津の磐梯山西麓の慧日寺《えにちじ》を拠点とする徳一《とくいつ》が、人には生まれつき五種類の区別があるとする、五性各別《ごしょうかくべつ》を主張し、五性の内の無種性に分類された人は悟りには到達できないと説いて、論戦を挑んできたが、論戦は決着をみなかった。

弘仁五年（八一四）、初の勅撰漢詩集『凌雲集《りょううんしゅう》』が嵯峨朝文人を代表する小野岑守《みねもり》撰によって成立した。岑守は、文章は「経国《けいこく》の大業《たいぎょう》」であるとの文学観に基づいて序文を記し、平城・嵯峨両天皇以下二十三人の詩篇九十首を収録。続く勅撰漢詩集が『文華秀麗集《ぶんかしゅうれいしゅう》』であって、天長四年（八二七）には『経国集』を大納言良岑安世《よしみねやすよ》や文章博士菅原清公らが編み、漢詩文全盛の時代が到来した。

弘仁十一年には天皇・皇后・皇太子の服装について、天皇は神事の際には古来の帛衣《はくのきぬ》（白い練絹《ねりぎぬ》）を着、重要行事の際には中国風のきらびやかな礼服・礼冠に身を包むと定められ、天皇・皇后・皇太子・太上天皇の役割も明確に定められた。

弘仁八年（八一七）、空海はインド・中国などの聖地仏閣を例にあげ、「深山の霊地」での道場として高野山の下賜を申請し、七月に勅許が下りたが、翌年に疫病が流行したので、天皇は空海に天下

内裏で唱導する空海（『弘法大師行状絵詞』東寺蔵・京都国立博物館提供）

諸国に金剛般若心経の転読、禊の法を修させた（『吾妻鏡』）。この時の経の転読の様を描くのが『弘法大師行状絵詞』巻七の五段であって、詞書に「弘仁九年の春、天下疫疾の災ひ起こり、国中夭死《ようし》の物多くして、原野人の屍を厭ひ、閭閻鬼の住処と成り」とあり、嵯峨天皇が『般若経』を書写し、空海がその『般若心経』を講じたところ、人々が蘇生し、夜が変じ日光が輝いたという。上の絵は空海が内裏で唱導している場面。布施が人々に与えられ、庶民が路上で安穏に暮らし、空海は泰範・実恵《じつえ》ら弟子を派遣し高野山の開創に着手した。

最澄は同年に比叡山上に大乗戒を設立すると宣言し、比叡山を「法界地」として結界し、清浄な場での宗教的な純粋性に基づく戒壇設立へと動いた。『山家学生式《さんげがくしょうしき》』を定め、天台宗の年分度者には、比叡山で大乗戒を受けて菩薩僧となり、十二年間山中での修行を義務づけた。その設立は、弘仁十三年六月の最澄の死の直後に弟子の光定や藤原冬嗣、良岑安世らの斡旋によって勅許となった。最澄の後を継いだ円仁《えんにん》は学問と修行に専念して師から愛され、弘仁七年（八一六）に具足戒を受け、師の東国巡遊に従って故郷下野を訪れ、翌年には大乗戒を教授師として諸弟子に授けるとともに、自らも大乗戒を受け、やがて最澄の遺志もあって遣唐使の請益僧として唐に渡った。

空海は弘仁九年十一月に高野山に登り、翌年まで滞在して七里四方に結界を結んで伽藍建立に着手、同十二年に東大寺に灌頂道場の真言院を建立、翌年に東寺を真言密教の道場とした。天長元年（八二四）に神泉苑で祈雨法を修して少僧都《しょうそうず》に任命され、六月に造東寺別当、九月に高雄山寺が定額寺となり、真言僧十四名が置かれ、毎年年分度者一名を許可された。

天長五年（八二八）に『綜芸種智院式并序《しゅげいしゅちいん》』を著し、東寺に隣接する右大臣藤原三守《みもり》の私邸を譲り受け、教育施設の「綜芸種智院」を開設した。学校の門戸が貴族や郡司の子弟にしか開かれていなかったところから、広く門戸を開いて、儒教・仏教・道教など思想・学芸を網羅した総合的教育機関となし、天皇や大臣諸侯、仏教諸宗の支持・協力のもとに運営することで恒久的な存続を図る方針を示した。

天長九年（八三二）八月、高野山で最初の万燈万華会《まんどうまんげえ》を修し、秋から隠棲して、穀物を断ち禅定を好む日々を送り、承和元年（八三四）に東大寺真言院で経を講じ、東寺に三綱《さんごう》を許されると、毎年正月の宮中御斎会《ごさいえ》の七日間に真言の修法を行なって鎮護国家を祈る旨を奏上して許され、翌年正月から宮中における後七日御修法《ごしちにちのみしほ》として恒例化された。翌年に真言宗の年分度者を申請して許され、金剛峯寺も定額寺となる思いを遂げた空海は、三月十五日、高野山で弟子達に遺告を与え二十一日に亡くなった。

八　国家体制の転換

承和の変と仏教文化

弘仁十四年（八二三）、嵯峨天皇は弟の大伴親王に譲位し（淳和《じゅんな》天皇）、退位後は冷然院・嵯峨院を造営した。天長二年（八二五）に淳和天皇の外叔父藤原緒嗣《おつぐ》が右大臣となり、冬嗣は左大臣に昇進したが、翌年になくなって、その跡を継承した良房《よしふさ》は、嵯峨天皇の皇女源潔姫《きよひめ》を妻に迎え、東宮（後の仁明《にんみょう》天皇）の妃となった妹が道康《みちやす》親王を儲けたこともあり、嵯峨上皇の深い信任を得て急激な昇進を遂げ、蔵人頭になった。

天長十年（八三三）、淳和天皇が皇太子に譲位、仁明天皇が立つと、淳和や嵯峨の反対を押し切って、皇子の恒貞《つねさだ》親王を皇太子とした。良房らが道康親王の皇位継承を望むなかのことで、承和七年（八四〇）に淳和上皇が亡くなり、二年後に嵯峨上皇が重い病に伏したこの情勢に、危機感を抱いたのが、皇太子に仕える春宮坊帯刀舎人《とうぐうぼうたちはきのとねりとものこわみね》伴健岑と但馬権守橘逸勢であって、皇太子の身に危険が迫っているとして東国に移す画策をした。

だがその計画は漏れ、七月十五日の嵯峨上皇が亡くなった二日後、仁明天皇は伴健岑と橘逸勢らを逮捕し、左近衛少将藤原良相《よしみ》（良房の弟）は近衛府の兵を率いて皇太子の座所を包囲し、大納言藤原愛発《あらち》、中納言藤原吉野《よしの》、参議文室秋津《ふんやのあきつ》らを捕らえた。天皇は伴健岑、橘逸勢らを謀反人と断じ、恒貞親王の皇太子を廃し、藤原愛発を京外追放、伴健岑を隠岐、橘逸勢を伊豆に流した（承和の変）。

事件後、藤原良房は大納言に昇進して右大将を兼ね、道康親王が皇太子になって良房の望みがかなった。文人の橘逸勢・藤原愛発・藤原吉野を退け、名族の伴氏（大伴氏）・橘氏に打撃を与え、同じ藤原氏の競争相手を失脚させたのであるが、これによって桓武天皇の遺志に遠因がある、嵯峨・淳和の兄弟による王朝の迭立が解消され、嵯峨から仁明・文徳《もんとく》の直系王統が成立した。また、桓武朝から淳和朝にかけては、文武の実務能力に秀でた人々が登用されてきたが、文人政治家が退けられ、伝統氏族の没落が決定的となり、藤原北家や源氏、橘氏が大幅に進出した。

仁明天皇の代替わりの行事として承和の遣唐使が企画されると、この時に渡唐した円仁は、承和五年六月、博多津を出港、唐では五台山を訪れた時、法華経と密教の整合性に関する未解決の問題に解答を得、日本に未だ伝来していなかった五台山所蔵の仏典三十七巻を書写、元政《げんせい》和尚から灌頂を受け、金剛界大法も授けられ、金剛界曼荼羅を長安の絵師王恵に描かせ、台密にはまだなかった念願の金剛界曼荼羅を得た。

承和の遣唐使に加わった常暁《じょうぎょう》は、「隣国賊難」の降伏を祈る大元帥法《だいげんすいのほう》を将来し、承和七年（八四〇）に初めて修し、仁寿《にんじゅ》元年（八五一）から恒例の仏事となって、新羅の海賊や蝦夷の反乱、天慶の乱などで修された。唐で修法を学び帰国した円仁は、仁明天皇の危篤の祈りに文殊八字法を修したが、これは最新の修法で、「慈覚大師（円仁）御門徒の最極秘法なり」と尊重されてゆく。文徳天皇即位に際しては、熾盛光法《しじょうこうほう》が唐の内道場で行なわれていたとして、除災致福、宝祚《ほうそ》祈念のために修するように上奏して勅許を得ると、比叡山に惣持院《そうじいん》を創建し、天皇や貴族に灌頂や菩薩戒を授け、天台密教が確立した。

仁明は死の直前に落飾入道したが、この影響は大きく、同年の皇太后橘嘉智子《かちこ》（檀林《だんりん》皇太后）をはじめ、次々に天皇周辺で続いた。繁子《はんし》内親王は、「情を彼岸に馳せ」と語り極楽往生を願った。密教修法や極楽往生の観念が貴族層に広がり、唐の仏教文化は王朝文化に取捨選択されて流入し、年中行事化されて定着をみた。

嵯峨天皇は正月七日と十六日の節会を復興、朝賀欠席者の懲罰として、弘仁七年（八一六）に六位以上の官人については春夏の禄を奪うとし、九年に朝賀の儀式作法を予め教習させた（習礼《しゅうらい》）。このように修法や節会が年中行事に統合され、儀式として整備された結果、仁和《にんな》元年（八八五）に清涼殿に一年の公事を記す『年中行事御障子《ねんじゅうぎょうじごしょうじ》』が立てられた。

唐風文化流入

大陸には楽を学ぶべく渡った人々もいた。藤原貞敏《さだとし》は琵琶を学ぶべく渡ったが、長安に入れずに揚州で廉承武《れんしょうぶ》という琵琶博士から伝授を受け、『琵琶譜』を贈られ、日本へ「賀殿《かでん》」を伝えている。琴の良峯永松《ながまつ》や笛の大戸清上《おおどのきよかみ》の二人も渡ったが、清上は渡唐以前に「安摩《あま》」「承和楽」「清上楽」を作曲しており、帰国に際して船が「南海賊地」に漂着し、殺害されてしまったという。

楽制の改革が行なわれ、これまで楽師は楽が生まれた国別であったが、左方唐楽《とうがく》（唐楽・林邑楽《りんゆうがく》）と右方高麗楽《こまがく》（高麗楽・百済楽・新羅楽・渤海楽《ぼっかい》）に整理され、和風の左右両部制の奏楽体制が成立した。舞は、初めに左舞が舞い（尊楽《おもがく》）、次に右舞が舞って（答舞《とうぶ》）、左右一組に舞った（番舞《つがいまい》）。その組み合わせは左が五常楽《ごじょうらく》と右が登天楽《とうてんらく》などで、五常楽は唐の太宗作曲といわれ、仁・義・礼・知・信の五常を、宮・商・角・徴・羽の五音にあてはめた平調《ひょうじょう》、舞人は優雅な平舞《ひらまい》で、序・詠・破・急の演奏が続くなか、舞人は舞台中央に縦列、順次退出する（入綾《いりあや》）。登天楽は高麗楽で双調の舞人四人の平舞曲である。

学業や芸能に優れた氏族は、上級官司を貴族が占めるなか、文章道の菅原・大江氏、明法道の讃岐・惟宗氏、算道の家原・小槻氏、明経道の善道・紀氏、暦道の大春日氏など、諸道を世襲する道がひらかれた。

民間交流を通じての唐風文化流入の拠点となったのが、博多に儲けられた大宰府の外国人接待施設の鴻臚館《こうろかん》である。博多に外交使節の接待所が置かれたのは、持統紀二年（六八八）に新羅国使の全霜林《ぜんそうりん》を「筑紫館」でもてなしたという『日本書紀』の記事で、この筑紫館が鴻臚館と考えられ、鴻臚館の名の初見は円仁の『入唐求法巡礼行記《にっとうぐほうじゅんれいこうき》』承和四年（八三七）の記事で、同五年には遣唐使副使の小野篁《たかむら》（岑守の子）が唐人沈道古と大宰鴻臚館で詩を唱和している。

同六年十月二十五日、遣唐使一行が持ってきた唐物《からもの》を、内裏南門の建礼門前に幄舎《あくしゃ》を設営して陳列し、名付けて宮市と称し、内倉寮の官人や内侍らが交易している。この宮市は、東西市とは違って常設の市ではなく、中国宮廷の宮市を模倣したものである。なお東西市では、月前半に東市が米・塩・油・帯・薬・太刀・弓・馬など五十一品目を、月後半に西市が米・塩・油・絹・土器・牛などを売っていた。

承和九年（八四二）五月、観世音寺の恵運が入唐のため博多津から唐商人李処人《りしょじん》の船に乗り（『安祥寺伽藍縁起資財帳』）、嘉祥《かしょう》二年（八四九）には唐商人五十三人来訪が報告されている。入唐した天台僧円珍《えんちん》が仁寿二年（八五二）四月四日に「博太浜」で転経《てんきょう》を行なって渡唐（『園城寺文書』）し、天安《てんあん》二年（八五八）に商人李延孝《えんこう》の船で帰朝、鴻臚館北館の門楼で歓迎の宴が催されている（『園城寺文書』）。貞観《じょうがん》五年（八六三）に「唐物使」が大宰府に派遣されて唐物を優先的に買い上げている。

鴻臚館の所在した平和台球場跡地では発掘が行なわれ、八世紀の塀や門・掘立柱建物、平安時代の大型礎石建物、溝などが出土し、多数の中国越州窯磁器や荊窯白磁、イスラム陶器、西アジアのガラス器などの国際色豊かな出土品があり、貿易の隆盛がうかがえる。鴻臚館は外国商人の応接の場となり、政府が先買権を行使する鴻臚館貿易が唐商人相手に行なわれ、博多津が発展してきた。

貞観十一年（八六九）五月二十二日、博多津に侵入した新羅の海賊は、豊前国の年貢の絹綿《きぬわた》を奪って逃走したが、博多には九州各国からの貢納物が集積されていたのであって、この事件の経験から大宰権少弐坂上滝守《たきもり》は、武具・選士を大宰府から鴻臚館に移した。その上申書は博多を「是れ隣国輻輳《ふくそう》の津、警固武衛の要」と記している（『三代実録』）。同十五年に「入唐使」が商船を仕立て唐に派遣されている。

宮廷世界の物語と大地変動

『伊勢物語』は、宮廷貴族の在原業平《なりひら》を主人公にした宮廷貴族の歌物語である。その最初は、奈良の京に狩に赴いた初冠《ういこうぶり》したばかりの「ある男」（業平）が、見かけた姉妹に歌を贈ったという話、第二話は、奈良の西の京に住む女性と知りあって逢瀬の後、その後に思い起こして歌を贈った話、三話は、二条の后（藤原長良《ながら》娘）の話、四話は東の京の五条大后の宮（仁明天皇の后）の西の対に住む女を思う話など、「すき男」の恋の冒険や逃避行を歌物語として展開、宮廷文化の華やかさ、社交術、タブーの存在を語る。

同じ頃の『竹取物語』からは、宮廷の世界像がうかがえる。竹を取ってさまざまな用途に使って暮らしていた翁が、光り輝く竹に近寄って見ると、中から三寸程の可愛らしい女の子が出て来たので、連れ帰って育てるうちに成長し「なよ竹のかぐや姫」と名づけた。世の男たちが結婚したいと望み、家の周りをうろつく公達も出て、その求婚者のうち、色好みの石作皇子《いしつくりのみこ》、車持皇子《くるまもち》、右大臣阿倍御主人《あべのみうし》、大納言大伴御行《みゆき》、中納言石上麻呂《いそのかみのまろ》ら五人が残った。

彼らは皇子二人、議政官三人の構成で、宮廷政治の牽引者であり、かぐや姫は彼らに宮廷文化を荘厳する天竺・唐の宝物（唐物）を求めるが、その難題に応えた者はおらず、最後に話を伝え聞いた帝が、姫に会うことを望んで心を通わせたのだが、天の王から迎えが来て、姫から月の国に帰って行くことを告げられる。姫は、天人から与えられた不死の薬を入れた壺に文を添えて帝に贈り、天に帰ってゆく。不死の薬を贈って宮廷文化の永遠なる発展を祈り昇天したのである。
そこで帝は、天に最も近い駿河の山に勅使を派遣し、山頂で火をもって、かの文と薬を焼かせたことから、その山は「ふじの山」と称され、今にその煙が立ち上っているという。帝は天に向かい、天との永遠の交流を果たすことを誓った。

『竹取物語』は、かぐや姫（天女）が天帝（天神）と地上の帝を結びつけ、帝の存在が天により支えられていることを語っている。物語に登場する人物の多くが天武朝に実在することから、天武朝に起源を有する宮廷世界の神話として作られたものと考えられる。

この話に登場する富士山が噴火したのは、貞観六年（八六四）五月のことで、この九世紀後半から、日本列島は相次ぐ自然災害に襲われた。前年六月に越中・越後の大地震、貞観十一年五月に奥州の大地震と三陸海岸の大津波の被害があり、溺死者が約千人、多賀城が損壊、大惨事になった。同十六年に薩摩の開聞岳も噴火、「大地変動」の時代に入った。

さらに列島を襲ったのが、京を中心にした疫病で、毎年のように流行した。天安二年（八五八）に陰陽寮《おんようりょう》に命じ「城北の船岳」で疫神祭を修させ、貞観四年（八六二）の疫病では、内裏や建礼門・朱雀門などで大祓を行なったが、その効果はなく、疫病は崇道天王《すどうてんのう》、伊予親王、藤原吉子《よしこ》、橘逸勢、文《ふん》室宮《やのみや》田麻呂《たまろ》など政治的に失脚した人々の「御霊」が原因とされた。

崇道天王は光仁天皇の皇子の早良親王、伊予親王は桓武天皇の皇子で、皇位継承に絡む謀反事件の首謀者という嫌疑をかけられ幽閉されて自害した。藤原吉子は、伊予親王の母で親王とともに謀反の疑いで服毒自殺した。文室宮田麻呂は筑前守になった時に新羅の海商張宝高《ちょうほうこう》と取引をしようとして謀反の疑いをかけられ伊豆に流された。

その御霊の崇りを鎮めるため、神泉苑で『金光明経』や『大般若経』の読経を僧に命じ、伶人たちに雅楽、童には舞を演じさせ、雑伎や散楽などの芸能を催して慰撫した。この神泉苑での御霊会では四つの門を開き、都人に自由に観覧させていて、都人の強い要請が背景にあった。しかし疫病が衰えないため、二年後にも神泉苑と七条朱雀で『般若心経』を読んでいる。

大地変動の影響

七条朱雀の地は、外国の使節を迎える鴻臚館があり、貞観十四年に疫病が流行した際には、その原因が渤海の使者が入朝したことによる「異土の毒気」であるとの噂が流れた。疫病の流行は渤海、新羅や唐の商人たちの活動と関連づけられた。貞観十一年（八六九）に新羅の海賊が博多津を襲う事件が起きたが、その年の疫病では、鴨川と四条大路の交わる四条河原の東の八坂郷で祇園御霊会が始められた。『祇園社記』は「六月七日、六十六本の矛を建つ。同十四日、洛中男児及び郊外百姓を率いて、神輿を神泉苑に送り、以て祭る。是れ祇園御霊会と号す」と記し、祇園祭の始まりとする。

疫病鎮撫の動きは北野の船岡に始まり、神泉苑や七条朱雀、八坂の地へと拡大し、それとともに京の境界の地で御霊会の祭礼が行なわれ、寛平元年（八八九）には、京の賀茂社で臨時祭が創始された。賀茂の神が、秋にも祭礼が欲しい、という神託があって始まったものといわれ（『大鏡』裏書）、多くの芸能が奉納された。列島を襲った自然災害を避けられなかったのは、神威の衰退によるとされ、その威力を取り戻すため、神が芸能を要求したと考えられたのである。

京の南西でも新たな動きが始まっていた。貞観元年（八五九）、奈良大安寺の僧行教《ぎょうきょう》が九州の宇佐八幡宮に参籠した際、都の近くで国家を鎮護する、という八幡大菩薩の神託を受けて上京の途次の山崎離宮辺で、石清水の男山に鎮座するとの示現があり、行教がその旨を朝廷に奏請すると、朝廷は宇佐宮に準じて宝殿六宇を造営させ、応神天皇・神功皇后・比穎《ひえい》大神の三所の神体を安置した（『護国寺略記』）。この石清水八幡でもやがて臨時祭が開かれ芸能が奉仕され、賀茂社とともに王城鎮護の神として尊崇された。

貞観十一年五月、新羅の海賊が博多に侵入した事件が起きた際、朝廷は伊勢神宮や石清水八幡、宇佐八幡などの九州諸国の神社に国家安寧を祈らせ、その宣命のなかで日本を「神明《しんめい》の国」と記している。貞観年間に編纂された『儀式』（『貞観儀式』）には、毎年の年末に疫鬼を追い払う年中行事の追儺の記事に、東は陸奥国、西は五島列島の遠値嘉島《とおつちかしま》、南は土佐、北は佐渡よりも外に、疫鬼が住み穢れている、と見える。

内裏を起点として平安京、畿内、日本列島へと及ぶ、同心円的防疫システムが形成され、王城鎮護の祭がそれを支えるようになったのだが、これに関連するのが、検非違使の管轄範囲が洛中のみならず「津頭及び近京の地」に拡大され、「城辺の地」に住む「奸猾《かんかつ》の輩」を検察するようになったことである。

列島規模での災害や疫病、外敵の侵入などの変動は、政治に多くの対応がせまり、その政治を担ったのが藤原良房である。良房は嘉祥三年（八五〇）の道康親王の即位に際し（文徳《もんとく》天皇）、潔姫所生《しょせい》（生みの親）の娘の明子を女御に入れ、同年に明子が惟仁《これひと》親王を生むと、直ちに皇太子とし、斉衡《せいこう》四年（八五七）に太政大臣になった。文徳天皇が天安二年（八五八）に亡くなると、幼少期から育てていた惟仁親王を即位させ（清和《せいわ》天皇）、即位後に中国の太宗の治世「貞観の治」にあやかって貞観と改元した。

摂関政治の始まり

良房は京都の都市整備を行ない、『貞観交替式』『貞観格式』を施行するなど法制の整備に力を入れ、貞観年間の列島規模での異常事態から政治への求心力が生まれたのに応じて、摂関政治の道を切り開いた。貞観四年（八六二）三月、朱雀大路は重要な儀礼空間であって、昼には牛馬の盛んに通るのに、夜は盗賊の住処になるとして、坊門ごとに兵士十二人を置いて警護させ、夜行の兵衛に毎夜、巡検させた。貞観八年閏三月、鴨川近くの染殿第《そめどのだい》で観桜の宴を行なった際は、京中の貧窮者を鴨川辺に集め「新銭五万文、飯二千語百裹」を給した。新銭は貞観元年鋳造の饒益神宝《じょうえきしんぽう》である。

同じ頃に応天門が焼けると、伴大納言善男《ばんだいなごんよしお》が犯人を左大臣源信《みなもとのまこと》であると告発したが、八月に大宅鷹取《おおやけのたかとり》が善男父子を主犯と訴えたために事態が紛糾、処理にあたった良房は善男を流罪に処し、事件に関わった大伴・紀氏勢力を宮中から除いた（応天門の変）。事件の真相は不明ながら、八月十九

荒薦に座り無実を訴える源信（『伴大納言絵巻』模本　国立国会図書館蔵）

日に「天下の政《まつりごと》を摂行せしむ」という摂政宣下の詔が出され、天皇を補佐し国政を総攬する摂政の制が始まった（『日本文徳天皇実録』）。

応天門の変は、後に『伴大納言絵巻』として絵巻に初めて描かれることになる政治的事件であり、後世に変動の時代、摂関政治の始まりとして記憶されたのである。その絵巻のなかで、左大臣源信が寝殿の前庭に敷いた荒薦《あらこも》に座り「天道」に無実を訴え、天はこれに応えて、事の真相を子どもの喧嘩の中に入った舎人に語らせているが、『文徳天皇実録』嘉祥三年（八五〇）条に「生民の訛言、天その口を仮る」とあり、この頃から天は人の口を借りてその意思を伝えるという天道思想が広まっていた。

良房が貞観十四年（八七二）に亡くなると、その死後を継承したのは、養子としていた兄長良の三男の基経で、右大臣に昇任、清和天皇の親政とともに「万機を助理」した。貞観十八年に清和が譲位し幼い陽成天皇が位につくと、「幼主を保輔し天子の政を摂行すること、忠仁公（良房）の故事のごとくせよ」という勅が下され、基経も摂政になった。

それとともに議政官の公卿が左近衛陣座《さこんえのじんざ》で合議する陣定の制度が導入され、合議の結果を、摂政・天皇に伝えて決済されてゆくことになったが、公卿が陽成天皇の粗暴な振る舞いに政務に携わらなくなる事態が生じ、元慶《がんぎょう》七年（八八三）に天皇が近臣を殿上で殺害する事件を起こしたので、基経は内裏に乗り込んで天皇を押し込め、翌年に仁明の皇子で臣下に降っていた光孝《こうこう》を即位させ、天皇との職掌の分担をはかり、基経は太政官で国政を統括し、内裏では天皇を補弼《ほひつ》する、後に関白と称された職掌である（『宇多天皇御記』）。

光孝天皇の皇子 源《みなもとの》 定省《さだみ》は源姓のままであったが、光孝天皇が仁和三年（八八七）に亡くなる際、定省を位につけるよう基経に依頼、これに応じて基経は定省を位（宇多《うだ》天皇）につけて関白となって、宇多天皇から「阿衡《あこう》の任」をもって職務を行なえ、という詔書が示された。「阿衡」は中国の官で任務がない、と疑義が呈されたため撤回されて、摂関政治は定着をみた。

寛平の治

寛平三年（八九一）に基経が亡くなると、宇多天皇は親政への意欲を燃やすとともに、和歌文化の花を開いた、和歌の優劣を左右に分かれて競う歌合が、是貞《これさだ》親王家歌合として行なわれ、皇太夫人班子《はんし》女王の宮では寛平后宮歌合《かんぴょうのきさいのみやのうたあわせ》を行なわれた。春・夏・秋・冬・恋の五題各二十番に及ぶ大規模な歌合となったが、これに応じて菅原道真《すがわらみちざね》は『新撰万葉集』を編み、その序で「当今寛平の聖主(宇多)、万機の余暇、宮をあげて方に歌を合わする事あり。後進の詞人、近習の才子、各々四時の歌を献じ、初めて九重の宴を成す」と記している。

道真は、元慶元年(八七七)に式部少輔、文章博士《もんじょうはかせ》を兼任するなど順調に学者の道を歩み、仁和二年(八八六)に讃岐守となって天皇の信任を受け、寛平三年(八九一)に蔵人頭、左中弁、翌年に参議・左大弁となり、『類聚国史《るいじゅうこくし》』を編纂して国内の歴史を整理、同六年に遣唐大使になるも、大帝国を築いた唐の衰退が著しく、派遣中止を要請して、認められた。派遣せずとも、唐物は新羅や渤海、唐の商人がもたらしていた事情があった。寛平七年(八九五)に権中納言になって春宮権大夫を兼任、娘を宇多天皇の女御となし、さらに権大納言となって右大将・中宮大夫を兼任するなど、目覚ましい出世を遂げた。

宇多は宮廷政治に新たな秩序をつくりあげた。天皇の政務などを直接に支える蔵人所の充実をはかり、六位の蔵人の定員のうち二人をさいて五位の蔵人を置き、「蔵人式」によりその職務を明確化した。蔵人所は、別当一人、頭二人、五位蔵人三人、六位蔵人四、五人、非蔵人、雑色、所衆、出納、小舎人からなり、寛平九年(八九七)に置かれた別当は、詔勅を伝宣する職掌で、実務は頭以下が担った。初期にはさまざまな部局から選任されていたが、内廷経済を管掌する中務省管下の内蔵寮や、宮内省管下の木工寮・主殿寮、弘仁九年(八一八)に太政官に新設された修理職などの官人が任じられ、やがてこれらの官衙を蔵人所が支配下に置くようになる。

天皇の政治は藤原保則《やすのり》などの能吏や道真のような文人政治家が支えた。保則は元慶の乱平定に功があったが、この乱は、元慶二年（八七八）、出羽守良岑近《よしみねちかし》の苛政に、出羽の俘囚が雄物川以北の独立を主張、秋田城を攻めて大軍を撃破したので、派遣された保則は武力で鎮圧せず、俘囚の懐柔につとめて平定にいたった。この俘囚は、秋田城下の十二村を中心に開発を進め、政府に帰属した蝦夷であった。

保則は、仁和四年（八八八）に国司任期中の調庸の未進は、その任中に納め、累進している未進は、とりあえず棚上げにするよう求め、政府がこれを認めたことで、国司の国内経営が安定化した。

道真は貞観年間に神泉苑に遊んで、絵師の巨勢金岡《こせのかなおか》にその風流を写すよう求めて描かせている。唐代の絵画の伝統から離れ、和の主題を描く絵画の最初で、金岡は仁和元年（八八五）に基経の屏風、寛平七年（八九五）に源能有《みなもとのよしあり》の五十賀《いそじのが》の屏風を描き、仁和四年には勅によって御所の南庇の東西の障子に、弘仁年間以降の鴻儒の詩の様を図に描いた。和歌や漢詩と絵画との関わりがうかがえる。

この宇多朝から、滝口・校書殿など内廷関係の部署が多く生まれ、官人は蔵人方宣旨《せんじ》で任命され、蔵人所の管下に入ったことで内廷経済に関わる官衙・部署はおしなべて蔵人所の管轄となった。これと連動して天皇家用に諸国に設置されていた供御所《くごしょ》からの「供御」（食物など）が、太政官・国衙を経由せず、直接に内膳司に運ばれ、蔵人所管轄下の御厨子所・進物所に分配された。

内裏の清涼殿に昇殿する資格も、天皇の代ごとに審査して認める昇殿制が整えられ、側近を殿上人として待遇、内裏には参議以上の公卿、蔵人頭指揮下の殿上人が伺候して天皇の政治を支える宮廷政治の体制が整った。殿上人、地下などの宮廷社会の身分秩序が定まり、天皇が朝廷儀式に公的に出席する機会が少なくなり、京都とその近郊への外出（行幸）は特別な時に限られた。

そのかたわら寛平三年（八九一）に貴族の地方転出や留住、地方民の京都居住などの規制がはかられ、寛平七年に上層貴族の京都居住が義務化され、五位以上の王族や貴族の行動範囲が、東は逢坂、南は山崎・淀、西は摂津・丹波の境、北は大江山の畿内近国の範囲に限られた。この宇多の治世は後代に「寛平の治」と称された。

延喜の治

寛平九年（八九七）、宇多天皇は醍醐天皇への譲位に際し『寛平御遺誡《かんぴょうのごゆいかい》』を与えて天皇の心得を示した。そのなかで寛平八年に入京した唐人と面会したのを誤っていたと反省し、「外蕃の人、必ずしも召し見るべきものは、簾中にてありて見よ」と記し、これを契機に異人を都に召して会見することがなくなった。次に菅原道真を引き続き重用するよう醍醐天皇に求め、それもあって道真は昌《しょう》泰《たい》二年（八九九）に右大臣に昇進し、右大将を兼ねた。

しかし昌泰四年に誣告《ぶこく》を受け、罪を得て大宰権帥に道真は左遷されてしまう。左遷の報を聞いた宇多上皇が駆け付けたが、醍醐は会おうとせず、道真の弁明をも聞こうとしなかった。宇多上皇は出家し東大寺で受戒していたので力なく、道真は延喜《えんぎ》三年（九〇三）に配流地の大宰府で失意のうちに亡くなる。

政治は太政官筆頭の左大臣藤原時平が主導した。延喜元年（九〇一）からの九年間は時平が国政に力を注ぎ、同年に『日本三代実録』が完成、二年に荘園整理令を発布、七年に貨幣の改鋳と『延喜式』編纂を行なうなど、次々と新たな手を打った。

なかでも荘園整理令は、時平が率先して公卿会議を開いて定めたもので、租庸調の遵守や班田の実施を国司に命じ、院宮王臣家が地方の有力者と結んで荘園を増加させているのを食い止めようとし、勅旨田の開田を停止した。だが、律令制的支配は不可能な段階に達しており、結果的に律令制的税制、田制復活への最後の試みとなり、次代への出発点となった。

政府は租税収入を確保するため、地方官（国司）に租税収取や軍事の権限を大幅に委譲したので、これを受けて国司は、中央に確実に租税を上納する代わりに、自由かつ強力に国内を支配するようになった。庸調の徴収と中央への送付、官物の管理、行政の監査一切を委ねられ、任国統治の責任者として多大な権限を有した。その請負を委任された国司上位官の国守は、現地に赴任し国衙行政の最高責任者となり、これを受領《ずりょう》という。

この呼称は、国司交替の際に後任の国司が適正な事務引継を受けたことを証明する解由状を、前任の国司に発給し、その解由状を受領することから「受領」と称されたものであり、国司の上位官の守《かみ》が受領と呼ばれ（常陸・上野・上総は介《すけ》）、次席の介や三等官の掾《じょう》、四等官の目《さかん》などは任用《にんよう》国司と称された。

寛平・延喜の治を通じて宮廷政治が定まったことにより、宮廷社会も本格的に成立し、内裏を場とする天皇の政治を、天皇の外戚である摂関と廷臣が支え、後宮を場として文化の花が開かれた。和歌の文化はその一翼をなし、延喜五年（九〇五）に醍醐天皇の勅命により『古今和歌集』が編まれた。『万葉集』には撰ばれなかった古い時代の歌から、撰者たちの生きている時代に至るまでの和歌を撰んで、延喜五年四月十八日に奏上された。

撰者は紀友則《とものり》、紀貫之《つらゆき》、凡河内躬恒《おおしこうちのみつね》、壬生忠岑《みぶただみね》の四人で、歌数は千百十一首、長歌五首・旋頭歌四首以外はすべて短歌で、春歌《はるのうた》上下、夏歌、秋歌上下、冬歌、賀歌《がのうた》、離別歌、羈旅歌《きりょのうた》、物名《もののな》、恋歌一～五、哀傷歌、雑歌《ぞうのうた》上下、大歌所御歌《おおうたどころのみうた》・神遊びの歌・東歌《あずまうた》などで構成されており、編纂の方法と和歌の詠み方は後世への規範となった。貫之は「袖ひぢてむすびし水のこほれるを　春立つけふの風やとくらむ」と詠み、壬生忠岑は「有明のつれなく見えし別れより　暁ばかり憂きものはなし」と詠んだ。

延喜九年（九〇九）に醍醐天皇は、唐物の使者派遣を取りやめ、蔵人所から牒を発給して大宰府から唐物を進上するよう命じ、以後、唐の商人が博多に入港すると、蔵人所に唐物が自動的に納入されるようになり、延喜九年以降、納入された唐物を天皇が見る「唐物御覧」が定例化、天皇の宝蔵（納殿）には唐物が充満し、国王の権威を飾るものとなった。

京中の発掘により、九世紀後半から緑釉《りょくゆう》陶器や灰釉《かいゆう》陶器、黒色土器、白色土器などの新しい食器が出土するが、これは唐物の流入と大いに関係がある。この醍醐天皇の政治は後世の人々が天皇親政による理想の政治として「延喜の治」と称された。

忠平政権と「兵」

醍醐天皇を支えた藤原時平が延喜九年(九〇九)に亡くなると、弟の忠平《ただひら》が跡を継承、大納言になって左近衛大将を兼ね、醍醐天皇が病気がちだったので再び国政に関与した宇多法皇に仕え、急速に出世を遂げて時平の遺業の『延喜格式』を完成した。延長元年(九二三)に醍醐天皇の皇子保明《やすあきら》親王が亡くなると、死因は疫病によるものであったが、「菅帥《かんそち》の霊魂の宿怨」によるという噂が広がり、朝廷は「菅帥」菅原道真を本官に復し、正二位に叙した。延長八年に再び疫病が流行、六月の落雷で大納言藤原清貫《きよたか》らが亡くなり、醍醐天皇も九月に没すると、一連の変事は道真の御霊に因があるとの考えが定着した。

延長八年(九三〇)に醍醐天皇が病を理由に朱雀《すざく》天皇に譲位したが、天皇が幼少のため忠平が摂政となり、承平六年(九三六)に太政大臣となるが、天慶《てんぎょう》四年(九四一)朱雀天皇が元服したため摂政を辞したものの、引き続き万機を委ねられ、関白に任じられた。天慶九年(九四六)、村上《むらかみ》天皇が即位すると、引き続き関白として朝政を執った。

この忠平政権での地方の動きを伝えるのが、延喜十四年(九一四)に三善清行《みよしきよゆき》が提出した「意見封事十二箇条」である。それによれば、備中の下道《かとう》郡の邇磨《にま》郷は、貞観年間に藤原保則が備中介に任じられた時に見た旧記には、かつて二万の兵士がいたのに七十人になっていると書かれていて、その後も減って私が備中介になった時には誰もいなくなった、という。こうした人口や耕地の減少などの列島規模の変動のなか、盛んな活動を繰り広げていたのが「富豪の輩」であった。郡司一族やその出身者、土着国司など律令官人を出自とする者が、蓄積した富によって墾田開発や田地経営に手を染め、百姓に出挙を行なって富豪になっていた。

彼らは院宮王臣家や寺社に私宅や治田を寄進して租税を逃れようとしていたので、その活動を規制することが、延喜の荘園整理令の目的のひとつではあったが、いっぽうで彼らの活動を積極的に取り込む方策もとられ、その農業経営者としての側面から「田刀《たと》」「田堵《たと》」とも呼ばれた。「田刀」という表現には、田地の開発者の側面がよくうかがえ、国から課役免除を認められた庄司や田刀の多くが僧であった。

受領は、海賊や山賊の追捕にあたっては、富豪の輩の力を利用して私的に従者となすとともに、任が果てた後にも国に土着し、蓄財によって任国に根をおろし、その武力に従う者、また反抗する者も、武力を用い活動するようになった。それが「兵」である。

延暦十一年（七九二）に、多くの国で軍団が廃止され、代わって郡司の子弟を中心に、一国につき三十〜百人規模の健児制《こんでいせい》が導入され、これが国の兵制の基本となっていたが、この健児が「兵」となり、また『続日本紀』養老五年（七二一）正月二十七日条に「文人・武士は国家の重んずる所なり」と見える下級の武官も兵になった。

兵の登場と受領

兵が勢力を築いた地方の集落の姿を発掘で見てゆこう。石川県津幡町《つばたまち》の加茂《かも》遺跡からは、深見村の郷長・駅長・刀禰らに下した八か条の禁制を記す、嘉祥二年（八四九）の郡符木簡が出土している。加賀郡の郡司が出したもので、朝は寅《とら》の時（午前四時）に田に入り、夕には戌《いぬ》の時（夜八時）に家に帰るよう示し、魚酒を飲食するのを禁じ、五月三十日より前に田植を行なうよう命じ、溝や堰を労作し、逃亡人を村に隠さぬよう、養蚕をしないようにといった百姓への命令からなる。

相模の高座《こうざ》郡の居村《いむら》遺跡（神奈川県茅ヶ崎市）では、貞観の年号が記された木簡が出土し、そこには「殿」の敬称のつく殿原《とのばら》の名が見える。

貞観年間まで、各地の農村は順調であった。信濃の更埴《こうしょく》市の屋代遺跡の発掘によれば、河川の自然堤防上で水田開発が進められ、八世紀の末には集落の範囲が広がり、九世紀後半に条里区画が生まれたが、仁和四年（八八八）の千曲川の洪水によって水没し、放棄された。何度か洪水の被害があっても復旧されてきたのに、今度ばかりはかなわなかった。この時期、耕地は極めて不安定であり、それだけに開発の力が求められたのであるが、うまくゆけば大きな富が得られるいっぽう、そうでないと耕地は放棄された。

受領の国の支配のあり方を、その着任した国庁のあり方から見てゆくと、下野国府の場合、Ⅰ期からⅣ期にかけて四段階の遺跡が知られ、Ⅲ期の九世紀中頃までの主要な建物は礎石立であって、周囲を区画する施設が掘立柱の板塀から築地塀に変わるなど、建物は堅牢で行政機能の充実がわかるが、Ⅳ期の九世紀後半〜十世紀初めにかけては、前殿が無くなり、脇殿が再び掘立柱建物になるなど貧弱さが増し、その後は消滅する。

多くの国でも十世紀半ばに国府の遺跡が消えたり、国府が移動したりしている。筑後国では八世紀半ばに東地区に移動（第二期）し、国府跡から「守館」「守第」と書かれた墨書土器が出土するが、それも十世紀半ばには廃棄され、その東の地区に移動し（第三期）、政庁らしき建物は認められず、建物配置は錯綜している。十世紀後半から国府は違った性格を帯びるようになり、第三期の筑後国府跡の建物は国司館であろう。下野国府のⅡ期の国司館は、国庁の前方に「介」銘の墨書土器が出土しているので、そこにあった。

受領は富豪の輩や田堵の存在に着目して、その開発の力により国の経営にあたり、京から下ると、側近を代官（目代《もくだい》）に任じ、現地の有力者を在庁官人となし、国の実務に当たったのであり、その拠点が館である。「館（舘）」の字を分解すると、「官」と「舎（舍）」からなり、国司の官舎にほかならない。国庁の廃絶とともに、国司館が国支配の中心となったのである。

奥州支配の拠点の多賀城は、十世紀半ばまで存続したが、陸奥国司の国司館はその前方に十世紀初頭まであって、廃絶した後、代わって多賀城の後方に十世紀初頭に建てられ、後期まで存続するが、それが廃絶した後には、遥か南西の地区に移ったと考えられている。

その陸奥国府のあり方を物語るのが『今昔物語集』の、近衛中将藤原実方《さねかた》が陸奥守に赴任した時の話である。「国のうちの然るべき兵共」が、「皆前々の守にも似ず、この守饗応して、館の宮仕怠る事なかりけり」と、国の兵として組織され、国司の館に仕えるようになっていたと見え、諸国では然るべき兵が国衙に組織されるようになっていた。

『新猿楽記』が記す「受領の郎等」は、「庁の目代、もしくは済所、健児所、検非違所、田所、出納所、調所、細工所、修理等、もしくは御厩、小舎人所、膳所、政所の目代或いは別当」になり国衙の経営にあたっていた。国司館にはこうした組織が整えられ、国の兵が編成された。

承平・天慶の乱

歌人の紀貫之は、延長八年（九三〇）に土佐の受領となり、任が果てその帰京の際、警戒したのは海賊の出没であった（『土佐日記』）。この年五月、朝廷は山陽・南海道諸国の海賊を鎮める祈りを神に捧げたが、翌々年には南海道の賊船千余艘が官物を奪う事件が起きている。承平元年（九三一）頃から海賊の動きが活発となり、藤原純友《ふじわらのすみとも》らの海賊追捕に向けて、承平四年（九三四）七月二十六日に「兵庫允在原相安《ありわらのすけやす》」が「諸家兵士」「武蔵兵士」を率いて発向している（『扶桑略記』裏書）。

東国では、昌泰二年（八九九）に東海道や東山道で荷駄の運送に関わっていた「蹴馬《しゅうば》の党」が、荷物運送用の馬を略奪し、甚大の被害を受けたので、政府は足柄坂と碓井坂に関を置いて取り締まりをはかっていたが、承平二年に平将門《たいらのまさかど》の乱が起きた。

将門の祖父高望王《たかもちおう》は、九世紀末に平朝臣を賜姓され上総介となって東国に下った後、子らは関東の各地に勢力を扶植《ふしょく》、将門の父良持《よしもち》は下総北部に勢力を築き、その跡を継承した将門は子弟や従類、伴《ばん》類など「兵」を組織して勢力を広げた。

将門の乱を描く『将門記《しょうもんき》』によれば、兵たちの拠点は宅や家と称されており、将門の追討にあたった平貞盛《さだもり》は公に仕える兵で、その父国香《くにか》は前常陸大掾《ひたちだいじょう》で常陸に土着して石田に「舎宅」を構え、常陸大掾の源護《まもる》は、筑波山の西北麓の真壁に宅を構えていて、その彼らと下総国豊田を本拠とする将門とが争ったのが、乱の発端であった。

争いは広がり、将門が兵を率い常陸の国府を攻め、国府の印璽《いんじ》を奪って国の実権を握るところとなり、この段階から私闘が朝廷への反乱になった。勢いに乗った将門は、下野・上野の国府をも占領し、関東諸国の国司を任命し、さらに巫女の託宣によって「新皇《しんのう》」と称した。

将門の乱に震撼した朝廷は、天慶三年(九四〇)正月に宮城の諸門に「屋倉」を構えて兵乱に備え(『園太暦《えんたいりゃく》』)、兵士を配し、坂東八か国に追捕凶賊使を任じ、藤原忠文《ただふみ》を征東大将軍に任じ、二月八日に東国に進発させると、これに応じて左馬允平貞盛《さだもり》が下野国押領使の藤原秀郷《ひでさと》と連携して将門を攻め、将門は流れ矢に中《あた》って亡くなり、乱は終結した。

将門の乱は終わったが、純友らの海賊対策から、六月六日に右近の馬場で朝廷は「諸家及び貞盛朝臣兵士」を閲兵、近江・美濃・伊勢の兵士を閲兵した。国の兵士に対し、家に組織されたのが諸家兵士であった。純友の反乱は西国一帯に広がるが、天慶四年(九四一)二月、純友軍の藤原恒利《つねとし》が朝廷軍に降ったのを契機に、朝廷軍が攻勢に転じ、五月に小野好古《おののよしふる》の率いる官軍が九州に到着、激戦の末に純友は大敗して、乱が終わる。この乱を経て都では、在原相安や平貞盛などの武者が台頭

古志田東遺跡復元図（米沢市教育委員会蔵）

し治安維持にあたるようになった。

兵の拠点となった宅については、出羽国置賜《おきたま》郡の古志《ふるし》田《だ》東《ひがし》遺跡からうかがえる。米沢盆地の南端、標高二百五十七メートル、最上川の支流松川の扇状地に位置し、三間×十間の大型建物を中心に七棟の建物群からなり、西側の河川跡から多量の赤焼土器、土師器・墨書土器、木簡・木椀・弓が出土している。もうひとつは日向国諸県《もろかた》郡の大島《おおしま》畠《はたけ》田《だ》遺跡で、大淀川と庄内川の合流地点に形成された沖積地の微高地にあり、大型建物を核とする掘立柱建物群や池状遺構、四脚門、区画溝、柵列があって、緑釉陶器、灰釉陶器、越州窯谿青磁、白磁などが出土する。二つの遺跡はともに十世紀後半に始まり、兵の「宅」と考えられる。

京都の開発と天暦の治

諸国の兵の反乱も収まった天慶八年（九四五）、西国から上洛してきた「志多良神」を奉じる多くの群衆が、次の「童謡《わざうた》」を高唱していたという（『本朝世紀』）。

月は笠着る　八幡は種蒔く　いざ我等は　荒田開かむ
しだら打てと　神は宣《のた》まふ　打つ我等が命千歳《せんざい》

荒地を開発し米を得て富み栄えるよう「しだら」（手拍子）を打って八幡の神に祈る様子が浮かんでくるような歌で、開発の息吹がよく伝わってこよう。その神が向かった京の開発はどのようなものであったのだろうか。

京都の都市開発を低湿地の多い右京について発掘地点を見ると、平安前期・中期の西京には、極めて濃密に分布していた。平安前期・中期とは十世紀中頃までの時期で、その後の後期と比較すると開発の波が及んでいたことがわかる。『日本紀略』天徳《てんとく》二年（九五八）四月十四日条には、右京の一条二坊の千二百七十八町の地が失火で焼けた記事があり、その地の発掘では、平安時代前期・中期の包含層が検出されている。

『今昔物語集』巻三十一の五話には、大蔵史生の宗岡高助《むねおかたかすけ》が右京の一条二坊十町の「八戸主」の地に住み、近衛大路に面して唐門を開き、七間の主殿に五間×四間の寝殿を造り、綾織職人に織らせた美麗な服を娘に着せて住まわせていたという。巻二十六の十三話には「上緒の主」兵衛佐が、西八条の京極の長者の家があった地に住む嫗《おうな》から、金塊を騙し取って、それを元手に右京四条一坊十一町の地を買い、難波から葦を運んで低湿地を埋め立てようとしたところ、南側の十二町に住む大納言源定《さだむ》がこれを買い取ったという。低湿地開発の様子がわかり、西の京には長者が住んでいたのだが、京都は左京を中心に右京へ、北辺へ、鴨川東へと、十世紀のなかばにかけ、宅地が広がっていたと考えられる。

天慶九年(九四六)に朱雀天皇が譲位し、弟の成明《なりあきら》皇子が位に即き(村上天皇)、その三年後に関白の忠平が亡くなり、村上天皇の親政となって、宮廷の制度が整えられ、村上天皇選になる『清涼《せいりょう》記《き》』や天皇を補佐した藤原師輔《もろすけ》(忠平の子)の『九条年中行事』など儀式書が編まれ、「天暦蔵人式」が制定された。

「天暦新制」が出され、左右の検非違使庁が合体し、検非違使が保長や刀禰を動員し夜回りを行なうよう定め、「諸司史生《ししょう》豪富の輩」が身分をわきまえず、縑《かとり》・白絹など鮮美な服を好むのを咎め、史生以下の者が着ることを禁じた。大蔵史生の宗岡高助のような京の豪富の輩の活動が広がっていたことを踏まえたもので、過差《かさ》(贅沢)禁制の始まりである。

この時の政治は天皇の理想的な治世として「天暦の治」と称された。『新国史』の編纂も行なわれて、文運が盛んになり、大江維時《これとき》・朝綱《あさつな》・菅原文時《ふみとき》らの文人が詩作を競って、「梨壺の五人」と称された源順《したごう》・清原元輔《もとすけ》・大中臣能宣《よしのぶ》・紀時文《ときふみ》・坂上望城《もちき》らにより『拾遺和歌集』が編まれ、以後、勅撰和歌集が続けて出されてゆく。

文人で歌人の源順は、醍醐皇女の勤子《きんし》内親王の求めに応じて百科辞書『倭名類聚抄』を著し、日本語の呼称を万葉仮名で記して分かりやすくしたので『万葉集』理解に役立った。天暦五年（九五一）頃に書かれた『大和物語』は、『伊勢物語』の系譜を引く歌語りで、百七十三段、約三百首の和歌からなる。百四十段までの前半は、宇多法皇を中心とする歌物語で、三十段の源宗于《むねゆき》が「わが身のえなり出でぬことと、思ひたまひけるころほひ」に歌を詠んだ話など、多くは失意の人のとりとめのない話からなる。

御霊信仰の広がりと源満仲

天徳二年（九五八）五月、朝廷は疫病で仁王経・般若経の転読を、石清水社や賀茂上下社、松尾・大原野・稲荷・平野の諸社、西寺御霊堂、上出雲御霊堂、祇園天神堂など諸堂に命じ、翌年、右大臣藤原師輔は邸宅を北野社に寄進し神殿として整備した。石清水社や松尾・大原野社、稲荷・平野の諸社は、平安京の郊外にあり、他は市街地近くにあった。

上出雲御霊堂は紫野の東に位置し、鴨川を渡って山城の出雲郷への出入り口にあり、「出雲寺御霊会」と称された御霊を祀る堂で、後の上御霊社の前身と見られる。祇園天神堂は、御霊会が行なわれた八坂の地に興福寺僧が春日社の水屋を延長四年（九二六）に移したもので、後の祇園感神院《かんしんいん》（祇園社）の前身である（『日本紀略』）。祇園社の御霊神は、天神・婆梨《はり》・八王子で、天神は牛頭《ごず》天王、婆梨は婆梨采女で、ともに外来の天竺の神であって外部から侵入してくる祟りをなす神が御霊神であった。京都の市街地はこれら神社や堂で周囲を画され、疫病から守られていた。やや遅れて鎮座した北野天神社は、道真の菅原氏の氏人が管理するところとなった。

村上天皇は天徳三年（九五九）八月、内裏で初めての詩合《しあわせ》を主催した。十題十番で行なわれ、詩人は菅原文時、源順、大江維時、橘直幹《なおもと》らであり（「天徳内裏詩合」）、翌年三月には「天徳内裏歌合」を主催、十二題二十番で、歌人は藤原朝忠《あさただ》、坂上望城《さかのうえのもちき》、源順、平兼盛《かねもり》、中務《なかつかさ》らで、その調度や衣装は華やかで行き届いており、晴儀の歌合の規範とされた。

翌天徳四年（九六〇）九月二十日、内裏の火事で、天皇は侍臣が走り叫ぶ声に起きた。温明《うんめい》殿に火が付き、神鏡や大刀契《だいとけい》など皇位継承に関わる重宝が燃え、内裏すべての殿舎が焼失した。平安京遷都後、初めての内裏の火事であり、九月二十八日に造営の担当が定められ、紫宸殿・仁寿《じじゅう》殿・承明門を修理職、常寧《じょうねい》殿・清涼殿を木工寮、温明殿を伊賀、宣陽門を尾張、綾綺殿を近江国など内裏の殿舎・門・廊を二十七か国に賦課している。以後、内裏は何度か焼失するが、国役として造営され、国家経済を揺るがすことはなかった。

天徳四年（九六〇）、「故将門の男」が入京したという噂から、勅が検非違使別当藤原朝忠を通じて検非違使に、蔵人頭源延光《のぶみつ》を通じて源満仲《みつなか》・源義忠《よしただ》・大蔵春実《はるざね》らに伝えられて警備が命じられ、同年には京中の群盗を禁圧するため「武に堪へたる官人」に夜行が命じられるなど（『西宮記』）、都は武者が警備するようになった。

村上天皇が康保《こうほう》四年（九六七）に亡くなり、天皇の親政は途絶える。即位した冷泉《れいぜい》天皇が病弱なため、その次をめぐる争いが激化するなか、藤原氏の標的は、醍醐天皇の皇子で源氏に降下し、藤原氏の娘を妻として政界に大きな影響力を有した西宮左大臣源高明《たかあきら》にしぼられてゆき、安和《あんな》二年（九六九）、源高明が失脚し大宰権帥に左遷される安和の変が起きた。

この年三月、左馬助の源満仲と前武蔵介藤原善時《よしとき》が、兵衛大尉源連《つらぬ》と中務少輔橘繁延《しげのぶ》に謀叛の疑いがあると訴え出るや、宮中は「天慶の大乱の如し」という衝撃が走り、やがて高明が、婿の為平《ためひら》親王を皇位につけようとしたとの疑いがかかって、大宰権帥に左遷されたのである。師輔弟の師尹《もろふさ》、子伊尹《これまさ》・兼家《かねいえ》が失脚をはかった事件で、これを契機に政治の実権は、藤原氏が他氏を排除して完全に握り、争いは藤原氏内部で繰り広げられるようになった。

高明失脚に関わった源満仲は、『今昔物語集』に「世に並び無き兵」で、「心盂くして武芸の道に堪えたり」と見え、「公」からも「止むごと無き者に」思われ、「大臣・公卿より始めて世の人皆、これを用いてぞ有りける」と記されている。父は源経基《つねもと》で、左京一条に邸宅を構え、天禄《てんろく》元年（九七〇）に摂津豊島郡に多田院を建立して館を設け、永延《えいえん》元年（九八七）八月に摂津多田の邸宅で出家し「多田新発意《ただのしんぼち》」とよばれた。

この出家を、藤原実資《さねすけ》の『小右記』は「殺生放逸の者が菩薩心を起こした」ものと記し、末子の延暦寺僧の源賢《げんけん》は父の殺生を悲しみ、天台座主院源《いんげん》とともに仏法を満仲に説いて出家させたのであったが、その出家の様子は、「兵の道」を立てるのは今夜ばかり、と郎等に伝え、郎等が調度を負い、甲冑を着て四、五百人ばかりが「館」を囲むなか、湯あみして出家したという。鷹屋の鷹、鷲屋の鷲を放ち、簗を破り、大網を切り、倉にある甲冑や弓矢・刀などの武具・武器を皆焼き、郎等五十余人も同時に出家したのであった（『今昔物語集』）。

満仲は『尊卑分脈』に、摂津・越後・越前・伊予・陸奥などの受領を歴任し、左馬権頭《さまごんのかみ》・治部大輔《じぶだいふ》を経て鎮守府将軍に至っていたとあって、富は相当なもので、殺生を専らにした武者が出家したことから、広く世に知られるようになった。

九　都市の文化

摂関政治の新段階

安和の変の発生から七か月後に冷泉が退位し、同じく師輔娘を母にもつ弟の円融《えんゆう》天皇が位につき、伊尹《これまさ》娘と冷泉との間の師貞《もろさだ》が皇太子になった。摂政は実頼《さねより》が天禄《てんろく》元年（九七〇）に亡くなって伊尹がなるが、天禄三年（九七二）に亡くなり、師輔の子の中納言兼通《かねみち》と大納言兼家《かねいえ》とが摂関の座をめぐって争い、伊尹の遺命で兼通が関白となった。

この宮廷世界の争いのなかで、政治の運営に関する故実書《こじつしょ》が著されてゆき、政治は儀式化した。源高明の『西宮記《さいきゅうき》』、師輔の『九条年中行事』、実頼には故実書は伝わらないが、その故実は小野宮《おののみや》流《りゅう》として伝えられ、九条流とともに尊重された。貞元《じょうげん》二年（九七七）、兼通は死に臨んで、実頼の子で左大臣の頼忠《よりただ》を関白に指名したため、兼家の望みは再びかなわず、永観二年（九八四）に円融が譲位して師貞が即位し（花山《かざん》天皇）、兼家娘の詮子《せんし》が円融との間に生んだ懐仁《やすひと》が皇太子となるが、頼忠がそのまま関白となって、兼家はその次を狙うことになる。

花山天皇の治世は、わずか二年に過ぎないが、「内をとりの外めでたさ」と評された伊尹の五男の義懐《よしちか》が実権を握り、官人の綱紀粛正をはかって受領の兼官を禁止し、延喜荘園整理令以後の新立荘《しんりつ》園の停止、悪銭を嫌う風潮への対策、京中での売買価格の安定化など諸政策を矢継ぎ早に打ち出した。天皇は藤原公任《きんとう》編『拾遺和歌抄』をもとに、多くの和歌を加え、三番目の勅撰和歌集『拾遺《しゅうい》和歌集』を編んだ。「雑春」「雑秋」などの項目に新味を出し、「恋」五巻のほかに「雑恋」を立てるなど恋歌を充実させた。

ところが、寛和《かんな》二年（九八六）六月二十二日に突然に出家した。寵愛していた弘徽殿の女御が懐妊したものの、亡くなってしまい、出家の意思を持つようになっていたところ、その機を逃さず、兼家が四男の道隆《みちたか》に出家を勧めさせ、山科の元慶寺《がんけいじ》に連れ出し、源氏の武者たちに警護させ、出家に導いたのである。こうして兼家は一条天皇の即位とともに、一条の祖父として念願の摂政になった。

この時期の都の変貌を随想風に記したのが文人慶滋保胤《よししげやすたね》の『池亭記《ちていき》』で、左京以北の発展と右京の衰退などを記している。

予二十余年以来、東西二京を歴見するに、西京は人家稀にして殆ど幽墟にちかし。人は去ることありて来ることなし。屋は壊るること有りて造ることなし。その移徙《いし》するに処分なく、賤貧を憚ることなき者はこれ居り。

本書の成立は天元《てんげん》五年（九八二）頃で、その二十年ほど前から右京が荒廃してきたと記し、自宅の池亭がある左京の六条坊門南町尻東隅から北の四条以北にかけて、人家が密集し、鴨川の西辺や北辺へと人家が広がったことを記している。

源信と女房の文学

保胤は応和《おうわ》四年（康保《こうほう》元年）三月、比叡山西麓で極楽を念ずる文人と天台僧による結社（勧学会《かんがくえ》）に参加した一人で、この時の文人の参加者には藤原在国《ありくに》・橘倚平《よりひら》・高階積善《もりよし》らの紀伝学生らがいた。寛和二年（九八六）に二十五名の天台僧が比叡山の横川に集まって、「心を同じくして浄土の業を共にせん」とする二十五三昧会《にじゅうござんまいえ》の結社をつくり、この規則は慶滋保胤が定め、後に十二か条の規則を源信《げんしん》が定めている。

源信は天慶五年（九四二）に大和に生まれ、七歳で父と死別、信仰心の篤い母の影響で比叡山の良源《りょうげん》に入門、止観業《しかんごう》や遮那業《しゃなごう》を学んでの仏道を捨て、横川の恵心院に住むなか、天延元年（九七三）の『法華経』の論議問答に才を発揮し、翌年の宮中の論議で東大寺の奝然《ちょうねん》と問答を行ない、「源信の論議、諸人善と称す」と言われた。横川に隠棲するなか、念仏三昧の求道の道を選び、永観二年（九八四）に師の良源が病になったのを機に『往生要集』の撰述に入り、翌年四月に成って、「天台沙門源信、往生要集を撰す。天下に流布せり」と広く流布した（『扶桑略記』）。

劈頭から凄まじい地獄の様相を描いて、その絶望から逃れて浄土を願う心のあり方や行について語る。地獄には等活《とうかつ》地獄、黒縄《こくじょう》地獄、衆合《しゅうごう》地獄、叫喚《きょうかん》地獄、大叫喚地獄、焦熱《しょうねつ》地獄、大焦熱地獄、無間《むけん》地獄の八大地獄が、それらは人間世界の地下に重なってあるといい、それぞれについて解説をしており、この記述は大きな影響を与えた。寛弘《かんこう》元年（一〇〇四）に藤原道長《みちなが》が帰依して権少僧都《ごんのしょうそうず》に任じられるが、わずか一年で辞して長和《ちょうわ》三年（一〇一四）に『阿弥陀経略記』を撰述、寛仁《かんにん》元年（一〇一七）、阿弥陀如来像の手に結びつけた糸を手に合掌しながら入滅した。

時を同じくして女房による文学世界が開かれた。その最初を飾るのが、藤原兼家の妻となった陸奥守藤原倫寧《ともやす》女の『蜻蛉日記《かげろうにっき》』である。天暦《てんりゃく》八年（九五四）の兼家との出会いから安和元年（九六八）の長谷寺詣までの上中下三巻からなる。兼家との恋やその愛憎と焦燥、自我のあり様、子の藤原道綱《みちつな》への思いなどを直截に記すとともに、長谷寺や石山寺に参詣、山寺に籠もり、賀茂祭など京の年中行事の見物に出かけてその風景を描き、自らの思いを歌の形でなく、日記の形式で記した。

摂政になった夫兼家は、太政官の上席には太政大臣の藤原頼忠と左大臣の源雅信《まさのぶ》がいたため、右大臣を辞して大臣の序列から離れ、「准三宮《じゅさんぐう》」の詔を得て太政大臣よりも上位にある「一座の宣旨」を得て、摂政を位置づけた。これにより摂政は律令の官職を超越した最高にして独自の地位となり、摂関と太政大臣は分離され、太政大臣は名誉職的傾向を帯びてゆく。

兼家は子弟の昇進をはかり、道隆《みちたか》・道兼《みちかね》・道長を次々に昇進させ、正暦《しょうりゃく》元年（九九〇）正月に一条天皇が元服すると、道隆の娘定子《ていし》が入内、道隆に関白の職を譲って七月に亡くなる。

女房文学

道隆の子定子は十月に中宮になったが、これに仕えたのが清少納言《せいしょうなごん》である。父清原元輔は『後撰和歌集』の撰者、肥後の受領であり、清少納言は中宮大夫藤原道長の推挙で、永祚《えいそ》二年（九九〇）六月に中宮に仕え、和歌のみならず物語や漢詩文の教養が豊かだったことから、中宮女房の別当の職となって頭角を現し、源俊賢《としかた》や藤原斉信《ただのぶ》、藤原行成《ゆきなり》など天皇に仕える蔵人頭と親しい関係をもちつつ、彼らから情報を仕入れて中宮を支えた。

『枕草子』を書いた契機は、内大臣藤原公季《きんすえ》が献呈した紙が中宮から渡され、天皇の下では「しき」（『史記』）が書写されると言われ、その「しき」への連想から「四季」を思い浮かべ、「枕にこそは侍らめ」と、四季を枕に書くことを申し出たことによる。

そのことから『枕草子』は、四季の風景から始まる。宮中や京中の諸所、賀茂社や広隆寺、清水寺、稲荷社、遠くは長谷寺に参詣しており、その鋭く研ぎすまされた観察眼で自然や社会の風景を描いた。たとえば百八十八段にはこう書かれている。

野分《のわき》の又の日こそ、いみじうあはれにをかしけれ。立蔀《たてじとみ》、透垣《すいがい》などの乱れたるに、前栽《せんざい》どもいと心ぐるしげなり。大きなる木どもも倒れ、枝など吹きをられたるが、萩、女郎花などのうへによころばひふせる、いと思はずなり。格子のつぼなどに、木の葉を、ことさらにしたらんやうに、こまごまと吹入れたるこそ、荒かりつる風のしわざとはおぼえね。

野分（台風）の次の日の風景を描いて、立蔀や透垣などが壊れ、庭先の植え込みも気の毒だ、大きな樹木が倒れ、萩や女郎花などの上に被さっているのは思いがけず驚かされるという。

清少納言は中宮定子が子を出産した後に亡くなって筆を擱くが、藤原道長は娘彰子《しょうし》を入内させ、その周辺に紫式部《むらさきしきぶ》や和泉式部《いずみしきぶ》、赤染衛門《あかぞめえもん》などの女房を集めたので宮廷文化は輝きを増した。長徳《ちょうとく》元年（九九五）に関白に近い権限の内覧、右大臣・藤原氏長者となり、翌年正月に政敵である伊周《これちか》を大宰権帥、隆家《たかいえ》を出雲権守に左遷し、左大臣に昇進して名実ともに廟堂の第一人者となり、最高権力を行使した。

寛弘五年（一〇〇八）九月、入内後十年目に彰子が道長の土御門殿において皇子敦成《あつひら》親王を出産、翌年には敦良《あつなが》親王も生んだ。待望の孫の皇子の誕生であり、その時の道長の狂喜ぶりは『紫式部日記』に詳しく記されている。道長の栄華の様は『栄花物語』『大鏡』などの歴史物語によっても描かれたが、文学を愛好した道長は紫式部・和泉式部などの女房の文学者を庇護した。紫式部は父藤原為時が越前・越後の受領を歴任し、式部は若い時に父の越前赴任にあたって同道し、一年間を越前で過ごしたことがある。諸国の受領を歴任した夫の藤原宣孝《のぶたか》が亡くなって中宮彰子に仕えた。

文化の隆盛

紫式部の『源氏物語』の紅葉賀《もみじのが》巻は、「源氏中将は青海波《せいがいは》をぞ舞ひ給ひける。片手には大殿の頭中将、かたち・用意・人には異なるを、立ち並びては、なほ花のかたはらの深山木なり、入り方の日

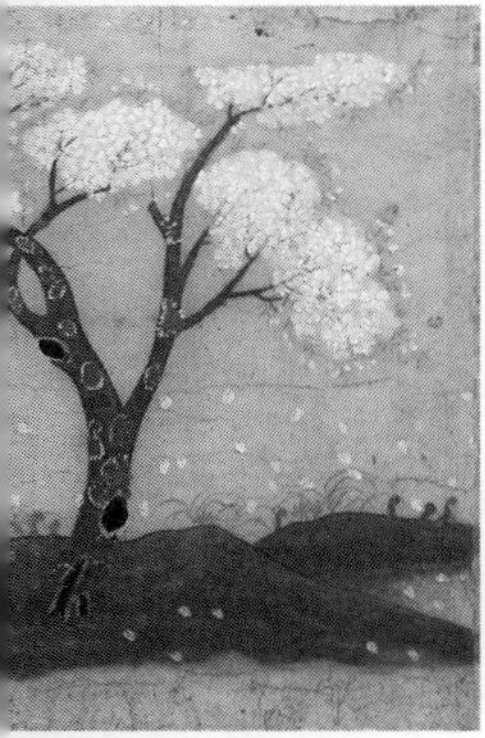

影、さやかにさしたるに、楽の声まさり、物のおもしろきほどに、同じ舞の足踏み・面持、世にみえぬさまなり」と、光源氏が青海波を舞い詠じたのを見て、帝を始め多くの人が喜んだという。

若紫の巻は、加持のため北山を訪れた源氏が、その帰りに病も癒えた源氏を迎えに来た人々と花の下で管絃を行なったが、『源氏物語絵巻』はその場面を描く。一同が車座に座り、頭中将が横笛を吹き、左中弁が扇で拍子を打ち、伴人が篳篥《ひちりき》・笙《しょう》の笛を取り出してこれに和し、僧都が携えていた琴を源氏が弾いている。

『源氏物語』は、物語という創作の仕掛けにより、宮廷政治や京中心の社会の動きを自在に取り入れて時代の光と影とを描くことに成功し、人々を魅了した。道長も読者で、紫式部の局にやってきては原稿を催促していたという。

その『源氏物語』を読んで育ったのが『更級日記《さらしなにっき》』を著した菅原孝標《たかすえ》の娘で、「世の中に物語といふもののあんなるを、いかで見ばやと思ひつつ」と、『源氏物語』を耽読するなか成長した。父は菅原道真の五世、上総・常陸の受領を歴任し、母の異母妹は『蜻蛉日記』の作者であって、『更級日記』は「あづま路の道のはてよりも、なほ奥つ方に生ひ出でたる人、いかばかりかはあやしかりけむを」と、上総から上京する道から筆を起こし、幸せな生活を夢見、結婚生活を過ごし、亡夫追慕の日々を送った平凡な一生を綴っている。

道長は寛弘三年（一〇〇六）に藤原忠平が建てた藤原氏の

『源氏物語絵巻　若紫　第３段』（天理大学附属天理図書館蔵）

氏寺の法性寺《ほっしょうじ》（京都市東山区）に五大堂を再建、五大明王を本尊として修す五壇法を行ない、翌年には、吉野の御嶽《みたけ》（金峰山《きんぷせん》）に詣で弥勒仏に来世の救済を祈って経筒を埋納した。発掘された経筒の銘文には、道長自筆の法華経、無量義経、観普賢経、阿弥陀経、弥勒経、般若心経あわせて十五巻を納めた、と記されており、法華経信仰、浄土信仰、弥勒信仰に沿って、埋経したものと知られる。

大江匡房《まさふさ》の『続本朝往生伝』は、一条天皇の代の「九卿《きゅうけい》」として藤原実資、藤原斉信《ただのぶ》、公任《きんとう》、行成《ゆきなり》、源俊賢《みなもとのとしかた》、源扶義《すけよし》、平惟仲《これなか》、藤原有国《ありくに》（他一名は不詳）をあげていて、彼らは政務に長じ、道長の政治を支え、文化的にも大きな役割を果たしており漢詩文の一時代を画した。

大江匡房の『詩境記』は、漢文学の展開を「我朝は弘仁・承和に起こり、貞観・延喜に盛んになり、承平・天慶に中興し、長保・寛弘に再び昌んなり」と記し、この時期を画期と見た。寛弘四年（一〇〇七）四月には大規模な宴と作文が行なわれ、文人のほか道長や公卿の斉信、公任、俊賢、行成らが詩を作った。

公任は小野宮流の故実を伝えて故実書『北山抄《ほくざんしょう》』を著し、和歌と漢詩の名句を集めて朗詠に資すために『和漢朗詠集』を編むなど文化を主導し、藤原行成は書の面で小野道風《とうふう》、藤原佐理《すけまさ》と並んで三蹟と呼ばれ、優美な和風の書として後世に継承された。道風は十世紀半ばに活躍、『源氏物語』の「絵合」に「絵は常則《つねのり》、手は道風なれば、今めかしうをかしげに、目も輝くまで見ゆ」と見え、名をなした。

京都の文化の基盤

寛弘八年（一〇一一）六月、一条天皇は東宮居貞《おきさだ》親王（冷泉天皇の皇子）に譲位し、剃髪出家して亡くなり、位についた三条天皇は、藤原済時《なりとき》所生の女御を皇后に立てようとしたが、道長は三条天皇に入内させた妍子《けんし》を中宮になそうとしたので、二人の確執から政務が停滞した。孤立した天皇は、失明寸前の眼病にかかり、道長から譲位を迫られ、長和四年（一〇一五）、その要請に屈し敦明《あつあきら》親王を東宮とすることを条件に、翌年（一〇一六）正月に譲位、東宮敦成親王が即位した（後一条天皇）。

これにより道長は、摂政の宣下を受け、東宮には敦明親王が立った。その七月、道長の土御門殿が火災で焼失すると、諸国の受領が分担してその再建にあたるなか、世人を驚かせたのが、伊予守源頼光《よりみつ》（満仲の子）が、建物だけでなく道長一家に必要な調度を献上したことである。

こうした受領の郎等がどのような物を交易し、都に運んだのかを記しているのかを語るのが、西の京の猿楽見物に来た右衛門尉一家の人々（妻三人、女十六人、男九人）を紹介する形で、さまざまな職能の人々の活動の様子を描く『新猿楽記』であって、それには交易した土産の「贄菓子」を次のごとく記している。

1　衣　料　阿波絹・越前綿・美濃八丈・常陸綾《あや》・紀伊縑《かとり》・甲斐斑布《まだらぬの》・石見紬《つむぎ》
2　工芸品　但馬紙・淡路墨・和泉櫛・播磨針・備中刀・伊予手筥《てばこ》・出雲筵・讃岐円座《わらふだ》
3　金属製品　上総鞦《しりかき》・武蔵鐙《あぶみ》・能登釜・河内鍋
4　原材料　安芸榑《くれ》・備後鉄・長門牛・陸奥駒
5　食　料　信濃梨・丹波栗・尾張粔《こめ》・近江鮒・若狭椎子・越後鮭・備前海糠《あみ》・周防鯖
伊勢鰶《このしろ》・隠岐鮑・山城茄子・大和瓜・丹後和布《め》・飛驒餅・鎮西米

これらを運んだのは、同じ『新猿楽記』に見える「東は大津・三津を馳せ、西は淀の渡・山崎を走る」馬借・車借である。琵琶湖沿岸の大津・三津は、東国の物資の集散地、淀は山陽道・南海道からの物資の陸揚げ地であり、ここには内蔵寮の倉庫と内膳司の御贄所・供御所などが置かれていた。唐物は博多から淀や山崎を経て都に運ばれたのである。

『新猿楽記』の描く商人の主領八郎が取引する唐物は沈《じん》・麝香《じゃこう》以下の四十五種類で、「本朝の物」は緋襟・象眼以下の三十種類であり、唐物が多く、香木、染料、薬品、顔料、皮革、衣料などがあり、これらの貿易港は博多津と敦賀津であった。

遣唐使派遣がなくなって以後、日本から大陸に渡る人は途絶えていたが、東大寺僧の奝然が永観元年（九八三）に宋商の船に乗って渡海、天台山の開元寺に赴き釈迦の瑞像を模刻し、日本に将来し清涼寺《せいりょうじ》（京都市右京区）に安置すると、生身の釈迦如来として崇拝された。一般人の渡海は禁じられていたので、宋の商人が博多にやってくると、人々は唐物を競って求めた。

博多で発掘された出土物は十一世紀に白磁の輸入が増加し「白磁の時代」の到来を示し、博多とその東北二・五キロに位置する筥崎《はこざき》（箱崎）には富を求め中央の勢力が進出した。長保《ちょうほう》三年（一〇〇一）、大宰府安楽寺の遍智院に博多荘が寄進され（『安楽寺草創日記』）、長元《ちょうげん》二年（一〇二九）三月に右大臣藤原実資は、香椎宮《かしいぐう》司と高田牧の牧司の妙忠《みょうちゅう》から唐物などの進物を受け取っている（『小右記』）。筥崎の大夫秦則重《のりしげ》の祖父貞重《さだしげ》が、藤原頼通《よりみち》に会うべく上洛した際の話が『今昔物語集』に見える。貞重は唐人から物を借りて京の人々に多くの土産を渡しての帰路、伴人が物売りから真珠を安く買ったところ、博多の唐人から高値がついたという。

京都に現れた多様な名人を記す『二中歴《にちゅうれき》』には、読経の道命《どうみょう》阿闍梨、能書の藤原行成、儒者の藤原明衡《あきひら》、陰陽の安倍晴明《あべのせいめい》、医師の丹波重雅《たんばのしげまさ》と和気正世《わけのまさよ》、仏師の康尚《こうしょう》・定朝《じょうちょう》、武者の源満仲・満政《みつまさ》・平致頼《むねより》（良正の子）・源頼光、明法道《みょうぼうどう》の惟宗允亮《これむねのまさすけ》・允正《まさただ》、明経道《みょうぎょうどう》の清原広澄《ひろずみ》など芸能・技能の達人を載せる。

『続本朝往生伝』は、画工の巨勢弘高《ひろたか》、陰陽の賀茂光永《みつなが》・安倍晴明、能説の清範《せいはん》・静照《じょうしょう》・院源《いんげん》・覚《かく》縁《えん》、医方の丹波重雅・和気正世、武士の満仲・満政・平維衡《これひら》（貞盛の子）・致頼・頼光など、『二中歴』と同じ名人をあげており、そのうち道命は読経道の、行成は世尊寺流の能書の祖となったように、彼らの多くが諸道の祖となった。

『十訓抄《じっきんしょう》』は、清少納言の話を記した後、「これのみならず、そのころは源氏物語作れる紫式部、ならびに赤染衛門、和泉式部、小式部内侍《こしきぶないし》、小大君《こおおきみ》、伊勢大輔、出羽弁《でわべん》、小弁《こべん》、馬内侍《うまないし》、高内侍《こうないし》、江《ごう》侍従《じじゅう》、乙侍従《おとじじゅう》、新宰相、兵衛内侍、中将などいひてやさしき女房どもあまたありけり」と、多くの女房の名を記している。

京の教養文化と御霊信仰の波

都市京都の文化の担い手を育んだのは、さまざまな知識を記した書物であった。源順《したごう》は百科辞書の『倭名類聚抄』のほか、詩文制作の手引き書『作文大体《さくもんだいたい》』も著したという。源為憲《ためのり》は文章生から蔵人になった文人で、『口遊《くちずさみ》』を藤原為光《ためみつ》の七歳の子誠信《さねのぶ》のため、諸般の知識を十九門に分類し、節を付けて暗誦しやすい短文でまとめた。出家した尊子《そんし》内親王（冷泉皇女）のためには、仏法僧の三巻に仏教説話や行事を記す『三宝絵詞《さんぼうえことば》』を著した。

これらの書物の作者の文人の文章を集めてなったのが『本朝文粋《ほんちょうもんずい》』十四巻で、弘仁年間から本書成立の十一世紀初頭までの詩文を収録していて、収録した公文書や文章、秀句は後世に文章作成上の規範となった。その『本朝文粋』編者の藤原明衡も文人で、『新猿楽記』や往復書簡集『雲州消息』(『明衡往来』)を著した。漢詩文では、高階積善が一条天皇や藤原伊周、道長、為時、大江以言《もちとき》、源為憲ら一条朝の詩人の作品を『本朝麗草《れいそう》』に集めているが、和風の傾向が進んだため、和歌とは違い勅撰集編纂への動きはなかった。

文化の広がる都に伝わってきたのが、洛北の北野や紫野をめざした御霊信仰の波である。『日本紀略』正暦五年(九九四)六月二十七日条に、鎮西に発し諸国に流行し、京に侵入して猖獗《しょうけつ》を極めた疫病によって、「北野の船岡の上」に神輿二基を安置し、疫神の御霊会を修したとある。これは「朝議にあらず、巷説より起こる」と見え、民間主導によるものであった。この年と翌年にかけては「大疫癘《えきれい》」の年で、都鄙の人々が多く亡くなり、疫神が横行したため、「都人士女は出行すべからず」という「妖言」が流れ、庶民は門を閉ざし、往来する人がいなくなったという。

翌年、「納言以上」の死者が、関白道隆以下八人にも及び、「四位・五位・侍臣」は六十余人と、都には死骸が満ち、その疫病を鎮めるために御霊会が開かれた(『日本紀略』)。神輿行列をともなう祇園御霊会(祇園祭)は、天延二年(九七四)に高辻東洞院に祇園の神が赴くので、祀るようにという神託が下ったことにあるという。毎年六月七日に御旅所に迎えた神は、六月十四日に本社に戻るのだが、この二つの日に向け民間から芸能が奉納された。

御霊信仰の広まりとともに朝廷から奉納されたのが「御霊会の馬の長《おさ》」であって、蔵人所は童を煌《きら》びやかな衣装に飾って馬に乗せ、多くの従者を供に付け行列に添えた。疫病の祓のために現れたのが法師陰陽師で、『宇治拾遺物語』には、内記上人寂心《ないきしょうにんじゃくしん》(慶滋保胤)が播磨国に下った時、法師陰陽師が紙冠《かみかぶり》をして祓をしているのを見て驚き、何のために紙冠をするのか、と尋ねると、祓戸《はらえど》の神は法師を忌まないから、と答えたという。『春日権現験記絵』にはその法師陰陽師の姿が描かれている。

長保三年（一〇〇一）五月、紫野で行なわれた御霊会では神殿や神輿が造られた。『日本紀略』は「紫野に於いて疫神を祭り、御霊会と号す。天下疫疾によりてなり」「京中上下多く以てこの社に集会す。これを今宮と号す」と記され、この今宮祭には東西二条から「細男《せいのお》」が寄せられた。『百練

法師陰陽師（『春日権現験記絵』8巻2段　宮内庁三の丸尚蔵館蔵）

抄』は「道路の死骸、その数を知らず。天下男女の夭亡《ようぼう》、半ばを過ぐ」という悲惨な状況下での御霊会であった、と記す。かつて鎮西からやってきて石清水八幡宮寺に到来した設楽神（志多楽神）も、再び長和元年（一〇一二）に上洛、二月に「船岡紫野」に到着すると、長和四年六月には、「京人花園辺に神殿を建立し疫神を祀る。疫神の詫宣」によるとあり、京の人々は紫野の花園に神殿を建て、疫神を祀り御霊会を行なった。

巷の寺社をめぐる動き

都の東南・深草に鎮座する稲荷社の稲荷祭は、下京の住人が稲荷の神を東寺近くの御旅所《おたびしょ》に迎えて行なわれた。その神輿行列には朝廷から馬長《うまおさ》の童が出されていて、『雲州消息』に載る消息には、この稲荷祭の様子が描かれている。

稲荷社の神輿が渡御《とぎょ》する京の七条大路に見物に出かけたところ、蔵人町の「村」（グループ）が、馬長の童に付き従って争いを起こし、「町」の清太・黒観寿などとの間で争いを繰り返していた。彼らは金銀をちりばめた衣装で身を飾り、その風流の華美の様は「十家」の財産を使い尽くすようなものであった。さまざまな芸能も演じられ、内藤太の横笛や禅師の琵琶、長丸の傀儡、藤太の猿楽などの散楽が、都の人々を大いに笑わせた、という。

稲荷祭や祇園祭などの祭礼の担い手として登場したのが京の住人の京童《きょうわらべ》である。『新猿楽記』の猿楽の演目には田楽・傀儡子・唐術《とうじゅつ》・品玉《しなたま》などの奇術、琵琶法師の語る物語などの話術にまじって、上洛した鄙《ひな》の人をからかう寸劇「京童の虚左礼《そらざれ》、東人の初京上《ういきょうのぼ》り」があった。『今昔物語集』には、検非違使の忠明が京童との諍いから、清水寺に追いつめられたので、やむなく清水の舞台から谷底に飛び降りて事なきを得たという話が見え、祭礼ともなれば、その担い手の京童と警備担当の検非違使との争いが絶えなかった。

京童が担った御霊会の神や、疫病の神は従来の神と異なり、新たに天から降りてきた「天神」や、社の境内に生まれた「若宮」「王子」などである。長保四年（一〇〇二）の疫病が大流行していた頃、奈良の春日社で若宮が生まれたことを『春日権現験記絵』が描いている。この若宮には巫女がおり、衆生の願いを神に届け、神託を衆生に伝えていた。『梁塵秘抄』二四二番に「神の家の小公達《こきんだち》は　八幡の若宮　熊野の若王子　子守御前《こもりおまえ》　比叡には山王十禅師　賀茂には片岡　貴船の大明神」など神の子を列挙している。

このうち八幡の若宮は、石清水八幡宮の若宮、熊野の若王子は、熊野の十二所権現の第四神の若《にゃく》一王子《いちおうじ》で、子守はその第八神であり、「比叡には山王十禅師」とは、延暦寺の鎮守の日吉山王社の十禅師社のこと、「賀茂には片岡　貴船の大明神」とは、京の賀茂社の末社で、片岡社は上賀茂神社の境内に鎮座し、貴船社は鴨川を遡る貴船の地に鎮座していた。貴船社には、歌人の和泉式部が詣でて「物思へば沢の蛍も我身より　あくがれ出づる魂《たま》かとぞ見る」と、夫に疎まれたことを嘆く歌を詠むと、神から返歌があったという（『後拾遺集』）。

『古事談』には和泉式部をめぐる話が載っている。「今は昔、道命阿闍梨とて、傅殿《ふどの》の子に、色にふけりたる僧ありけり」と始まって、藤原道綱の子道命阿闍梨が和泉式部の許に通っていたある夜、目を覚まし読経していると、翁が現れて、「我は五条の斎（道祖神）であるが、今日ばかりは法華経を聴くことができて嬉しかった、いつもは清く読まれていたので、梵天や帝釈天が聞いていて聞けなかった」と語ったという。

巷の辻には、この道祖神など多くの神々が生まれていた。これまでの神といえば、『延喜式』に記載された式内社のように、国家に保護されていたが、新たに登場した神は、その秩序を大きく変化させたのであり、神仏習合から仏を祀る堂も多く生まれるようになった。

称名念仏を人々に勧めた空也《くうや》は、市で乞食をして得た食物などを貧窮者や病人に施し「市聖《いちのひじり》」と称され、応和《おうわ》三年（九六三）に東山に西光寺を建立したが、これを没後に継承した僧の中信《ちゅうしん》は、貞元二年（九七七）に六波羅蜜寺と改称、庶民の信仰を集め、貴族もその布施に応じた。長保元年（九九九）千手陀羅尼の験力《げんりき》で世に知られた横川の行仙《ぎょうせん》は、一条北辺に革堂《こうどう》を構え、賀茂社の槻《つき》（欅《けやき》の古名）の霊木で作った千手観音を本尊として信仰を広めた。頭部に仏像を戴き、宝冠をかぶり、鹿皮衣《ろくひえ》を着る特異な風体で貴族の信仰をも集めた。

六角堂や雲林《うりん》院、壬生地蔵堂などの堂が次々に生まれたが、こうした神仏とともにあったのが巫女や遊女である。『新猿楽記』は「歌の声は和雅にして、頻鳥《びんちょう》の鳴るがごとし」という巫女、「声は頻伽《びんが》のごとく、貌は天女のごとし」という「遊女・夜発の長者、江口・河尻の好色」の存在を記している。その巫女・遊女が謡った今様に「太秦の薬師が許へ行く麿を　頻り止むる木の島の神」がある。「太秦の薬師」とは太秦の広隆寺の薬師如来像で、長和三年（一〇一四）に安置され、眼病を治してくれる仏として多くの信仰を集めた（『日本紀略』）。

頼通の執政と奈良・宇治

寛仁元年（一〇一七）、藤原頼通は内大臣に進み、父道長に代わって摂政の宣下を受け、同三年に関白となったが、その年に沿海州の女真人が対馬・壱岐を襲い、博多まで来襲する事件が起き、これは大宰権帥藤原隆家が兵を派遣して撃退した。

頼通は、小野宮流の藤原実資に師事し、政治を牽引するが、出家した道長が依然として実権を握っていて、その意向に従い、大事にあたってはその判断を仰いでいた。道長は万寿《まんじゅ》四年（一〇二七）十二月、死期を悟ると、法成寺の東の五大堂から東橋を渡って中島、さらに西橋を渡って西の九体阿弥陀堂（無量寿院）に入り、阿弥陀如来の手と自分の手とを糸で繫ぎ、釈迦の涅槃と同様に、北枕西向きに横たわり、念仏を口ずさみ、西方浄土を願いながら往生した。

頼通は自立して独自の権力確立につとめたが、半年後の長元《ちょうげん》元年（一〇二八）に、関東で平忠常《ただつね》の乱が起き、鎮圧に三年を要し、その戦場の房総地方の荒廃は著しかった。同九年に後一条天皇が亡くなり、同母弟の後朱雀天皇が即位すると、引き続き頼通は天皇の外叔父として関白となるが、子女に恵まれず、妻隆姫の縁で敦康《あつやす》親王の娘を養女とし、後朱雀天皇に入内させて中宮とした。

後朱雀天皇は道長の娘の嬉子《きし》を妻としたが、嬉子が東宮に立てられた親仁《ちかひと》親王を生んですぐに死去していたので、尊仁《たかひと》親王を生んだ禎子《ていし》内親王（三条天皇の皇女）を皇后に立てた。寛徳《かんとく》二年（一〇四五）、後朱雀天皇が危篤に陥ったので、次代の東宮に尊仁親王を望むが、尊仁親王は外戚が藤原氏ではなく、頼通は時期尚早と反対した。だが、天皇は意を決し、尊仁親王を東宮に冊立《さくりつ》する遺命を与えて譲位し、親仁親王が践祚（後冷泉天皇）、尊仁親王が東宮になった（『愚管抄』『今鏡』）。

永承《えいしょう》元年（一〇四六）十二月、藤原氏の氏寺の興福寺の金堂・講堂・東西金堂、南円堂、南大門が焼失した。同四年二月にも「西里の中小路東辺」の住宅に放火があり、近隣の宅三軒が類焼し、火が興福寺に及んだ。「西御門西里辺」の「別当僧都童子牛丸」の住宅から出火し、近隣九軒が焼け、興福寺に飛火、窪院・伝法院・北円堂が焼けたので、藤原氏人の手によって興福寺は再建された（『興福寺流記』『扶桑略記』）。永承六年、奥州で前九年の合戦が勃発するなか、頼通は御所の傍に高陽院を造営、翌七年三月に道長から譲られた別業を改め寺となし平等院とした。宇治は平安京と南都とを結ぶ連絡路に位置する水陸交通上の要衝で、頼通は宇治川に釣殿を出した仏堂で供養を行ない、池の中島に建てた阿弥陀堂に丈六の阿弥陀像を安置しており、その意匠は救いの手を差し伸べる阿弥陀仏が来迎する「阿弥陀聖衆来迎図《あみだしょうじゅらいごうず》」に基づいていた。

前九年の合戦は、陸奥守源頼義《よりよし》が苦戦を強いられながら、出羽国の清原氏の助けを得て、安倍貞《さだ》任《とう》・重任《しげとう》、藤原経清《つねきよ》らを斬殺し、貞任らの首三級を献じ、除目で頼義が正四位下伊予守、子の義家《よしいえ》が出羽守、義綱《よしつな》が左衛門尉となった。この合戦を受け、九年にわたる合戦で辛苦をともにし、「万死に入りて一生を忘れて」戦った主従の絆が深まった。

第Ⅱ部 中世前期

一　院政期の社会

院政の始まり

後三条天皇は、治暦《じりゃく》四年（一〇六八）に即位すると、東宮《とうぐう》時代から支えられてきた閑院能信《かんいんよしのぶ》の養子能長《よしなが》や、村上源氏の源師房《みなもとのもろふさ》・源経長《つねなが》、学士の大江匡房《おおえのまさふさ》・藤原実政《ふじわらのさねまさ》ら文人貴族を登用し、「延久《えんきゅう》の善政」を展開、翌年二月、荘園整理令を発し、記録荘園券契所《けんけいじょ》（記録所）を設置して、荘園の審査を命じた。

延久ノ記録所トテハジメテヲカレタリケルハ、諸国七道ノ所領ノ宣旨・官符モナクシテ
公田ヲカスムル事、一天四海ノ巨害《こがい》ナリトキコシメシツメテ（『愚管抄《ぐかんしょう》』）

荘園が諸国に満ち、受領《ずりょう》の勤めが耐え難い状況から、内裏の朝所《あいたんどころ》に記録所を置き、国司・荘園領主の双方から書類を提出させ審査したのである。荘園整理令は長久《ちょうきゅう》元年（一〇四〇）、寛徳《かんとく》二年（一〇四五）、天喜《てんぎ》三年（一〇五五）と出されてきたのだが、整理を国司が行ない、整理の対象が上級貴族や有力寺社の権門であったため、前進しなかった。そこで中央政府が厳密で公正な審査を行ない、

審査の結果を国には太政官符、荘園領主には太政官牒《だいじょうかんちょう》で伝えたことにより（『後二条師通《もろみち》記』）、整理が大きな影響を与えた。

太政官符で認められた荘園では、安定した支配が可能となり、受領は、荘園以外の地を公領として把握し、荘園公領の面積と領主を記す太田文《おおたぶみ》を作成して、一国平均役などを課す体制（荘園公領制）を整えていった。これにともなって枡を標準化し、延久《えんきゅう》四年（一〇七二）に宣旨枡を定めた。

内廷経済充実のため、後三条天皇の名を冠した勅旨田《ちょくしでん》を設定し、延久元年（一〇六九）七月に「内膳司饌《せん》、諸国御厨子《みずし》幷贄《にえ》、後院等贄」を停止し、御厨子所預に精進の御菜《おさい》を備えるよう命じ（『扶桑略記』）、諸国の贄が、御厨子所預の管理する御厨《みくりや》・御園《みその》の負担とされて御厨が荘園化され、贄人が供御人《くごにん》として天皇直轄下に編入された。

後三条天皇は即位して四年に、第一皇子貞仁《さだひと》親王（白河天皇）に譲位、翌年に病に倒れて亡くなると、その跡を継いだ白河天皇は、父が御願寺《ごがんじ》として円宗寺《えんしゅうじ》を創建したことにならい、「国王の氏寺」として法勝寺《ほっしょうじ》を創建した。八角九重の塔という従来にない規模と形状をもち、国王の権威を示し、院政を象徴するモニュメントとなり、国家的法会を行なう場となった。

永保《えいほう》三年（一〇八三）、奥州では安倍氏に代わって勢力を得た豪族清原真衡《きよはらのさねひら》一族の内紛に、陸奥守源義家《よしいえ》が介入、真衡の義弟清衡《きよひら》を支援して家衡《いえひら》らとの後三年《ごさんねん》の合戦がおきると、義家の弟義光《よしみつ》が駆け付け、義家が金沢柵《かねざわのさく》の家衡・武衡《たけひら》軍を攻めて勝利した。これにより清衡は清原氏の旧領を手に入れ、実父藤原経清《つねきよ》の藤原の姓に復し、勢力を広げて奥六郡を継承、宿館《しゅっかん》を豊田館から奥六郡を出て、平泉に移し根拠地とし、陸奥・出羽両国へと勢力を広げた。

白河天皇は、最愛の后との間に善仁《たるひと》親王が生まれると、応徳《おうとく》三年（一〇八六）に東宮とし、位を譲って、すぐに堀河天皇を立て、これが院政の起点となった。父の意思を受け継ぎ、国政を整えることに意を注いで、源俊明《としあき》や藤原為房《ためふさ》、源通俊《みちとし》、源雅兼《まさかね》などの実務に秀でた中級貴族層を院近臣として政治を推進した。なかでも「高才明敏、文章博覧、当世無比」と称された学者の家の大江匡房を中納言に昇進させ、匡房は『江家次第《ごうけしだい》』など多くの書物を著し白河院を支えた。

源俊明は白河院の「サウなき院別当」「御ウシロミ」と言われ、丈六の仏像を造るにあたり、清衡が薄《メッキ》の料として砂金を献じてきたのに、受けずに返した。理由を問われた俊明は、清衡が「王地」を押領し、謀反をおこす者ゆえだ、と答えたという（『古事談』）。

白河院の政治は、荘園や公領を基盤とする権門や寺社、武士の動きが活発化するなか、強力な政治が望まれたことに一因があったが、通常の政治は、堀河天皇と摂関に任せ、仏教を篤く信仰して国王の布施を広く僧に与え、康和《こうわ》元年（一〇九九）には仁和寺に入れた皇子覚行《かくぎょう》を法親王になして仏教界に君臨した。仁和寺は、宇多院が仁和《にんな》四年（八八八）に金堂を落慶供養し、昌泰《しょうたい》二年（八九九）出家した寺であり、その禅室は御室《おむろ》と称され、仁和寺御室は僧綱を統轄した。

白河と鳥羽の地

院は京の朱雀大路の南に延びる作道《つくりみち》が、鴨川に突き当たる広大な鳥羽の地に、応徳《おうとく》三年（一〇八六）七月、離宮の造営を始めた。十月に廷臣や寺院の十か所の地を、交換や進上によって得ると（『江談抄』）、離宮として鳥羽殿を造営した。讃岐守高階泰仲《やすなか》が受領功で御所を造営、池は五畿七道六十余州の課役により造られた。

南殿に続いて北殿・馬場殿・泉殿も造られ、南殿に付属して証金剛院《しょうこんごういん》が康和三年（一一〇一）に建立され、その供養願文には「帝都の南、一の仙洞、林池幽深、風流勝絶、その中に新たに道場を建て、証金剛院と号す。丈六《じょうろく》弥陀仏を安んず」とあり、丈六（一丈六尺の略、約四・八五メートル）の阿弥陀仏が安置され、池を背景にした平等院に倣ったものとわかる。

離宮の境域は鳥羽院建立の安楽寿院《あんらくじゅいん》の四至《しいし》の記事によれば、東と南が鴨川、西は鳥羽作道を南に延長した西大路、北は北大路で、広さは百余町に及び、内部の池は南北八町、東西六町に及ぶ（『扶桑略記』）。院に仕える「近習の卿相・侍臣・地下《じげ》の雑人《ぞうにん》等」の家地は、離宮の西・北に広がり、院に奉仕する侍や庭掃《にわはき》・召次《めしつぎ》・車借《しゃしゃく》・下人《げにん》も組織された。鳥羽殿では、歌会や月見の会、船遊びが行なわれ、馬場殿では競馬や騎射、武士による流鏑馬などの武芸も行なわれた。

法勝寺の九重塔が国王の権威を垂直的に示し、東国から上洛した人はその塔を見て、院の権力を実感したであろうが、広大な鳥羽離宮は、院権力を水平的に示すもので、西国から上洛した人々は、淀の津で船を降り、広大な鳥羽離宮を見渡し、その富と権勢を実感したに違いない。

白河院が鳥羽殿を遊興の空間とした背景には、永長《えいちょう》元年（一〇九六）に大流行した永長の大田楽《おおでんがく》の影響があった。この年三月に松尾社の祭が折からの疫病の穢れで延期になったのに端を発し、院は六月の祇園祭に「院召仕の男女《めしつかい》」四百人を供奉させ、蔵人町童を六十人を寄せるなど、祇園祭への関与を強めていたところ、京中で田楽が大流行し、公卿や院近臣も楽器を演奏して、踊りに加わる者が相次いだ。『日本紀略』長徳三年（九九七）四月条に、松尾祭で山崎の津人《つびと》が田楽を行なったと見え、人々は祭がなくなり田楽を行なえなくなった不満が爆発したのであろう。

大江匡房の『洛陽田楽記《らくようでんがくき》』には「諸坊諸司各一部を成し、あるいは諸寺に詣で、あるいは街区に満つ。一城の人皆狂えるが如し」と、田楽が京中を席捲したと記す。七月十二日に白河院は、院御所六条殿や内裏の閑院殿・女院御所で、公卿・院近臣に華美な服装で田楽を行なわせ、皇女と堀河天皇とも楽しみ、これには市中の田楽が合流、三御所を中心に田楽踊が夜を徹して行なわれた。だが、八月七日に皇女の郁芳門院《いくほうもんいん》が急死したことから、熱狂的な田楽流行は急速に鎮静化し、白河院は出家した。

堀河天皇は、和歌や芸能に秀で、多くの臣下に敬慕され「末の世の帝」と称されたが、嘉承《かしょう》二年（一一〇七）に若くして亡くなったので、白河院は孫の幼い皇子を位につかせ（鳥羽天皇）、政治の実権を握って院政を本格化させたが、これには、寛治《かんじ》七年（一〇九三）に南都の衆徒が春日社の神木を奉じ入京して以後、南都北嶺（興福寺と比叡山延暦寺）の大衆による強訴が頻発、大寺院が地方の寺院を末寺化して勢力を広げ、大宰府にある観世音寺が東大寺の末寺になったことなど、大寺院の動きへの対応でもあった。

家の形成

摂関期には、摂関が主導する議政官の会議（陣定《じんのさだめ》）で政治のおおよそが決定されていたが、院政では陣や院御所で開かれる議定が国家の大事を決定するようになり、議定には権門のなかから選ばれた上級貴族と院近臣が出席した。重要な事態や事件については、院が蔵人頭に指示し、議定での公卿の意見を聴取して摂関の考えを聞き（内覧）、最終的決断を下したのであるが、その手続きを経ずに、院が独自に決断して実行を命じることも多かった。

通常の政務は、蔵人頭や弁官などの実務官人が、院の指示と摂関の内覧に基づいて進めた。諸国では院近臣が受領に任じられて国の経済を握る知行国制が広がり、知行国主が派遣した目代が国の実務を担った。中央官庁では、長官とその代官の年預《ねんよ》が運営にあたり、特定の氏の家がその官司を実質的に経営する官司請負制が広がった。

天皇の「国王の家」が形成されるなか、さまざまな場で家が成立した。藤原道長の流れを引く御堂流は、鳥羽天皇の践祚にあたり、藤原忠実《ただざね》が天皇の外戚でないため、摂政にはなれないことを恐れていたが、院の指名によって摂政となって、摂関家の形成の道を開くと、分散していた荘園を集め子孫に伝えるようはかり、家政機構として摂関家政所を整備した。

摂関家を始めとする家形成の動きについて、『愚管抄』が、「家々ヲタヅヌベキニ、マヅハ摂籙臣ノ身々、次ニハソノ庶子ドモノ末孫、源氏ノ家々、次々ノ諸大夫ドモノ侍ル中ニハ、コノ世ノ人ハ、白河院ノ御代ヲ正法ニシタル也」と記すように、上流貴族でも家が形成された。閑院能信の流れは閑院の家を形成し、村上天皇の孫の源師房の流れは村上源氏の家を、藤原師実《もろざね》の次男家忠は花山院《かさのいん》家《け》を形成、これらは摂関家に次ぐ家格の清華家《せいがけ》である。

さらに近衛府の中少将を経て中納言や大納言に至るコースをたどるのが羽林《うりん》家で、道長の子頼宗《よりむね》の流れにある藤原宗忠《むねただ》は、弁官や蔵人頭となって院政を実務的に支え、院と摂関を結ぶ役割を果たし、中御門の家の基礎を築いた。院の政治を実務的に支えたのが、藤原高藤《たかふじ》を祖とする藤原為房の流れで、勧修寺《かじゅうじ》の家を形成した。諸道でも下級官人が家を形成した。

太政官の外記《げき》は中原《なかはら》・清原氏《きよはらうじ》、史《し》は小槻氏《おづきうじ》の流れが、算道の三善為康《みよしためやす》は越中から出て三善為長《ためなが》の門に入りその養子になって新たに家を興し、朝野の文書や文章例を記す『朝野群載《ちょうやぐんさい》』を編み、『本朝往生伝』を継承して『拾遺往生伝』などの往生伝を著した。陰陽道では安倍氏の流れが家を形成した。こうした家形成の動きとともに、家格の秩序の固定化がすすんだ。摂関家・清華家・羽林家などの公卿家、四位・五位の諸大夫の家、六位の侍の家、それ以下の凡下《ぼんげ》の別が生まれ、朝廷は家の集合体の性格を有するようになった。

延暦寺や仁和寺・醍醐寺などの大寺院には院の子弟、延暦寺や興福寺には摂関家の子弟が入って家を整えていった。寺院の中に皇族・貴族の庇護を得た院家が形成され、そこに皇族や貴族の子弟、学僧が入り、持続的に維持された。

なかでも仁和寺は法親王に継承されたが、広大な境内には多くの院家が形成され、有力貴族の子弟が入った。延暦寺では、三千院・青蓮院・妙法院などの天台宗三門跡が高い家格を誇り、そのうち青蓮院は関白師実の子行玄《ぎょうげん》が入ってから整備された。三井寺の増誉《ぞうよ》は白河院の熊野御幸の先達となり、院家として聖護院《しょうごいん》を建立、聖護院門跡の基礎を築いた。興福寺では一乗院・大乗院に摂関家から院主が入り、興福寺別当の座を争うようになった。

寺家の経営を別当の下で支えた所司の僧も家を形成した。東大寺の政所を構成する所司は、上《じょう》座《ざ》・寺主《じしゅ》・都維那《ついな》の三綱からなり、そのなかの上座が年預として政所を経営し、妻帯して家を形成した。なかでも所司の覚仁は、東大寺の荘園経営に携わり、朝廷への訴訟に関わって権門と争い、「悪僧」と名指しされた。社家の形成も盛んで、賀茂上社の社司は神主《かんぬし》、禰宜《ねぎ》、祝《はふり》、権《ごん》禰宜、権祝の構成を、下社は禰宜・祝・権禰宜の構成をとった。

白河院政の展開

白河院は国政を掌握する上で、武士に目をつけて院北面に組織し、検非違使や受領に任じて身辺を固めた。石清水八幡の行幸では清和源氏の源義家、義綱に警護させ、承徳《じょうとく》二年（一〇九八）には義家を院殿上人《いんのてんじょうびと》になした（『中右記』）。同年に伊勢平氏の正盛《まさもり》を若狭守に任じると、天仁《てんにん》元年（一一〇八）に義家の子義親《よしちか》を討った功で但馬守に任じ、以後、西国の受領を歴任させ、海賊追捕を命じた。

武士の登用には、頻発する寺院大衆の強訴への対策もあった。永久《えいきゅう》元年（一一一三）四月、興福寺・延暦寺の衆徒入洛を阻止するため、白河院は丹後守平正盛《まさもり》、出羽守源光国《みつくに》、検非違使の藤原盛《もり》重《しげ》などの「天下武者の源氏平氏の輩」を派遣したが（『中右記』）、この時の合戦を描くのが『春日権

栗駒山で戦う官兵(『春日権現験記絵』2巻2段　宮内庁三の丸尚蔵館蔵)

現験記絵』巻二の二段で、院派遣の官兵が、宇治の南の栗駒山で戦ったもので、右手の山を下って攻めるのが官兵である。

院が関与を強めていた祇園祭は、永久五年(一一一七)六月に院宣によって公卿・北面に馬長《うまおさ》を調進させた。この馬長の調進によって祭は華やかになり、天治《てんじ》元年(一一二四)には、「内・院・新院(鳥羽院)の殿上人」が、院の命で馬長七十余人を調進している。内・院の殿上人ばかりでなく諸所殿上人にも馬長の調進を命じ、神幸行列の後にいた馬長を、前を行くよう改めさせており、ここに祇園祭は国王の祭礼という様相を帯びた。大治《だいじ》二年(一一二七)には「四方殿上人の馬長の童」が寄せられ「種女」の調進も行なわれ、大治四年には「三院北面の人」の馬長が見え、「武者所の衆」の田楽、院の近習や受領による「種女」の調進など年々華やかになった。

白河院と近臣・武士との関係を物語るエピソード

が『古事談』に載る。院近臣の藤原顕季《あきすえ》は、武士の源義光《よしみつ》との間で起きた所領争いで、院が裁許を一向に下さないのを不満に思い、自分に道理があるのに成敗が下されないのはなぜか、と尋ねた。すると、院は、汝に理があることは分かっているが、もし勝訴を言い渡せば、子細を弁えない「武士」のこと故、何をするかわからない。汝は「庄も少々侍り、国も侍る」が、義光はかの土地を「一所懸命」の地として知行している。そこで裁許を猶予しているのだ、と答えた。

これを聞いた顕季は、義光を呼び、かの所領はあたえる旨を記す「避文《さりぶみ》」を渡したところ、喜んだ義光は、「二字」(実名の義光)を顕季に捧げ、その後、顕季が鳥羽殿から退出して京に向かった時には、甲冑を帯びた五、六騎の武士が義光の命で警護に当たっていたという。院近臣は荘園や知行国(国衙領)を知行して裕福だったが、武士は「一所懸命」の地を知行していたのである。

次にあげるのは、保安《ほうあん》年間(一一二〇年代前半)に白河院が全国に殺生禁断令を命じた時の武士の話である。禁断令が発されると、各地で狩猟が禁じられ、漁業の網が焼かれ、諸国では網が無くなるなど、禁令が徹底されたにもかかわらず、加藤成家《なりいえ》が鷹を使って狩をしたことがわかって尋問を受けた。

禁制が出されたのに鷹を使ったのは何故か、と問われた成家は、「刑部頭殿」(平忠盛)の命で行なっただけのことで、「源氏・平氏の習」では、重い罪ともなれば首を切られるが、宣旨に背いただけでは、重くても禁獄か流罪に過ぎず、命にまでは及ばない、と嘯《うそぶ》いた。これを聞いた法皇は呆れ、この痴《し》れ者を追放せよ、と命じたという。武士の間では家ごとに「源氏・平氏の習」という慣習が生まれていたことがわかる。

武士の家

後三年の合戦で従軍した東国の武士は、合戦を通じて自らの存在を自覚し、家を形成していった。武蔵の小代《しょうだい》氏は、鎌倉期に小代伊重《これしげ》が「置文《おきぶみ》」で先祖について語っている。先祖は武蔵の児玉郡に本拠を置く、後三年の合戦に従軍した児玉弘行《こだまひろゆき》であり、『後三年合戦絵巻』には、「児玉の有大夫弘行朝臣、副将軍にて同じ屋形に赤革の烏帽子懸して、八幡殿の御対座に書かれ給ひたる」と、大将軍義家が屋形に座っていた時に、その向かいの座に描かれている、と記している（「小代文書」）。

後三年の合戦で名をあげた相模の「聞こえ高き兵」の鎌倉権五郎景政《かげまさ》は、「先祖相伝の私領」を伊勢神宮に寄進し、「浮浪人」を招き寄せて開発、長治《ちょうじ》年中（一一〇四～〇五）に国衙から認められ、永久四年（一一一六）に伊勢神宮領大庭御厨《おおばみくりや》を成立させている（「大庭御厨古文書」）。

朝廷は、諸国の百姓が義家に土地を寄進することを禁じても、他家への寄進を禁じておらず、武士は中央の権門勢家に土地を寄進し、その保護を得るようになった。後三年の合戦で景政の顔に当たった矢を、顔に足をかけて抜こうとした三浦為次《ためつぐ》の子孫は、相模の三浦郡を中心に勢力を広げ、義明《よしあき》は相模国府に進出して在庁官人となり、「三浦介」を名乗った（『吾妻鏡』）。

受領はかつて赴任して在国したが、都で院や摂関に奉仕し、国には目代を派遣して、武士を在庁官人に組織し、国内の一宮や惣社に流鏑馬や相撲の武芸を奉仕させる体制を築くようになった。それとともに在庁官人は国衙周辺に所領を形成し、国内の武士も領主支配を展開して家を形成した。それは武芸のみならず財産や一族・郎等を継承する家であり、その本拠は、今様の「上馬の多かる御館《みたち》かな　武者の館とぞ覚えたる」に見える館であって、かつての兵の宅は武士の館となった。

東国の武蔵で勢力を広げた秩父氏は、鎌倉・三浦氏とともに平良文《よしふみ》の流れにあり、武蔵の秩父郡に本拠を置き、武蔵の各地に勢力を広げた。南北朝期に成った『源威集《げんいしゅう》』には、前九年の合戦に際しては「秩父大夫別当武基《たけもと》」の子秩父武綱《たけつな》が先陣をつとめていたと見え、系図には武綱の子重綱《しげつな》が「秩父権守」とあり、在庁官人として武蔵国内に権益を有し、重綱の子重弘《しげひろ》が秩父氏、重隆《しげたか》が河越氏、重継《しげつぐ》が江戸氏を名乗る家を形成した。

北の奥州と西の博多

奥州では平泉に館を築いた藤原清衡が、大長寿院や金色堂などの堂舎を次々に建て、「寺塔四十余宇、禅坊三百余宇」の中尊寺を造営した。大長寿院は、二階大堂と称される高さ五丈の大建築で、本尊は三丈金色の阿弥陀像、脇士が九体の丈六阿弥陀という規模の、奥州藤原家の氏寺であったと考えられる。金色堂は、「上下四壁・内殿、皆金色也。堂内に三壇を構へ悉く螺鈿《らでん》也。阿弥陀三尊、二天、六地蔵、定朝造る」とあり、上下四壁や内殿が皆金色で、堂内に構えられた三壇には藤原清衡以下の藤原家の遺体が納められた。平泉館は、衣川と北上川の合流地点近くの高館の南、北上川の河岸段丘上にあり、西・北を壕で囲まれ、池が付属する家など多数の家屋の遺構が出土する。

奥州産の金は、博多での貿易取引で重要な輸出品であったが、その博多をめぐる環境は院政期に大きく変化していた。永承六年（一〇五一）に石清水八幡宮の別当が筥崎宮の大検校になり（『石清水文書』）、大宰権帥源経信《つねのぶ》が永長二年（一〇九七）閏正月に大宰府で亡くなると、「博多にはべりける唐人ども」が、「あまた詣で来た」ことを、子で歌人の俊頼《としより》が『散木奇歌集《さんぼくきかしゅう》』に記しており、博多は唐人の住む港湾都市として栄えていた。経信は白河院の命で撰者が奏覧した勅撰和歌集『後拾遺和歌集』に反駁する『難後拾遺《なんごしゅうい》』を書き、和歌や管絃・詩に才があった。

十一世紀末に古代の鴻臚館とは入海を隔てた博多浜の埋立てが行なわれ、取引の中心が博多浜に移って、中世都市博多の原型が生まれていた。廃棄された輸入陶磁器やコンテナ用の結桶《ゆいおけ》などの遺物が出土するなど、博多全体の貿易陶磁の出土量が激増、それとともに鴻臚館は寛治五年（一〇九一）に宋の商客李居簡《りきょかん》が鴻臚館で写経した記事以後、見えなくなる。筥崎は筥崎八幡の門前が多々良川の河口から深く入り込んだ入江になっていて、津が形成されていたが、ここからは掘立柱建物や方形竪穴建物が発掘され、白磁や青磁が出土している。

長治元年（一一〇四）、大宰府の背後の大山寺の別当光清《こうせい》は、比叡山延暦寺の大衆が派遣した法薬《ほうやく》禅師らが、宋人の物を借り請けて取引している、と非難しており（『三十五文集』）、保延《ほうえん》六年（一一四〇）五月五日、筥崎宮・香椎宮・大山寺の大衆・神人は、大宰府以下の屋舎数十家を焼き払う事件を起こした（『百練抄』）。仁平《にんぴょう》元年（一一五一）に大宰府検非違所別当の安清らは、五百余騎の軍兵を率いて筥崎・博多の大追捕を行ない（『宮寺縁事抄』）、博多から筥崎にかけ多くの民家が存在した。

二　家の社会

白河院政から鳥羽院政へ

摂関家の家を形成した藤原忠実は、保安《ほうあん》元年（一一二〇）に「魚水の交わり」と称されるような、親密な関係にあった白河院から、十一月十二日、関白職を解かれた。二人は鳥羽天皇の后の問題をめぐって対立したことから、院はこれに決着をつけるべく熊野御幸をして断交に踏み切ったもので、関白には忠実の子忠通を指名した。

保安四年（一一二三）七月、白河院は、天台の衆徒が訴訟し悪行をしている事態を踏まえ、石清水八幡宮寺に告文を捧げた。そのなかで「王法は如来の付属により国王興隆す」と記し、仏法によって授けられた王権、つまり王権仏授説を唱えていて、公卿らの意見を超えた政治的決断を行なうのには、神仏の支えが必要だったのであり、院が熊野詣により関白解任に踏み切ったのも、熊野の神の神託を得てのことであった。

白河院に仕えた平正盛《まさもり》の子忠盛《ただもり》は、父と同じく伯耆・越前の受領を歴任し、山陽・南海道の海賊追討を院宣で命じられるなど西国に勢力を拡大、京と西国とに確固たる基盤を築くと、京の六波羅を根拠地とし、近くにある白河院の寵愛する祇園女御《ぎおんにょうご》の屋敷の警護にあたり、女御の妹との間に清《きよ》盛《もり》を儲けた。武士の多くは三等官の衛府の尉に任じられていたのだが、清盛は大治《だいじ》四年（一一二九）正月二十四日に異例の二等官の左兵衛佐になった。

大治四年七月に白河院が亡くなると、その跡を継承した鳥羽院は、翌年十一月二十八日に熊野に詣でて院政を行なうことを神に告げ、その納受を祈り、以後、鳥羽院は白河院に倣って事あるごとに熊野御幸を行ない、生涯に二十一回参詣することになる。同じく白河院から継承したのが祇園祭への関与で、天承《てんしょう》元年（一一三一）には、馬長が鳥羽殿にまで参って院の見参を経ており、長承《ちょうしょう》二年（一一三三）の馬長・田楽は、三条京極殿に召され、院・女院の「御覧」となっている。

長承元年（一一三二）、平忠盛は得長寿院《とくちょうじゅいん》を造った功により昇殿して内の殿上人になったが、これが武家政権形成の第一歩であり、この昇殿の際の事件を扱ったのが『平家物語』冒頭の「殿上の闇討ち」の章である。長承三年（一一三四）に「天下飢饉」がおきて悲惨を極め、疫疾・飢饉により、餓死者が「道路に充満」し、改元されて保延二年も「世間多く道路に小児を棄つ、大略天下飢餓」という状況から海賊や盗賊が頻発した（『百練抄』）。

朝廷が諸道に対策の意見の提出を命じると、その勘文《かんもん》（答申書）はすべて「徳政」を行なうべしと指摘したが、なかでも藤原敦光《あつみつ》の勘文は、「天地の変異、人民の疾疫」に関して、官物・雑役の減免を求めるなど、七か条にわたる対策を記しており、「陸地海路の盗賊」には「良吏」を選んでその任国への下向で追捕を求めた。これに応じて朝廷が具体的に法令を出した形跡はないが、京中に住む「浮《ふ》食《しょく》大《たい》賈《こ》の人」といわれる富裕な日吉社の神人の借上が、諸国の受領や住人、田堵、物売に貸しており、その債権のリストを朝廷に提出、その保護を求めている。借金を帳消しにする慣習が広がっていたのであって、徳政令を求める動きが生まれていた（「壬生家文書」）。

院のコレクション

海賊や盗賊の横行にともなって、長承三年（一一三四）に忠盛の「第一の郎等」兵衛尉平家貞《いえさだ》が海賊追捕の賞で左衛門尉になり、翌年には西海の海賊追討に向けての追討使選任の審議があって、備前守平忠盛と検非違使源為義《ためよし》が候補にあがるが、為義では路次の国々が「滅亡」する恐れがあるということから、西海に勢力を広げていた忠盛が任じられた。諸国の海陸の盗賊の動きが、平氏の武家としての躍進の後押しをしたのであり、忠盛の子清盛は海賊追討の賞として破格の従四位下となり、武家政権樹立の足掛かりとなった。

飢饉や疫病の影響は奈良にも及んだ。長承四年（一一三五）二月、奈良の春日若宮の正預《しょうのあずかり》の中臣《なかとみの》祐房《すけふさ》に示験があって、新たに若宮の御殿が大宮から離れた地に設けられ、翌年に興福寺の衆徒の要請で若宮祭が開かれた。宇治に隠居した摂関家の忠実は、宇治で宇治離宮祭を主宰したが、その祭は長承二年五月に「巫女・馬長・一物・田楽・散楽、法のごとく、雑芸一々、遊客あげて計ふべからず。見物の下人数千人」と盛大に開かれ、忠実の御所に神輿が参じている（『中右記』）。

鳥羽院は、鳥羽・白河・京の御所の倉に封を付けさせ、宝物の分散を防ぎ、鳥羽に田中殿御所を造営、長承三年（一一三四）に勝光明院に付属して宝蔵を設けると、「顕密の聖教、古今の典籍、道具書法、弓剣管弦の類」の「往代の重宝」を収納した。この宝蔵には列島内外のコレクションを納め、王権を飾ったもので、久安《きゅうあん》二年（一一四六）八月に宝蔵を見た院は、宝物目録を作成させている（『本朝世紀』）。

鳥羽院は諸方から寄進された荘園を受け入れ、その荘園には国役免除や国使不入などの特権を与え、御願寺や、妃の待賢門院《たいけんもんいん》や美福門院《びふくもんいん》、皇女八条院《はちじょういん》などの女院の所領としたが、これらの荘園目録は、国王のコレクションの書き上げの性格を有していた。宝物や荘園だけでなく武士を周辺に集め、忠盛に後院領《ごいんりょう》の肥前の神崎荘を与えた。

忠盛は博多での貿易の利に目をつけ、長承二年（一一三三）に唐船が来航し、大宰府の官人が向かうと、下文を成して院宣であると号し、宋人の周新の船が来着したのは神崎荘領であるから、大宰府の府官が関与してはならない、と遮った。宋商が来航した際には、大宰府官人が博多に赴いて交易の物資を買い取っていたのだが、これを阻止したのである。神崎荘は院が直接に管轄する有明海に臨む後院領《ごいんりょう》の大荘園であり、博多には神崎荘の年貢を保管し積み出すための倉が置かれていたので、ここに到来した宋商と平氏は取引を行なっていたのであろう。忠盛は神崎荘で得た鯨玉を院に寄せたことが知られている。

源氏は、義家の子義親《よしちか》が追討された後、孫為義が跡を継いでいたが、検非違使に任じられるのみで不遇なことから、さまざまな手段を講じて地方に勢力を伸ばした。嫡子の義朝《よしとも》は東国に下って房総半島で成長、康治《こうじ》二年（一一四三）には下総の相馬御厨に介入して千葉常重《つねしげ》から所領を奪い取り、続いて相模の三浦氏に迎えられて鎌倉の亀谷に「楯」を築くと、翌天養元年（一一四四）に武士を隣接する伊勢神宮領の大庭御厨に乱入させた（『平安遺文』）。

鳥羽院政下の文化

鳥羽天皇の后になった待賢門院は、元永《げんえい》二年（一一一九）十一月、源師時《もろとき》に紙の調進を依頼したが、師時は白河院から「源氏絵」の制作を命じられており（『長秋紀《ちょうしゅうき》』）、徳川美術館蔵『源氏物語絵巻』はこの頃の制作と見られ、今に四巻二十帖分が伝わる。「吹抜屋台《ふきぬきやたい》」（建物の屋根と天井を描かない表現法）や「引目鉤鼻《ひきめかぎばな》」（眼および鼻の類型的な描写技法）のつくり絵の手法と俯瞰描写によって、人物の心意や場面の情趣を描いている。

待賢門院は白河・鳥羽両院に愛され、文化に関わる多くの貴族や女房がそのもとに集まった。和琴の名手の源資賢《すけかた》、篳篥《ひちりき》の名手の藤原季兼《すえかね》、和歌の待賢門院堀河・加賀などである。院司には今様の謡い手「目井《めい》」の弟子・藤原伊通《これみち》や、「さざなみ」を家に抱えていた中納言藤原家成《いえなり》もおり、神崎の遊女「かね」など今様の名手も出入りしていた。

病気をこじらせた待賢門院の兄藤原通季《みちすえ》が今様を謡ったところ全快したという。待賢門院は鳥羽院の熊野御幸に同行、単独でも熊野に参詣、保延元年（一一三五）六月には、熊野の「三所宝殿」に金字法華経の供養、千僧供《せんそうく》（千人の僧に供養米を与える）、そして七か度の熊野参詣を約束している。

奥州の平泉では清衡死後の後継者争いに勝利し、奥州の主となった基衡《もとひら》が、毛越寺《もうつうじ》の建立に意を注いだ。その「堂塔は四十余宇。禅房五百余宇也。基衡建立す。先づ金堂は円隆寺《えんりゅうじ》と号す」とあり（『吾妻鏡』）、最初に円隆寺を建てた際には、九条関白忠通《ただみち》に額を、参議藤原教長《のりなが》に堂中の色紙形を依頼していて、京の王権への接近がうかがえる。

円隆寺の寺号の円は、後三条天皇の御願寺の円宗寺を始めとする四つの御願寺（四円寺《しえんじ》）に因むもので、続いて造営した嘉勝寺《かしょうじ》は六勝寺に因むもので、基衡はこの二寺を御願寺として莫大な富をつぎこんで造営した。二寺を包摂した毛越寺の伽藍は、法勝寺と同じく平場に立地し、南大門は東西三間・南北二間、北側に東西に広がる池の中島に架かる橋を渡り北岸に出たところに円隆寺の金堂があり、左右対称形に東西両廊が付属する。

円隆寺本尊の造立にあたっては、仏師雲慶《うんけい》に支度として蝦夷地や奥州特産の円金百両・鷲羽百尻・水豹《あざらし》皮六十余枚・安達絹千疋・希婦《きふ》細布二千反・糠部《ぬかのぶ》駿馬五十疋・白布三千反・信夫の毛地摺《もじずり》千反などを送ったという。

水豹皮などは蝦夷地からの交易で得たものだが、蝦夷地は続縄文文化に続いて、擦文《さつもん》文化が広がっていた。竈を構えた半地下式の住居に鉄器・須恵器をともなう文化であって、東北方のオホーツク海沿いのオホーツク文化と併存していた。この擦文文化と交流しながら、基衡は「洛陽補陀洛寺の本尊」を模す吉祥堂をも建てた。

清衡が東方仏国土の支配者であったのに対し、基衡は京の王権を模した奥州の支配者であって、その平泉を訪れたのが藤原義清《のりきよ》、出家した西行《さいぎょう》である。元永元年（一一一八）に生まれて徳大寺家に

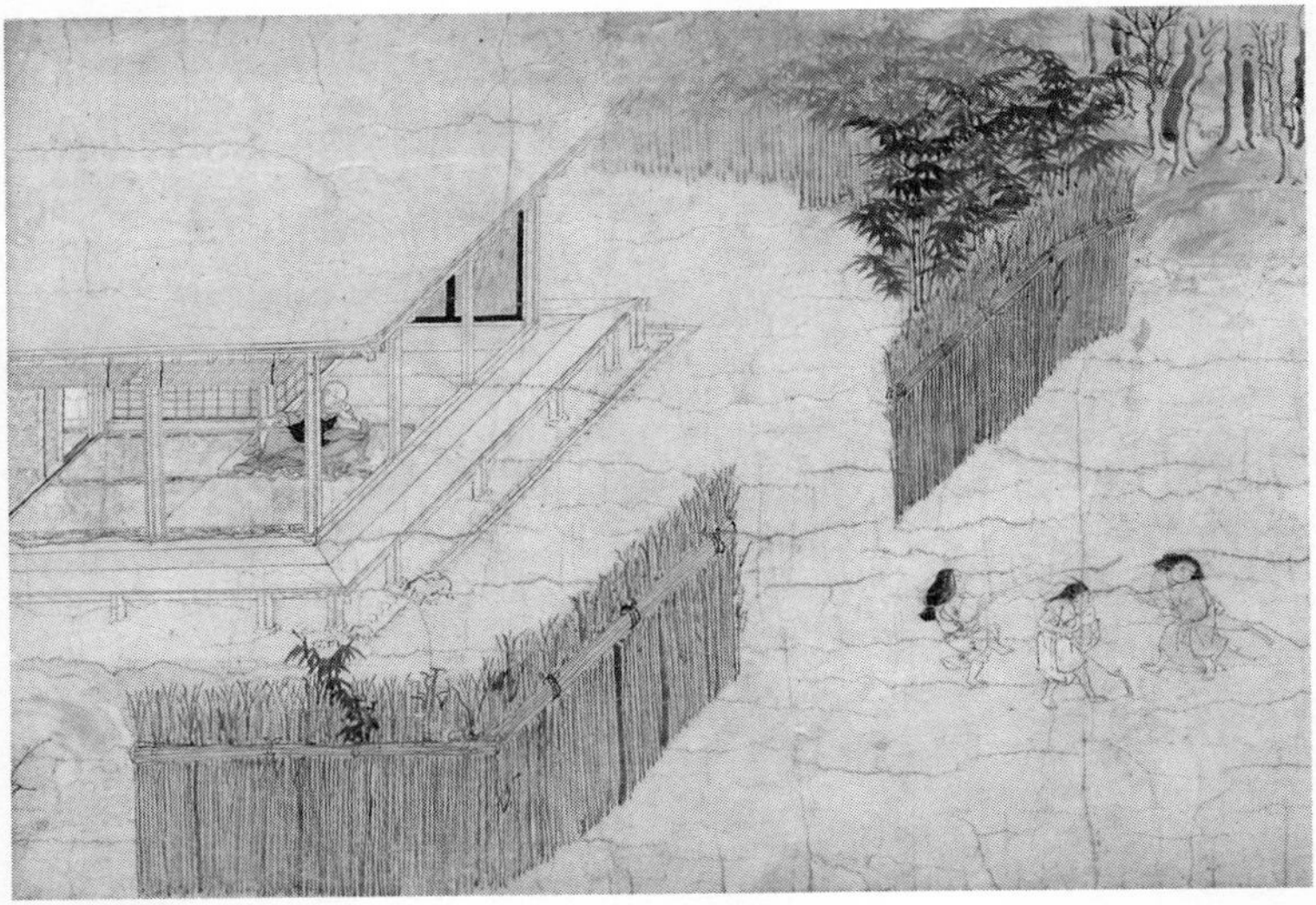

『西行物語絵巻』第1段（萬野家本　国〔文化庁保管〕）

仕え、鳥羽院に仕えていたが、友と語り合って和歌を詠むなか、その心は仏道へと向かい、兵衛尉任官の五年後の保延六年（一一四〇）に遁世した。

突然に遁世した西行は、世の人に大きな影響を与えた。永治《えいじ》二年（一一四二）に左大臣藤原頼長《よりなが》邸を訪れて、『法華経』八巻二十八品の一品毎の経書写《しょしゃ》を勧めると、これに頼長は、「西行法師来たりて云く、一品経を行ふに依り、両院以下貴所、皆下し給ふ也。料紙の美悪を嫌はず只自筆を用ふべし。余、不軽《ふきょう》を承諾す」と不軽品書写を承諾している（『台記』）。

萬野家本『西行物語絵巻』第一段は、出家した西行の嵯峨の庵での様子を描く。小柴垣をめぐらす庵の前で、放ち髪の子らが打毬《だきゅう》に興じ、縮れ髪の子、額烏帽子の子、切下髪《きりさげがみ》の女の子三人が対抗、この子らの声を聴きながら、庵の西行は繧繝縁《うんげんべり》の畳の上で脇足によりかかり外を眺めている。「遊びをせんとや生れけむ　戯《たわむ》れせんとや生れけん　遊ぶ子供の声聞けば　我が身さへこそゆるがるれ」（『梁塵秘抄』）の今様が聞こえてくるような様子である。

同じく後世に大きな影響を与えたのが法然《ほうねん》で、長承二年（一一三三）、美作国久米の武士漆間《うるま》時国《ときくに》の子として生まれたが、父が稲岡荘の預所の明石定明《さだあき》に襲われて討たれる事件から、敵討ちを考えたものの争いを避け出家を遂げ、比叡山に登った。

家をめぐる対立

家を継承しない貴族の子弟の多くは寺院に入ったが、家の継承ならず、寺院にも入らずに文化の創造や継承に向かった人々が集まっての文化圏も生まれ、その中心にいたのが「花園の左大臣」源有仁《ありひと》である。輔仁《すけひと》親王の子で、元永二年（一一一九）に臣籍降下して源氏姓を与えられ、風雅の世界に生きる道を選び、保延二年（一一三六）に左大臣になった。

容貌にすぐれ、その境遇から光源氏にたとえられ、当世の風俗・流行の最先端にあり、邸宅には「百大夫」と称される芸能に堪能な五位（大夫）の人々が出入りしていた（『今鏡』）。琵琶の名手の「伊賀大夫」源信綱《のぶつな》や、笛の名手「六条大夫」基綱《もとつな》、有仁から「汝を見つけ、猶道は絶えざりけり」と言わしめた蹴鞠の藤原頼輔《よりすけ》らである。頼輔は『蹴鞠口伝集』を著し、蹴鞠の家を起こした。

この頃から高僧は、入室した童を寵愛し、法会《ほうえ》に童を連れて出席、舞を習わせ、素人舞の童舞を

醍醐寺の桜会（『天狗草紙』東寺巻　東京国立博物館蔵・ColBase〔htpps://colbase.nich.go.jp/〕）

楽しみ、法会で童に舞わせた。仁和寺では康治二年（一一四三）に舎利会が開かれて童舞が行なわれ、石山寺でも常楽会で童舞が行なわれた。醍醐寺の鎮守清瀧宮でも仁王経を講讃する清瀧会（桜会）が始まって、童舞が行なわれた。『天狗草紙』東寺巻には、醍醐寺の金堂の前の満開の桜吹雪の下での桜会《さくらえ》を描く。舞台が設けられ、舞台下手の幄舎《あくしゃ》は楽屋で、前には大きな火焔太鼓・鉦鼓、鉾が立ち並び、額烏帽子の切下髪で千早を着た稚児三人による童舞が行なわれている。

鳥羽院は待賢門院に次いで、藤原長実《ながざね》の娘を寵愛して、皇后となし、久安五年（一一四九）に美福門院《びふくもんいん》の院号を宣下、摂関家の娘も高陽院《かやいん》、皇嘉門院《こうかもんいん》などが女院となり、ここに女院文化圏も生まれ、その文化圏で描かれたのが『信貴山縁起絵巻』である。

天皇家では鳥羽院が崇徳天皇に退位をせまって、「ことに最愛」に思う得子《とくし》（美福門院）との間に生まれた近衛《このえ》天皇を皇位につけるが、近衛が病弱であったことから、その跡をめぐって崇徳院と美福門院との間で対立が生じた。その皇位継承をめぐり、崇徳院が子の重仁《しげひと》親王を、美福門院が養子の守仁《もりひと》（雅仁《まさひと》親王の子）を立てようと考えた。

摂関家では、「天下一の大学生」と称され、学問を好んだ藤原頼長が宋の書物を輸入する資金を求めて、陸奥・出羽の荘園を父忠実から譲られると、基衡と交渉して荘園年貢の引き上げに動いて、高鞍荘・本良荘などで年貢の金を増徴し（『台記』）、学問に熱心に取り組み律令を学んで、その体制への復活を望むなど執政への意欲を強めたこともあり、忠実は、不仲になった関白忠通に代え、手元で育てた頼長を後継者に考えるようになり、忠通・頼長兄弟の争いが始まった。

その争いから、頼長が父を動かし久安六年（一一五〇）に兄の氏長者の地位を奪い、内覧の地位を法皇に迫って与えられ、摂関と内覧の臣が並立した。他の貴族や武士の家でも対立が起きていた。源氏では源為義と嫡子の義朝との間で、平氏でも忠盛と弟の忠正《ただまさ》との間で起きるなど、家々では崇徳・頼長派と美福門院・忠通派に分裂していった。

仁平《にんぴょう》元年（一一五一）九月、忠通は、頼長が近衛天皇の譲位を企てている、と鳥羽法皇に訴え、さらに翌年九月には天皇の眼病の悪化を理由に、雅仁の子守仁への譲位を奏上した。法皇は、守仁が仁和寺の覚性《かくしょう》法親王のもとに入室していて、訴えを取り上げなかったが、それでも忠通は、美福門院と結んで守仁擁立に動くなか、雅仁親王の皇位継承へと動いたのが、雅仁の乳母夫《めのと》の信西《しんぜい》である。

保元の乱

雅仁親王は、鳥羽院と待賢門院璋子との間に生まれ、長兄に崇徳天皇がいたのにもかかわらず出家しなかった。『梁塵秘抄口伝集』に「十余歳の時より今に至る迄、今様を好みて怠る事なし」と記したように、「上達部・殿上人はいはず、京の男女、所々のはしたもの、雑仕、江口・神崎のあそび、国々のくぐつ」など、上は公卿、下は遊女や傀儡子《くぐつ》に至るまで身分の低い人々と交流を重ねており、そのため「イタクサタダシク、御アソビナドアリ」という評判から、鳥羽院の心象はよくなく（『愚管抄』）、天皇の器ではないと見られていた。

久寿《きゅうじゅ》二年（一一五五）七月二十三日、近衛天皇が十七歳の若さで亡くなると、法皇は側近を召して、新帝を誰にするかを審議させ、一日おいて守仁の父雅仁を立て、守仁を皇太子とした。父を差しおいて子を帝位につけるのは不可であるという信西や忠通の意見が通ったのである。

雅仁親王は即位しても（後白河天皇）、中継ぎの立場は歴然としていたので、次を廻って争いが起きはじめるなか、聞こえてきたのが、頼長が近衛天皇を呪詛していたという噂であって、頼長は崇徳院と結ぶところとなる。

その前年、諸国では損亡が著しく、飢饉とともに武士の活動が盛んになり、四月に源氏の為朝が鎮西で濫行を働いたとして訴えられ、責任をとって父為義が解官され、八月に東国に下っていた為義の子義賢《よしかた》が義朝の子義平《よしひら》に滅ぼされる事件もおきた。義賢は上野国多胡郡にあったが、武蔵の秩父重隆の娘婿として比企郡の大蔵館に入り、相模の三浦氏の擁する義平と対立して攻められ、重隆とともに討死した。

久寿三年（一一五六）四月、鳥羽法皇の病気が重くなり、五月頃から危篤の状態が続き、それとともに生じた不穏な情勢から、保元元年に改元されたその五月、死を予期した法皇は、源義朝・義康《よしやす》らの武士に臣従を誓わせる祭文《さいもん》を書かせ禁中の警護を命じた。

七月二日に鳥羽法皇が亡くなると、生前の指示に沿って葬儀は、院の執事別当の藤原公教《きんのり》と信西により執行される。翌日に崇徳院が頼長と同心し軍兵を発し皇位を奪おうとしているという噂が流れ、禁中警護が強化され、検非違使らが武士の動きを警戒した。

この情勢に主導権をとったのが信西である。後白河を皇位につけたものの、その不安定な立場を強固なものにするためには、実力によって存在感を示す必要から、当面の敵対勢力を実力によって葬る、と考えたのであろう。七月八日、忠実・頼長父子が諸国の荘園から軍兵を集めたとして、それを停止する綸旨《りんし》（天皇の命令）を諸国に出し、摂関家の氏長者を象徴する東三条殿を没官、頼長の藤氏長者の権限を否定した。これより上皇・頼長も対処せざるをえなくなり、頼りの武力が極めて少ないなか、鴨川の東の白河殿に入ったところ、挙兵したものとみなされた。

信西が、内裏の高松殿に軍勢を集めると、源義朝・平清盛・源頼政らの軍勢で膨れ上がった（『兵範記』）。七月十日、朝餉《あさかれい》の間に召された清盛と義朝二人に、合戦の方策の進言を命じると、義朝が夜討ちを進言、兵法に背くという意見もあったが、信西が公の戦であるとして認めた（『愚管抄』）。こうして都はかつてない戦乱の巷となった。

義朝の家人たちは、日頃は私合戦のため追捕の対象となっていただけに、晴れて都大路で思う存分に戦った。三つの大路から清盛・義朝・源義康らが鴨川を渡り攻め寄せ、義朝側の大庭景義《かげよし》・景親《かげちか》兄弟は次のように名乗った。

昔、八幡殿の後三年の軍に金沢の城責められしに、鳥海の館（沼柵の誤り）落とさせ給ける時、生年十六歳にて軍の前に立て、右の眼を射られながら、答の矢を射て敵を討ち取りて、名を後代に留めたる鎌倉権五郎景政が四代の末葉に、相模国住人大庭平太景義、同三郎景親、

先祖の高名を誇らしく語り、名乗って存分に戦った。上皇方の源為朝の奮戦も空しく火を放たれた白河御所は焼け落ち、上皇・頼長は逐電した。清盛以下の大将軍が勝利して内裏に帰参すると、頼長は流れ矢に当たって死去したとの報が入り、上皇は仁和寺に逃れたものの、やがて讃岐に流され、上皇配流というかつてない措置となった。

慈円《じえん》は歴史書『愚管抄』に「保元元年七月二日、鳥羽院ウセサセ給テ後、日本国ノ乱逆ト云コトハヲコリテ後、ムサノ世ニナリニケルナリ」と、日本国はこれ以後、「武者の世」となったと語ったが、この認識は、貴族層に共通したものであり、衝撃は大きかった。白河・鳥羽院政期を通じて王権が諸階層に優越するなか、貴族の家が成立し、その政治と家の主導権をめぐる対立が激化し、こ

れを解決する手段として武力が用いられたのである。

信西政権

信西は天皇を前面に立てて政治を推進した。嵯峨天皇の時から途絶えていた死刑を復活し、清盛に叔父の平忠貞（忠正）らを六波羅辺で、義朝に父為義らを船岡辺で斬らせたが（『百練抄』）、この死刑復活は、実力で敵対者を葬る考え方を公的に認めたものである。藤原頼長の知行していた金を年貢とする陸奥・出羽の荘園など、乱での没収所領を天皇家の直轄領の後院領に編入し、鳥羽院領の多くが八条院に継承され、荘園の少なかった後白河天皇の財源の充実を図った。

国政改革の第一弾として荘園整理令を軸とする保元の新制を保元元年（一一五六）閏九月十一日に出した。七か条からなる新制の第一条は「九州の地は一人のたもつところなり。王命のほか、何ぞ私威を施さん」と、「九州の地」（全国）が天皇の支配に服すべき王土であるという王土思想に基づいて荘園整理の断行を宣言した。これまでの荘園整理令の基準は、延久の整理令に基づいていたのに対し、天皇の即位以後の成立のものを否定し、成立を認めた荘園は天皇支配下に組み込んだ。

王権の下に諸権門を統合し、その命令に従わせたものであって、この点は第三条以下の、神社に奉仕する神人や寺院の悪僧を取締り、諸山・諸社の荘園・神仏事の保護・統制令にも認められる。戦乱の場となった都も整備した。保元元年十一月に諸社の祭礼の料物は現物で進めるよう諸国に命じるとともに、「京中の兵仗《ひょうじょう》（武器）」制止を命じたことから、「都の大路」は「鏡のごとく磨きたて、つゆきたなげなる所もなかりけり」と、整備された（『今鏡』）。

東西の大路と大路の間を保《ほう》の区画について、その保毎に検非違使を置き、保内の警察・取締り・清掃を担当させた。乱の翌年六月の祇園御霊会は、戦乱の影響で馬長が調進されないので、経費の負担を京中の有徳人（富裕者）が担う、馬上役《ばじょうやく》の制度を導入、賑やかさを取り戻した。

さらに信西は、「公事は大内こそ本なれ」（『今鏡』）ということから、大内裏（宮城）の復興にも取り組み、『愚管抄』が「メデタクメデタク沙汰シテ、諸国七道スコシノワヅライモナク、サハサハト二年ガ程ニツクリイダシテケリ」と語っているように、寝ずの努力によって諸国の国力に応じて費用を割りあて、造営を果たした。保元二年（一一五七）十月に大内裏が完成して行幸があったが、『今鏡』は、皇后や中宮、東宮や女房が、殿舎を与えられ、「中ごろかばかりの政なきを、千代に一度澄める水なるべし」と、こうした政治を見たことがなかった、と讃えたと記している。

殿舎や門の額は、関白忠通が書き、殿舎を造営した信西の子成憲《しげのり》（成範）・修憲《のぶのり》（修範）、平氏の播磨守清盛、安芸守頼盛《よりもり》、淡路守教盛《のりもり》、常陸介経盛《つねもり》、源氏の下野守源義朝ら七十二人には位を与え、これにより平氏は四か国を知行して経済力も抜群になった。行幸とともに再び新制が出され、洛中で寄宿する人を検非違使に取り締まらせたが、これを担当したのが保検非違使であり、保の行政や裁判を担当するようになって保官人とも呼ばれた。

大内裏の整備とともに、大極殿では新たに仁王会が開かれ、断絶していた漏刻器《ろうこくき》が置かれるなど、次々に重要な行事が再開され、公事が再興・復活したが、その最たるものが、翌年正月の宮中の内

唐衣の舞姫６人が舞を披露（『年中行事絵巻』巻５　田中家蔵）

宴である。十一世紀初頭の長元年間から途絶えていたのを復活させたもので、保元三年（一一五八）正月二十二日、「春は聖化の中に生まる」の題で、文人が天皇に漢詩を献呈し、管絃や舞などの御遊が華やかに行なわれた。

この時は舞姫が間に合わなかったので、仁和寺の童による童舞で急場をしのぎ、翌年正月二十一日の内宴は信西が舞姫を育成して行なわれ、その華麗で上品な様は「陽台の窈窕《ようちょう》」と評された（『百練抄』）。この内宴を描くのが『年中行事絵巻』巻五で、舞台には朱塗の欄干が四周にめぐらされ、四隅に柳の枝をさし、唐衣の舞姫六人が舞を披露している。

平治の乱

保元の乱を経て二年後、信西が人事権を掌握して子息を要職につけるなか、後白河を中継ぎの天皇として認めた美福門院がその退位を求め、「仏と仏の沙汰」（美福門院と信西との遁世者の談合）があって（『兵範記』）、二条天皇が即位すると、天皇親政を求める勢力が台頭した。また、院寵愛の藤原信頼《のぶより》が、保元三年（一一五八）三月に武蔵守から右中将に任じられ、翌年二月に参議となってさら大将を望み、信西に阻止されたことから、平治の乱が起きることになったと、『平治《へいじ》物語』は指摘している。

すなわち平治の乱は、政治の実権を急速に握った信西に対する院近臣の反発、二条天皇の親政を求める動きがあわさって起きた。信頼は保元の乱での活躍のわりに評価が低かった源義朝に武力を頼み、平治元年（一一五九）十二月九日、平清盛が熊野詣に赴いた隙を狙って兵を挙げた。三条烏丸の院御所を襲って火を放ち、院を大内の一本御書所《いっぽんごしょどころ》に移し、信西は宇治田原に逃れたが観念してか自殺を遂げた。

信頼は実権を握り、除目を行なって義朝を四位に、子頼朝を右兵衛権佐に任じたが、信頼に不信感をもち、上皇の政治に危機感を抱いていた旧勢力は支持しなかった。鳥羽院の執事別当で、記録所の運営にあたっていた内大臣の三条公教《さんじょうきんのり》を中心に打開策が練られ、二条天皇側近を取り込むとともに、熊野詣最中の平清盛が六波羅に帰還すると、天皇を迎え入れたので、信頼の孤立は鮮明になり、信頼・義朝追討の宣旨が出された。

信頼は、上皇に助けを求める途中で捕まって処刑され、義朝は平家軍と戦って敗れ、都を落ち行く途中の尾張で家人に討たれ、父と奮戦した義平は北陸道に逃れるも、父の死を聞き、上洛して殺害され、初陣の頼朝は、捕縛され後に伊豆に流された。乱はあっけなく終わり、平治元年（一一五九）十二月二十九日、合戦の恩賞の除目で、平頼盛が尾張守に、平重盛が伊予守となり、遠江守の平宗盛、越中守の平教盛、伊賀守の平経盛などの平氏知行国は、乱前の五か国から七か国に増え、清盛は政治的、経済的地位を不動とした。

乱後、後白河上皇は院政復活を試み、二条天皇も親政を望んだので、両勢力の争いが勃発するが、清盛は乳母夫として天皇を支え、近臣として上皇をも支えたことから、永暦《えいりゃく》元年（一一六〇）六月に三位になって公卿に昇進し、八月五日に「年来の宿願」と称し、安芸の厳島社に赴いてその喜びを伝えている。しかも三位になった六日後に、政治に参画する参議になっており、政権掌握の道を歩んでゆく。

上皇と天皇の争いも一段落すると、両者の関係は波乱含みながら安定し、「院・内、申シ合ツ同ジ心ニテ」と称され、共同して国政に関わる二頭政治が行なわれ、それを武力の面で清盛が、政治の面で摂関忠通が支えた。そのなかにあって、上皇は東山の法住寺《ほうじゅうじ》の境内を囲い込み、次々と殿舎を建て、永暦元年十月十六日に熊野社を勧請して新熊野社を、比叡山の鎮守日吉社を勧請して新日吉社を建て、法住寺御所の鎮守とした。

新日吉社では、応保《おうほう》二年（一一六二）四月に新日吉祭を開いて、嘉応《かおう》二年（一一七〇）に小五月会《こさつきえ》を始め、随身による競馬、武士に流鏑馬を披露させた。新熊野社では、熊野参詣に向けて精進を始め、三井寺の覚讃《かくさん》法印を先達に、平清盛らを伴に熊野御幸に出発した。熊野詣を無事に行なって国政を掌握することを狙ったのである。その留守中に病の美福門院が死去し、養子の二条天皇は大きな打撃を受けたが、忠通の引退後に関白になった子の基実《もとざね》が、その政治を補佐した。

二頭政治

清盛は翌応保元年（一一六一）正月に検非違使別当になって京都の警察行政を掌握、九月十三日に中納言に昇任、その後見と武力とを背景に、二条天皇は七月に国王を檀《だん》越《おつ》とする鎮護国家の寺である東大寺の興隆を期して造東大寺長官を任命するなど、政治への意欲を示し、再び二条・後白河の対立が表面化した。

上皇は清盛妻時子《ときこ》の妹で、姉上西門院《じょうさいもんいん》に仕えていた滋子《しげこ》（小弁局《しょうべんのつぼね》）を寵愛、応保元年九月三日に皇子を儲けると（憲仁《のりひと》）、これを契機に治世への意欲を深めたので、危機感をおぼえた天皇は、上皇の国政介入を拒否して院政を停止した。この情勢から、清盛は押小路《おしこうじ》東洞院《ひがしのとういん》の内裏に武士を派遣、宿直して警護する体制を整えた。後々へと続く武家が皇居を守る内裏大番役の前提となる措置であった。

失意の後白河上皇は、応保二年（一一六二）二月に熊野

法住寺での華やかな儀式（『年中行事絵巻』巻1　田中家蔵）

に赴き、本宮・新宮・那智の三山に詣でて、神が望みを聞き届けてくれたと確信すると、都に戻って千手観音を本尊とする蓮花王院（三十三間堂）を法住寺殿御所に付属して造営、宝蔵も造り、宝物を海外からも集めた。そのコレクションは琵琶・琴・箏・笙・笛などの楽器、帯などの衣装、仏像や典籍、太刀・剣などの武具、『年中行事絵巻』『伴大納言絵詞』などの絵巻物であった。

長寛《ちょうかん》元年（一一六三）正月、二条天皇は上皇の法住寺殿に朝覲行幸《ちょうきんぎょうこう》したが、『年中行事絵巻』巻一はその様子を描く。天皇が内裏を出発、法住寺殿に向かい、その途中には行列を眺める人々の家（町屋）が描かれている。町屋は板葺き切妻造りの屋根、正面に半蔀《はじとみ》の高窓を開き、板戸を立てて戸口にし、正面の腰壁は網代張りで、長屋風に軒が連なっており、正月とて門松が立てられている。

庶民は道に進出して占有し、築地塀を崩して占有地を広げていた。この巷所《こうしょ》は、本来は道であり耕作地ではないが、先祖が開発相伝してきており、承安《じょうあん》四年（一一七四）三月には「八条朱雀の巷所」が売られている（「東寺文書」）。建久二年（一一九一）三月の新制は、道路を耕作し巷所を企てるのを禁じているが（『三代制符』）、道を巷所として占有することは広く認められ、その地からの所当が京職の財源になっていた。

朝覲行幸の先である法住寺殿は、右大臣藤原為光《ためみつ》が建立した法住寺の跡地で、十余町の広大な敷地のなかに御所や御堂が建てられており、『年中行事絵巻』巻一は、法住寺殿の南殿で舞が行なわれ、殿舎の中で両主が向かいあって座り、廊や庭には多くの公卿が列座、池には龍頭の船が浮かぶなど、華やかな晴の儀式を描く。

長寛二年（一一六四）九月、清盛は厳島社に『平家納経』を寄せた。これには清盛を始め「家督三品武衛将軍」重盛らの子息、舎弟「将作大匠」頼盛、「能州」教盛、「若州」経盛、「門人家僕」などすべて三十二人が一品一巻ずつ、善と美を尽くして制作にあたったという。仁安《にんあん》三年（一一六八）には厳島神社を安芸の重任の功により華麗な社殿として造営した。

長寛三年、二条天皇は病にとりつかれ、六月二十九日に押小路東洞院の内裏で亡くなると、永万《えいまん》二年（一一六六）七月二十六日には摂政の藤原基実も亡くなり、これにより後白河院政再開の障害がなくなった。

三　武家政権

平氏政権

後白河院は、「おりゐの帝」（位をおりた帝）から、「世ノ政ハミナ院ノ御サタ」となる「治天《ちてん》の君《きみ》」（政治を執る王）となり、仁安元年（一一六六）十一月に清盛を内大臣に昇進させ、その清盛の後援を得て本格的に院政を再開した。

翌仁安二年二月には清盛を太政大臣に任じ、五月十日に海賊追討の宣旨を重盛に下した。追捕の宣旨は、これまで受領や検非違使に下されてきており、高い地位にある大納言に出されたことはなかったので、海賊の横行への対処というより、武家の存在を国制に位置づけたものであり、軍制・官制において武家権門による平氏政権が誕生したのである。

その七日後に清盛は太政大臣を辞して政界から引退、翌仁安三年（一一六八）二月に六条天皇（二条の皇子）の退位が決まり、二月十一日に清盛が出家、十九日に天皇が退位して、憲仁親王が閑院殿で践祚した（高倉《たかくら》天皇）。平氏政権といっても、平氏一門は直接に国政運営に加わらず、政治の大事は公卿の意向を聴取した摂政基房《もとふさ》（基実の弟）の内覧を経て、上皇が裁断した。通常の政務は蔵人・弁官などが伝奏を通じて上皇の指示を受け、摂政の内覧を経て執行された。院政下における武家政権であった。

その平氏政権の経済的基盤のひとつが知行国で、平治の乱後の七か国は十二か国に増えていた。二つ目は平家領荘園で、その多くは院・女院に寄進を取り継いで領家となるか、院・女院領の預所となるか、あるいは婚姻関係などにより荘園を知行したもので、その荘園形成の一端は、永万二年(一一六六)成立の備後国大田荘から知られる。

清盛の子尾張守重衡《しげひら》が、備後国世羅《せら》郡の大田・桑原両郷を院に寄進し、院庁下文が出されて荘園の境が定められ、田畠や在家・桑などの数量の報告が在庁官人に命じられる。これをうけた国司が、国司庁宣《こくしちょうせん》を留守所に出し、留守所の目代から留守所下文が出されて、立券状が作成されて院領荘園として成立し、さらに年貢の積みだし港の尾道浦が追加された。

三つ目の経済的基盤は日宋貿易にあった。その貿易にあたっては、大宰府や博多周辺の地を知行するとともに、さらに摂津の大輪田泊を整備するため、応保二年(一一六二)、家人の藤原能盛《よしもり》を派遣して摂津の八部《やたべ》郡の検注を行ない、小平野・井門・兵庫・福原の四つの平家領荘園の領域を拡大し(『九条家文書』)、福原の別荘を造営した。

仁安四年(一一六九)三月二十日に院を大輪田浦に迎え千僧供養を行ない、九月二十日に福原の別荘で院と宋人との対面を実現させるなど、博多を経て平氏一門を護持する厳島神社、そして大輪田泊へと続く瀬戸内海ルートを整備した。

平氏政権の本拠の六波羅は、後白河院の法住寺の北側にあって、京から山科に抜けて東国へとつながり、また南都を結ぶ大和大路に面した交通の要衝であって、『延慶本平家物語』には「故刑部《こぎょうぶ》卿《きょう》忠盛」が世に出た「吉所なり」と記され、清盛が方四町に拡大し、その邸宅である泉殿を中心に弟頼盛の池殿、教盛の門脇殿、やや離れ重盛の小松殿など一門の屋敷が並び、周辺に殿原や郎従・眷属の住居が広がっていた。平氏のもうひとつの拠点は、都の西南の西八条殿で、『延慶本平家物語』に「八条よりは北、坊城よりは西に、方一丁に亭あり」と記され、清盛が福原から上洛した際に滞在し、厳島別宮を勧請した。

諸国の武士団

この時期の南関東の武士の動きを活写しているのが『真名本曾我物語《まなぼんそがものがたり》』であって、「武蔵・相模・伊豆・駿河、両四箇国に大名たち、伊豆の奥野の狩して遊ばむとて、伊豆の国へ打越えて伊藤（伊東）が館へ入りにけり。助親（祐親《すけちか》）大きに喜て、さまざまにもてなしつつ、三日三箇夜の酒宴あり」と、東海道四か国の武士による、狩や武芸の交流を描いている。

　その奥野の狩を見ていた源頼朝は、伊東祐親の館にあったのだが、子をなして追われて北条時政《ときまさ》の館に移り、時政の子義時《よしとき》の小御所に迎えられた。父を失った曾我兄弟は、成長するにつれ、各地の武士の館を訪れた。渋谷庄司重国《しげくに》、本間、海老名、渋美（二宮）、早川（土肥）、秦野権守など、相模の有力武士であり、彼ら東国の武士は、保元・平治の乱に都に出て、家の高名を名乗って存在感を示し、帰郷してからは所領の館を中心に、独自な館の社会を築いていた。

三浦氏は三浦半島に衣笠城を築いて、一族は半島一帯に広がり、鎌倉党は、梶原景時《かげとき》が鎌倉郡に、大庭景義《かげよし》・景親《かげちか》兄弟が大庭御厨にあり、その御厨の北の渋谷荘には武蔵の秩父氏の流れを汲む渋谷氏が館を構えていた。秩父氏の子孫は、河越・畠山・渋谷・豊島・葛西・小山田・稲毛・榛谷など武蔵の各地に家を形成していた。下野では、「小山と足利とは一流の好み有りと雖も、一国の両虎たるにより権威を争ふ」と、藤原姓小山氏と足利氏とが一国の両虎として武威を争い（『吾妻鏡』）、彼らは利根川を挟んで秩父氏とも争いを繰り返していた。

常陸では、常陸北部の奥十二郡に佐竹氏が、南部には筑波山を挟んで常陸大掾氏が勢力を広げ、多気、下妻、東条、真壁、吉田、石川、行方、鹿島、小栗などの武士団が広がっていた。下総では下河辺・千葉、上総では上総氏が大勢力を築き、甲斐では武田氏が甲府盆地の周辺に勢力を伸ばし、武田・一条・安田・石和・加賀美・板垣などの家をおこした。武田信義《のぶよし》の子有義《ありよし》は都に出て、平重盛に仕えて兵衛尉になった。北陸道では、越後の城氏が会津に勢力を広げ、越中の石黒、加賀の富樫、若狭の稲葉など有力武士が広がっていた。

畿内とその周辺地域は、美濃に土岐、小河、蓑浦、上田、葦敷《あじき》、伊庭氏、近江に義光流源氏一門や佐々木氏、伊賀・伊勢には平氏家人の勢力が広がり、大和には大和源氏の宇野氏、河内には河内源氏、紀伊に湯浅党があった。摂津渡辺には源競《きおう》など一字名の源氏や遠藤盛遠《もりとお》など藤原姓の渡辺党の武士が広がり、その「遠藤武者」盛遠の文覚《もんがく》は、神護寺の再興勧進のため後白河院中に乱入して伊豆に流された。

西国に目をやると、山陰の伯耆では海六大夫成盛《かいろくたゆうなりもり》が一国の豪族として支配を広げ、備中では妹尾氏、備後の沼田氏、安芸では厳島社の神主佐伯氏が平氏と結んで勢力を広げ、四国では阿波の有力な在庁官人粟田氏出身の阿波民部大夫《あわのみんぶだゆう》が清盛に仕えて摂津の大輪田泊の修築に関わり、伊予の河野通信《みちのぶ》は後白河院の北面となって勢力を広げ、蓮池権守などの武士もいた。土佐には頼朝の弟稀義《まれよし》が流されていた。

九州では肥前の松浦党、筑前の山鹿氏がおり、大宰府府官の原田種直《たねなお》は、平氏政権による大宰府支配の橋頭堡であって、同じ府官出身の菊池氏は、肥後北部に独自の勢力を築き、薩摩には阿多《あた》平権守忠景《ただかげ》が勢力をひろげ、薩摩・大隅・日向南部に及ぶ広大な島津荘の現地を支配していたのが惟《これ》宗《むね》氏（島津氏）であり、豊後には緒方氏、豊前には宇佐大宮司があり、その一族は国東半島の富貴寺《ふきじ》阿弥陀堂を建立して外護《げご》していた。

彼ら地方の武士たちは、国の一宮に流鏑馬や相撲の武芸を奉納して結びつきを強めるかたわら、大番役で在京して平家に「家礼」の待遇を受けたり、「家人」として「服仕」し、院や女院、摂関家などの権門にも仕えた。

琉球と平泉

日本列島で広く武士の家が成立し始めた頃、琉球列島では貝塚時代からグスク時代に入りつつあった。肥前の西彼杵《にしそのぎ》半島で生産された滑石製の石鍋が、博多・大宰府を中心に広く出土するようになったのは十一世紀の頃からで、九州一帯や琉球にも及んで、石鍋に象徴される文化が琉球に新たな生活をもたらし、その頃には水田農耕が琉球に伝わり、農耕生活が始まった。

やがて琉球列島から石鍋が消えて、石鍋文化圏から離れ、独自のカムィ焼という奄美諸島の徳之島の伊仙町《いせんちょう》で生産された焼き物が、広く南島列島に分布するようになり、このカムィ焼とともに琉球はグスク時代が本格的に始まった。人々は海岸の近くの低地から内陸部の台地に移動して集落（グスク）をつくるようになり、集落内に神を祀る聖域（御嶽《うたき》）を設け、水稲や麦・粟を中心とした農業を営み、鉄製の農具も本格的に使い始めた。

琉球の島々には共通の文化圏が形成され、海外と交易を始め、中国の陶磁器を使用するようになった。グスクの形成とともに指導者が現れ、集落間の利害をまとめて支配的地位に立つ者が台頭、按司《あじ》や太陽《てだ》と呼ばれたが、按司は各地と交易を行ない、浦添《うらぞえ》・読谷《よみたん》・中城《なかぐすく》・勝連《かつれん》・佐敷《さしき》・今帰仁《なきじん》など、良港を有する地域で力をつけた。

琉球の歴史書『中山世鑑《ちゅうざんせいかん》』は、十二世紀末に天孫氏の王の重臣・利勇《りゆう》が王を殺して、自ら王を名乗るが、按司がこれに従わず、浦添の按司舜天《しゅんてん》が利勇を討って国を統一したという。舜天は、保元の乱に敗れて伊豆大島に流された源為朝の息子といわれ、為朝は配流の地で反乱を起こし、船で琉球の地に流れ着き、琉球の女性の間に子を儲けた、それが舜天であったという。沖縄本島北部にある今帰仁グスクの近くの運天《うんてん》港は、為朝が嵐の中で漂着した港と伝える。

琉球列島で産する夜光貝は日本列島に伝わり、螺鈿《らでん》の材料とされ、中尊寺金色堂の螺鈿にも使用されており、琉球産品や日宋貿易品は、博多を経て平泉にもたらされたのである。平氏や院が貿易を行なうためには、奥州産の金が必要だったので、嘉応《かおう》二年(一一七〇)五月に基衡の跡を継承した奥州の藤原秀衡を鎮守府将軍に任じ、その秀衡の整備した平泉館の全貌を『吾妻鏡』文治五年(一一八九)九月十七日条の寺塔已下《じとういか》注文《ちゅうもん》が記している。

平泉の館は、「金色堂の正方、無量光院の北に並び、宿館(号平泉館)を構へ、西木戸に嫡子国衡《くにひら》の家あり、同四男隆衡《たかひら》の宅相並ぶ」とあって、中尊寺の金色堂の正方(正面)に位置し、無量光院の北に並び、秀衡の子弟は館の周囲に配されていた。その館跡である柳之御所遺跡からは、宴会用の大量の土器や大陸渡来の白磁、国産陶器、絹を人々に与えるリストを記す折敷が出土し、多くの建物遺構がある。

秀衡は無量光院の東門の御所の西に小御所を設け、無量光院の堂内の四壁の扉に観経(『観無量寿経』)の大意を、自ら狩猟の体で図絵した。本尊は丈六の阿弥陀仏で、院内の荘厳はすべて宇治の平等院を模しており、三重の宝塔があって西には金鶏山がある。さらに、観自在王院の南大門の南北路の東西数十町に及んで倉町が造り並べられ、数十宇の高屋《たかや》が建てられたという。観自在王院の西面の南北には、数十宇の車宿があるなど、観自在王院は毛越寺の東臨に位置し、基衡の後家の住居となっていたと考えられる。

発掘調査により、この一帯から道路や建物遺構が、周辺からは中国産陶磁器の破片が多数出土した。平泉では博多出土の荷物運搬用の壺が出土しており、大陸の製品は博多から平泉に直行していたことがわかる。東海地方の渥美産や常滑産の陶器も大量に出土し、陶磁器片の九割は、愛知県の知多半島の常滑焼と渥美半島の渥美焼の壺甕類であるという。

入宋貿易の湊・博多

日宋貿易の唐物は博多から福原、六波羅・西八条へと運ばれたが、それらの地の発掘で、多くの唐物が出土している。博多では、湊付近の陸揚げした白磁が廃棄された「白磁だまり」から、大量の広東・福建省産の白磁の皿や碗が出土し、その底に「張綱」「丁綱」「李綱」の文字が見え、「張」「丁」は荷主の姓、「綱」は海上輸送のため組織された集団であり、その船長が綱首《ごうしゅ》である。出土の最も多いのは青磁で、雑器の陶器もあり、輸入陶磁器はこの時期をピークとする。

宋の貿易窓口は明州（寧波《ニンポー》）で、その天一閣で発見された碑文には、南宋の乾道《けんどう》三年（仁安二）四月日の銘があり、「太宰府博多津居住」の宋商三名が建てたことがわかる。彼らは博多居住の貿易を担う綱首で、日本に定住して婚姻関係を結び、寺社に奉仕するなどして貿易を業としていた。

彼らの手を経て多くの産物が博多経由で列島に入ってきた。承安元年（一一七一）十月に流行した病は「羊病」と称されたが、これは羊が御所に献上された時だったからである。翌年九月、宋国から法皇・清盛に贈物があったので、承安三年三月に宋国に返牒し、法皇や清盛が贈物をしている。宋銭も多く流入、嘉応二年（一一七〇）四月の紀季正の家地相博状《そうはくじょう》（「東寺百合文書」）に初めて銭取引が見える。

筥崎でも、砂丘尾根を越えた博多湾岸の斜面が利用されて町場が広範囲に広がり、井戸が継続して掘削されて使われ、白磁や青磁、青白磁などが出土、土坑墓や木棺墓などの埋葬遺構が五十墓検出されており、町屋が形成されていた。

大陸に渡る僧が増え、備中の賀陽氏出身の栄西《えいさい》は比叡山で天台教学を学んだ後、仁安二年（一一六七）十二月に鎮西に赴いて、阿蘇山の八大龍王に渡航の無事を祈り、博多の貿易の拠点「唐房《とうぼう》」に至り（「入唐縁起」『霊松一枝《れいしょういっし》』）、大陸に渡航し帰国している。

栄西は大陸で重源《ちょうげん》に会ったというが、その重源は、紀姓の武士出身で、上醍醐を基点に聖として大峰や熊野・御嶽（金峯山）など各地の修験の場で修行、自ら南無阿弥陀仏と名乗り、大陸に渡った後は高野山の別所を中心に勧進を始めた。安元二年（一一七六）に高野山延寿院の鐘に「勧進入唐三度」の銘を刻み、入唐上人と名乗っており、やがて東大寺大仏の大勧進となる。

勧進聖人は、寺院や鐘、仏像の造営のほか、橋や道路、港湾の修理・造築など公共性の高い土木事業に精力的に携わった。京都の鴨川に架かる祇園橋、清水寺橋、さらに宇治の宇治橋は勧進により架けられた。念仏勧進へと邁進したのが法然であって、承安五年（一一七五）の四十三歳の時に、善導《ぜんどう》の『観経疏《かんぎょうしょ》』によって専修念仏を確信、比叡山を下りて東山吉水《よしみず》に住み、念仏の教えを弘めた。

院政の文化

後白河院は承安二年（一一七二）五月二日、法住寺殿で院伺候の人々を左右に分かち鵯合《ひよどりあわせ》を行なった。寝殿の東南に台を据えて美麗にしつらえ、仮屋に勝負判定の算や太鼓・鉦鼓を立て、所々に多くの花々を植え、左右の念人（競技者）が集まるなか、法皇が出御して会が始まる。

承安四年二月五日、法皇は、天皇を法住寺殿に迎えて、闘鶏・咒師《じゅし》・猿楽などの芸能でもてなし、二月七日には猿楽を北壺で行ない、検非違使の藤原師高《もろだか》、惟宗信房《のぶふさ》、源仲頼《なよかり》らが伺候するなか、医《い》王丸《おうまる》が武者の手を演じた。猿楽ではひとつの舞、ひとつの芸能を数えるのに一手、二手といい、武者手や剣手、大唐文殊手などが知られている。

七月二十七日には相撲の節会を復活させ、法皇が臨席するなか、七番の相撲の立会いが行なわれ、八月七日には、法皇が御所の北面の壺に左右の相撲人を招き十六番を行なわせている。九月一日、今様合《いまようあわせ》が毎日一番ずつ、全部で十五番の組合わせで行なわれた。堪能な輩三十人が選ばれ、そのメンバーは公卿八人に、四位十二人、五位十人で、判者は藤原師長《もろなが》と源資賢《すけかた》であった。

このように院による芸能の催しが続き、翌承安五年（一一七五）正月四日の朝覲行幸の御遊《ぎょゆう》では、天皇が笛を吹いて花を添え、改元して安元元年二月十六日、蓮花王院の鎮守の惣社の宮始があって、北西の隅に建てられた檜皮葺の三間朱塗りの宝殿に多くの神が勧請された。惣社に勧請されたのは、畿内近国の主要二十二社のうちの伊勢神宮を除く二十一社と、紀伊の日前国懸社《ひのくまくにかかす》、尾張の熱田社、安芸の伊津岐島社《いちきしま》、越前の気比社であり、各神社の本地の仏の図像が描かれて納められた。ここに国王の祭が祇園祭と並んでもうひとつ始まった。

法皇と平家とは協調関係にあったが、安元二年（一一七六）七月八日に両者を結んでいた建春門院

大衆僉議（『天狗草紙』延暦寺巻　東京国立博物館蔵・ColBase〔htpps://colbase.nich.go.jp/〕）

が亡くなると、翌治承元年四月の山門強訴とともに両者の間に亀裂が走った。山門の大衆が加賀白山の末寺鵜川《うかわ》寺の僧と争って、加賀守藤原師高《もろたか》の配流を要求して蜂起したのである。その蜂起した山門の大衆の僉議《せんぎ》の様子を描くのが、『天狗草紙』延暦寺巻で、講堂の前の石段を中心に半円形に裹頭《かとう》袈裟《げさ》の大衆が集まり、外側に甲冑や腹巻姿の衆徒や束髪の稚児がおり、画中詞に「三塔会合僉議」とあって、東塔・西塔・横川三塔の大衆僉議である。

洛中の「民庶騒擾」のなか、大衆が比叡山から下ってきたところ、強訴の神輿が矢で射られて放置され、処置に困った法皇は、山門の要求を認めるが、無念の院を襲ったのが京都の大火（「太郎焼亡」）であった。

安元三年（一一七七）四月二十八日の亥《い》の時、樋口富小路辺で始まり、東南の風に煽られ京中をなめつくした。東は富小路、南は樋口、西は朱雀、北は二条の百八十町の広範囲にわたり、大内でも大極殿以下が焼け、大学寮も焼けて退転した。勧学院は再建されたが、衰退の一途をたどる。

『清獬眼抄《せいかいがんしょう》』所収の清原季光《すえみつ》の「後清録記」は、火災で出動した検非違使の記録だけに詳しく、被災した地図を載せ、焼失した公卿や侍臣の家の所在地を記している。関白基房、内大臣宗盛、大納言実定《さねさだ》・実国《さねくに》・隆季《たかすえ》・邦綱《くにつな》、二位中将兼房《かねふさ》、中納言資長《すけまさ》・雅頼《まさより》・実綱《さねつな》、検非違使別当中納言忠親《ただちか》、右大弁俊経《としつね》、藤三位俊盛《としもり》ら、院政を支える公卿の邸宅であった。鴨長明の『方丈記』も詳しく記し、「都のうちに三分が一に及べりとぞ。男女死する者数十人、馬牛の類、辺際《へんさい》を知らず」と、被災した地域や人数をあげている。衝撃の大きさとともに、都がそれだけ繁栄を謳歌していたことがわかる。

治承三年のクーデタ

大火を目の当たりにした法皇は、五月四日に天台座主の明雲《みょううん》の坊に検非違使を派遣し、山門の強訴を主導した悪僧の張本を差し出すよう命じ、翌日に明雲の座主職を解いてその所領を没官した。これに大衆が再び蜂起、神輿を山上の講堂に上げて軍陣を張る動きを見せ、延暦寺の僧綱が院御所に群参し、明雲の処分撤回を求めた。だが法皇は、五月二十一日に明雲を配流に処すと、翌日、伊豆配流途中の明雲の身柄を大衆が奪い取ったので、怒りを発し、五月二十八日に福原から清盛を呼び寄せ、比叡山の東西の坂を固め攻めるよう命じた。

清盛は、山門を攻撃しても何ら得る所はないので二の足を踏むが、それでも腹を固めた五月末、西八条邸に多田源氏の源行綱《ゆきつな》が訪れ、法皇近臣の謀議を密告してきた。法皇が東山の鹿が谷の静賢《じょうけん》法印の山荘に御幸した際、近臣の藤原成親《なりちか》や西光《さいこう》、法勝寺執行の俊寛《しゅんかん》らが平氏打倒を議し、行綱を召して旗揚げ用白旗のため宇治布三十反を与え、合戦の用意をするよう命じたという（『愚管抄』）。

この陰謀を聞いた清盛は、行綱持参の布を焼き捨てるや、西光を呼び出し「ひしひし」問い詰め、すべて白状させると、四日、院の近習を搦め取り、俊寛や検非違使の平康頼《やすより》ら六人を流罪に処した。院には累が及ばず、事件は未遂に終わるが、反平氏の動きは明らかとなる。

これ以後、清盛は、高倉天皇の皇子誕生を望み、娘の中宮徳子の懐妊がわかって、治承二年（一一七八）十一月に待望の皇子を出産すると、皇子を皇太子にするよう法皇に要請し、十二月九日に親王宣旨が下され、十五日に立太子の儀式が行なわれた。

清盛が皇子の身体を守ることに精力を注ぐなか、治承三年六月に東宮准母の娘盛子が亡くなり、七月に家督の重盛が亡くなる悲しみが続く。この年、流行した疫病は、折からの銭の流行に因み「銭の病」と称された（『百練抄』）。清盛をさらに悩ませたのが、山門の学生と堂衆が争う学生・堂衆合戦であった。城郭を構えて両者が勝負を決するという状況に、衆徒が法皇に訴え、七月二十五日に法皇が悪僧追捕の宣旨で平氏に追討を命じてきたのである。

ためらう清盛に、十月九日、亡くなった重盛知行国の越前が没収されたばかりか、関白基房の子師家《もろいえ》が、清盛の甥基通《もとみち》の官職を超越して中納言に任じられたことから、清盛の面目は丸潰れとなり、法皇に裏切られたとの思いが湧いたのであろう、強硬な態度に出た。十一月十四日、数千の大軍を擁して福原から上洛し西八条の邸宅に入った清盛は、「武者ダチニテ俄カニ上リ、我ガ身モ腹巻ハヅサズ」という戦さ姿であったという（『愚管抄』）。天下を恨み、一族を引き連れ鎮西に下る、と圧力をかけると、法皇は屈した。

院政が停止され、基房の関白に代わって基通が関白・内大臣となり、十六日には院近臣が搦め取られ、十七日に大量の院近臣が解官され、十九日に法皇の身柄が鳥羽殿に移された。だが、清盛に新たな政治方針はなく、大量の知行国を手に福原に戻ったが、法皇を鳥羽殿に幽閉した影響は大きかった。これまで武士や武家は、院の命令で動いてきており、実力で治天の君を代えることはなかったのだが、これを契機に武士が積極的に政治に介入する道が開かれ、武力を行使して反乱を起こすことも可能となった。禁は破られたのである。

内乱の始まり

翌年二月二十一日に安徳天皇が位につく頃、源頼政《よりまさ》が法皇の皇子以仁王《もちひとおう》の三条高倉御所を訪れ、東国の源氏をはじめとする武士らに挙兵をよびかける令旨《りょうじ》を出し、平氏一族を討って天下を執るよう進言したという。

その令旨は「清盛法師」のクーデタ後の「悪行」をかぞえあげ、源氏に決起を促したものであり（『吾妻鏡』）、令旨は熊野にいた源氏一門の源行家《ゆきいえ》が八条院蔵人に任じられて、東国各地の源氏の武士に伝えられた。これが列島全体にわたる内乱の始まりとなった。

各地で力を蓄えていた武士たちが動き始めたが、以仁王の謀反はすぐに発覚し、五月十四日に法皇が鳥羽殿から京に移され、翌日に宮の配流が決まり、検非違使が三条高倉の御所に向かった。その前に発覚を知った頼政は、宮を連れて三井寺に逃げ込んでおり、宮と源氏、三井寺大衆が結びついた。しかし宮と頼政が山門の大衆にも協力を要請したが拒まれ、五月二十六日に三井寺を出て南都に向かい、興福寺の大衆を頼るが、その途中を官軍に攻められて宇治で討死してしまう。

一件落着した二十六日、清盛は福原から上洛、追討にあたった武士に恩賞をあたえるとともに、来月三日に天皇・法皇・上皇らを福原に移す、と伝えた。急な知らせに右大臣九条兼実《かねざね》は「仰天の外、他無し」と驚くが、清盛は早くから決めていたのであろう。

攻められるに弱い京都の地形的条件から、遷都で事態を切り抜けようとしたのであり、遷都はすぐに進められた。六月二日に福原遷幸があり、平頼盛の家が内裏、清盛の家が院御所、平教盛の家が法皇御所にあてられ、福原都の造営が進められたが、この頃から飢饉の前兆が現れ、高倉院が病気になるなど、不穏な空気が漂い始めた。鴨長明は「津の国、今の京に到れり」と、福原の京を見に行き、土地が狭く、北は山、南は海で波の音がかまびすしく、内裏は山中にあって家をどこに造るのであろうか、と記している。

八月中旬、熊野の大衆を率いて権別当湛増《たんぞう》が謀反を起こしたとの報が入り、八月十七日に頼朝が伊豆で挙兵し、伊豆目代の山木兼隆《かねたか》を滅ぼした報も入ったが、それが福原に届いたのは八月下旬、頼朝追討の宣旨が出されたのは九月五日のことであって、「伊豆国流人源頼朝」が凶徒を語らい伊豆や隣国を「虜掠《りょりゃく》」している故、平維盛《これもり》・忠度《ただのり》・知度《とものり》らを追討使として派遣するので、東海・東山道の武士はこれに加わるよう命じた。

鎌倉殿頼朝

伊豆の北条時政の館に、以仁王の令旨を帯びた源行家が来たのは、治承四年（一一八〇）四月二十七日、頼朝は時政とともに令旨を見た。六月には乱の報を耳にし、京に下ってきた三浦義澄《よしずみ》（義明二男）や千葉六郎が北条館に駆けつけるなか、八月に挙兵して山木兼隆を滅ぼし、「関東の事、施行の始め」となる下文を発した。伊豆のもう一人の目代中原知親《ともちか》が、伊豆の蒲屋御厨《かばやのみくりや》で「土民」を悩ます非法を働いているとして、住民を安堵したのである。頼朝は、伊豆に流されて以来、東国の武士や住人と接し、模索してきたのがこの安堵の政策であり、その後の幕府の政策の基本柱となった。

挙兵した頼朝は、狭い伊豆を逃れ、相模の三浦氏との合流を目指し、「伊豆・相模両国の御家人」を率いて、相模土肥郷に赴くが、石橋山の合戦で敗れ、真鶴半島から海を渡り房総半島に向かうなか、三浦勢と合流して上陸、各地の武士に挙兵をよびかけた。

東京湾岸を廻るなか、千葉常胤の進言により「要害の地」であり「御嚢跡《ごのうせき》」の鎌倉に根拠地を据えることとし、武蔵武士などの多くの軍勢を率いて鎌倉に到着、十月十六日に由比浜にあった鶴岡若宮を山側の小林郷に遷し、十月十六日に鶴岡若宮で戦勝を祈る長日勤行《ちょうじつごんぎょう》を供僧に行なわせて、東下してきた官軍を迎えるべく出兵した。

九月二十九日、頼朝追討軍が京を出たが、すでに南関東は頼朝の勢力下に入っており、木曾の義《よし》仲《なか》や甲斐の武田氏などの源氏も挙兵していた。そのため駿河の富士川に到着しても戦わずして逃げ帰る。頼朝は弟義経《よしつね》と合流して鎌倉に戻る途中の相模国府で、国司や荘園領主下の武士の所領を安堵、給与し、武家政権の核とした。

上洛する代わりに頼朝は常陸の佐竹氏を奥州に追いやって南関東一帯を支配下に置くと、鎌倉に戻って鶴岡若宮の東に大倉御所を整備、治承四年十二月十二日、水干・騎馬で御所に向かった。和田義盛《よしもり》が最前列、最末が畠山重忠《しげただ》で、御所の寝殿に入った。御家人は侍所（十八ヶ間）に参り、二行対座し、義盛が中央で着到を受け付けたが、その数は三百十一人、鎌倉中に宿館を構えた。「鎌倉殿」の誕生である。

頼朝に惨敗したとの知らせは、十月に厳島社に参詣していた清盛の耳に入り、延暦寺の衆徒から遷都を止めて都を戻すよう奏上があった。遷都を止めないならば、山城・近江を占領すると告げてきたのである。福原に戻った清盛には、もはや都を戻す動きに抗せなかった。十一月十一日に新造の内裏への行幸後、還都と決まった。

南都焼討と清盛の死

天皇・上皇・法皇の一行が十一月二十六日に京に戻ると、清盛は畿内一帯の反平氏勢力掃討作戦を開始、十二月二日に近江に平知盛、伊賀に平資盛《すけもり》、伊勢に藤原清綱《きよつな》を派遣、十一日に山門の大衆が分裂したことから、源氏の武士と結びついていた衆徒を退け、三井寺の大衆も十五日までに平定、二十三日には、官軍を南都に派遣、悪徒を捕らえ、搦めよ、と命じた。

十二月二十五日、重衡が南都の衆徒攻めで下り、十八日に南都に攻め入った。翌日、京に伝わってきたのは、興福寺・東大寺以下の堂宇房舎が地を払って焼失し、春日社だけが免れたという知らせであり朝廷を震撼させた（『玉葉』）。続いて駆け巡ったのが高倉上皇の容態悪化、上皇の死後に向けて慌ただしい動きが始まり、清盛は新軍制を構築した。

畿内近国に惣官職を置き、惣官に宗盛を任じ、武力を結集して反乱勢力に対処することとし、二月七日に「京中の在家」を調査、「富有の者」に兵粮米を賦課することをも計画した。しかしその清盛が病に倒れた。死を予感した清盛は、院に使者を派遣、死後の事は宗盛に万事、命じておいたので、宗盛とともに天下を計らって欲しい、と伝え、閏二月四日に九条河原口の平盛国の家で死去した。

跡を継いだ宗盛は、法皇の執政を無条件で要請した。幼い安徳天皇を擁して政治の実権を握ることはできなかった。院政が完全に復活し、閏二月六日に院御所で関東乱逆の議定が開かれ、頼朝追討の院庁下文が出された。

平氏は軍事力を畿内近国に集中させて東国軍に対抗、三月十日に尾張・美濃両国境の地の墨俣《すのまた》で、源行家の軍兵三百九十人を討ち取るが、反乱勢力は東山・北陸道の木曾義仲、四国伊予の河野氏、鎮西肥後の菊池氏など増えていた。義仲は、反乱軍追討の宣旨を得た越後の城氏を信濃の横田河原で戦って破ると、平氏の経済的基盤である北陸道に入ってきた。

四月、京中の道路に餓死者が満ち溢れた。吉田経房の日記『吉記《きっき》』は、「二条烏丸を過ぐるの処、

疫病に病む子を看病する母（『春日権現験記絵』6巻3段　宮内庁三の丸尚蔵館蔵）

餓死の者、八人首を並ぶと云々」「近日、死骸殆んど道路に満つと云ふべきか」と記している。六月十五日、南都焼討で焼けた興福寺造営が藤原氏の力で再建されることとされ、二十六日に法皇は、藤原行隆《ゆきたか》を造東大寺長官と修理大仏長官に任じて知識の詔書を下し、勧進により東大寺を造営するものとし、法皇の身に代わって重源が再興にあたり、大仏の鋳造が開始された。

七月に代初めと災異をかねて養和《ようわ》と改元されたものの、飢饉は深刻化しており、この二年もの間の「飢渇《けかつ》」（飢饉）の様を克明に記したのが『方丈記』である。「世の中飢渇して、あさましきこと侍《はべ》りき」、春夏の旱、秋冬の大風《おおかぜ》・洪水《おおみず》が続いて、作物の実っての収穫の賑わいがなかったといい、さらに国々の民が土地を離れ、さまざまな祈りをした効果もな

く、頼みとした田舎からの作物が上がってこない、と記す。

翌養和二年（一一八二）にも飢饉は続き、一段と深刻さが増した。「笠うち着《き》、足ひきつゝみ、よろしき姿したるもの、ひたすらに家ごとに乞ひありく。かくわびしれたるものども、ありくかと見れば、則ち斃れふしぬ」という有様。疫病で病む子と看病する母を描くのが『春日権現験記絵』の巻六の三段で、壁には厄除けの牛王宝印《ごおうほういん》の護符が貼られている。

養和の飢饉と平氏都落ち

養和二年正月には、「嬰児道路に捨て、死骸街衢《がいく》に満つ」「飢饉、前代を超ゆ」といわれる惨状が続き（『百練抄』）、二月二十二日には飢えた人が死人を食したことが伝わるなど（『吉記』）、飢饉は悲惨の度を増し、疫病も発生した。『方丈記』は、飢饉のさなかの夫婦や親子の身に寄り添って、惨状を記している。

平家の都落ち（『春日権現験記絵』巻４　宮内庁三の丸尚蔵館蔵）

さりがたき中にある男女同士では、志の深い者が、労《いたわ》しく思う相手に食料を譲るので、まず亡くなり、親子であれば親がまず亡くなる。母が亡くなっているのに、赤児がその乳房に吸いついたままの情景も描いている。

この飢饉によって多くの死者を見て悲しんだ仁和寺の隆暁法印《りゅうぎょうほういん》は、死者の額に「阿《あ》」の字を書き記して仏縁を結ばせた。「阿」は梵語の最初の字で、大日如来を象徴する。

京の中《うち》、一条よりは南、九条より北、京極よりは西、朱雀より東、道のほとりにある頭《かしら》、すべて四万二千三百あまりなむありける。いはむや、その前後に死ぬるもの多く、また河原、白河、にしの京、もろもろの辺地などをくはへていはゞ、際限もあるべからず。

洛中の死者の数は、二か月で四万二千三百人にものぼり、京の辺地、諸国をも数えれば、際限がないほどであったという。この飢饉の最中、頼朝が密かに平氏・源氏が並んで法皇に仕える提案をしてきた。頼朝には謀反の意思がまったくなく、今後は関東を頼朝の支配下に置き、西国を平氏の支配とするというもので、実現しなかったが、この頃から法皇は頼朝と接触をもち始めていた。

飢饉が終息した寿永《じゅえい》二年（一一八三）春、平氏は京の米倉ともいうべき北陸道が義仲の手に落ちそうな情勢から、兵士役や兵粮米を畿内近国で徴収し、四月十七日、平維盛を総大将とする十万騎の大軍を北陸道に派遣したが、加賀・越中の境の倶利伽羅峠《くりからとうげ》で義仲軍に大敗、六月六日に帰京した官軍は、出陣時の半数になっていたという。

続いて義仲入京の情勢から、平氏は院を頼るが、法皇は鎮西に連れ出されるのを察知して比叡山に逃れたので、七月に平氏は都落ちせざるをえなくなった。かつて法皇は清盛の「鎮西に下る」という脅しに屈したが、今回は比叡山に逃れ、平氏を西海に追いやったのである。

『春日権現験記絵』巻四は、都落ちの風景を描く。「宗盛公以下、西海におもむきし時」に、関白の近衛基通が行幸に同道して五条大宮辺にまで来た時、春日大明神使者の黄衣神人《こうえじにん》が手招きしたので戻ったという話であり、行列の先頭の騎馬武者が宗盛である。この都落ちで、内乱は全国的に拡大し、多くの武士は源平両軍からの参加を求められ、いかに合戦で名を挙げるか、生き延びてゆくかの去就を迫られることになった。

入京した木曾義仲・源行家二人を、蓮花王院の御所に召した法皇は、平氏追討と京中の狼藉停止を命じたが、法皇周辺では「義兵」は頼朝に始まり、その成功は義仲・行家にあって、勲功は「第一が頼朝、第二が義仲、第三が行家」であると見ていた。安徳天皇が都を去ったので、高倉院の四宮《しのみや》が三種の神器なしで位についた（後鳥羽《ごとば》天皇）。

頼朝の東国支配

東国一帯を支配下に置いた頼朝は、情勢を見計らって法皇と連絡をとり、義仲が平家と西海で戦っている最中の十月、東国の支配権を宣旨で正式に認められる（寿永二年十月宣旨）。頼朝は、以仁王の令旨を根拠に、合戦で奪った土地を実力で支配してきていて、その支配権を宣旨で認められたのである。

ここに武家政権は領域支配を確実にし、東国は武家政権の固有の支配領域となった。後に頼朝は自らの地位を「東海道の惣官」と称するが、これは平宗盛の畿内近国惣官による領域支配や、奥州の「奥六郡の司」による支配を踏まえてのものである。

ところがその東国の中には、義仲の支配領域である東山・北陸道をも含まれていたので、怒った義仲は、西海から戻るや法皇の法住寺殿を攻めて実権を掌握（法住寺殿合戦）、平氏の所領を没収してその支配権を掌中におさめ、征夷大将軍にも任じられ、武家政権への道を歩もうとしたが、寄せ集めの義仲軍は、慣れない西海での戦いや、飢饉の回復が未だの京中の混乱で疲れ切っていた。

翌年正月、頼朝は弟の範頼《のりより》・義経を派遣して義仲を破ると、義仲の得た諸権限を掌握、平家没収所領をも得て、武家政権の資産とし、さらに平氏の基盤である鎮西にも目を向け、鎮西の住人に下文を出し、「鎌倉殿の御家人」として朝敵追討にあたるよう命じ、朝敵追討に従う武士を「御家人」となし「本宅」を安堵した（『吾妻鏡』）。本宅安堵とは、本領安堵とは違い、国司や荘園領主の支配下にある武士の身分を保障するものである。

義仲を合戦で破って入洛した義経は、法皇の六条殿御所にかけつけ、義仲の首を獲ったことを奏聞し、この時から法皇は義経に目をつけ多くを頼むようになる。同日に平氏追討の宣旨を出したので、二十九日に範頼・義経は平氏を討つべく京を発った。

鎌倉にあって東国支配を着実に進めてきた頼朝は、二月二十五日、法皇に「朝務の事」四か条を奏請した。その第一条の「朝務等の事」は、「殊に徳政を施さるべく候」と始まり、「東国・北国両道の国々、謀叛追討の間、土民無きがごとし。今春より浪人等旧里に帰住し、安堵せしむべく候」と、徳政によって東国一帯の民を安堵させると表明し、朝廷にもそのことを求めた。第二条は、合戦を通じて武士が「自由の下文」を帯びて荘園公領に入って濫行する事態について、頼朝が調査して違犯を停止する権限を与えるよう求めている。それらを付与された頼朝は、権限を行使するために武士を各地に派遣した。

政権の構築のため、京下りの太政官の官人である史《し》の三善康信《みよしやすのぶ》、外記《げき》の大江広元《おおえひろもと》を起用して組織を整え、平家没官領を関東御領に編入し、平氏知行国に倣って関東知行国三か国を得たばかりか、次第に増やして八か国にまで拡大し、これらを経営するための政所の別当に広元をあて、武士の訴訟を受理する問注所の執事に、康信をあてた。

西海に逃れ、讃岐国の屋島にあった平家は、西海・山陰両道の軍士を従えて城郭を摂津・播磨の境の一の谷に構え、寿永三年（一一八四）二月、清盛の三年忌の仏事を行なっていると、院からの和平工作の使者が合戦の停止を伝えられていたのを破り、関東の武士が突然に襲い懸ったため（一の谷の合戦）、たまらずに平氏は敗走、四国の地へと逃れた。

義経は京を中心に畿内近国十一か国の支配権を頼朝から与えられていたが、頼朝の許可を得ずに法皇から検非違使に任じられたため、頼朝から自由任官の怒りをかうも、西国で範頼が苦戦していることから、再び平氏追討を託され、翌元暦《げんりゃく》二年（一一八五）、西海へと向かった。義経が京にいなくなると京が無用心になる、と法皇が出陣を制止したが（『玉葉』）、義経は踏み切った。

源平の戦いとその影響

義経は摂津渡辺津《わたなべのつ》から阿波国の桂浦に渡り、平氏水軍の中心にあった阿波水軍を破ると、その足で北上して讃岐の屋島を攻めて勝利を収めるとともに、この合戦で阿波水軍を味方に引き入れた義経は、伊予水軍・熊野水軍をも傘下におさめ、ついに瀬戸内海の制海権を握って、三月二十一日に長門に向かった。

三月二十四日、平氏・義経両軍は、赤間関の壇ノ浦の海上に三町を隔てて対陣、合戦が始まるが、午《うま》の刻には勝敗が決し、平氏は敗れ去った。この源平の戦いを描いた『平家物語』は、「祇園精舎《ぎおんしょうじゃ》

の鐘の声　諸行《しょぎょう》無常《むじょう》の響きあり　沙羅雙樹《しゃらそうじゅ》の花の色　盛者必衰《じょうしゃひっすい》の理《ことわり》をあらはす　おごれる人も久しからず　ただ春の夜の夢の如し　たけき者も遂には滅びぬ　偏《ひとえ》に風の前の塵《ちり》に同じ」と始まり、後世に大きな影響をあたえた。

特に木曾義仲の倶利伽羅峠の戦い、長井の斎藤別当実盛《さねもり》の加賀篠原の戦いでの討死、大津の粟津浜での義仲の最期、義経の出生の経緯と頼朝への加勢、一の谷・屋島・壇之浦の戦いでの義経の雄姿、宇治川の合戦での先陣争い、熊谷直実《くまがいなおざね》の一の谷の戦いでの敦盛《あつもり》の殺害、那須与一《なすのよいち》の屋島の戦いでの弓芸、平知盛ら平氏の武士の捕えられた際の身の処し方と合戦での雄姿とその最期などは、大きなインパクトを与えた。

多くの写本があることはその点をよく物語るが、その原型は鎌倉中期に成り、琵琶法師の語りによって諸国に広まったことは、琵琶法師が絵巻に描かれていることから知られる。しかも琵琶法師が合戦に臨む場に召されて「平曲《へいきょく》」を語った話は『太平記』に見え、影響の大きさがうかがえる。「山上平家絵物語」の存在も知られ、絵巻にも描かれていた（『入木口伝抄』）。

平氏滅亡の報は四月四日に京に届いた。建礼門院や平宗盛の身柄は確保したものの、安徳天皇をはじめ多くの人が海に没し、神器の宝剣は見つからなかった、と伝わった。鎌倉には勝長寿院《しょうちょうじゅいん》の柱立の日に伝わるが、頼朝は、四月十五日、勝手に任官した「東国住人」が本国に帰ることを認めない措置をとり、義経の恩賞を朝廷に求めず、義経の畿内近国の支配権を没収した。

四月二十四日に三種の神器のうち内侍所・神璽が摂津の今津に到着、太政官の朝所に安置され、四月二十六日に平宗盛を連れた義経が凱旋将軍として都に帰還するが、頼朝からの処置に慌てて鎌倉に下り、弁明を「腰越状」に記したが、受け入れられなかった。

七月九日、直下型の大地震が京都を襲った。大内裏や閑院内裏・法勝寺・延暦寺なども被害を受け、「スコシモヨハキ家ノヤブレヌモナシ。山ノ根本中堂以下ユガマヌ所ナシ。事モナノメナラヌ竜王動トゾ申シ」と『愚管抄』が記すように、この地震は清盛が龍になって振動させたものであり、平家の御霊の祟りであるとの噂が流れた。

福原遷都に始まり、養和の飢饉、元暦の地震という三度の災害を、長明が『方丈記』に記したように、都はすっかり荒廃した。この荒廃からの再建の第一歩が大仏開眼供養である。大仏鋳造がようやくなって、法皇は八月に南都に下り、自らの筆をとって大仏開眼にあたった。鎌倉では、頼朝が義経を排除するため、義経暗殺の刺客として土佐房昌俊《とさのぼうしょうしゅん》を京に派遣、十月十七日、昌俊が義経の六条室町亭を襲うと、これを退けた義経は、院御所に参って無事を伝えるとともに、頼朝追討の勅許を迫って与えられ、軍勢を集めたのだが、多くの武士は頼朝の傘下にあって集まらず、義経は西海に没落した。

四　鎌倉幕府

幕府の成立

頼朝は文治元年（一一八五）十月二十四日に父義朝の冥福《めいふく》を祈る勝長寿院の供養を遂げると、北条時政を上洛させた。法皇はその大軍を前に、十一月二十五日に義経追討を頼朝に命じる宣旨を出し、十一月二十九日には守護地頭の設置と兵粮米の徴収を頼朝に認めた。

頼朝は朝廷から大幅な権限を獲得することで政権を構築してきたのであって、治承四年（一一八〇）に政権の核が生まれ、寿永二年（一一八三）十月に東国支配の骨格を形成し、翌年に政治的・経済的基盤を整え、この年に体制が定まったのである。以後、この政権を鎌倉幕府と呼ぶ。

頼朝は十二月六日、公卿が、神祇から仏道に及ぶ朝務について審議し、その議奏に基づいて政治を行なうように改革を朝廷に求めると、この頼朝の強い意思を感じた法皇は、要求をのみ幕府との連携で歩むことになる。頼朝の要求で摂政になった九条兼実は、弛緩した朝廷の政治を顧みて、律令に基づく綱紀粛正をはかり、公卿からの意見を聴取し、記録所を復活して荘園整理と訴訟を扱うことに加え、朝廷の財務をも担当させた。

法皇は、文治《ぶんじ》二年（一一八六）五月、兵乱がおさまっても兵粮米が徴収され、地頭が置かれている状況から、北条時政に兵粮米徴収、地頭配置の撤回を迫り、頼朝に善処を要請すると、頼朝は六月に尾張・美濃以西の西国三十七国を院の管轄とし、その紛争の審理を法皇に委ね、幕府は法皇の命を受け違乱停止を行なうこととした。

法皇はさらに地頭の押領停止、地頭職の停廃止をも要求し、地頭の権利の内容を、十月八日の太政官符で、謀反人の有してきた権利・得分などを引き継ぐものとし、幕府を「武家」として明確に位置づけた。幕府と朝廷の関係が定まり、これに応じて「武家」は、皇居の大番役を御家人に命じ、閑院内裏の造営を負担し、群盗の鎮圧のために御家人を派遣、公武の連絡役である京都守護に頼朝の妹婿の一条能保《いちじょうよしやす》を任じた。

文治三年八月、頼朝は石清水八幡宮の放生会にならい、鶴岡八幡宮で放生会を開き、その祭に流鏑馬・相撲などの武芸を取り入れ、院の熊野御幸にならい、箱根・伊豆権現に参詣する二所詣《にしょもうで》を行なうなど、東国の王としての立場を固めた。

九月二十日、法皇が藤原俊成に命じていた『千載和歌集』が編まれ、翌四年に正式に奏覧された。一条天皇から約二百年に及ぶ時代の和歌を集め、撰者の藤原俊成が三十六首あり、平氏一門の歌人は、平家滅亡の影響により「読み人知らず」と処理された。伊勢にあった西行はこの撰集に向けて『御裳濯和歌集《みもすそわかしゅう》』を編んで、俊成からの判を仰いでいて、「なげけとて月やは物をおもはするかこちがほなる我が涙かな」など十八首がとられた。

文治三年十一月五日、鎮西守護人の天野遠景《あまのとおかげ》から、九州の住人に下文で恩賞を与えたことが伝えられ、翌年二月に鬼界島派遣の軍勢からの報告があって、頼朝の目は日本の西の境界にも及び、残る大きな脅威は、北の境界の地、奥州藤原氏であって、その九月、藤原秀衡は奥州に逃れてきた義経を大将軍に立て国務を行なうよう、子泰衡《やすひら》に遺言し、十月二十九日に平泉館で亡くなる。その死を知った頼朝が、義経・泰衡追討の宣旨を朝廷に要請すると泰衡は翌年五月二十二日に義経を衣川の館で殺害し、その首を送る、と伝えてきた。

頼朝は義経の首実検をし、泰衡を攻めるべく広く全国的に動員をかけた。法皇からは追討宣旨を得られなかったが、続々と集まり士気あがる軍勢を見て、出陣を決意した。七月十七日に大手・東海道・北陸道の三手に分かち、十九日に進軍を開始し、八月九日に奥州軍の防衛ラインである陸奥国伊達郡の阿津賀志山《あつかしやま》を突破すると、二十二日に平泉に到着、さらに追撃し、泰衡は九月二日に肥《ひ》内郡《ない》の贄柵《にえのさく》で郎等の河田二郎《かわだじろう》の手にかかり殺害され合戦は終わる。

頼朝が勝利の報告を九月八日に記し使者を京に派遣したところ、その成り行きを見はからっていた法皇のもとから、陸奥国住人泰衡の追討を「正二位源頼朝」に命じる七月十九日付の宣旨が、九月九日に頼朝にもたらされた。奥州合戦は東国の王の覇権をめぐる戦いであり、勝利した頼朝は名実ともに東国の王となった。

幕府の体制

翌建久《けんきゅう》元年（一一九〇）、泰衡の郎党大河兼任《おおかわかねとう》が「古今の間、六親若くは夫婦の怨敵に報いるは尋常の事なり。未だ主人の敵を討つの例、兼任独り其例となす。赴くところは鎌倉なり」との檄を発しての反乱を鎮め、頼朝は十月三日に鎌倉を発ち、十一月七日に入京、六波羅に入った。

十一月九日に法皇に面会し、「理世の沙汰」について語り合うなか、「ワガ朝家ノタメ、君ノ御事ヲ私ナク身ニカヘテ思候」と、私心なく朝廷に仕えてきたと述べ（『愚管抄』）、この時、大納言・右大将に任じられるが、その拝賀を行なった後、職を辞し鎌倉に帰った。上洛は幕府と朝廷との関係を維持し、戦時に獲得してきた権限を平時にも確保することが目的であった。

その年十一月、法皇から備国大田荘を高野山領として寄進された盲目の勧進聖の鑁阿《ばんあ》は、荘の下司《げし》が数百町の田畠に加徴米を反別二升五合を課し、「門田門畠《かどたかどばた》」と称して公物を押し取った上に、「雑免《ぞうめん》」と称して寺の所役、数百宇の在家の所役を納めず、「平民の百姓」を駆使している、と訴え出て、申請が認められた。多くの武士は、「門田門畠」を直営し、周辺の公田畠から「雑免」「加徴米」を徴収する同心円的支配を行なっていた。

鎌倉に帰った頼朝は、政治制度を整えてゆき、建久二年（一一九一）正月、恩賞を頼朝の花押を載せた下文で与えてきたのを改めて、政所《まんどころ》別当《べっとう》の大江広元、政所令《れい》の藤原行政らの連署する政所下文で与えることとし、問注所執事に三善康信、侍所別当に和田義盛、侍所所司に梶原景時を任じた。

三月、鎌倉の小町大路辺の失火で御所と鶴岡若宮が炎上すると、改めて八幡神を石清水八幡宮から勧請して上宮を造営し、幕府御所を再建、御所の東北に平泉の中尊寺大長寿院にならい、二階大堂の永福寺《ようふくじ》を造営した。鎌倉で初めて寺号のある寺院で、遊宴の開かれた「武家の寺」であり、後に頼朝は「永福寺殿」と称された。

京では頼朝の支えを確信した摂政の九条兼実が、新体制に向けて意欲を燃やし、二度にわたり新制を建久二年に出し、頼朝に諸国の家人を引率して守護するよう命じ、荘園の停止、官人の華美禁止、勤務の督励などを定めると、この方針に応じ検非違使別当藤原隆房《たかふさ》は七条の市を興行、東市の住人を三条・四条に移して商売を活性化させた（『寂蓮家集』）。

翌建久三年（一一九二）三月十三日、法皇が亡くなると、兼実は頼朝と協調して政治を推進し、頼朝を七月十二日に征夷大将軍に任じた。頼朝は諸国の守護制度を整え、皇居を御家人が守護する大番役の制度を整備し、諸国の在庁官人に国内の田数を記した大田文《おおたぶみ》を作成させ、地頭不設置の土地を探し出して政所下文で地頭を補任、御家人の課役を定めた。こうして体制の整った段階の幕府御所は、寝殿とその南に南庭、西には西の対と西侍（侍所）、東に小御所・持仏堂・十五間の厩・納殿・釣殿があり、南門を正門とした。

西侍は十八間と広大で、頼朝が出座し主従関係確認の場となった。建久三年八月に新装なった御所で大庭景義《おおばかげよし》は盃酒を頼朝に献上した後、西侍で保元の合戦における鎮西八郎為朝との勝負を語っている。寝殿も主従関係を示す空間で、正月の重要な儀式の椀飯《おうばん》は、頼朝が寝殿の南面に出御し、御家人が南庭に列座して行なわれた。椀飯は治承四年（一一八〇）十二月に新造御所で三浦義澄《みうらよしずみ》が献上したことに始まり、翌年正月一日に千葉介常胤が献上して以後、正月の儀式として定着し、建久二年（一一九一）からは正月の三日間行なわれ、有力御家人が剣や弓矢、行縢《むかばき》、砂金、鷲の羽などを献上した。建久二年十一月に駿河守広綱の子が南庭から直訴しており、南庭は将軍への直訴の場であった。

将軍親裁

建久四年（一一九三）五月、頼朝は富士野の巻狩を行ない、子の頼家を後継者として披露したが、その場でおきたのが曾我兄弟による敵討ち事件で、兄弟は工藤祐経《すけつね》を討った後、頼朝の御前に殺到したため、頼朝殺害をはかったとも見られた。

頼朝はこの事件直後に、事件への対処の動きを疑って弟範頼《のりより》を退けたが（伊豆修善寺で幽殺）、その少し前から源広綱《ひろつな》や大内惟義《これよし》、安田義定《よしさだ》ら源氏一門を退けていて、この源氏一門排除に危機感を抱いた足利義康の子義兼《よしかね》は、建久五年（一一九四）十一月に鶴岡八幡宮に「天下安全」と「御当家累代の御宝祚《ほうそ》の延長」を祈る「両界曼荼羅」の壇を設け、その祈禱を鶴岡供僧に命じることで（『鶴岡両界壇供僧次第』）、幕府内に確固たる基盤を築いた。

十二月に頼朝は、鶴岡八幡宮（上下）、勝長寿院、永福寺惣寺、同阿弥陀堂、同薬師堂（今新造）の御願寺の奉行人を定めたが、それぞれ御所の西、南、東北に位置しており、勝長寿院は御所の南、滑《なめり》川《がわ》を隔てた地にあり、永福寺は二階堂谷《やつ》という鎌倉中央から奥まった地にある。御所のすぐ東の荏《え》柄《がら》神社と西の鶴岡八幡宮を御所の鎮守とした。

建久六年三月四日に再度上洛した頼朝の主な目的は、東大寺大仏殿の供養に結縁することにあったが、妻政子と大姫・頼家らも帯同していたのは、後継者問題も目的にあった。十二日の大仏殿供養が終わると、頼朝は娘の入内に影響力がある丹後局（高階栄子《たかしなのえいし》）を六波羅に招いて贈り物を渡し、六月二十五日に鎌倉に帰った。九条兼実は娘の中宮の皇子誕生を求めていたが、待望の子が皇女であったのに、兼実の政敵の源通親《みちちか》の養女が皇子（為仁《ためひと》）を生んだので、後鳥羽天皇はこれを機に政治への意欲を強め、建久九年（一一九八）正月、頼朝の意向を無視して、土御門《つちみかど》天皇（為仁）に譲位し院政をはじめた。

大姫入内を期待していた頼朝であったが、建久九年（一一九八）年末の相模川の橋供養に赴いた帰路、落馬が遠因で、翌年正月に亡くなると、その跡は子の頼家が同年正月二十日に左中将になって、二十六日に「前征夷将軍源朝臣の遺跡を続き、宜しく彼の家人郎従らをして旧の如く諸国の守護を奉行せしめよ」という宣旨が下された。突然の、波乱含みの頼家の政治の出発となり、四月十二日にその親裁が制限された。政治の大小事は北条時政・義時以下の有力御家人が談合して成敗を加えるものとされ、東国大名の連合体である幕府の性格が明らかになった。

正治二年（一二〇〇）正月、頼朝一周忌が行なわれ、その導師を務めた栄西は、建久五年（一一九四）に二度の渡宋から帰国し、延暦寺・興福寺から排斥を受けたので『興禅護国論《こうぜんごこくろん》』を執筆、仏法復興を説き、鎌倉に下ってきたもので、義朝の旧跡の地に建立された寿福寺の長老となり、建仁二年（一二〇二）には六波羅の北に建仁寺を建立した。

頼家は建仁二年八月二日に征夷大将軍になるが、御家人間の対立から、梶原景時が追放される事件がおき、頼家を支えていた比企氏の乱もおき、頼家は出家させられて伊豆に移された。この事件の前後に、武蔵の菅谷館《すがややかた》の畠山重忠、稲毛重成《しげなり》・梶原景時・比企能員ら有力大名が次々に殺害された。

京の新たな文化

京では、建久九年（一一九八）に法然が『選択本願念仏集』を著し、専修念仏を世に問うと、九条兼実らの貴族や熊谷直実らの武士の間にも信仰が広がった。翌正治元年（一一九九）三月、後鳥羽上皇は大内の花見で初めて歌を詠み、和歌にうちこむと、その上達ははやく、翌正治二年に百首歌を詠むよう、歌人に命じ自らも詠んだ。

この時の『正治初度百首歌《しょうじしょどひゃくしゅうた》』で上皇に認められたのが藤原定家《さだいえ》である。定家は九条家の兼実の子良経《よしつね》の主催する和歌会で、寂蓮《じゃくれん》や慈円、藤原家隆《いえたか》らと研鑽を積んできて、詠んだ百首歌を上皇に提出したところ、昇殿を認められたので、「道の面目、後代に美談」と、御子左家《みこひだりけ》の和歌の家の継承がなったことを喜んだ（『明月記』）。定家と上皇との密なる交流はこの時から始まった。

上皇は、歌人の発掘にも意を注ぎ、建仁元年（一二〇一）七月に和歌所を設け、藤原良経や定家らの歌人を寄人とし、王朝の文化機構となし、勅撰集撰進を定家や藤原有家、源通具、藤原家隆・雅経、寂蓮らに命じた。定家を率いて熊野御幸も行ない、元久《げんきゅう》二年（一二〇五）三月に『新古今和歌集』が奏覧された。

上皇が「生得の歌人」「不可説の上手」と称え、『新古今集』に最も多くの歌を採録したのが西行、『新古今和歌集』の序文に「(上皇が)みづからさだめ、てづからみがける」と書いたのが藤原良経、自身も撰集にあたったと表明した上皇、それと定家の歌を掲げる。

願はくは花の下《もと》にて春死なん　そのきさらぎの望月《もちづき》のころ　西行
きりぎりす鳴くや霜夜《しもよ》のさむしろに　衣片《ころもかた》しき独りかも寝む　藤原良経
人もをし人も恨《うら》めしあぢきなく　世を思ふゆゑに物思ふ身は　後鳥羽上皇(続後撰和歌集)
しろたへの袖のわかれに露おちて　身にしむ色の秋風ぞふく　藤原定家

東大寺の再建は、建仁三年(一二〇三)に総供養が行なわれたが、南大門の高さ八メートルに及ぶ仁王像は、運慶、快慶、定覚《じょうかく》、湛慶《たんけい》(運慶の子)らが小仏師多数を率い、約二か月で造ったものであり、並行して興福寺も再建され、多くの建築・美術に関わる職人が動員されて美術の世界が大きく開かれた。

法然の浄土宗が広がると、元久元年(一二〇四)、比叡山大衆は、法然の専修念仏の停止を朝廷に迫ったので、法然は『七箇条制誡《しちかじょうせいかい》』を草し、門弟の署名を添え延暦寺に送り弁明した。慈円も、法然の活動に危機感を覚え、天台教学の興隆を思い立ち、大懺法院《だいせんほういん》という仏教興隆の道場を建てた。

南都の興福寺では、貞慶が元久二年に「興福寺奏状」を執筆し、「新宗を立つる誤り」「万善を妨ぐる誤り」などを批判した。貞慶は興福寺の学僧で、笠置寺の興隆に力を注ぎ、般若台六角堂を建立、同寺に隠棲していたが、唐招提寺の東室を修造して念仏道場にするなど、幅広い社会活動を展開、建保《けんぽう》二年（一二一四）に海住山寺《かいじゅうせんじ》五重塔に舎利を安置し、教説の理解よりも修行を重視し、きびしく戒律を護って身を持すことに謹厳だった。

念仏停止の宣旨が出されたのは、法然の弟子の住蓮《じゅうれん》や安楽《あんらく》による一念の信で往生する一念義の考えに基づく行動が問題視されたためで、建永《けんえい》二年（一二〇七）三月に法然は讃岐に流された（建永の法難）。宗論の果てに処刑（住蓮と安楽）され、流罪（法然と親鸞）となることはこれまでになく、それだけに影響は大きかった。同年十二月、赦免になった法然は、建永四年まで摂津勝尾寺《かつおうじ》に滞在し、建暦《けんりゃく》元年（一二一一）に帰京した。

法然は、その翌建暦二年（一二一二）に『一枚起請文』で「ただ往生極楽のためには、南無阿弥陀仏と申して、疑《うたがい》なく往生するぞと思《おも》いとりて、申すほかには別の子細候はず」と遺言して亡くなる。阿弥陀仏を唱え、その救いを一途に求めることを勧めた浄土宗は、この法難を契機に急速に列島の社会に広がる。西山《せいざん》派が畿内近国を中心に、鎮西義《ちんぜいぎ》が鎮西で布教を開始し、越後国府に配流になった親鸞は、京都に帰らずに越後にとどまり、建保二年（一二一四）に越後を出て常陸に向かった。

建暦二年に『摧邪輪《ざいじゃりん》』で浄土宗を批判し、菩提心の重要性を力説した明恵《みょうえ》は、紀伊の湯浅党の武士出身で、「仏眼仏母像」を念持仏として釈迦への思慕の念深く、二度もインドに渡り仏跡を巡礼しようとしたが、春日明神からの神託を得て断念、後鳥羽上皇から栂尾《とがのお》の地を下賜されて高山寺《こうさんじ》を開き、華厳教学の研究や坐禅修行などの観行に励み、戒律を重んじ、華厳の教えと密教との統一・融合をはかり、善妙寺《ぜんみょうじ》を建てて女性の救済につとめた。

実朝の時代

建仁三年（一二〇三）九月十五日、実朝を征夷大将軍に任じる宣旨が鎌倉に下された。実朝は頼家の遺跡を継承したのではなく「関東長者」として御家人に推戴されて将軍に任じられたもので、時政を退けた子義時と政子の補佐を得て政治を行なった。

父にならって撫民の徳政政策を進め、二所詣を復活するなど東国の王として動き、元久元年（一二〇四）には直接に政道を聴断し、承元《じょうげん》三年（一二〇九）に将軍家政所を開設して政所を整備し、幕府の訴訟や政治を充実させた。御所に持仏堂を設け、本尊に文珠菩薩を安置して、聖徳太子の『十七条憲法』に学び、その御影を掲げ供養を行なった。「建暦元年七月、洪水天に漫《はびこ》り、土民愁ひ歎きせむ事を思ひて、一人本尊に向かひ奉り、聊か致念をいたして云く」という詞書で、「時によりすぐれば民のなげきなり八大龍王雨やめたまへ」の和歌を詠むなど撫民を心がけた。

京都の坊門家から妻を迎えたこともあって京の文化を積極的に摂取したので、京の文化が幕府御所を席捲する。建暦二年（一二一二）八月に御所の「北面三間所」に近習の壮士を結番《けつばん》で詰めさせて、和田義盛ら古老に「古物語」を語らせ、九月二日、藤原定家の消息と和歌文書等が到着すると、和歌を定家に学び、近習らと和歌をつくり、詠んだ歌は定家によって『金槐和歌集《きんかいわかしゅう》』としてまとめられた。建保元年（一二一三）には「芸能の輩」に「和漢の古事」を語らせる学問所番を置くなど、教養を身につけて、近習とともに学んだ。

そこに起きたのが北条義時の挑発から、侍所別当の和田義盛が同族の三浦氏の協力を頼んで挙兵した和田合戦である。これに義時は実朝を正面に立てて戦い、「当時あるほどの武士はみな、義時が方にて、二日戦ひて」（『愚管抄』）、合戦は終わる。合戦後、義時は御家人を指揮し、鎌倉中の警察を担う侍所を握り、幕府の実権を完全に掌握した。

実朝は焼けた御所の再建にあたり、中門廊がなかったのを、京の御所風に中門廊を設け、由比浜の前浜近辺の屋地を御家人に与えた。『古今著聞集《ここんちょもんじゅう》』は、ある年の年賀、大勢の御家人が御所につめかけるなか、相模の三浦義村《よしむら》が侍の間の上席にいたところ、若い下総の千葉胤綱《たねつな》がその上座にすわろうとしたので、義村が「下総の犬めは寝場所を知らぬな」とつぶやくと、胤綱は、和田への協力の約束を反故にしたことをもって「三浦の犬は、友を食うぞ」と切りかえした話を載せる。

信頼していた義盛の挙兵に、実朝は眠れぬ日々が続くが、その実朝を慰めたのが栄西《えいさい》である。建保元年十二月、和田義盛の魂を慰める仏事を寿福寺で行ない、翌年二月四日に二日酔いで気分のすぐれぬ実朝に茶を勧め、その効能を記した『喫茶養生記《きっさようじょうき》』を進呈している。七月に実朝が「君恩」と「父徳」（院の恩と頼朝の徳）を祈念して大慈寺《だいじじ》を創建すると、栄西はその供養の導師となった。建保三年七月、和田合戦で戦場になった御所近辺や若宮大路、由比浜辺が復興したことで、盛んになった商売について「町以下の鎌倉中の諸商人」の員数を定めて規制した。

栄西に次いで東大寺の大仏を鋳造した陳和卿《ちんわけい》が、建保四年（一二一六）六月に鎌倉に来て、実朝に会うや、「貴客は宋朝の医王山の長老たり、時に吾、その門弟に列す」と語ったところ、実朝も同じような夢を見たことがあり意気投合、実朝は大陸の医王山に渡ることを決め、唐船の建造を命じたが、船は由比浦に浮かばずに朽ち果て、実朝は遁世を考えるようになった。

子の生まれない実朝の後継者問題で、北条政子が上洛し、卿二位《きょうのにい》（藤原兼子）との談合で、院の皇子の頼仁《よりひと》親王を後継者とする約束がなったことから、実朝の官職昇進がはかられた。新将軍を迎え、これを実朝が後見する道がつくられた。

ところが承久元年（一二一九）正月、実朝が右大臣拝賀のため鶴岡八幡宮に参詣した時、頼家の遺児公暁《くぎょう》の手にかかり殺害されてしまい、二十八日、実朝御台所を始め、御家人百余輩が出家する。

承久の乱

実朝の死により、幕府は政子と弟義時が掌握して、政子の家である「禅定《ぜんじょう》二位家」と称された。有力御家人が連署して後継将軍を求め、皇子下向を要請したが、後鳥羽上皇は摂津の地頭職の停廃を求めるなどして拒否したため、摂関家から九条道家《みちいえ》の子三寅《みとら》（頼経《よりつね》）を鎌倉に迎えることになり、承久元年七月に政所始が行なわれ、政子が理非決断の権限を行使するところとなった。

京では、上皇が朝威をとりもどすべく文化的統合をめざすなか、分散していた天皇家領の長講堂領や八条院領を掌握して経済的に卓越したことから、東国を奪い返すべく政治的統合をめざし、順《じゅん》徳《とく》天皇への代替わりとともに公事や行事の執行を厳しく行なう姿勢を打ち出していた。

建暦元年（一二一一）七月に公事の竪義《りゅうぎ》を二十日から行ない、九月二十四日には大嘗会の論議を行ない、翌建暦二年正月には慈円を天台座主に任じて山門を興行させ、「当世の才卿」を召して「理乱安危の基」を答申させ（『明月記』）、三月に二十一か条からなる建暦新制を出し、上皇中心の公事の書『世俗浅深秘抄《せぞくせんしんひしょう》』を著した。その影響を直接に受けて、順徳天皇は天皇のなすべき動きや姿を『禁秘抄《きんぴしょう》』に著した。

西面の武士を新たに置き、幕府の出先機関の京都守護や在京御家人、西国の守護を取り込んでゆくなか起きたのが実朝暗殺であり、政治的に幕府を従属させる媒介者を失った上皇は、挙兵の機会をうかがい、大内の再建を進めるなか、挙兵の意思を固めると、彗星出現を理由に承久三年（一二二一）四月に順徳天皇を退位させ、新帝（仲恭《ちゅうきょう》）を立て、五月十五日に院中に官軍を集めた。

主な武力は北面・西面の武士、京都守護の源（大江）親広《ちかひろ》や在京御家人の大内惟信《これのぶ》・三浦胤義《たねよし》、西国守護の佐々木広綱《ひろつな》、西国有力御家人など、幕府に連なる勢力が多く、追討の宣旨によって幕府は内部分裂をおこすとの目論見であった。

追討宣旨の東国分が鎌倉に到着すると、幕府指導者の間では、武士は朝廷を護る存在なのに、朝廷に刃向えるのか、困惑した。だが都育ちの大江広元が積極的進撃策を出し、政子が義時邸に集まった有力御家人を前に檄を飛ばし、頼朝以来の恩顧をとるか、逆臣の讒言《ざんげん》によって出された非義の追討宣旨をとるか、そのどちらかをとるよう迫ると、これが効き戦端を開くことに決し、東国の

「家々の長」に動員令がかけられた。

幕府の大軍は、東海道から十万余騎、東山道から五万余騎、北陸道からも四万余騎と、三方から京に迫ることとなり、その東海道軍が尾張・美濃の境の墨俣の京方防衛ラインを突破し、六月十四日に宇治川をも突破すると、十五日に京方は全面降伏した。上皇は武力放棄の院宣を発し、六月二十四日、幕府の申請で、合戦決定の議定を行なった公卿以下が関東に下されて処刑され、上皇は七月八日に鳥羽殿で出家、十三日に隠岐に流された。

幕府の大将軍の北条泰時《やすとき》・時房《ときふさ》は、六波羅に入って戦後処理にあたり（六波羅探題）、義時の指示に基づいて仲恭天皇を廃し、後鳥羽の兄守貞《もりさだ》親王を上皇、子の後堀河を天皇に据えて、後高倉院政が始まった。

六波羅探題は、西国の経営と京都の守護、朝廷の監視を主な任務とし、北方・南方の二人制で、北条一門が任じられ、自立した動きは厳しく制限され幕府の指示に基づいて動いた。その武力は、探題直属の家人と西国の有力御家人から選ばれた在京人、大番役を勤める御家人で構成された。

幕府は京方の所領を没収、その跡地の地頭に東国の御家人を配し、貞応《じょうおう》二年（一二二三）の宣旨で、地頭の得分を、十町別に免田が一町、反別に加徴米が五升、山野河海の産物の得分については本所・領家で半分という率法《りっぽう》（新補《しんぽ》率法）を定めた。これにより新地頭は本地頭や下司の跡をそのまま継承するか、または率法を適用するものとされた。

中世の土地制度は、延久時に荘園公領制として定まり、文治二年の太政官符で地頭職が公認され、この貞応の宣旨で新補率法が定められ、新たな段階に入った。

乱後の朝幕体制

幕府の西国支配の体制が整ったところで、翌年（一二二四）六月に義時が急死すると、政子は泰時を京から呼び寄せて時房とともに「軍営の御後見」として「武家の事」を行なうよう命じた。執権となった泰時は、尾藤景綱《びとうかげつな》を家令に任じ、家の規則を定めたことで、義時の号から「得宗《とくそう》」家と称され、執権の職を継承してゆく。

泰時は十二月に「疫癘《えきれい》の流布」により四角四境《しかくしきょう》鬼気祭《ききのまつり》を行なった。これは疫神の侵入を防ぐ陰陽道の祭で、京から下ってきた摂家将軍の身体をまもるべく、御所の四隅や、鎌倉中という都市域の四境である東の六浦、南の小坪、西の稲村崎、北の山内で修された。翌年七月十二日に政子が亡くなると、御所を若宮大路近くの宇都宮辻子《ずし》に移転、その御所は東西南に門を開き、北に土門を構え、寝殿・二棟廊、東西渡殿、中門廊、小御所、対、持仏堂、西侍、小侍所、馬場殿があり、北西隅に納殿、贄殿、釜殿が設けられた。

十二月二十日に幼い頼経が新御所に移ったその翌日、新御所に執権の泰時・時房と評定衆が集まって「評議始」を行なった。ここに執権中心に有力御家人から選ばれた評定衆の合議による政治を運営する体制（執権体制）が成立した。最初の評定では、遠江以東の十五か国の東国の御家人が番を組んで、西侍に詰め警護を行なう鎌倉大番役が定められた。

その後、頼経が元服すると、翌嘉禄《かろく》二年（一二二六）正月、将軍宣下を要請する使者を京に派遣、実権を執権主催の評定に奪われた将軍が誕生し、これにともない評定衆の家が形成された。泰時は上洛した時から律令を研究、評定会議での実績を踏まえ、寛喜《かんぎ》二年（一二三〇）に始まる寛喜の大飢饉に応じて、貞永元年（一二三二）に「御成敗式目」（貞永式目）五十一か条を制定した。裁判制度の指針として頼朝以来の法と慣例を集大成したもので、最初の二か条は、朝廷の新制と同じく神社・寺塔の修理や神事・仏事を保護、三～五条では、諸国の守護・地頭の職権を定めた整然とした法体系で、公家法に学んだ成果である。

京では、承久の乱後、朝廷の体制は維持されたが、自律性は著しく失われ、乱による貴族の自信喪失もあって、盗賊が頻発し社会不安が起きていた。嘉禄元年（一二二五）秋、吉祥院前の川で鮎を取る貴人が、殺生禁制から制止されたことから、貴人（源大納言定通《さだみち》卿）が「先に武士が漁をしたのに咎めがなかったのが、どうして今咎めるのか、武士の威を恐れ軽んじたのであろう。ならば我も又武士である」と、嘯《うそぶ》いたという（『明月記』）。

大納言に武士といわしめたほどに、武士の威は向上しており、このため王朝貴族は自らの家の自立と継承に心を注ぐようになって、政治が停滞するなか、乱前から幕府と関係が深い西園寺藤原公《きん》経《つね》が北山に豪壮な別荘西園寺を建てて権威を振るい（『増鏡』）、幕府に子の頼経を将軍として送っていた九条道家が朝廷の実権を握った。

永福寺復元図（湘南工科大学長澤・井上研究室）

鎌倉中の発掘とその風景

朝比奈を経て六浦へとつながる六浦道を行くと、東北に分かれる二階堂道と六浦道との辻が町屋御免の大倉辻であり、二階堂道をゆくと、途中に荏柄天神社に向かう参道があって、ここを横切って突き当りから西北に向かうと、義時の建てた大倉薬師堂（覚園寺《かくおんじ》）があって、東北に向かうと二階堂永福寺に出る。

永福寺は発掘されており、現在、基壇や池が復元されている。北・西・東の三方を山に囲まれ、東の山の山頂に経塚があり、東の山の直下に二階堂を中心に北に薬師堂、南に阿弥陀堂が立つ、園池に臨むコの字型の建物配置であって、三堂は礎石建物、基壇は創建時には木造であったが、後に切石を使用している。東正面に階が敷設され、前面の庭には多数の柱穴があって、各種の行事や仏事が行なわれたとみられ、園池には橋が架かり、北東からの遺水《やりみず》が注ぐ。遺物には仏像の手や螺髪《らほつ》など部品、荘厳具、台座の蓮弁、呪符、笹塔婆《ささとうば》、荼毘《だび》跡が出土した。前頁の図は永福寺の復元図である。

鎌倉中の西側の今小路を寿福寺から南に行くと、今小路西遺跡がある。南北に屋敷があり、北側の屋敷からは軒瓦が出土、五間×五間の檜皮葺屋根の大棟《おおむね》に、瓦を積んだ寝殿、その東側に対屋《たいのや》のような日常の居所、西側に厩と見られる建物に続くのは、大型の接客風建物であり、南面の庭に玉砂利が敷かれ、六角の井戸がある。主な出土遺物に酒会壺《しゅかいこ》が八個、白磁・青白磁器の小壺、青磁の水差がある。評定衆・引付衆クラスの武士の家、ないし別宅と考えられている。

南の武家屋敷は、北の屋敷との境に土塁があり、東と西に通路を設けて門を構え、塀がまわり、その内部は南側が主人の居住域、主屋は南北五間、東西四間の三方に庇がつく礎石立建物で、北西に土台立の倉庫と見られる建物があって、天目茶碗や双魚文皿が出土、東南部の作業小屋からは仏具や刀装具の鋳型、内型が出土する。

塀で仕切られた北側は掘立柱建物が密集し、郎従や下人の住居域で、雑舎・厨・井戸がある。その地下から天平七年（七三五）の紀年銘の木簡が出土しており、その前身は鎌倉郡の郡家であったと見られている。東側の通用路の南北には庶民の家があり、掘立柱建物や方形竪穴建築、井戸がある。方形竪穴建築は垂直に掘り込み、床は平坦、上部構造を支えるために柱穴、礎石、土台などが使用され、倉庫や作業場として使われたと見られている。通用門を出ると今小路に出る。

奈良と府中

南都奈良は、治承四年（一一八〇）年末の焼き討ちにより多大な被害を蒙ったが、その復興の過程で整備された。興福寺七郷の原型、東大寺七郷の原型も成立し、都市領域が形成された。宗教都市・奈良である。

奈良の郷の人々の信仰を集めたのが春日社の若宮と大宮の第三神でその本地仏は地蔵菩薩であった。地蔵は地獄で死者の救済にあたると信じられ、特に信仰を集めた。能満院《のうまんいん》の春日曼荼羅には、貞慶の弟子璋円《しょうえん》が地獄に堕ちたのを、春日の地蔵菩薩が浄土に引導する様子が描かれている。安貞二年（一二二八）の伝香寺《でんこうじ》の地蔵菩薩像は、裸形に衣服を着せ、着せ替え人形のように拝されていた。暦仁元年（一二三八）十月十日、興福寺で延年《えんねん》が行なわれたが、延年は長寿を祝い願う遐齢《かれい》延年に由来し、芸達者な衆徒や童が演じ、延年の舞ともいう。興福寺の延年の演目は、寄楽《よせがく》・振舞《えんぶ》・舞《ぶ》催《もよおし》・僉議《せんぎ》・披露《ひろう》・開口《かいこう》・床払・間駈者《あいがけ》・掛駈者・連事《つらね》・絲綸《いとより》・遊僧《ゆうそう》・風流《ふりゅう》・相乱拍子《あいらんひょうし》・火掛《ひかかり》・当弁《とうのべん》・大風流《おおふりゅう》（走り）などがあり、そのうち寄楽では、雅楽の喜春楽《きしゅんがく》が演奏され、振舞も雅楽が演奏され、最後に長慶子《ちょうけいし》の退出楽を演奏するなど、舞楽を摂取し、新たな舞台演芸となっていた。

諸国では府中が都市を形成していた。古代の国府の所在地は、国庁が移動を繰り返されて、都市を形成するには至らなかったのだが、鎌倉期にほぼ定着し、「府中」の都市領域が生まれたのである。その府中に出された法令が、仁治《にんじ》三年（一二四二）正月の「新御成敗状」である。

豊後府中を支配する守護の大友氏によるが、この法令は豊後府中に限らず、広く諸国の府中で出されたと見られる。それには府中の土地や大路、墓所、産屋、町、町人、「道々細工」に関する規定があり、府中は都市領域を形成していた。「府の住人」が「道祖神社」を立て置くのを禁じ、「府中での笠指」「保々産屋」「府中の墓所」を禁じる規定もあり、保を行政単位とし、風俗や生活を規制していた。

周防《すおう》府中は、周防が東大寺大仏殿の造営料国に指定されたことで、東大寺の大勧進が国衙を経営しており、国庁は瀬戸内海の勝間津の北にあって、溝辺川《みぞべがわ》の西岸の「国衙土居八丁」と称される方八町で、西を「大樋土手《おおひどて》」、北東南を「土手」と称される築地で囲まれ、その周囲に府中が展開した。勝間津は国府の津でここから年貢が東大寺に運ばれたが、大仏殿の用材は杣《そま》から切り出され、東側の佐波川《さばがわ》を下り、河口の三田尻の湊から運ばれた。

常陸府中は、北部に園部川《そのべがわ》、南部に恋瀬川《こいせがわ》が流れる石岡台地上に立地、西に筑波山などの筑波山地を臨む。国府は、北に常陸国分寺や常陸国分尼寺、南に総社が配され、国衙は方二町で、内部に国庁を置き、周囲には土塁と堀が巡らされ、東西南北には門が設けられていたが、この国府域の南東の地に府中が展開した。延応《えんおう》元年（一二三九）の常陸国留守所下文に「古国府西殿本畠」と見え、『吾妻鏡』建保二年（一二一四）九月十九日条に、幕府が「常陸国府中」を「（常陸）大掾資盛《すけもり》」の沙汰と命じている。

公武連携の体制

仁治三年（一二四二）に四条天皇が亡くなると、幕府の要請で位についた後嵯峨天皇は、寛元四年（一二四六）に譲位し院政を開始したが、この時期、文芸が盛んで、各所の雑談の場で語られた話が、『十訓抄』『古今著聞集』『宇治拾遺物語』『今物語』にまとめられた。芸能の家に関わる書物も多く著され、花の下連歌が流行した。

北条泰時の孫の時頼は、成長した将軍頼経と結びつく勢力を退け、得宗家の内々の会合「寄合《よりあい》」を開いて、頼経を京に帰すと、後嵯峨上皇に政治の刷新を要求して認めさせる一方、幕府成立期からの有力御家人の三浦氏を、宝治《ほうじ》元年（一二四七）に滅ぼし（宝治合戦）、この二つの事件を経て、幕府は評定・寄合の二つの審議の場を設けた。

寄合は北条氏の家督（得宗）が主催し、その外戚や得宗に近い北条一門、奉行人、御内人ら数人で構成された。寄合で大枠が決まった後に評定が開かれ、評定は執権が主導し、有力御家人から選ばれた評定衆が審議した。実質の審議は評定から寄合に移されたのである。

評定は行政・訴訟の機関でもあって、評定の下に御家人訴訟を扱う引付《ひきつけ》が置かれ、北条政村《まさむら》・朝《とも》直《なお》・資時《すけとき》ら北条一門が引付頭人《とうにん》になり、二階堂行方《ゆきかた》らの御家人が引付衆となった。引付は幕府の所領関係の訴訟である所務沙汰を扱う機関とされ、幕府の行政・裁判機構を支える奉行人の結集の場となった。奉行人は引付頭人の訴訟指揮に従い、引付頭人は評定衆から選ばれ、評定衆・引付衆・奉行人という官僚システムが整備された。

後嵯峨院は、幕府とは協調関係にあって、幕府の評定制を導入して政治制度を整えてゆき、建長元年（一二四九）に蓮華王院、閑院内裏が焼失すると、翌年三月に、幕府は閑院内裏の再建に向けて動き、紫宸殿の造営を相模守北条時頼が担ったのをはじめ、内裏の殿舎や門、廻廊、塀に至るまで地頭御家人が負担し、後嵯峨院政を支援した。

建長三年（一二五一）、幕府は鎌倉中の町屋の御免の場所を定め、大町・小町・米町・亀谷辻・和賀江・大倉辻・気和飛坂山上など七か所に限定し、これ以外の地に小町屋や売買施設を設けるのを禁じ、牛を小路に繋げぬよう、小路の掃除を命じている。前年四月には、「雑人訴訟」について、鎌倉中では「地主の吹挙《すいきょ》」が必要と定めており、鎌倉中では地主が雑人の訴訟を幕府に取り次ぎ、地子を徴収していた。

時頼は、嫡子の時宗《ときむね》が生まれると、源家一門の足利泰氏《やすうじ》を自由出家を理由に排除し、九条道家と絡む了行法師《りょうぎょうほっし》の謀反の企てを処理し、鎌倉の不穏な空気を払うかのように、建長四年（一二五二）、上皇の皇子宗尊《むねたか》親王を将軍に迎え、頼経の跡の将軍（藤原頼嗣《よりつぐ》）を京に帰した。九月に鎌倉中の「沽酒《こしゅ》」（酒の売買）を禁じ、所々の民家の酒壺を調べ、三万七千二百七十四口あったので、一屋に一壺だけ残し、他は破壊させたが、このことから鎌倉の人口は武士以外に約五万人いたと推定されている。

翌年、禅僧の蘭渓道隆《らんけいどうりゅう》を招いて「建長興国禅寺」を造営したが、その趣意は「皇帝万歳、将軍家及重臣千秋、天下太平、下訪三代上将、二位家幷御一門」の没後隆盛を祈るとされ、東国の王の寺として造営された。正嘉《しょうか》二年（一二五八）、宗尊将軍の上洛を京に通告するが、八月に暴風が荒れ狂い、「諸国の田園、悉く以て損亡」のため上洛は八月に延期になった。

正嘉の飢饉と幕府の体制

後嵯峨院の治世を描く『五代帝王物語』は、「正嘉三年の春比より世のなかに疫癘おびただしくはやりて、下臈どもは病まぬ家なし。川原などは路もなきほどに死骸満ちて、浅ましき事にて侍りき」と、正嘉年間に始まる飢饉を次のように記す。

> 諸国七道の民もおほく死亡せしけむ、三月二十六日改元ありて正元と改まる。正月上旬の比、死人を喰ふ小尼出来て、よろづの所にてくふと云ふ程に、十四五計なる小尼、内野より朱雀の大路を南ざまへ行とて、まさに死人の上に乗りゐて、むしり喰う。目もあてられずぞ有ける。

京で死者を食う女人が出たとあるが、これについては日蓮も記している。「洛中にして人の骨肉を朝夕の食物とする由」が露顕し、山門の衆徒が「世末代に及て悪鬼国中に出現せり」と退治を加えようと、その「住所を焼失し、その身を誅罰せむとするところに、自然に逃失し行方を知らず」になったという。続いて日蓮は「鎌倉中にまた人肉を食ふの間、情ある人、恐怖せしめ候」とも記し、鎌倉でも人肉を食べた人がいたという。

日蓮は建長五年（一二五三）に安房の清澄寺《せいちょうじ》で「立教開宗」し、小湊から鎌倉に入り、「念仏無《ねんぶつむ》間《けん》」「真言亡国《しんごんぼうこく》」など他宗を攻撃して、幕府や諸宗の反発を招いた。文応元年（一二六〇）に『立正安国論』を著して時頼に進め、近年の天変地異や飢饉、疫病の根源は、人々が仏教の正しい教えに背いているからであり、対策をすみやかに立てないと、他国から侵略され、国内に反逆がおきる、と警鐘を鳴らして、『法華経』の帰依を訴えたが、鎌倉の名越で布教しているところを、浄土宗の信者に襲われる「松葉ケ谷《まつばがやつ》の法難」がおき、翌弘長元年（一二六一）には「悪口の咎」で伊豆配流となる。

時頼は文応元年六月四日、殺害人について、諸国飢饉や人民の病死の事態から特別の計らいをして、子細ない輩は今年の所犯については放免するなど、撫民の考えから、それに相応しい教えを説いていた叡尊を鎌倉に招いた。これは叡尊が「慈悲に過ぎる」と語った弟子忍性《にんしょう》が、東国に下って筑波山の麓の三村《みむら》極楽寺を拠点に布教し、北条氏一門の帰依を受け、師の叡尊を鎌倉に下るよう動いた結果であり、叡尊下向とともに真言律宗が東国に広がり、忍性は鎌倉の北条重時の極楽寺を律院になして長老となって、病院や馬の治療院を設け、救済活動を進めた。

幕府体制の完成を見届けた時頼は、康元《こうげん》元年（一二五六）に若くして出家し、一門の長時に執権職を譲り、家督に幼い時宗を立てるが、ここに幕府の実権は執権ではなく、北条氏の家督（得宗）に帰した。得宗亭で行なわれる側近との会合（寄合）がその権力の核であった。寄合は評定の前に重要事項を審議、その結果を評定に上程し、そこでの結果が得宗に伝えられ、将軍の名で各所に伝えられた。北条氏一門には、引付→評定→寄合の出世コースが生まれた。

後嵯峨院は、病弱な後深草天皇に代えて正元《しょうげん》元年（一二五九）に亀山天皇を位につけると、政治への関心を深め、院の評定会議に亀山天皇を臨席させ、弘長元年・三年に徳政として弘長新制を定めたが、幕府も弘長三年（一二六三）に弘長新制を出している。

その六十一か条は、多くの過差禁令からなり、「町人并道々の輩」を召仕う事を禁じ、「鎌倉中の乗輿《じょうよ》」や、「道々工商人」ら凡下《ぼんげ》の騎馬、念仏者の濫乱、僧徒の裹頭と編笠横行、迎買《むかえがい》・立商人を禁じ、鎌倉中の夜行や橋の修理、在家前の掃除の励行を命じ、病人や孤児を路頭に捨てるのを禁じており、捨てられた場合には無常堂に送り、死骸や牛馬の骨肉の取り捨てを命じている。

第Ⅲ部　中世後期

一　幕府と朝廷

モンゴルの国書到来と博多

文永《ぶんえい》三年（一二六六）六月二十日、得宗《とくそう》の北条時宗《ほうじょうときむね》亭での「深秘御沙汰《じんぴごさた》」（寄合）には、左京大夫北条政村《まさむら》、越後守金沢実時《かねさわさねとき》、秋田 城 介《あきたじょうのすけ》安達泰盛《あだちやすもり》らが集まって、七月二十日に将軍の宗尊《むねたか》親王を京に追い帰すことにした。成長するにともなって、京に返したものであり、鎌倉幕府の歴史を記す『吾《あ》妻鏡《づまかがみ》』はこの将軍上洛記事をもって終える。

この段階の幕府は、名越《なごし》・赤橋《あかはし》・大仏《おさらぎ》・金沢氏などの北条氏一門、得宗の外戚の安達氏が、評定衆や寄合衆・六波羅探題となる家を形成しており、そのうち金沢実時は、母の菩提を弔うために六《むっ》浦庄《らしょう》の金沢郷に称 名 寺《しょうみょうじ》を設け、境内の金沢文庫に幅広い書籍を納めた。得宗に仕える尾藤《びとう》、長崎、平氏らの御内人《みうちびと》も家を形成していた。

有力御家人《ごけにん》では、源氏一門の足利・武田・小笠原氏、諸国守護の三浦・佐原・長沼・結城・佐々木氏などが守護職を継承し、政所や問注所・引付など幕府の実務・事務を担う二階堂・太田・矢野・摂津氏らの奉行人も家を形成し、幕府は有力御家人の家連合から、評定衆の家からなる新たな連合の体制となった。

文永五年（一二六八）、日本列島にモンゴルの国書が到来し、大陸から逃れてきた禅僧にはモンゴルへの敵愾心強く、その影響もあって北条時宗はモンゴル襲来に強硬に対応した。最初の使者は引き返すが、クビライの厳命を受けた高麗の潘阜《はんぷ》が国書を大宰府にもたらした。

幕府に国交を結ぶ意思はなく、国書を朝廷に送って対処させるのみであり、その朝廷では、幕府が明確な意思を示さなかったため、後嵯峨・亀山の下での評定の審議は難航、結論は、返書を送らずに「異国降伏」の祈禱を寺社に命じるのみであった。日本が返書をモンゴルに送らなかったことから、世祖クビライは、文永八年（一二七一）に国号を大元に改めると、「日本国信使」趙良弼《ちょうりょうひつ》を派遣した。

その文永八年、幕府は危機に応じた体制の引き締めを図り、他宗を強く批判する日蓮を佐渡に流し（龍口《たつのくち》の法難）、九州に所領がある御家人にモンゴル襲来に備えさせ、翌年、九州諸国の御家人に筑前・肥前両国を防衛するよう命じ、十月に諸国に国内の領主の名《みょう》と田畠の員数《いんずう》を記す大田文《おおたぶみ》を調進させ、地頭・御家人の注進を命じた。襲来に向け地頭御家人に役を課す目的からのもので、その翌年には一族内の反対勢力である北条教時《のりとき》、六波羅探題の北条時輔《ときすけ》を誅殺した（二月騒動）。

モンゴルの使者の来た博多一帯には「張」姓の宋人綱首《ごうしゅ》が数多く住み、活発な商業活動を行なって文化・技術の流入に尽力していた。二度目の入宋から帰国した栄西《えいさい》は、博多の宋人張国安の張一族の支援を得て、建久《けんきゅう》六年（一一九五）に博多に本邦初の禅寺聖福寺《しょうふくじ》を建立、「洛陽ノ建仁寺、関東寿福寺、彼創草ノ禅院ノ始」（『沙石集』）と並び称され、天福《てんぷく》元年（一二三三）に円爾《えんに》、寛元《かんげん》四年（一二四六）に蘭渓道隆《らんけいどうりゅう》が滞在した。仁治《にんじ》三年（一二四二）に謝国明《しゃこくめい》は、円爾を開山に承天寺《じょうてんじ》を建てたが、謝国明は中国の臨安府に生まれ、日本に渡り貿易で富を築いた博多綱首であって、博多はこれら聖福寺や承天寺、蘭渓道隆の円覚寺《えんがくじ》などの禅宗寺院を核に都市として成長していた。

モンゴルの襲来、武士の館、福岡の市

後嵯峨院が亡くなり、亀山の治世が始まった文永十一年（一二七四）、クビライは二度にわたって派遣した趙良弼が追い返されたことから、軍勢を派遣することに決し、元・高麗連合軍が十月に朝鮮半島の合浦《がっぽ》を出て対馬・壱岐を侵攻、十月二十日に博多湾の鳥飼《とりかい》辺に上陸した。

一時は大宰府にまで至り、集団戦法と「てつはう」の武器で日本軍を苦しめるが、大宰府を攻め落とせぬまま、御家人の戦いや、蒙古軍の内部対立もあり、七日ほどして退いた。この文永の役での武士の奮戦を描いた『蒙古襲来絵詞《もうこしゅうらいえことば》』は、肥後の御家人竹崎季長《たけざきすえなが》が一門の江田又太郎秀家と兜を交換し、相互に合戦の証人になりあう「見継ぐ」約束を交わし、肥後の国の先駆けをめざしての合戦を描いている。蒙古軍の発した「てつはう」は肥前鷹島の海底遺跡から発掘されている。

幕府は再来に備え、翌年に九州の御家人に異国警固番役を課し、元が杜世忠《とせいちゅう》を派遣し、服属を求めて到来すると、鎌倉への入口の龍口で処刑したうえ、高麗に出兵する計画をも立て、建治《けんじ》二年（一二七六）に博多湾への上陸阻止のため湾岸に防塁（石築地《いしついじ》）を築かせた。

その年、一遍《いっぺん》は大宰府の弘西寺を訪れ、筑前国の武士の屋形にも念仏を勧めるため訪れている。

その屋形は板葺屋根の建物で、板敷に高麗縁《こうらいべり》の畳が敷かれ、客人を招いて遊女とともに酒宴が開かれていた。縁の右手に盆石が置かれ、庭の止まり木に鷹がおり、奥には馬場の埒《らち》が見える。屋形の主人に一遍は念仏札を渡して屋形の門から出てゆく（『一遍聖絵』）。

一遍は伊予に生まれ、建長五年（一二五三）に天台宗継教寺の教縁を師に出家して随縁と号し、弘長三年（一二六三）に浄土宗西山義《せいざんぎ》の弘西寺の聖達《しょうたつ》の浄土門に入って、法名を智真《ちしん》に改め、文永十一年（一二七四）に熊野本宮の証誠殿の前で祈った時、「一切衆生の往生は南無阿弥陀仏と決定する所也。信・不信を選ばず、浄・不浄を嫌はず、その札を配るべし」と、他力本願と賦算《ふさん》（念仏札を配ること）の意義を確信し、遊行の旅に出ていた。

一遍はついで大隅正八幡宮《おおすみしょうはちまんぐう》を訪れ、九州を回って、備前の福岡の市で念仏を勧めていると、吉備津宮の神主の子息が妻女を出家させたことに怒り、市に駆けつけて対決したが、その市は、広場に面し、筵で背を囲った見世小屋と、大型の壺を横倒しに並べた小屋があり、道筋の両側に草葺、切妻造、掘立柱の小屋が三つある。見世小屋の前には、市女笠《いちめがさ》の女、侍烏帽子の男、頭巾の男がおり、壺小屋の前に坊主、侍烏帽子・直垂《ひたたれ》の男、衣被きの女、赤子を負う頭巾の女、塗笠の男、少し離れて少女の手を引く広包を頭にかぶる女、二人の子が駆け寄っている。

手前の小屋では、市女笠の女と折烏帽子の男が物を売り、背後で侍烏帽子の男が琵琶を弾き、頭巾の女と下げ髪の女が布の大包を前に売り、背後で食事の余りを期待する乞食、近くに大きな壺三つが並ぶ。向かいの小屋では、男が膝をついて筵に座る女に何やら捧げ、前で侍烏帽子の男が足駄を売っている。小屋の中には下げ髪の女、小屋の前に銭を持って立つ侍烏帽子の男に売ろうと布を示す市女笠の女がおり、坊主頭の男と布を手にした衣被きの女が座って見世の女と交渉している。

次の小屋では、奥に積まれた米俵に肘をつく男、その前で枡を手にして米を、客の男の持つ袋に入れようとする男、二人の前に立って米を出す男、その様子を座って見る頭巾の女と市女笠の女がおり、板壁をはさんでそれを背にする男の前には、鳥や魚が見世店に並べられ、近くで男が俎板の鯉を料理し、客の提げ髪の女は鉢をそばに置く。魚を天秤棒で吊るした男が去ってゆく。市は仮屋の建物からなり、たくさんの品が取引され、芸能の人も訪れるなど、市の様子を詳しく描いている。小屋の中に描かれた陶器の壺は、市近くが備前焼の産地であって、備前焼の大壺であろう。

クビライは弘安《こうあん》二年に南宋を滅ぼし、日本を再び攻めることを決意すると、翌年に征日本行省（征東行省《とうこうしょう》）を置き、弘安四年（一二八一）に遠征軍を整えた。東路軍と江南軍の二手から攻める計画で、東路軍が五月三日に高麗の合浦を出発、五月下旬に博多湾の志賀島《しかのしま》を占領したが、石築地の防御の効果と御家人の奮戦で上陸できなかった。そこに遅れていた江南軍が、肥前の鷹島に到着して両軍が合体して、上陸を目指すも、暴風雨に襲われ壊滅的な被害を受けて退却した。

モンゴル襲来後の武士の家

時宗は次の来襲に備え、御家人保護政策で確保した御家人知行地（武家地）のみならず、それ以外の地である本所一円の地の荘官らの非御家人の動員を朝廷に奏請するかたわら、蒙古合戦で亡くなった人々の霊を、敵味方なく慰めるための禅宗寺院として鎌倉に円覚寺を弘安五年（一二八二）に建立、開山には弘安二年（一二七九）に時宗の招きで来日し建長寺の住持になっていた無学祖元《むがくそげん》をあてた。

多くの鎮西の無足《むそく》（所領をもたない）の御家人は、竹崎季長のようにモンゴルとの合戦に臨んだのであるが、武士の家ではモンゴル襲来前後から家政を整え、家の継承を考えるようになっていた。なかでも和歌集『沙弥蓮瑜集《しゃみれんゆ》』を編んだ歌人でもある評定衆の宇都宮景綱《かげつな》は、弘安六年（一二八三）に『宇都宮弘安式条』七十か条を定めている。第一条から二十七条までは、社務職を有する宇都宮社（二荒社山）の神事・仏事、僧や神職に関する規定で、以下、所領内の土地のあり方や訴訟、諸役、禁制などの規定からなり、内容は極めて詳細で、その第五十七条の「鎌倉の屋形以下の地の事」では、白拍子や遊女、仲人などを屋形の地に置くことを禁じており、鎌倉にも屋形を構えていた。

多くの東国御家人は番役を勤めるために鎌倉に屋地を有したが、本拠は名字の地にあった。モンゴル襲来を経て東国御家人のうち九州に所領がある庶子はモンゴル襲来を契機に西国に遷って六波羅探題に仕えるなどした（西遷《せいせん》御家人）。御家人所領は分割相続されていたので、新たな天地を西国に求めたもので、それとともに列島に大移動がおき、改めて武士は系図や置文、家紋などを作製、アイデンティティーを求めるようになった。

武蔵の小代《しょうだい》を名字の地とする小代氏は、重俊《しげとし》の子重泰《しげやす》が宝治合戦で勲功をあげ、肥後の野原荘の地頭職を得ていたので、庶子はモンゴル合戦を契機に肥後国に遷り、その孫の伊重《これしげ》は置文をしたため小代の家の系譜を記し、我が身には何ら咎がないのに所領を召された、と訴えている（「小代文書」）。

その語る小代の岡の屋敷は、源頼朝の兄義平《よしひら》が叔父の義賢《よしかた》を討った際に「御屋形」として設けられ、平治の乱で亡くなった義平を御霊神の鎮守としたという。この屋形跡が東松山市正代の河岸段丘上にあって、その跡に建てられた青蓮寺には弘安四年（一二八一）に小代重俊が立てた二メートル以上の「青石の卒塔婆」（緑泥片石卒塔婆《りょくでいへんがん》）が存在する。板碑は武蔵国に鎌倉期後半から多く造られ、阿弥陀仏を意味する梵字のキリークなどが刻まれている。

南北朝期にかけて二万以上の板碑が確認されているが、その石材は荒川上流の長瀞《ながとろ》や槻川《つきかわ》流域の小川町下里から産出する緑泥片岩石で、たがねで割ると板状に薄く割れ、武蔵形板碑と言われ、武蔵一帯の小武士の館近くに立つ、その信仰の証であった。

武蔵の加治《かじ》氏一族丹治《たんじ》氏の中山館は、飯能市中山にあり、その中山館は一辺が五十から七十メートルの規模で、西北に鎮守の丹生明神《にうみょうじん》が、館の西を丹生堀という川が山から流れ出ており、その川をはさんだ向かいに智観寺《ちかんじ》があり、三基の板碑がある。これは武士の館の典型と見做され、そのレプリカが制作されて、国立歴史民俗博物館に展示されている。

武蔵の武士の実情を物語るのが無住《むじゅう》の『沙石集《しゃせきしゅう》』巻九の四話である。ある地頭が貧しく所領を年々売り、子に譲る所領がないまま亡くなった。一門が集まって相談し、所領を買い取った地頭の館に列参し、屋敷一所を与えて欲しい、と訴えると、聞いた地頭は、買った土地の文書を子に与えたばかりか、我が子として迎えたい、と返答、そのため子は、地頭を親とも主とも頼み、世を過ごしたという。この話からは窮乏から身を護るために、裕福な武士の家人や従者になること、武士の家では一門の結びつきが強かったことがわかる。

武士の困窮と村の結びつき

小武士団のみならず、大名においても分割相続により庶子の所領が少なくなり、名字の地に一所、鎌倉に屋地を与えられるだけとなっており、恩賞の地として与えられた鎮西の所領で食いつないだ。相模の渋谷氏は大名だが、宝治合戦《ほうじかっせん》で没収された千葉氏跡の薩摩の広大な所領を得ていて、そのうちの入来院《いりきいん》を得た渋谷定心《じょうしん》は、建長二年（一二五〇）に五人の子息に譲与した。

嫡子の明重《あきしげ》に所領の半分を、残りの半分を重経ら三人の庶子に譲ったが、庶子の子の三人にはもう分割して譲れなくなった。さらに譲る場合には、庶子や女子に一生の間は知行しても、死後に生家に所領を返す一期分という相続方法がとられた。明重から所領を譲られた公重《きみしげ》も、大部分を嫡子の重基《しげもと》に譲るが、その庶子分は少なく、同じような問題が起きた。こうした事情もあり、土地の相続をめぐって、嫡子と庶子との間で争いが起き、幕府の裁判所に持ち込まれた。

幕府の裁判では、本所地頭間の相論、遺跡相論、境界相論を裁いており、渋谷氏の場合は遺跡相論であるが、裁決の多くは一方側の主張を認めても容易に決着をみなかった。嫡子・庶子相論で両者の言い分が認められず、所領没収のケースもあって、その没収地の多くは得宗領に編入された。

そうしたことから幕府の裁判所に持ち込まずに、解決する方法が模索された。「一味同心」の契約をして争いを未然に防いだり、一門の評定で争いを裁いたりした。『沙石集』の巻十の四話は、丹後国の小名の武士が亡くなって、その処分状を開いたところ、男子八人と女子それぞれに譲与分があったが、このように分割しては奉公に支障をきたすことから、嫡子が、一人を面に立て家を継がせ、それに養ってもらうようにしたらどうか、五郎に家を継がせ我は出家する、と提案し、認められたという。

各地では、地頭と荘園領主の争いが広がっていて、幕府の裁判所は本所・地頭間の相論を多く裁いていた。紀伊国の寂楽寺《じゃくらくじ》領阿弖河荘《あてがわのしょう》では、領家が建治《けんじ》元年（一二七五）十月に地頭の非法行為に関する上村の百姓の申状を作成し提出している。

一　ヲンサイモクノコト、アルイワチトウノキヤウシヤウ、アルイワゲカフトマウシ、カクノコトクノ人フヲ、チトウノカタエサメツカワレ候へハ、テマヒマ候ワス候、

荘園領主から課された材木について、荘民が地頭による京上《きょうじょう》の人夫役（上洛して雑役に服す）と称して使われてしまい、人手が足りない上に、残った人夫を材木運搬に出すと、その逃亡跡に麦を蒔け、と言われて追い戻された。「をれらが此の麦蒔かぬものならば、妻子どもを追籠め、耳を切り鼻を削ぎ、髪を切りて尼に成して、縄絆を打ちて、苛まんと候」と、お前らが麦を蒔かないならば、妻子を追い籠め、耳を切り、髪を切って尼になすぞ、と責められたので、材木の調達が、いよいよ遅

くなりました、と窮状を訴えている（『高野山文書』）。百姓から聞き取りをした荘園領主の代官（雑掌）が記したものではあるが、仮名で地頭を訴えているところに、百姓が成長し、村の結びつきが強まっていたことがわかり、地頭は百姓からも訴えられていた。

裁判で決着が図られる場合、地頭の年貢の請負（地頭請）や、支配領域を分割し、年貢や公事の配分を分割する下地中分の方法がとられた。丹波国の大山荘では、領家の東寺と地頭との相論の結果、下地中分が行なわれ、東寺分となった一井谷村では、百姓と東寺との間で、地頭請にならって文保《ぶんぽう》二年（一三一八）に年貢を請け負う百姓請の契約が結ばれ、旱魃や風水の損害にかかわらず、年貢の定額を東寺に納めるものと定めており、村人の力は向上していた（「東寺文書」）。

琵琶湖北部の小さな湾の奥にある菅浦は、急峻な山の傾斜面が迫る漁村で、在家田畠などは山門支配下にあり、住民は蔵人所の供御人になる者が多く、御厨子所・内蔵寮にも属していたところから、村の結びつきを強め、永仁《えいにん》五年（一二九七）に近江の守護使による質取りを菅浦の住人が受けた時には、蔵人所を通じて訴訟を行ない、正安《しょうあん》四年（一三〇二）には、隣接する大浦庄との相論で古老が金を融資する置文を作製している。

春日若宮臨時祭と踊念仏

弘安六年（一二八三）五月十九日、春日若宮の臨時祭が行なわれた。その行列は祝、舞師、日使《ひのつかい》、陪従《べいじゅう》、巫女、細男《せいのお》、猿楽（児席松殿《せきまつ》・翁面延覚房《えんかくぼう》・三番猿楽大輔公《たゆうのきみ》・冠者美濃公、父允善永房《ちちのじょうぜんえいぼう》など十八人）・馬長《うまおさ》二騎・競馬三双・流鏑馬二騎・田楽法師（佐々良《ささら》六人・懸鼓《けんこ》七人・高足持）・田楽の楽頭の順で（『春日若宮臨時祭礼記』）、ここに後の猿楽能の式三番の形が生まれている。

若宮の御旅所は、興福寺境内の中門北に設けられ、前に舞台、その東西に見物席が設けられ、舞は襲装束《かさねしょうぞく》、田楽・猿楽は、思い思いの装束で、舞人・陪従は御前の東庭にあって、十三人の舞童が左右の楽屋に列居し、田楽が西、猿楽が東に座り、大衆の楽人・供奉人の管絃者も左右の楽屋に群居、左方に笙笛・篳篥《ひちりき》・横笛・琵琶・太鼓が、左方に篳篥・笛・琵琶・箏・太鼓、楽所も左右に出仕し、乱声《らんじょう》三節、振鉾《えんぶ》が各別、同時に始まった。

童舞は左が喜春楽《きしゅんらく》・五常楽・輪台青海波《りんだいせいがいは》・太平楽・甘州《かんしゅう》・抜頭《ばとう》・還城楽《げんじょうらく》・陵王《りょうおう》、右が地久・古《こ》鳥蘇《とりそ》・敷手《しきて》・狛桙《こまほこ》・長保楽《ちょうほうらく》・林歌《りんが》・八仙・納蘇利《なそり》があり、舞童は「廻雪《かいせつ》の袖《そで》を翻し、面は天人が庭に下って来たのを視るようなもの」であって、その「厳重の美形」は絵画に映し留めることができないものだったという。大衆からは再度の舞の要請があったが、雨になったので、晴れるのを待って二十九日に行なわれた。若宮祭は大衆の要請から始まったのだが、この段階で奈良中の祭となった。

北条時宗が弘安七年（一二八四）に急死すると、若い北条貞時《さだとき》が得宗となり、これを北条氏一門、外戚安達泰盛、得宗家臣の御内人の平頼綱《よりつな》らが補佐し、『新式目』を制定して徳政政策を展開し、朝廷も幕府に呼応して亀山上皇が新制を出して徳政政策を展開した。

弘安七年（一二八四）、一遍は東海道を経て上洛を目指し、閏四月十六日、一遍が四条の釈迦堂に入ったところ、「貴賤上下群をなして、人はかへり見る事あたはず、車はめぐらすことをえざりき」という盛況であった。釈迦堂は、あげ土塀で囲まれ、正面三間の入母屋造の本堂があり、開いた蔀《しとみ》戸《ど》の上に市女笠が置かれ、堂の前に板葺の踊屋が構えられ、中で時衆が踊るが、その周りを輿と群衆が、ぐるりと何重にも囲み、一遍はその中で肩車されており、踊る時衆の顔だけが覗く。

続いて空也《くうや》の遺跡である方二町の七条東市の跡に市屋道場をつくった。大きな板葺の舞台を立て、高い床を安定させるため束柱《つかばしら》の間に筋違を入れ、舞台中央の一遍は真っ直ぐ前を見て、時衆は法悦の表情で足を高く板を踏み鳴らす。下から観衆が見上げ、輿の中や周りに設営された桟敷からも見、桟敷は板葺や草葺、遣戸・板扉・蔀・戸板を置いたもの、屋根がなく大笠をさすものがあり、物売女が桶や行器《ほかい》に食物を運び、太鼓樽が運ばれて宴が開かれ、演劇興行となっている。

弘安八年に内管領《うちかんれい》の平頼綱が泰盛を滅ぼして専権を握ると（霜月騒動）、弘安十年、関東の使者の申し入れで伏見《ふしみ》天皇が即位し、後深草院政が開始され、伏見院の皇子が皇太子となり、天皇家の家職継承を求める亀山院の大覚寺統と、後深草院の持明院統との対立が激化するようになり、これに絡んで摂関家での九条家と近衛家の対立も激化、多くの家で家職の継承をめぐる対立が広がった。

モンゴル襲来後の武士の生活

正応《しょうおう》二年（一二八九）三月、肥前の神崎荘の地頭職が合戦の恩賞地とされ、九州の四百人の御家人に与えられた。御家人はその土地の得分を博多で受け取り、博多湾岸に築かれた石築地を警護する異国警固番役の費用にあてたと見られる。

石築地は、西は今津《いまづ》から東は香椎《かしい》まで、九州諸国の御家人が分担して築かれ、今津地区の発掘調査によると、基底部と両側に大きめの石を積み、内部を石や砂で充填する構造で、築造者によって積み方には精粗があった。

翌正応三年(一二九〇)、甲斐源氏の小笠原一族浅原為頼《あさはらためより》が内裏に侵入し、伏見天皇を殺害しようとして果たせず、自害する事件が起きる。真相は不明ながら、皇統の対立が関係していたことは疑いなく、さまざまな分野で対立と批判が渦巻いていた。摂関家では近衛・九条・一条・二条・鷹司の五摂家の対立が著しくなり、貴族の家々でも家職の継承をめぐって対立し、和歌の家の藤原定家の御子左《みこひだり》家の流れは、藤原為家《ためいえ》の子から二条・京極・冷泉の三家が分立して対立した。

正応六年(一二九三)四月、鎌倉で死者二万を超す大地震が起きた(鎌倉大地震)。この混乱のなか、得宗貞時は内管領平頼綱とその子飯沼資宗《すけむね》を討ったが(平禅門《へいぜんもん》の乱)、これは御内人勢力の強大化を警戒したことによるものであった。

永仁四年(一二九六)には北条一門の金沢実政《さねまさ》を鎮西探題に任じ、確定判決権を与えて多くの訴訟を受理させ、これにより鎮西では鎮西探題、西国では六波羅探題が、それぞれの地域に密着した政治・訴訟制度を整えた。翌永仁五年二月、彗星が出現したことから、幕府は三月六日に「関東御徳政」(永仁の徳政令)を出し、人々の訴訟に積極的に対応したので、訴訟人は鎌倉へ雲霞のごとく押し寄せたという。徳政令の対象外にあった庶民も、すぐに徳政を求めて動くなど、その広がりはすさまじかった。

京では勅撰和歌集の撰者に京極為兼《ためかね》が単独で選ばれた。為兼は『為兼卿和歌抄』で「心のままに詞のにほひゆく」和歌を良しとしたが、これを批判する二条為世《ためよ》の反対にあって、撰者は四人になった。為兼は持明院統の伏見天皇に東宮時代から仕え活躍したので、その為兼を敵視した関東申次の西園寺実兼《さねかね》が、大覚寺統に急接近し、実兼の訴えで永仁六年（一二九八）に為兼は佐渡配流となり、為兼を支援した伏見天皇が譲位し、後伏見が即位、次期政権は大覚寺統に帰すことになる。

永仁年間に描かれた『男衾三郎《おぶすまさぶろう》絵巻《えまき》』には、武士の日常が描かれている。「昔、東海道の末に武蔵の大介といふ大名あり」と始まり、その大介の子の兄吉見二郎は「色を好みたる男」で、宮仕えをした上臈の女房と結婚し、「家居・住居より始めて、侍・女房に至るまで、箏・琵琶を弾き、月・花に心を清まして明かし暮らし」という優雅な生活を送り、観音に申して美しい姫君を儲け、慈悲と名付けた。

絵は吉見の立派な屋形を描き、門前の柳の木で鳥が遊び、あげ土塀に檜皮葺の唐門ともうひとつの門が開かれ、門下に邸内の主人を待つ従者が馬の手綱を握って邸内をのぞく。

武士の館（『男衾三郎絵巻』東京国立博物館蔵・ColBase〔https://colbase.nich.go.jp/〕）

邸内には楯が二つ並び、藤の絡む松の近くに、池に張り出した釣殿があって歌会をしている。

船の浮かぶ池の近くの檜皮葺の庇の間では碁の最中、対屋とおぼしき建物の簾から外を窺う女がいて、その視線の先は満開の桜、廊の下で太鼓・羯鼓《かっこ》・笙・笛による管絃が行なわれている。吉見夫妻の部屋の中央の畳の近くに琵琶と箏が立てかけられ、奥の部屋に娘の慈悲とその侍女がいる。吉見の後の障子を隔てた塗籠《ぬりごめ》には鎧櫃《よろいびつ》、甲冑・弓袋《ゆぶくろ》などが整然と置かれ、裏門の土門の近くに二頭の馬が並ぶ厩がある。

これとは対照的に、男衾三郎の屋形では、「馬庭の末に生首たやすな。切懸けよ。馬庭に生首絶やすな、切り懸けよ、此門外通らむ乞食・修験者」を捕え弓で射よ、「武勇の家に生まれたれば、その道を嗜むべし」と、若者どもに叱咤する武張《ぶば》った生活を送り、見目よい妻ではなく、あえて坂東一の醜女を妻に迎えて子を儲けた。

絵は、最初に馬場での笠懸《かさがけ》を描く。二人の男が馬を連れて見守るなか、疾走する馬上から鐙を踏ん張り、鞍壺から腰を浮かせ、前方の的に向かって射ようとしており、的は鳥居形の枠に吊るされ、的立の男は射られた鏑矢を見ている。門前では扇状のものを竿の先に付け、鉢巻をし下駄を履いた修行者が侍烏帽子の男に捕まり、連れの市女笠の女は逃げようとして片足の下駄が脱げている。後ろから侍烏帽子の男が弓に鏑矢を番《つが》え狙っており、断髪の男が、侍烏帽子の男に背負う笈《おい》を摑まえられ、右足先の下駄が高くあがっている。

板塀、板屋根の門から館の中に入ると、楯が二面並べられ、侍烏帽子の男たちが侍廊《さぶらいろう》で甲冑を並べて弓矢を繕い、庭では一人が弓矢を引き絞り、三人がかりで弓に弦を張ろうとしている。中門廊からその様子を見ている二人の後ろにも、弓が立てかけられており、五人張りの弓ともなれば、この二人も加わるのであろう。

続いて畳に座る夫妻の一室では、妻の近くに枕刀があり、妻の髪は縮れ毛で鼻は大きく口はへの字に曲がっている。男衾は従者の差し出した矢の具合を調べ、背後には鎧や弓矢などが雑然と並ぶ。隣の部屋には縮れ毛の娘の化粧を侍女が手伝っている。

話は、嫡子と庶子の違い、裕福な武士と貧しい武士の違いが誇張され描かれていて、当時の武士の両側面が描かれている。このうち吉見型の武士は、幕府の有力者を経て、『太平記』のバサラ大名につながり、男衾型の武士は、結城宗広《むねひろ》の「僧尼男女をいはず、日毎に二、三人が首を切りて態《わざ》と目の前に懸けさせけり」(『太平記』)へとつながる。

京・鎌倉の職人

京では、大工が諸寺・諸山、権門勢家、武家に属して作事を行なっていた。賀茂下上社の百六十人余を筆頭に、法成寺や西園寺、武家の建仁寺、院御所の作所、細工所、院庁、別納所などに大工は属し、禁裏・御所の修理が進まないことから、修理職・木工寮が永仁四年（一二九六）十月、京都に散在する大工に公役を課し、従わない場合は住宅を検封し、洛中から追放してほしい、と訴えている（『実躬卿記《さねみきょうき》』）。

土倉は、建治四年（一二七八）に「土倉の故実」という取引の慣習を整えており、正和《しょうわ》四年（一三一五）四月、日吉七社の神輿の造営にあたっては、日吉神人の土倉二百八十か所（一所別に七百五十疋）、院庁沙汰の土倉が五十五か所（一所別千疋）を負担、三百三十か所以上の土倉があって、土倉のほとんどは山門支配下にあったことがわかる。

京の大工は、永仁四年（一二九六）制作の『天狗草紙』根津本に描かれている。大工は「閑寂の道場」の堂舎・塔廟の作事場にあって、立烏帽子《たてえぼし》男が曲尺で材木の寸法を測り、断髪の天狗が木槌で楔を打ち、子を使って墨縄を引いている。続いて立烏帽子男が手斧で材木を削っており、建物の骨組みの近く、間竿《けんざお》を持つ大工の棟梁が、二階で板に座る男に向かい、工人に働くよう指示を与えると、それを受けた男の下では、断髪の天狗姿の男と両肌脱ぎの坊主男が材木を運んでいる、二階では断髪の天狗男が、下にいる断髪の天狗男の、不平をいいつつ差し上げる材木を受け取っている。

翌永仁五年、良季《りょうき》が職人の回向《えこう》のために語る表白文の文例集『普通唱導集』を著している。「世《せ》間《けん》」「出世間《しゅっせけん》」の芸能二種に分類し、導師が仏陀に申す表白文の決まり文句を記したもので、世間部には文士、武士、巫女、番匠、絵師、琵琶法師、商人、町人など五十七種が載り、多くは職人である。出世間部には持経者、説教師、禅僧、山臥《やまぶし》など十七種あって、そのうち琵琶法師については「平治・保元・平家の物語　何も皆暗じて滞り無し。音声・気色・容儀の体骨　共に是れ麗して興有り」と、その芸能が『平治物語』『保元物語』『平家物語』を語るのに優れていると記している。

京の職人の活動を和歌絵巻にした『東北院職人歌合絵巻』は、京の東北院の念仏に集まった二十四人の「道々の者」（職人）の歌合で、医師と陰陽師、仏師と経師、鍛冶と番匠、刀磨と鋳物師、巫女と盲目、深草と壁塗、紺掻《こうかき》と筵打《むしろうち》、塗師《ぬし》と檜物師《ひものし》、博打と舟人、針磨と数珠引、桂女と大原人、商人と海人らが番う歌・絵を載せる。これを踏まえた鎌倉の鶴岡八幡宮の放生会に集った職人の歌合『鶴岡八幡宮放生会職人歌合』には、楽人と舞人、宿曜師《すくようし》と竿道、持経と念仏者、遊君と白拍子、絵師と綾織、銅細工と蒔絵師、畳差と御簾編、鏡磨と筆生、相撲と博労、猿楽と田楽、相人と持者、樵夫と漁父の二十四人の職人が歌を詠み、八幡宮の神主が判者をつとめている。

大工と同じく洛中の公役に従うよう求められたのが散在法師で、文保二年（一三一八）に東寺に「掃除料」として寄進されたが、嘉暦《かりゃく》二年（一三二七）に法勝寺の池堀役を勤めないことを訴えられ、勤めるよう命じられている（「東寺文書」）。嘉元《かげん》二年（一三〇四）八月、後深草院の死去にともなって、京都周辺の蓮台野・安居院・悲田院・獄舎・清水坂・大籠の五か所の非人と、洛中の散在非人、散所法師に米や銭が施行されている（『後深草院崩御記』）。非人も、散所法師も、ともに「きよめ」（掃除）を役としていた。

禅律僧と武士

鎌倉の北条貞時は、祖父や父同様に禅を学んでよく理解したので、多くの禅僧が大陸からやってきた。一山一寧《いっさんいちねい》は元朝から派遣され伊豆の修善寺に幽閉されるが、貞時の信任を得て禅宗普及に力を注ぎ、門下から多くの優秀な禅僧が育った。この一山から日本の知識に乏しいといわれ、発奮した虎関師錬《こかんしれん》は、日本最初の仏教史書『元亨釈書《げんこうしゃくしょ》』を編述した。

幕府は禅宗寺院を手厚く保護し、北条一門の師時は浄智寺を創建、足利氏は浄妙寺を整備、この二つに建長・円覚・寿福の三寺をあわせて五山と称されるようになり、幕府に篤く保護された。大陸に渡る僧が激増し、南浦紹明《なんぽしょうみん》、桃渓徳悟《とうけいとくご》、直翁智侃《じきおうちかん》、約翁徳倹《やくおうとくけん》らの禅僧は、いずれも建長寺で蘭渓道隆に学んで大陸に渡ったが、やがて大陸に渡ったことのない僧が建長寺・円覚寺の住持になるなど、禅宗は大陸とは違った性格を帯びていった。

鎌倉の谷奥に建てられた寺院を道場とする叢林の禅が広がり、公案禅や『仮名法語』による禅宗を伝える工夫がなされたこともあり、禅は精神修養の面において武士に着実に根をおろし、武士の生き方に大きな影響を与えた。

禅僧とともに幕府の厚い保護を得たのが律僧で、北条一門の北条重時《しげとき》は鎌倉の西の邸宅内に設けていた極楽寺を律院とし、開山の忍性が伽藍を八十三か所草創、百五十四か所の堂を供養、二十基の塔婆を建立、非人三万三千人に馬衣《うまぎぬ》を与え、六十三か所で殺生を禁じ、浴室や病屋・非人所を五か所建立としたという（『忍性菩薩略行記』）。金沢実時は文永四年（一二六七）に下野薬師寺の審海《しんかい》を称名寺の開山に招いて律院となし、弥勒菩薩像を建治二年（一二七六）に安置、境内の金沢文庫に幅広い書籍を納め、孫貞顕《さだあき》の時に文庫の管理を称名寺長老の釼阿《けんな》にゆだねた。

この頃に足利学校が設けられたのであろう。『鑁阿寺《ばんなじ》日記』貞和《じょうわ》五年（一三四九）条には、鎌倉公方の足利基氏《もとうじ》の時に「学校興隆」と見え、足利学校が興隆していたという。室町期に足利学校の再興に関わった上杉氏の祖重房は、宗尊親王に随行した廷臣で、娘は足利頼氏との間に家時を儲けている。金沢氏が宗尊親王の廷臣から学んだように、足利氏も重房に師事して学校創設に至ったものと考えられる。足利氏は宝治三年（一二四九）正月の講書始に『大日経疏《だいにちきょうしょ》』『周易《しゅうえき》』を使用するなど（「鑁阿寺文書」）、学問への関心が高かった。

称名寺は元亨三年（一三二三）の『称名寺境内幷結界図』により、当初の浄土庭園に律宗寺院の性格が付加された様子がうかがえる。山門から入って中央に池、北側に金堂・三重塔・講堂が配置された伽藍は、弥勒菩薩を本尊とした寺院の性格を有し、東側には律院施設が設けられ、西側には邸宅と八幡新宮などの浄土宗寺院の名残が認められる。

禅律宗の普及とともに禅律宗寺院が武士の菩提寺になった。浄妙寺の境内墓地には伝足利貞氏墓の宝篋印塔があり、称名寺には金沢実時以下の五輪塔がある。幕府滅亡時に北条高時《たかとき》が自決した東勝寺は得宗家の菩提寺であって、その東勝寺で自決した金沢氏の骨は称名寺に納められた。

佐渡に流された日蓮は、佐渡から戻って甲斐身延の波木井実長《はきいさねなが》に迎えられ、武蔵の池上宗仲《むねなか》や下総の千葉氏被官富木常忍《じょうにん》、駿河富士山麓の南条時光《ときみつ》ら下級武士の間で日蓮宗は広がった。

悪党と奈良の町

正安三年（一三〇一）、後二条天皇が後宇多院政下で即位した時期から、持明院党と大覚寺統、この二つの皇統が競り合い、対立が激化、西園寺公衡《きんひら》は、父実兼《さねかね》が正安元年に出家した跡をうけ朝廷と幕府を仲介する関東申次となるが、その直後に起きた事件が『春日権現験記絵』の巻十九に描かれている。「近比、興福寺の学侶、蜂起して大和国の悪党を探り取りて、流罪せらるべき由、訴へ申す事、有りし程に」と、興福寺の学侶が大和国の悪党を流罪にするよう訴え、十月二十五日に悪党が社頭に乱入、大宮の四所から八面、若宮から六面の正体を盗み取り、高尾の別所に籠った。そこで衆徒は、軍兵を派遣、悪党の池尻家政《いえまさ》を討ち取って神鏡を取り戻した、という。

絵は、春日大宮の南門に駆けつける薙刀・弓矢所持の悪党に始まり、南門から入った悪党らは大宮の拝殿で座り込んで酒盛をしている。これに続くのが春日山の静寂な風景で、奥山には雪が降り積もり、緑なす森にもうっすら雪がかかる。そこから一転、合戦の場面となる。追捕方が優勢で、大将らしき騎馬武者の前には片足を斬り落とされ、髻をつかまれ首を切られようとしている池尻家政、その近くに奪い取った神鏡を手にして騎馬武者に差し出し、矢にあたって倒れ伏す者がいる。前方では追捕方の軍勢が、違《ちが》い鷹羽《たかのは》の楯、悪党方が三つ鱗《うろこ》の楯をそれぞれ縦一列に並べて向かい合い、楯を持ち前進する者、後退する者などがおり、列の背後からは互に矢を射あい、追捕方の攻勢で悪党方は山中に退却する。悪党は大和の平田荘の荘官・住人が中心で、その描かれた風体は追捕の武士と変わるところがない。

奈良は、文永頃の若宮神主の日記に、城戸《きど》・幸《さいわい》・鵲《かささぎ》・薬師堂《やくしどう》・京終《きょうばて》・木辻《きつじ》・高御門《たかみかど》郷の郷民が春日若宮に参詣、城戸郷が田楽を、他の郷が風流舞を奉納していると見え、嘉元三年（一三〇五）には、南市の郷民が興福寺の小五月会に猿楽を奉仕している。東大寺の手掻会は東大寺鎮守八幡の祭で、東大寺七郷の郷民も参加し、富裕な郷民十四人が上司・下司・細男・相撲・騎兵などの頭人となり、東大寺七郷に割り当て費用を負担した。嘉元二年に東大寺は郷民の有徳人を三つのランクにわけ有徳米を課している。興福寺では「七郷人夫」「木柴役」「七郷役」のような形で役を課し、興福寺の「学道」（学侶）は、鹿狩殺しの犯人の山狩りを、北山非人ともに動員している。

奈良の南西の紀ノ川流域の荘園をめぐっては高野合戦が起きた。高野山が幕府に訴え、紀ノ川以南の地が高野山領として認められたことに反発した荒川荘の源為時《みなもとためとき》や名手荘《なてのしょう》・吉仲荘の武士らが抵抗したため、高野山が「国中悪党の根本」と称して訴えたもので、永仁二年（一二九四）に幕府が介入して在京御家人を派遣して族滅している。

地頭の置かれていない畿内近国の本所一円地の荘園では、荘官と本所との対立が激しくなり、本所は敵対する荘官らを悪党であると幕府に告発、これによって本所に敵対する武士のうち、幕府の取締りの対象となったのが悪党とされた。その悪党の活動は広範囲に及び、各地の荘園や料所の経営を担うかたわら、荘園・公領や国の枠を超えて活動していた。そうしたところから、本所が彼らの狼藉を朝廷に訴えると、朝廷は悪党と名指しし、その狼藉の検断を幕府に命じる綸旨や院宣を出しており、これを受理した幕府が、二人の使節（両使）を派遣して、被告人の召進を命じる命令書「衾《ふすまの》御《み》教書《きょうしょ》」を出すという、召取りの実行システムが生まれた。

延慶《えんきょう》二年（一三〇九）、熊野の悪党の蜂起によって関東の使者（東使）が上洛、畿内近国十五か国の軍兵を熊野山に派遣しているが、悪党の蜂起は続き、幕府は手を焼いていた。

得宗領拡大と町

和歌の二条家と京極家のうち、二条為世が後宇多天皇に仕えて嘉元元年（一三〇三）に勅撰和歌集『新後撰和歌集』を撰集すると、持明院統と結ぶ京極為兼が、正和元年（一三一二）に清新な和歌を集めて『玉葉和歌集』を撰集した。

執権を退いた得宗貞時の政治について、幕府の奉行人の中原政連《まさつら》は延慶元年（一三〇八）に『政連諫草』を提出し、僧侶を招いて美々な膳を設け、「薬種を唐様の膳」に加えることが倍増していることを諫め、御家人に所領を「料所」として与えるのでは、一時だけしか知行できない、と批判した。

その貞時の嫡子高時《たかとき》は、正和五年（一三一六）に執権となったが、まだ十四歳で明確な方針をもたなかった。『保暦間記《ほうりゃくかんき》』は、得宗高時を内管領の長崎円喜《えんき》と舅の安達時顕《ときあき》の二人が後見して補佐していたが、「頗る亡気の体にて、将軍家の執権も叶い難かりけり」と記している。しかし北条氏一門の守護が諸国には多く、得宗領が拡大していて、幕府の体制がしっかりしており、得宗領の経営を担う御内人の勢力が広がっていた。

なかでも安東蓮聖《れんしょう》は、京の五条を拠点として但馬の二方《ふたかた》荘や豊後の佐賀関などの遠隔地の交通の要衝を知行し、仁和寺の菩提院行遍《ぎょうへん》に多額の金を貸す借上も営み、行遍が借金を返済せずに亡くなると、越中国石黒荘の年貢を近江の堅田で差し押さえている。摂津の守護代として多田院の造営や播磨の福泊《ふくどまり》の築港にも関わっていた。

筑前の宗像氏盛《むなかたうじもり》は、正和二年（一三一三）正月に宗像社領が得宗領とされ、年貢の負担が増大したことから、所領の経営のあり方に関して十三か条の『宗像氏事書』を定め、一門の「内談衆」による「衆中一同の儀」に基づいて、幼少の跡継ぎを補佐すると定めたが、その規定からは、家の行く末への危機感がうかがえる。

瀬戸内海の湊町の尾道浦では、十三世紀後半に太田荘の預所となった法眼淵信《えんしん》が、近くの河尻荘や長門の位佐荘、伊予の新居荘、出雲の荘園の年貢を請け負い、借上を行なって有徳人となり、大田荘の倉敷のある尾道浦まで、豪勢な装いで多数の従者を引き連れて往来していたという。

その尾道の問の光阿弥陀仏・道蓮《どうれん》は、西大寺律宗叡尊の弟子定証《じょうしょう》を援助して尾道の浄土寺を律院として再興した。尾道の発掘調査により、防地口付近が早くから開発され、長江口や海岸方面へと開発が進んで、道路や敷地を区画する柵や石列、溝、海や川の護岸になる石列やしがらみ、建物跡や井戸、梅甕遺構、土坑など遺構のほか、土器・陶磁器・銭・青銅鏡などが出土し、特に備前焼の壺の完形品や元時代の白磁椀の壺が注目される。

後醍醐天皇の治世

文保二年（一三一八）に好学の花園院は、量仁親王《かずひと》のために学問所を設け、習字の師に菅原在謙《ありかね》、素読の師に同家高《いえたか》を招くとともに、学者らに学問所に番を組んで詰めさせ、以後、学問所は常設されるようになった。

翌年に東使《とうし》（関東からの使者）が上洛、後宇多法皇が伏見上皇と談合して（文保の和約）、尊治親王《たかはる》を即位させ（後醍醐《ごだいご》天皇）、院政を開始すると、それまで京都の六斎日《ろくさいにち》の殺生禁断を「洛中」「京中」が対象であったのを、元亨《げんこう》元年（一三二一）に「洛陽・洛外一切停止に従ふべし」と、洛外へと拡大し、同二年には、造酒司《みきのつかさ》による酒屋役を河東にも賦課、酒麹供御人に酒麹役《しゅきくやく》を勤めさせ、伊勢国の供御人の交名《きょうみょう》を提出させた。

その後宇多院が政務を後醍醐天皇に譲って元亨四年に亡くなると、跡を託された後醍醐天皇は、徳政を期待する声に応じ、親政を開始、意欲的に政治を推進した。除目の旧記を復活するなど律令回帰を目指し、綸旨万能を主張し、「朕が新儀は、後代の規範」との意気込みから、他の権力・権威を否定していった。

身分の低い日野俊基《としもと》を蔵人に登用するなど積極的に人材登用を図り、儒者の日野資朝《すけとも》や紀行親《ゆきちか》・菅原公時《きんとき》・玄恵《げんえ》僧都ら花園院の『論語』の読書会に出席していた儒者を取り込んでいった。天皇につらなる供御人には、六角町・姉小路町の生魚供御人、祇園社神人を兼ねる今宮の生魚供御人、丹波の粟供御人がいたが、織部司《おりべのつかさ》織手《おりて》・蔵人方織手・殿下織手なども京で活動の幅を広げていた。

後醍醐の宮廷や社会の雰囲気を記しているのが『徒然草』である。その二百三十八段は、後醍醐天皇が皇太子の時、兼好《けんこう》が万里小路《までのこうじ》御所《ごしょ》の堀河具親《ともちか》の曹司《ぞうし》に赴くと、論語の一文がどこの引用かを尋ねられたので指摘したところ、「あな嬉《うれ》し」と喜んで御前に戻っていったという。八十段は「夷《えびす》は、弓引くすべ知らず、仏法知りたる気色《きそく》し、連歌し、管絃を嗜《たしな》みあへり」と、鎌倉の「夷」（武士）が武芸に疎いにもかかわらず連歌や管絃を嗜んでいる、と批判的に記す。

この頃、花の下連歌が流行、「ならびなき上手」「近代の地下の宗匠」と称された善阿《ぜんあ》が連歌師の地位を築き、鎌倉でも盛んになった。『菟玖波集《つくばしゅう》』に載る性遵《しょうじゅん》法師の歌の詞書には「鎌倉の花の下にて一日一万句の連歌侍りけるに」とあって、元応《げんおう》二年（一三二〇）春に一万句の大規模な会が開かれていた。

幕府は山陽南海道諸国のうち十二か国に東使を派遣して悪党退治を行ない、六波羅探題が守護を兼任する播磨では、悪党の根拠地や城郭二十余か所を焼き払い、悪党五十一人を注進しており、それなりの効果をあげていた。

陸奥の北端の津軽の得宗領は安藤氏が代官で、元応二年（一三二〇）頃から、安藤五郎三郎季久《すえひさ》と又太郎季長《すえおさ》が家督を争って合戦に及び、正中《しょうちゅう》二年（一三二五）に蝦夷蜂起の責任を負わされた季長の代官職が停止され、代わって季久が任じられても抗争は止まなかった。その安藤氏の根拠地のひとつが、津軽の岩木川が北上して十三湖に入り日本海に注ぐ地の北東に位置する福島城と、南に位置する砂州上の十三湊《とさみなと》であって、十三湊は集落東側の広大な畑地が遺跡の中心で、北西の前潟に面する地区に港湾施設、南端に伝壇林寺跡が位置する。

中心地区は空堀を伴う東西方向の大土塁（後の築造）で南北に二分され、土塁北側に一辺四十メートルの方形居館があり、珠洲や瀬戸の国産陶磁器が出土する。正和五年（一三一六）の越中放生津《ほうじょうづ》の住人の訴えに見える「関東御免津軽船二十艘」とは、この十三湊から物資を積んだ船である。

幕政の混乱と諸国の動向

幕府は将軍・執権・評定・御家人の公方系列の政務システムと、得宗・寄合・御内人の得宗系列の家システムとからなっており、奉行人が前者のシステムを支えていたが、得宗権力の肥大化とともに後者のシステムに重心が移ってゆき、幕府全体が機能不全に陥りはじめていた。

正中三年（一三二六）、高時が若くして出家したので、弟泰家《やすいえ》が執権を望むと、御内方の長崎円喜がこれを退け金沢貞顕《かねさわさだあき》を執権に据えたため、怒った泰家が出家し、その怒りを恐れて貞顕も評定に出仕後に出家したため、「関東の侍、老いたるは申すに及ばず、十六七の若者どもまで皆、出家」と、幕閣の多くが出家する事態となり、有力御家人が離反するようになった。

諸国の動きを見ると、幕府の固有の基盤である東国十五か国では、有力御家人が頼朝を迎えて幕府を構築してきただけに、その勢力が広がっていた。北条氏が守護の国は駿河・伊豆・武蔵・上野四か国のみで、他の北関東では有力御家人の独立性が強かった。

津軽以北の蝦夷地は、安藤氏の内部対立の争いを、得宗法廷が裁いた際、長崎円喜の子高資《たかすけ》が、双方から賄賂を受け取って両者に勝訴の判決を言い渡したため、争いが紛糾、これに蝦夷の人々が巻き込まれ、幕府は嘉暦二年（一三二七）に蝦夷追討使として宇都宮・小田両氏を派遣したが、紛争は容易に収まらなかった。

蝦夷地は、十二世紀の擦文《さつもん》文化の衰退を経てアイヌが姿を見せるようになった。『諏訪大明神絵詞』によれば、「蝦夷が千島」には「日ノ本」「唐子」「渡党」の三つあり、渡党が安藤氏と交易して言語が通じ、戦場に臨んで男は甲冑に弓矢を帯び、馬を用いず、毒矢を使い、女は、後陣で天に祈りを捧げたという。日ノ本は、道東地域に住み、唐子は、道北や樺太に住んでいて、大陸の元の勢力と交流があった（『元史』）。

北陸・東海地域の御家人は京都との結びつきが強く、多くは京都に宿所があり、北条氏一門の守護国は多いが、得宗の統制下にあったため荘園公領、御家人への支配力が弱かった。畿内近国は、六波羅探題の管轄下にあり、探題が朝廷との結びつきを警戒されて強い権限を与えられず、事が起きると東使が派遣されその指示に従っていた。探題の武力を構成するのは直轄の被官と在京人だが、その間に対立もあった。

九州は北条氏が多くの国の守護となっていたが、有力御家人の所領が没収されて得宗領とされ、その所領の実際の経営は、在地の武士が握っていたので、北条氏一門の支配力は弱かった。

幕政の混乱や諸国の情勢をみた後醍醐天皇は、後宇多法皇の遺言で兄後二条の遺児の邦良《くによし》親王が成人するまでの中継ぎに位置づけられており、いずれは邦良親王や持明院統の量仁親王に皇位を譲ることになっていたので、皇位を我が皇統に伝えるべく動いたが、その計画は、正中元年（一三二四）に密告で洩れてしまい、後二条天皇の皇子邦良親王が亡くなって、譲位も迫られた。

天皇は畿内近国に広がっていた悪党と深く関わっていたが、その悪党は、近臣・近習の僧の管轄する所領に成長してきた武士であり、代表的存在が楠木《くすのき》正成《まさしげ》である。正慶《しょうきょう》元年（一三三二）六月の臨川寺の目録に、「故大宰帥親王（世良親王）家御遺跡」の和泉若松荘は、後醍醐天皇の綸旨によって内大臣僧正道祐《どうゆう》が領有していたが、臨川寺の訴えで元に戻されたものの、「悪党楠兵衛尉」が当所を押妨《おうぼう》しているという噂から、守護の代官がその跡と称して年貢を収納していたという。新興の武士は「悪党」として追捕の対象となっていて、天皇はこれに目をつけた。

その悪党であるが、南北朝期の『峯相記《みねあいき》』によれば、播磨国の悪党の活動は正中・嘉暦の頃（一三二〇年代）から大きく変化して、立派な馬に乗り、五十・百騎を連ね、弓矢や武器も金銀をちりばめ、鎧腹巻きも照り輝くばかりで、各所を動き回るほどに成長していた。幕府はこの悪党の取り締まりには無力で、御家人は悪党の威勢に恐れをなして幕府の命令を実行せず、悪党の刈田畠・追捕・討入、奪取により、荘園はないかのごとくであったという。

天皇御謀叛

元徳《げんとく》二年（一三三〇）、飢饉による米価暴騰に、天皇は宣旨升一斗に銭百文で交易する沽酒《こしゅ》法を定め、米一石を酒一石となし、二条町の東西に五十余りの仮屋を立てて商人に米を販売させた。閏六月には「諸関の升米」や「兵庫嶋の目銭」を停止するが、関は、寺社の造営料などの名目で設置され、文永年間からは幕府が停止・設置に関わっていたのだが、幕府との協議もなしに西国では一律に停止を命じた。

『太平記』によれば、高時は京で「田楽を弄ぶ事」が盛んなことを聞いて、「新座・本座の田楽」を呼び日夜朝暮、田楽を耽溺したという。大名に田楽法師を預けて装束を飾らせての田楽の様子は、「金銀珠玉をたくましく、綾羅錦繍《りょうらきんしゅう》をかざり」一曲を奏すると、高時以下が直垂《ひたたれ》・大口《おおくち》を解いて投げ出し、山のように積もったという。「新座・本座の田楽共十余人、忽然として座席に列てぞ、舞歌ける。その興は甚だ尋常を越えた」ものであったという。

田楽は新座・本座など座に編成されていたが、この時に高時の田楽の実際の様子を見た女房が、「異類異形の鳶、山伏の体《てい》」と報告したので、安達時顕《ときあき》が行って見ると、「誠に天狗の集まりと覚しくて、踏み穢したる畳の上に、鳥獣の足跡」があったといい、天狗の仕業とわかったという。

こうした噂を聞いた天皇は、正中に続いて倒幕を計画するが、近臣の吉田定房《さだふさ》が六波羅探題に密告したため、驚いた幕府は東使を派遣して究明、高時を呪詛した天皇近臣の僧や日野俊基を捕えるが、この「天皇御謀叛」の報は、鎌倉や東国の武士に「京都より早馬参テ候。当今御謀叛の由、その聞え候」と伝わった。

幕府が大仏貞直《さだなお》・金沢貞冬《さだふゆ》ら北条一門と足利高氏《あしかがたかうじ》らを派遣すると、天皇は元徳三年（一三三一）八月二十四日に内裏を脱出し、山城の笠置山《かさぎやま》に籠り、これに呼応して楠木正成が河内の赤坂城で挙兵した（元弘の乱）。九月二十日、持明院統の後伏見院の詔により光厳《こうごん》天皇が践祚し、後伏見院の治世となって、六波羅の大軍が笠置山を攻め、二十八日に後醍醐を捕えて三種の神器を回収、京都に護送した。正成の拠る赤坂城も、十月、幕府の大軍に攻め落とされるが、正成は逃れた。

元弘二年（一三三二）三月七日、後醍醐天皇は、後鳥羽院の例に倣って隠岐に配流となり、わずかな近臣・女房を供に隠岐に移されるが、天皇の皇子尊雲《そんうん》は逃れて還俗し、名を護良《もりよし》親王と改め吉野で挙兵、十一月には楠木正成も河内の千早《ちはや》城で挙兵し、翌年正月に四天王寺の六波羅軍を攻め、播磨の赤松円心《あかまつえんしん》も護良親王の令旨を得て、播磨の苔縄《こけなわ》城で挙兵した。

三月十二日、六波羅探題勢は、六条河原に押し寄せた赤松勢を退け、三月十五日に五条河原に勢をそろえて山崎に撃って出ると、これに赤松勢は三手に分けて対抗した。『太平記』は次のように記す。

一手には足軽の射手をそろへて、五百余人小塩山へまはす。一手には野伏に騎馬の兵少将交えて千余人、狐川の編にひかへさす。一手にはひたすら打物の衆八百騎をそろへて、向明神の後なる、松原の陰にぞ隠しける。

軍勢は「足軽の射手」、「野伏に騎馬」、「打物の衆八百騎」からなり、足軽は弓矢を武器とし、野伏は騎馬の衆とともにあって、打物の衆は騎兵である。少し前の麻耶合戦での赤松勢には「足軽の射手二百人」と見え、野伏も雑兵であったが、『峯相記』が記す十四世紀初頭の悪党の後身といえよう。彼らは海賊や山賊・強盗を働き、柿色に染めた着物に女用の笠を着た「異類・異形」の姿で、十人、二十人の集団をなし城に籠っては合戦を行なっていた。

元弘三年（一三三三）正月、吉野執行が足軽の兵を百五十人選んで歩兵に仕立て、護良親王を攻めているので、合戦のあり方によって歩兵であったり、騎兵であったりした。打物の衆は騎兵の正規兵で、家の子郎等、中間旗差《ちゅうげんはたさし》を率い、大刀や鑓類などの打物を帯びて合戦に臨んでいた。『平家物語』に見える源平合戦では、弓矢を携えての一騎打が主体であったが、集団戦にともない武器や攻め方が大きく変化していた。

鎌倉幕府滅亡

元弘三年（一三三三）正月、鎌倉からの大軍が京に入って、そこから出兵し、吉野城を落としたが、正成の籠る千早城には攻めあぐねた。二月二十一日に播磨の大山寺の衆徒に宛てた護良親王の令旨は、得宗高時の権力の淵源を伊豆国在庁に求め、高時が天皇を隠岐に流したことを「下剋上」と断じ、天皇奪還を命じている。

この情勢に、後醍醐は閏二月に伯耆の名和長年《なわながとし》らを頼って隠岐から脱出し、伯耆の船上山《せんじょうさん》で挙兵すると、三月に赤松円心が六波羅勢と戦った。足利高氏は、四月に丹波・山陰道を経て向かうなか、後醍醐天皇と連絡をとって丹波の篠村八幡で幕府に反旗を翻し挙兵に転じ、四月二十五日、倒幕の密書を各地の武士に送り、六波羅探題を襲った。

探題は大宮大路を防衛ラインに戦ったが、そこを突破されると、探題指揮下の多くの在京人が離反したため、光厳天皇を奉じて敗走、山科の四宮河原で南方探題の北条時益《ときます》が討死し、逃れた北方の北条仲時《なかとき》も近江の番場宿に至った時、尾張・美濃・近江の野伏に襲われて自刃した。

探題滅亡の直後、上野国の新田荘にあった新田義貞《にったよしさだ》は綸旨を得て兵を挙げたが、これ以前、幕府の両使が軍勢の兵粮を徴収するために遣わされ、「新田荘世良田《せらだ》には有徳の物多し」と称して、六万貫を差し出すよう下知したので、義貞は両使を殺害、その一方の頸を「世良田の里中」に架けたという（『太平記』）。

義貞は鎌倉から逃れてきた高氏の子義詮《よしあきら》と合流、南下して鎌倉を目指し、武蔵の小手指原《こてさしはら》、分倍河原《ぶばいがわら》の戦いで幕府軍を撃破、武蔵の関戸に集結して、軍を三手にわけ、鎌倉の極楽寺坂、巨袋坂、化粧坂の三切通からの突破をめざした。

そのうち極楽寺坂に向かった義貞軍は稲村ガ崎の「遠干潟《とおひがた》」（浅瀬）を突破し、鎌倉に突入して激戦となった。五月二十二日、御内人の長崎高重《たかしげ》が散々戦って、高時一門の籠る東勝寺に戻って切腹すると、一門は次々に切腹、高時も切腹して果て、盤石を誇った鎌倉幕府は滅亡した。二十五日には鎮西探題も少弐《しょうに》や豊後の大友、南九州の島津らに攻められて滅亡する。

滅亡時の鎌倉であるが、高時らが籠った東勝寺は、高時の邸宅（後に宝戒寺）の裏手にあり、「死所」に選ばれ、その名は、京の六勝寺を意識していた。北条長時《ながとき》開基の浄光明寺は、寿福寺から東北の泉ケ谷にあり、「浄光明寺敷地絵図」には、仏殿の右上にある伽藍と周囲の地形や、「多宝寺」（大宝寺）など隣接寺院が描かれている。日蓮宗の寺院は小町大路南から名越にかけ本覚寺、妙本寺などが創建されていた。名越切通の曼荼羅堂やぐら群にある「やぐら」は、鎌倉中の境界部に広く存在し、大きなやぐらは岩窟寺院の機能を有し、小やぐらは横穴墓の機能を有し、五輪塔や遺骨などが置かれた。

正応二年（一二八九）に鎌倉に来た後深草院二条は「階《きざはし》などのやうに重々に、袋の中に物を入れたるやうに住まひたる」と、『とはずかたり』に記し、谷の奥まで家が並んでいたのだが、永仁の大火によるのであろうか、御家人の多くは鎌倉中に足場を置かなくなっていた。

半地下式建物は浜地やその北側の地だけでなく、武家地にも広がり、若宮大路の南半分は半地下式建物で埋め尽くされていた。半地下式建物（竪穴建物）は、竪穴底面に据えられた土台角材から隅柱や中柱を組み上げる木組構造をとるものが圧倒的に多く、なかには鎌倉石を並べたものもあって、倉の機能を有すことは疑いないが、これだけ多くあると、倉とのみとは言えず、住宅の機能を有するものもあったであろう。生活の痕跡を示すものもある。

二　南北朝の動乱

建武新政権

元弘三年（一三三三）、五月、足利高氏は京都に開設した奉行所で、武士の着到を受け付け、各地に殺生禁断の禁制を与え、武家政権樹立に向けて動き、護良親王も入京して征夷大将軍の令旨《りょうじ》と称し活動するなか、六月五日、後醍醐天皇が楠木正成や名和長年《なわながとし》らを従えて東寺に入る。

翌日、二条富小路内裏に入って、光厳天皇を廃し、正慶の元号を否定、自身の在位と元弘の年号を復活、「延喜・天暦の治にかえれ」と、鷹司冬教《たかつかさふゆのり》の関白職を解き、倒幕に功があった高氏を治部《じぶ》卿《きょう》・鎮守府将軍、弟の直義《ただよし》を左馬頭に任じた。『梅松論《ばいしょうろん》』は「保元・平治・治承より以来、武家の沙汰として政務をほしいままにせしかども、元弘三年の今は天下一統に成りしこそめづらしけれ」と記している。

新政権は摂政関白を廃し、知行国制を廃して太政官制に基づく律令制復活の道を進んだ。「今の例は昔の新儀なり。朕が新儀は未来の先例たり」との意気込みの親政であり、六月七日に旧領を安堵する綸旨《りんし》を発し、護良親王が征夷大将軍の令旨と称して武士の所領回復に動くと、六月十五日に綸旨に基づかない濫妨行為を停止する宣旨《せんじ》を出し、翌年十月に謀叛を理由に護良親王を捕縛、足利直義の管轄する鎌倉に流した。
だが、王朝の政治機構の変質は久しく、天皇の考え通りに政権は動かなかった。すべてを天皇が勅断するシステムにそもそも無理があり、旧領を回復させれば、新恩地が少なくなり、新恩を与えれば、旧領回復願の要求にこたえられない矛盾があった。七月二十五日に宣旨を出し、「士卒民庶当時知行の地」を安堵する諸国一同安堵法で混乱に対応したが、解決にはならなかった。

元弘四年正月に改元され建武《けんむ》元年となって新政権を建武政権と呼ぶが、その構成は万里小路宣房《のぶふさ》・吉田定房《さだふさ》・北畠親房《きたばたけちかふさ》ら「後《のち》の三房《さんぼう》」と称される親政時からの重臣や、結城親光《ゆうきちかみつ》・名和（伯耆《ほうき》守）長年・楠木正成・千種忠顕《ちくさただあき》らの「三木一草《さんぼくいっそう》」と称された寵臣を登用し、八省の長官に大臣クラスの公卿を据えた。国司の下に守護を置いて地方支配を行なわせ、雑訴決断所を置いて訴訟を担当させ、記録所や侍所、武者所などの機関を設置、鎌倉幕府に仕えていた奉行人を登用した。

倒幕勢力の処遇では、足利高氏に後醍醐の名の「尊仁」の「尊」の一字を与えて名を「尊氏」と改めさせ、北条氏の没収所領や武蔵・常陸・下総国を与えた。楠木正成に摂津・河内国を、名和長年に因幡・伯耆国、新田義貞に上野・越後・播磨国を与え、新田一族を武者所に起用し、貴族出身の千種忠顕を参議に処遇し、諸国の支配では国司に貴族、守護に武士を任じた。

十月、参議中将北畠顕家《あきいえ》の補佐で義良《のりよし》親王を陸奥に下し、「公家スデニ一統しぬ、文武の道二つあるべからず」と、顕家に武を兼ねて朝廷を護るよう伝えると、顕家は父親房とともに下り、十二月には成良《なりよし》親王が足利直義の補佐で鎌倉に下って、それぞれに将軍府が形成された。天皇の分身として皇子が下ったのである。

合戦の混乱

政権の性急な改革や恩賞の不公平、朝令暮改の繰り返しの法令と、その政策などから、広範な勢力に不満が起きた（『梅松論』）。武士は軍勢の催促に従って軍功をあげても、恩賞を得られるのかわからないなかで合戦を行なった。

信濃の市河氏は、幕府攻めの軍勢にあって、六月七日に新田義貞に着到状を提出しその証判を得ていたが、二十九日には足利尊氏の奉行所にも出し証判を得ていた。武士は合戦での軍功を記し、大将の証判を得た「支証」（軍忠状）を奉行所に提出し、恩賞を請求したので、今に軍忠状が数多く残されている。遅れをとれば、いつ我が所領を取られてしまうかも知れない状況下、各地の武士はさまざまな誘いにどう動くべきか、去就に戸惑いつつ、合戦は絶えることなく続いた。

この動きを『太平記』は「諸国の軍勢、軍忠の支証を立て、申状を捧げて恩賞を望む輩、何千万と云ふ数も知らず、実に忠有る者は功をたのんで諛《へつら》わず、忠無き者は奥に媚び竈《こ》を求め、上聞を掠めた」と記している。

建武政権下で起こった多くの混乱を、二条内裏の前の鴨川の河原に掲げ、皮肉ったのが建武元年八月の『二条河原落書《にじょうかわららくしょ》』である。「天下一統メズラシヤ　御代ニ生テサマザマノ　事ヲミキクゾ不思議ナル　京童ノ口ズサミ　十分ノ一ヲモラスナリ」と、天下一統の御代の不思議の数々を、京童の口遊の体裁で語る。

この頃都ニハヤル物、夜討《ようち》・強盗・謀綸旨《にせ》　召人・早馬・虚騒動《そら》　生頸《なまくび》・還俗《げんぞく》・自由出家、俄大名《にわか》・迷者、安堵《あんど》・恩賞・虚軍《そらいくさ》、本領ハナル、訴訟人、文書入タル細葛《ほそつづら》、追従《ついしょう》・讒人《ざんにん》・禅律僧、下克上《げこくじょう》スル成出者《なりでもの》

混乱した世相を軽快なテンポで小気味よく語っていて、実際もこの通りであったと考えられる。この建武政権下での混乱の情勢から、列島各地で北条一門が反乱をおこした。北九州や越後、紀伊など北条一門が守護であった国々での反乱は、すぐ鎮圧されたが、北条高時の遺児時行《ときゆき》の場合は違った。信濃で不満を抱く武士たちを糾合して七月に挙兵、鎌倉を守る足利直義軍を武蔵の女影原《おなかげがはら》・小手指原《こてさしはら》・府中で撃破して、鎌倉を落とす勢いから、直義は薬師堂谷《やくしどうがやつ》の御所の護良親王を殺害し、鎌倉を出て東海道を三河の矢作《やはぎ》に逃れる。三河は足利氏が守護としていた根拠地である。

都にあった尊氏は弟の窮地から、後醍醐天皇に征夷大将軍の官職を望むも認められず、八月二日に天皇の許可を得ずに関東に下り、「京都・鎌倉の両大将」軍が合体して、連戦連勝の上、鎌倉を奪回し乱を鎮圧した（中先代の乱）。

尊氏は付き従ってきた武士に恩賞を与え、降参した武士の罪を許し、さらに新田義貞が尊氏を討つために下るとの風聞から、義貞の上野守護職を没収して上杉憲房《のりふさ》に与え、十一月に新田義貞の討

伐を天皇に要請するが、天皇は逆に義貞に尊氏討伐を命じ、さらに奥州の北畠顕家に南下を促した。

武家政権の樹立へ

尊氏は、高師泰《こうのもろやす》や直義の足利勢が各地の戦いに敗れて劣勢にあることから、天皇に叛旗を翻すことを決し、十二月に新田軍と相模足柄の竹ノ下や箱根で戦い破り、京都に進軍を開始し、建武三年（一三三六）正月に入京を果たすと、多くの武士が集った。

後醍醐天皇は比叡山に退いたが、奥州から上洛した北畠顕家と楠木正成・新田義貞軍の攻勢に晒された尊氏は、京の賀茂河原の合戦で敗れる。『梅松論』はこの時の結城宗広《むねひろ》について記している。

敵の上野入道（宗広）も、御方の小山・結城も、ともに一族なりしほどに、たがひに名乗りあひて戦ひし間、討死両方百余人、敵も御方も同家の紋なれば、小筋の直垂を着たりしが、後々の合戦にはさだめて御方うちあるべしとて、小山・結城の勢は右の袖を割て冑にぞ付けたりける。

かつては一門の結束を図っていたのが、二つに分かれて戦うようになり、家紋も衣装も変化をつけ戦うことになったのであって、同族の結びつきに重点が置かれるようになっていた。敗れた尊氏は、篠村《しのむら》八幡宮に撤退して京都奪還をはかって、建武政権で没収された武士の所領を回復させる元弘以来没収地返付令を出すも、二月十一日の摂津の豊島河原《としまかわら》の戦いでも新田軍に大敗を喫した。この時、降参人は足利の二《ふた》つ引両《ひきりょう》の笠標《かさじるし》に墨を入れ、新田の家紋の大中黒《おおなかぐろ》（一つ引）に改変したという。

尊氏は兵庫から播磨室津に退くと、そこで赤松円心の進言によって京都奪還を放棄して九州へと下ることになり、長門の赤間関で少弐頼尚《よりひさ》に迎えられ、筑前国宗像大社の宗像氏範《うじのり》の支援を受けて、宗像大社参拝後の三月、筑前多々良浜の戦いで菊池武敏《たけとし》を破り、大友貞順《さだより》ら天皇方勢力を圧倒して勢力を立て直した。

上洛を目指し、西国の武士を傘下に収め、五月二十五日の湊川《みなとがわ》の戦いで楠木正成の軍を破り、新田義貞を追撃した。この報を聞いた天皇は、二十七日に山門に逃れたので、尊氏軍は石清水八幡に陣を取り、光厳上皇とその弟豊仁親王を迎えて十四日に京都に入った。

尊氏の成功は、敗走の途中で軍議を開いて中国・四国に守護・大将を配し、自らが東奔西走して軍勢を集めたことや、多々良浜の戦いで菊池軍が劣勢になると武士の多くが尊氏方に寝返ったこと、そして備後の鞆《とも》に光厳上皇の院宣を醍醐寺三宝院の賢俊《けんしゅん》がもたらしたことなどによるものであった。

建武式目の制定

八月に豊仁親王が践祚（光明《こうみょう》天皇）、元弘以来の没収地を大社寺に返付する政策が実施され、山門の後醍醐と尊氏軍との攻防が続くなか、名和長年や千種忠顕が討死するが、そこに八月十七日に尊氏に遁世の願望が生じ、「この世は夢であるから遁世したい。信心を私に欲しい。今生の果報はすべて直義に賜り、直義が安寧に過ごせることを願う」という願文を清水寺に納めた。

天皇を攻めるのに尊氏に迷いがあったのであり、尊氏は政務を直義に委ね、比叡山に逃れていた後醍醐に和議を申し入れた。和議に応じた後醍醐は、皇子の成良親王を皇太子に立てることで合意し、十一月二日に光厳上皇弟光明天皇に三種の神器を譲るが、その直後の十一月七日、武家政権が『建武式目《けんむしきもく》』を定めた。

幕府の進むべき方向の諮問に識者が答える形をとり、最初の政権の所在地を鎌倉と京都のどちらにすべきかの諮問には、鎌倉を「吉土」としつつも、諸人が京に遷すことを望むならば、衆人の心に従うべきである、と答えを保留している。続いて「政道の事」の諮問十七条への答申の基本は、「武家全盛の跡を遂ひ、尤も善政を施さるべし。然らば宿老《すくろう》・評定衆・公人《くにん》など済々《せいせい》たり」と、鎌倉幕府体制の継続を求めてのものであった。

はじめの五か条は、「倹約」の奨励、群飲佚遊《いつゆう》の停止、狼籍の鎮圧、私宅点定《てんじょう》の停止、京中の空地の本主への返還など、京の混乱の是正にあり、次の第六条は、無尽銭《むじんせん》・土倉《どそう》の興行、第七条は諸国守護人には政務に器用の仁を据えることで、第八条から第十五条までは、権貴の人や女性・禅律僧などの口入を停止することなど、建武政権に対する多くの批判を踏まえ今後の政治の方針を示した。最後の三か条は、貧弱の輩の訴訟を聞き、寺社の訴訟も必要に応じて聞き、沙汰の式日や時刻を定めるなど、訴訟に関する定めである。

全体が十七か条なのは、聖徳太子の十七条憲法を明らかに意識したもので、律令や公家の体制を越えようとする姿勢が見てとれる。答申した奉行人のうち四人は雑訴決断所のメンバーで、鎌倉幕府の奉行人や儒者もいた。「義時・泰時父子の行状を以て近代の師となし、殊には万人帰仰《きぎょう》の政道を施さるれば、四海安全の基たるべきか」とあるのは、尊氏の弟直義の立場に沿った政治方針であって、式目は直義主導で定められたのである。

南朝と北朝

後醍醐天皇は建武三年・延元元年（一三三六）十二月に幽閉されていた花山院を脱出し、京を出て吉野に逃れた。吉野は山深いが、四方に道が開かれ、海路をゆけば遠く東国や鎮西につながっていた。後醍醐は光明天皇に譲った三種の神器を偽物と称し、朝廷（南朝）を樹立した。

懐良《かねよし》親王を征西将軍に任じて九州へ、宗良《むねよし》親王を東国へ、義良《のりよし》親王を奥州へと、各地に皇子を下して北朝方に対抗、北朝と南朝とが並立する南北朝の時代が始まって、もはや鎌倉に武家政権を置くのは不可能となって、京都に置かれた。

畿内近国で旗揚げし尊氏に従った御家人・武士の多くも、旧来の武家政権を望んでおらず、鎌倉には尊氏の子義詮《よしあきら》があって南朝方に対抗した。暦応《りゃくおう》元年・延元三年（一三三八）、吉野に拠点を置く南朝方は、新田義貞が越前の金ケ崎城を攻められて陥落し、七月、越前藤島の戦いで敗れ亡くなり、北畠顕家も、奥州から義良親王を奉じて西上したが、五月に和泉の堺・石津の戦いで敗死する。東国奪回のため、南朝の重臣の北畠親房は義良親王・宗良親王を奉じ、伊勢国大湊から海路東国に渡ろうとしたが暴風にあい、両親王と離散するなど劣勢が続いた。

八月、尊氏は征夷大将軍に任じられると、政権は、高師直《もろなお》が将軍家の家務を握って政所・侍所の頭人となり、直義が政務を握って評定を主催、引付を主導するところとなる。禅宗・律宗の僧や寺の訴訟を扱う禅律方の機関も置かれたが、いずれも鎌倉幕府の体制を継承した。

義良は伊勢から吉野に帰り、翌年に皇太子となったが、宗良は遠江に漂着して井伊谷《いいのや》の井伊氏を頼った。親房は遠江灘を無事越えて、伊達行朝《ゆきとも》・中村経長《つねなが》らと常陸に上陸、神宮寺城の小田治久《はるひさ》を頼ったが、佐竹氏に攻められて落城すると、阿波崎城、さらに小田氏の本拠の小田城に移った。

鎮西に派遣された懐良親王は、瀬戸内海の忽那《くつな》島を経て、薩摩の谷山城に入り、そこから北上して肥後菊池の隈府《わいふ》城を拠点とした。親王を受け入れた菊池武重《たけしげ》は、暦応元年・延元三年に、一族の物領として「天下の御大事」には、自身が指揮をとり、「国務の政道」には「寄合衆の内談」を尊重するとの起請文を八幡宮に捧げ、四年後に弟の武士《たけひと》も同内容の起請文を書き、物領の権限の強化を背景に分裂せずに南朝方を貫いた。

東国の親房は、小田城から陸奥白河の結城親朝をはじめとする関東各地の反幕勢力の結集を呼びかけたが、それは容易でなく、宇都宮公綱《きみつな》・芳賀《はが》高貞《たかさだ》らが北朝方に加担したので、伊達行朝・中村経長を遣わして芳賀高貞・高朝《たかとも》父子を討ち取った。

親房はこの地で南朝の正統性の由緒と根源を明らかにするため、『神皇正統記《じんのうしょうとうき》』を書き上げた。「大日本《おおやまと》は神国《かみのくに》なり。天祖《あめつみおや》はじめて基《もとい》をひらき、日神《ひのかみ》ながく統《とう》を伝へ給ふ。我国のみこの事あり。異《い》朝《ちょう》には其のたぐひなし。この故に神国と云《いう》なり」と、日本が神国であると語りはじめて日本の歴史を記し、神代から後醍醐天皇までの万世一系を主張、続いて、暦応三年・興国元年（一三四〇）に『職源抄《しょくげんしょう》』を著し、官職制度のあり方を示した。

幕府から高師冬《もろふゆ》が関東統治のため鎌倉に派遣されると、親房は小田城から関宗祐《むねすけ》の関城に移り、伊佐城の伊佐氏、大宝城の下妻氏など常陸西部の南朝勢力とともに対抗したが、恩賞の前払いを要求する武士や、所領の一部没収と引き換えに降参人を救ってもらうという寝返りの武士の広がりに悩まされ、三年後に吉野へ帰還した。降参が相次いだので、降参人にはその所領の半分を一族に与える「降参半分の法」の慣習が広がった。

守護・大名の分国支配

南朝は劣勢を覆せぬまま、後醍醐天皇が病に倒れ、延元四年（一三三九）八月十五日に、吉野に戻った義良親王（後村上天皇）に譲位すると、その翌日、吉野金輪王寺で朝敵の討滅・京都の奪回を遺言して亡くなる。これをうけ後村上天皇は、摂津の住吉大社の宮司津守氏の荘厳《しょうごん》浄土寺で後醍醐天皇の大法要を行なった。

尊氏は後醍醐天皇を弔うため、夢窓疎石《むそうそせき》の勧めで天龍寺を造営、貞和元年（一三四五）八月に供養を行なった。造営にあたっては費用捻出のために天龍寺船を元へ派遣した。鎌倉末期に東福寺や大仏の造営料船が大陸と日本とを往来していたが、元弘の乱を契機に途絶したところから、足利直義が康永《こうえい》元年（一三四二）に商人の至本《しほん》を綱司に五千貫文の契約で、貿易船を派遣したもので、翌年、亀山殿の跡地に天龍寺の仏殿・山門・法堂が完成した。

直義は、夢窓疎石の勧めで、後醍醐天皇をはじめ元弘以来の戦死者と国土安穏を祈願する寺院と塔婆を諸国に建て、それぞれ安国寺・利生塔と称する制度を設けたが、この直義の仏教の質問に答えて、夢窓が著したのが『夢中問答集』で、禅宗についてわかりやすく語っている。

北朝の院政では文殿で裁判が行なわれ、暦応三年（一三四〇）五月に訴訟に関する雑訴法が制定された。文殿や庭中、越訴、雑訴、検非違使庁などの審理の日、奉行の人々が定められて体制が整えられ、幕府では、将軍家の家政を高師直が握り、侍所を通じて御家人や地侍を組織し、政務は直義が握って引付制度を整え、裁判の判決は直義の名で下知状を出した。

その直義のもとでだされた建武五年令は、守護が勲功賞に募って、譜代の職と称し、寺社本所領を押妨《おうぼう》し、諸所の地頭職を管領して軍士や家人に預置き、充行《あてが》うのを禁じているが、それらの行為によって守護はこれまで支配を広げてきたのである。暦応三年には、武家の被官や甲乙人が守護の使者に対し、合戦狼藉を行なうのを禁じ、守護を保護している。

貞和二年（一三四六）に、戦闘を仕掛けたり、戦闘を起こしたりする「故戦防戦《こせんほうせん》」を禁じ、さらに守護人の非法を停止する十二か条の法令を出した。

その非法は、「大犯三箇条《だいぼんさんかじょう》」と苅田狼藉《かりたろうぜき》や使節遵行《しせつじゅんぎょう》のほか、地頭御家人の所務に煩いをし、下地《したじ》遵行（判決の強制執行）を難渋し、公役の対捍《たいかん》や凶徒与同を理由に所領を管領すること、訴論人所領や国内闕所を押領し、自身への所課を一国の地頭御家人に充てることなど、守護の職務を越えた数々の非法である。さらに縁者の契約をして無理を致す、請所と号して他人の名字をかり本所寺社領を知行する、年貢の督促や仏神事の催促と号して民屋を追捕する、兵粮や借用と号し「土民の財産」を責め取るなど、武士一般に広く認められる非法もあった。

守護はこれら非法を通じて支配を広げ、領国を形成してきたわけだが、当初の守護配置は、九州に下った尊氏が上洛に際して功のあった島津や大友、少弐、大内、武田など旧来の守護・豪族を九州・中国地域に配し、畿内周辺には、倒幕に関わった赤松・佐々木・土岐氏を、東国では小笠原、小山、佐竹、千葉氏を守護に任じるなど、旧来の勢力の結集をはかってきた。

だが争乱が広がるなか、拠点となる国々には、足利一門や家人を配するようになり、新田義貞が逃れた北陸道では、越前に斯波氏、能登・越中に吉見氏、越後に高氏を配し、東海道では伊勢に仁木、三河・武蔵に高、遠江・駿河に今川氏を、畿内近国では河内に細川、和泉・伊勢・紀伊に畠山、伊賀に仁木、四国では阿波・讃岐・土佐に細川氏を配した。

守護のなかでも細川氏や今川氏などの足利一門とは違った存在が、家政を握った高師直・師泰兄弟である。暦応元年五月、和泉の石津の合戦で北畠顕家を敗死させた師泰は、河内・和泉の守護となり、自らの権限で河内の掃部寮領大庭《かもんのりょうりょうおおば》を兵粮料所に設定して部下に給付している。

観応の擾乱

貞和三年（一三四七）十月十一日、細川顕氏が、住吉合戦で楠木正行《まさつら》軍と戦った際、「坂東・坂西・藤・橘・伴の者ども、五百騎づつ一揆を結び、大旗・小旗・下鯉の旗三流を立て、三手に分け、一足も引かず討死すべしと、一味神水《いちみしんすい》を飲てぞ打立ちける」と、その軍勢は一味神水を飲み、一揆を結んで合戦に臨んでいる。

一味神水とは、団結を誓いうあう起請文を記し、各自が署判し、焼いて灰にし神前に供えて水にまぜ、一同が回し飲みする作法であり、一揆結成にとっては重要な儀式だった。楠木正成の籠る千早城を攻めた幕府軍は、連歌師を招き万句の連歌を行なったが、合戦前の連歌もまた士気を高めるために行なわれた。

貞和四年（一三四八）、師直は河内四条畷の合戦に際し、白旗一揆、大旗一揆、小旗一揆など中小の武士の一揆を動員し、楠木正成の子正行を自刃させ、吉野に乱入して皇居を焼き払った。高氏には、旧来の権威を無視する行動とその言動が目立っていた。

幕府内でこの高氏との対立が起き始めたのを憂慮した直義は、康永三年（一三四四）十月に発願、二十七人の連衆の和歌短冊を高野山の金剛三昧院に寄せた。出詠したのは光明天皇や尊氏・直義、高師直、細川顕氏などの大名、御子左為明《ためあきら》、冷泉為秀《ためひで》、兼好、頓阿《とんあ》、浄弁《じょうべん》、慶運《けいうん》の二条為世門下の歌人、二階堂行珍《ぎょうちん》（行朝）・成藤《なりふじ》らの評定衆・奉行人で、短冊の紙背には尊氏・直義・夢窓疎石の三人が写経した。対立の顕在化し始めた幕府内の融和を祈念したものである。

『騎馬武者像』（京都国立博物館蔵・ColBase〔htpps://colbase.nich.go.jp/〕）

だが、貞和四年頃から直義と師直との間に対立が表面化、諸大名が直義派と反直義派に二分する争いに発展、この混乱に南朝勢力が乗じて勢いをとり戻すなか、翌貞和五年に直義の訴えを受けた尊氏が、師直の執事職を解任すると、師直・師泰が直義を襲撃し、直義の逃げ込んだ尊氏邸を大軍で包囲、直義罷免を求めた。直義が出家して政務から退くことを条件に和睦が成立し、鎌倉から尊氏の子義詮が上洛した。

翌観応《かんのう》元年（一三五〇）、長門探題として下っていた直義の養子（尊氏の実子）の直冬《ただふゆ》を尊氏が討つため西下する前日、直義が京都を脱出し、師直討伐を掲げて南朝に降ると、観応二年・正平六年（一三五一）に、直義は播磨の光明寺城、摂津の打出浜で尊氏方を破り、高師直・師泰が二月二十六日に直義派の上杉能憲《よしのり》に殺害され、直義が政務に復帰し、直冬は鎮西探題となる。

ところが尊氏・義詮が、南朝方に降って南北朝の「正平一統」が成立し、南朝から直義追討令が出されたので、直義は三月に京都を脱し鎌倉を拠点に反尊氏勢力を糾合したが、尊氏に敗れ、鎌倉の浄妙寺境内の延福寺に幽閉され、文和《ぶんな》元年・正平七年（一三五二）二月に亡くなる。

観応の擾乱は直義の死をもって終わるが、直義派の武士の抵抗は、直冬を盟主として中国地方でなお続いた。この時期の武士の合戦の姿を描く『騎馬武者像』（京都国立博物館）は、髻《もとどり》を解いた乱髪、白綾威《しろあやおどし》の大鎧を着し、背負った白羽の矢六隻のうち一隻が折れ、右手に抜身の大太刀を握って担ぐ、今、まさに合戦を終えた姿とおぼしき図で、画面中央に足利義詮の花押が据えられている。

諸国の武士の動揺

戦乱が長引いた一因に武士の動揺が収まらなかったことがある。武蔵の高幡不動尊の胎内文書からは、山内経之《つねゆき》が暦応二年・延元四年（一三三九）から高師冬に常陸で従軍していた時の苦況がうかがえる。鎌倉から常陸に赴いた時は、在家を売って銭貨や小袖を用立てるよう妻に求め、関戸の観音堂の住職に兵粮米を都合してほしい、と頼んでいる。武士は長期にわたり各地を転戦するが、従軍の装備や食料は自弁が原則であり大変だった。

そのため一揆契約を結び、難局を乗り越える動きが進んだ。備後《びんご》の地毘荘《じびのしょう》では、地頭の山内首藤氏の通資《みちすけ》が荘内の本郷を地頭請所とし、各郷の一分地頭に庶子を配していたが、元徳二年（一三三〇）に単独相続に改めて惣領の力を強め、元弘の乱以来、「一族同心」して将軍家に仕え恩賞に与ってきた。そこに尊氏・直義の不和で、「宮方」（南朝方）、将軍家（尊氏）、「錦小路殿方」（直義）に、「国人」が分裂したので、山内俊清《としきよ》は一揆契約を結んで「御方」（直義）に軍忠を捧げることを貞和七年（一三五一）に起請文作成、諏訪・八幡の神、備後一宮の吉備津大明神に誓った（「山内首藤家文書」）。

紀伊国の東北部の紀ノ川流域の隅田《すだ》荘を基盤とした隅田氏は北条氏の被官であったが、幕府滅亡でも一部が残り、文和四年（一三五五）に隅田了覚や覚明など一族二十三名が連署、荘園の鎮守隅田八幡宮に結集し一揆する起請文を認めている（「隅田神社文書」）。

合戦で多大な被害を受けたのが村人である。美濃の大井荘の村人は、建武四年（一三三七）正月末、北畠顕家の上洛時の戦場になったため、軍勢が荘園に押し入って牛馬や米・大豆を運び取ってゆくので、一か所にまとまり力を合わせて警固、濫妨を防ぐことができたのだが、守護・国司が在国するようになると、軍勢を出せ、兵粮米や馬具を出せ、と言ってきている、と荘園領主の東大寺に報告している。

戦乱によって経済が混乱し、年貢の納入がままならない公家や寺社も困窮を極めるなか、力をつけたのが「有徳人《うとくにん》」（富裕な人）である。『建武式目』は無尽銭を扱い、土倉を営む有徳人を保護したが、この有徳人の活動を無視しては、合戦の遂行や経済も成り立たなかった。戦う武士には「兵粮」料所が預け置かれたが、武士が経営をするのは難しく、近くの有徳人が経営し、そこから支弁された。合戦のために荘園・公領の年貢の半分を武士に給付する半済《はんぜい》が行なわれたが、これの経営にも有徳人が関わっていた。

有徳人の進出に対し、安芸国沼田荘の小早川宣平《のぶひら》は、暦応三年（一三五六）に御内や被官が沼田市の人と縁を結び居住することや、市場の住人の女が御内の殿原らと婚姻関係を持つことを禁じている（『小早川家文書』）。市場の経済に巻き込まれるのを警戒したのである。沼田市は、瀬戸内海に面する沼田荘の塩入荒野《しおいりこうや》の開発が進められて、整備された沼田川の沿岸の台地上にあった。文和二年（一三五三）には、宣平の子貞平《さだひら》が市における検断や雑務沙汰の裁判を行なうとしており市の繁栄を願いつつも警戒を怠らなかったのだが、平時には積極的に市を興行するようになる。

バサラ大名

諸国の武士が動揺するなか、大名は富裕を謳歌した。『建武式目』は、連歌・闘茶・田楽などの華美な風俗・風潮を批判して「婆佐羅と号し専ら過差を好み、綾羅錦繡・精好銀剣《せいごうぎんけん》・風流服飾、目を驚かさざるはなし」と記し、『二条河原落書』も「ハサラ扇ノ五骨」「関東武士ノカコ出仕」と、華美で異様な道具・衣装、行動を批判した。

婆佐羅《バサラ》の原義は、金剛杵《こんごうしょ》（独鈷や三鈷などの仏具・法具）で、バサラと号された「綾羅錦繡・精好銀剣・風流服飾」は、一段と美麗で出来栄えがよく、意匠が凝らされていることをいう。異文化の香りが漂い、唐物・唐風を超えたイメージがある。

武士のバサラぶりは『二条河原落書』に「非職ノ兵仗《へいじょう》ハヤリツ、　路次ノ礼儀辻々ハナシ」「牛馬華洛ニ遍満ス」「サセル忠功ナケレトモ　過分ノ昇進スルモアリ」と見える。土岐頼遠《ときよりとお》は、建武四年に北畠顕家が陸奥の多賀国府から霊山城に移って上洛を目指した時、美濃守護としてすんなり通過させずに青野原で戦い、そのため顕家は進路を変更せざるを得ず、その名があがった（『難太平記《なんたいへいき》』）。康永元年（一三四二）の秋、幕府奉行人の二階堂行春《ゆきはる》と新日吉社の馬場で笠懸を行ない、酒を飲んでの帰途、光厳院の行列に出会うと、路頭での礼儀から行春は馬から下りて畏《かしこ》まったのだが、頼遠は下馬を求めてきた院の従者に馬鹿呼ばわりして「何に院と云ふか、犬と云ふか、犬ならば射て落さん」と言い放ち、さんざん矢を射た。この「酔狂の者なりける」行動から頼遠は「バサラ大名」と称されるが、山門の強訴を受けた足利直義により斬首に処された（『太平記』）。

高師直は、天皇や院に遭った時に馬から下りる路頭礼《ろとうれい》の難しさについて、「もし王なくて叶ふまじき道理あらば、木を以て造るか、金を以て鋳るかして、生まれたる院、国王をば何方へも皆流し捨て奉らばや」と語り、朝廷の権威をものともしない態度をとった。

バサラ大名の典型といえるのが佐々木道誉《どうよ》で、尊氏に従って室町幕府の形成に貢献、近江守護や政所執事など幕府の要職を務め、茶や能、連歌、花、香などあらゆる領域の芸能に深く関わったが、そのバサラ振りのひとつが、暦応三年（一三四〇）十月、道誉の「一族・若党共」が「例のバサラの風流」を尽くしての小鷹狩を行なっての帰途に、延暦寺の妙法院の紅葉を引き折ったところ、門主が紅葉を愛でていたので、門主に仕える法師に打擲にあい、怒った道誉が息子秀綱とともに妙法院の焼き討ちをした事件である。

このため山門の訴えで道誉は配流となるが、その途中、若党三百人に猿皮の靫《うつぼ》に猿皮の腰当をさせ、鶯の籠を持たせて公家の成敗、山門の訴えをあざ笑ったという。猿は比叡山の神の使者、猿楽の物真似に倣い揶揄したのである。道誉は連歌にも強い関心を示し、文和三年（一三五四）に播磨に出陣した際に連歌会を開いており、道誉の句風は一世を風靡した（『十問最秘抄《じゅうもんさいひしょう》』）。延文二年（一三五七）に貴族や武士・地下の連歌師など五百人以上に及ぶ歌を収録した連歌集『菟玖波集《つくばしゅう》』が完成すると、道誉が動いて准勅撰とされ（『園太暦《えんたいりゃく》』）、連歌が広く定着するに至った。

道誉は猿楽や田楽も愛好した。猿楽は鎌倉時代後半に近江や大和で座を形成して発展をみていたが、文永の頃から大夫・権守の号が座に見え始め、十四世紀初頭には興福寺南大門や春日若宮で薪《たきぎ》猿楽《さるがく》が行なわれるようになった。

田楽は貞和五年（一三四九）六月に京の四条河原で行なわれた四条橋の架橋費用のための勧進田楽が、祇園社執行の行恵《ぎょうえ》を勧進元に行なわれた。『太平記』は「新座・本座の田楽を合せ、老若に分けて」と始まり、公家の摂禄大臣家、梶井門跡、日頃から田楽を興じていた将軍尊氏とそれ以下の武家の人々、「公家の卿相雲客《けいしょううんかく》、社寺の神官僧侶などが桟敷を打った」と記している。

その桟敷は、「五六八九寸」の良材の穴をくり抜き、囲り八十三間に三重四重に組み上げて構えられ、新座・本座の田楽が老若対抗の形で行なわれて、梶井宮尊胤《そんいん》法親王や二条良基《よしもと》、足利尊氏・佐々木道誉らの武家、諸寺の僧・諸社の神官に至るまで見物していたが、桟敷が大崩れし多数の死者を出した。

文和四年・正平十年（一三五五）四月の醍醐寺の鎮守清滝宮《せいりゅうぐう》の祭礼での大和猿楽の演能、同年六月の京の新熊野社の六月会での猿楽・田楽などにも、守護・大名の六角氏頼《うじより》や佐々木道誉らが見物し、これには観阿弥《かんあみ》が出演している。

料理の文化

『太平記』巻三十三の「武家富貴の事」には、道誉ら大名が日々寄り合って茶会を開き、寺の境内を唐物でさまざまに飾りつけ、本堂の庭の桜の木四本に真鍮の花瓶をすえ花を立て、香炉に名香を焚きあげたので、その香りで辺りが包まれ浄土にいる心地がしたという。

その茶会では、大名が富貴を謳歌して身に錦繍をまとい、食は八珍を尽くし、百服の本非《ほんぴ》の飲みわけを楽しみ、異国・本朝の重宝を集め、百座の粧《よそおい》を競い、勝負には染物・色小袖・沈香・砂金・鎧などを賭けていた。異国の諸侯が「食膳方丈」と座を囲み四方一丈に珍物を備えたのに劣らぬよう、「面五尺の折敷に十番ざいを調べ、百種五味の魚鳥、甘酸辛苦《かんさんしんく》の菓子ども、色々様々居ゑ双べたり」と豪華な料理に舌鼓をうったという。

この唐膳の料理は、鎌倉後期に始まり、バサラ文化とともにいっそう豪華になった。その料理の様子を描くのが、観応二年（一三五一）に制作された本願寺三世の宗《そう》

歌会の料理の準備をする（『慕帰絵詞』巻5　国立国会図書館蔵）

昭《しょう》（覚如《かくにょ》）の伝記『慕帰絵詞《ぼきえことば》』であり、宗昭が歌集『閑窓集』を撰集した際に歌会を開いた時、歌会後の宴に向けての準備の場面が見える。

歌会が開かれたのは、『沙石集』に「酒宴の座席、詩歌の会所として、無礼の事多し」とある会所で、絵は、その会所に向かう僧が盆に入れた食物を運び、壁を隔てて二部屋ある手前が台所、折烏帽子の男三人と坊主三人が料理しており、箸でそうめんを椀に盛る男、鉢の汁を杓子で掬う坊主、俎板で魚をさばく包丁師、前の囲炉裏に串焼きが刺さる。

もうひとつは、日野俊光《としみつ》が東山の花見のために宗昭の房舎を訪れ、交遊した時の場面を描くもので、塀に造り付けられた屋根は檜皮葺、二階建ての常設の桟敷の二階にコの字型に敷かれた畳に僧俗が座って宴会となる。階下では饗宴の準備で大わらわ、果物を玉髷の子が運び、太鼓樽が坊主から手渡され、板敷の間では酒壺から酒が銚子に注がれ、汁鍋や多くの小皿のある膳作りがされ、その膳を持って階段を登る配膳掛がいる。この場合は唐膳ではないが、料理の様が絵巻に描かれることはこれまでなく、料理が文化として享受されていたことがわかる。

道誉は武家、宗昭は寺家であるが、庶民の料理を描くのが、『善教房絵巻《ぜんきょうぼうえまき》』で、善教房がある貴族の屋敷を訪れて浄土の教えを家の者に説く様子を描いた作品である。家の台所で生きものを調理している料理人に向かい、説経したところ、調理中の源七が、「どこから見ても新鮮な鯉だ、ああ膾《なます》だ」と言うのを聞いて、善教房が次のように語る。

それはそなたの先立った母だとは知らないのか、それをこう調理しているのではないか。あの絞められた鳥は、かの人が生まれ変わったものであり、あの兎は二羽とも、この主どもの両親が変化したものである。

このように鳥や兎を調理する料理人に向かって説教し、囲炉裏を囲んで鍋で煮て食べる者に向かっても、これらを素晴らしい食べ物と言って舌鼓をうちながら食べるとは、なんとも悲しい、あらゆる食べ物は我々この世にある者の父母であり、それを殺して食べる人は、仏の道にいるといえようか、と説くのだが、これに源七は、「狩人や、網で漁をする人が往生するのはどういうわけでしょうか」と問い返している。料理の文化はこの時期から広がった。

「中夏無為の代」

足利尊氏が南朝に降って正平一統となり、北朝の崇光院《すこう》が退位したものの、講和が崩壊し、南朝軍が文和元年・正平七年（一三五二）に京から引き揚げた際、光厳・光明・崇光三上皇と前東宮を吉野に連れ去ったため、幕府は窮余の一策として光厳の母広義門院《こうぎもんいん》の指名で後光厳《ごこうごん》天皇を立てた。

尊氏が延文三年（一三五八）に亡くなると、それをうけ将軍になった子の義詮は、引付において審理を厳密に行なってきたこれまでの裁判制度を改め、特に問題のない訴訟については、訴人の言い分を認める将軍家御教書で出すようになる。

執事の細川清氏《きようじ》が康安《こうあん》元年（一三六一）に失脚し、その跡の執事を斯波高経《たかつね》に要請したところ、高経は子義将《よしまさ》を執事に推挙、足利一門のなかで高い家格を誇る斯波氏が執事になったことで、執事・執権に権限が分割されていた政治体制が解消され、将軍の親裁を執事が管領として補佐する体制となった。

高経は将軍・幕府の権威確立のため、地頭御家人の所領に「武家役」五十分の一を二十分の一に引き上げ、義詮の邸宅三条坊門万里小路邸の新築には、主な大名に「一殿一閣」を割り当てた。しかし武家役の引き上げでは「天下の先例に非ず」という反発を生んだので、造営に消極的な佐々木道誉の摂津の守護職と多田荘を没収し、邸宅工事に遅れた赤松氏の大荘園を没収したので、諸大名の訴えにより斯波父子は越前に没落した。

そこで義詮は管領を置かずに親裁し、観応の擾乱以後、寺社本所領ののち没収や押領されている土地を返却する法令を出し、細川頼春《よりはる》の子で清氏の跡を継承した頼之《よりゆき》を、四国からよんで管領に据えた。『太平記』はこの頼之の執政をもって「中夏無為《ちゅうかぶい》の代」になったとして筆を擱いている。中夏とは中央、転じて全国のことで、ここに「太平」の世が到来したと見たのである。

朝廷でも文和二年（一三五三）に践祚した後光厳天皇によって体制が整えられ、この年の十月に開かれた議定会議のメンバーは、二条良基、近衛道嗣《みちつぐ》、勧修寺経顕《つねあき》の三人で、後に正親町三条実継《さねつぐ》、万里小路仲房《なかふさ》、日野時光《ときみつ》、柳原忠光《ただみつ》が追加され、これらの諸家により以後の朝廷の政治が支えられてゆく。後光厳は貞治《じょうじ》六年（一三六七）三月、承久の乱により途絶えていた華麗な和歌と漢詩、管絃の宴である中殿御会を開き、将軍足利義詮が出席、太平の世が謳歌された。

足利義詮が貞治六年に亡くなると、子の義満が家督を継承、翌年に管領細川頼之の補佐を得て将軍になって、応安の半済令を出した。この応安令は、戦乱と関わりなく出されたもので、皇室領や寺社・摂関領は対象とせず、それ以外の荘園・公領の年貢については、その半分を武士に給付し、代わりに貴族・寺社領を保護するとした。承久の乱後の新補率法制定以来の、宣旨による土地法令であって、宣旨によって貴族・寺社の領域に踏み込んで「大法」として受容され、これを契機に変動の著しかった土地の領有の体制が安定し、動乱は収束していった。

『太平記』と語りの芸能

『太平記』の成立について記すのは、応永九年（一四〇二）の今川了俊《りょうしゅん》（貞世《さだよ》）の『難太平記』であり、法勝寺の恵鎮《えちん》上人が『太平記』三十余巻を足利直義のもとに持参したので、玄恵法印に点検させたところ、多くの誤りがあって修正させたとある。

これにより『太平記』の祖型は直義失脚の貞和五年(一三四九)までに生まれ、ほぼ同時代に制作されたことがわかる。その後も書き継がれ、『洞院公定日記《とういんきんさだにっき》』応安七年(一三七四)五月三日条に「天下に翫《もてあそ》ぶ太平記の作者」の小島法師が亡くなったと記していて、貞治六年ころに成立したと知られる。

『太平記』に列島各地の情報が載るのは、恵鎮周辺の僧や、合戦で亡くなった人々を葬る陣僧、軍忠状作成の物書き、合戦に遭遇しその情報を逸早く知らせた遁世僧などの存在が考えられ、小島法師はそうした一人であったろう。

その情報の集まる場に談義や寄合があった。後醍醐天皇御前での談義の中心にあった玄恵は、独精軒と号し、直義邸を訪れている。時衆の僧が営む京の四条道場の金蓮寺《こんれんじ》や七条道場の金光寺《こんこうじ》は寄合の場であった。東国では天台系寺院の喜多院などの談義所が設けられていた。鎌倉公方の足利基氏《もとうじ》を関東管領として補佐していた畠山国清《くにきよ》が上洛して身を寄せたのは金光寺であり、佐々木道誉は延文五年・正平十五年(一三六〇)に四条京極の地を金蓮寺に寄進している。

談義の様子を伝えるのが、架空の設定ながら『太平記』巻三十八の北野の聖廟での話であって、鎌倉幕府に仕えた奉行人らしき坂東声の遁世者、朝廷に仕える家貧しく儒学に明るい雲客、門跡に仕える天台宗の僧ら三人が、連歌を行なった後、異国や本朝の物語を語ったとある。

『峯相記』は、貞和四年（一三四八）十月に播磨の峯相山鶏足寺《けいそくじ》に参詣し、出会った老僧の語る播磨の案内記の性格を有し、本朝の仏教の宗派十一家の華厳宗・真言宗・天台宗以下律宗までをあげてその内容を語り、当代では日蓮による法華宗が広がっているといい、霊場や一宮伊和《いわ》大明神など神社に触れ、播磨国の情勢を語っている。このような場は諸国に生まれていたのであろう。

三　室町幕府

幕府の体制と東国

細川頼之は、中国・四国地方を転戦して南朝勢力の鎮圧に力を注ぎ、四国全域の分国支配にあたるなど地方支配に豊かな経験があったのだが、出自の低いため管領就任に、一門の山名時氏《ときうじ》が分国の出雲に帰ってしまう。また、南北朝の講和を主張していた南朝方の楠木正儀《まさのり》を応安《おうあん》二年・正平二十四年（一三六九）に誘い、河内・和泉の守護とした優遇策を、快く思わない諸大名もいて、これらと対立しつつ、武家政治の体制を整えていった。

室町幕府の訴訟制度を解説した『武政規範《ぶせいきはん》』は、「引付内談篇」「侍所沙汰篇」「地方沙汰篇」「問注所沙汰篇」「政所沙汰篇」からなるが、引付内談は、その賦《くばり》を「近代は管領の御沙汰たる」と記すように、引付は管領の統括下に入り、侍所も「公武の警固を致し、洛辺の検断を行ふ随分の重職」と記され、検非違使の洛中の警察・裁判権を担うようになった。

応安四年（一三七一）十一月に後円融《ごえんゆう》天皇が即位すると、これを契機に幕府は即位の費用として諸国に段銭《たんせん》を、洛中に土倉役、酒屋役を賦課した。幕府は朝廷の諸権限を接収し、内裏や賀茂・石清水・比叡山など大寺社の修理料を一国平均役として徴収した。義満初期の頃に幕政は整えられたのである。
関東の動きを見れば、建武三年（一三三六）、足利義詮のもとに上杉憲顕《のりあき》・高師冬《もろふゆ》が関東管領として派遣され、北畠顕家《あきいえ》軍の攻撃に応じるなど、初期鎌倉府には軍事指揮権が与えられ、その管轄範囲は、関東十か国の坂東八か国（常陸・上野・下野・上総・下総・武蔵・相模・安房）と甲斐・伊豆の二か国であった。

貞和五年（一三四九）九月、京都に戻った足利義詮の代わりに、弟基氏《もとうじ》が鎌倉に下り、その補佐役として尊氏・直義の従兄弟の上杉憲顕と高師冬が下った。ところが直義派の憲顕が高師冬を殺害したため、尊氏が下って憲顕を追放、文和二年（一三五三）七月まで鎌倉に滞在して直義派の粛清にあたり、新執事に畠山国清《くにきよ》を任じ、所領の安堵権や宛行権、裁判権を付与して京都に戻った。

延文四年（一三五九）、関東管領の畠山国清が関東武士を率いて上洛し、南朝勢と戦ったが、本拠地を遠く離れた東国武士の不満は大きく、許可なしに帰国する武士が多かったので、国清が厳罰で臨んだため、秩父氏一族の川越直重《なおしげ》を中心に高坂・江戸・古屋・土肥・土屋氏らと平一揆《へいいっき》を形成し、国清の罷免を要求、基氏は「下剋上の至り」と不快感を示したが、東国の「無為」を考え、国清を貞治元年（一三六二）に追放、翌年に上杉憲顕を関東管領に復帰させ、その補佐によって鎌倉府の体制を整えた。

基氏が五年後に亡くなって跡を継いだ子の金王丸は、憲顕の補佐を得て、対抗する平一揆を応安元年（一三六八）に鎮圧、これに味方した宇都宮氏綱《うじつな》を降し、同二年に義満の一字を得て氏満《うじみつ》と名乗る。憲顕が亡くなると、その娘婿の上杉朝房とともに関東管領になった子の能憲《よしのり》が、幕府の頼之と連携して鎌倉公方を支えた。鎌倉府の体制は、政所・問注所を設け、二階堂や大田氏など前代の奉行人が執事となった。

九州の情勢

九州では、尊氏が博多から東上するのに際して、一色範氏《いっしきのりうじ》を九州管領に任じたが、大名勢力の反発を招いていたことから、肥後の隈府《わいふ》の懐良親王は、正平八年・文和二年（一三五三）に筑前針摺原《ちくぜんはりすりばら》の戦いで一色氏を破り、同十年に博多に入って一色氏を長門に追い、足利直冬が直義失脚後に九州に下った際に結んだ少弐氏も、十四年に筑後川の戦いで破り、正平十六年・康安元年（一三六一）に大宰府を制圧、征西府《せいせいふ》をこの地に移した。

貞治五年・正平二十一年（一三六六）、高麗の使者が倭寇の禁圧を求めて出雲に着岸して、翌年に天龍寺に入った。倭寇は、一三五〇年に朝鮮半島南岸を襲った事件を記す『高麗史』に、「倭寇の侵、これに始まる」と見え、この年から頻繁に襲っていた。朝廷は日本を対等とみなす形式の使節を出さなかったが、幕府は夢窓の弟子の春屋妙葩《しゅんおくみょうは》からの返書という形で、高麗の要請に「当時本朝の為体《ていたらく》、鎮西九国悉く《ことごとく》管領するに非ず。禁遏《きんあつ》の限りに非ず」と、倭寇禁圧が困難と答えつつも、通交の意思を示した。

細川頼之は、吉野を中心に南朝方の活動や、九州の懐良親王の勢力など、戦乱の状況がいまだ収まらなかったことから応安三年（一三七〇）、九州探題として今川了俊を派遣し、九州攻略に乗り出した。この時の了俊が九州下向に際し記したのが紀行文『道ゆきぶり』であり、中国地方を固めた了俊は翌四年の暮に九州に入った。

大陸では一三六八年に朱元璋《しゅげんしょう》が元を北に追いやって、明王朝が誕生していた。一三四八年頃から江南で戦乱が起き、元が衰退するなかで台頭して明朝を開いたもので（洪武帝《こうぶてい》）、使節を日本に派遣して懐良親王を「日本国王」に封じるが、懐良は文中元年・応安五年（一三七二）九月に今川了俊によって大宰府を落とされ、征西府を筑後の高良山《こうら》に移していたので、「日本国王」冊封の使節は、博多で了俊軍により抑留され、交渉相手は幕府となった。

翌応安六年に幕府は明の使者の上洛を許可し、遣明使を派遣して俘虜百五十名を返還するが、洪武帝は「国臣」の義満の書面を正式なものとは認めず、「傲慢無礼」と非難する文書を出し、幕府の対明外交は頓挫した。

康暦の政変とその影響

義満は応安五年十一月に評定始めを行ない、政務に関わるが、幕府内部の大名間の争いは激化して頼之への反発が強まった。守護交替の断行、山門や禅宗寺院の要求拒否というその政治姿勢に、康暦《こうりゃく》元年（一三七九）閏四月、斯波義将《よしゆき》・土岐頼康《よりやす》・京極高秀《たかひで》（佐々木道誉の子）ら数万騎の軍兵が、御所を囲んで頼之の罷免を要求、頼之は分国の讃岐に帰り、斯波義将が管領に復帰した（康暦の政変）。

この事件を契機に、義満は将軍権力の向上を目指した。伊勢入道貞継《さだつぐ》を同年八月に政所執事に抜擢、政所を諸国料所の年貢や土倉・酒屋以下諸商売公役をも扱う機関とし、財源を管轄させた。将軍親衛隊の充実もはかり、貞治六年・正平二十二年（一三六七）に「当参奉公の仁《とうざん》」に特権を与えたが、これが明徳の乱で「御馬廻り三千余騎」、五番編成の奉公衆として整備されてゆく。

義満は父とは違い積極的に朝儀に関わった。永和元年（一三七五）三月に諸大名を引き連れ、石清水八幡宮に参詣、四月二十五日に初めて参内して、天皇と対面を遂げ、八月には和歌会を主催した（『満済准后日記《まんさいじゅごうにっき》』）。翌年四月には桂川で犬追物を、九月には賀茂河原で蹴鞠を楽しみ、多くの見物人が集まった。永和四年（一三七八）六月の祇園祭では四条東洞院の桟敷で山鉾を見物するなど、将軍の存在を誇示した。

康暦の政変は地方にも大きな影響を与え、土岐頼康は叔父頼遠《よりとお》処刑の後、美濃守護を継承して尊氏に従い、尾張・伊勢守護となったのだが、細川頼之が管領になってから伊勢を失なったことで、斯波義将と結び康暦の政変に関わった。この頼康を討伐するため義満が、国々から軍勢を召すと、関東から管領上杉憲春《のりはる》の弟憲方《のりかた》が軍勢を率いて出陣するが、鎌倉公方の氏満は、日頃から将軍は我が身であるとの思いが強く、これを機に義満を倒そうと考えた。

このことに危機感を抱いた管領の上杉憲春は、氏満を諫めるべく「御謀叛叶まじきよし」を書きしたため、持仏堂に入って自害したので、氏満は思いとどまり、管領に弟の憲方を任じ、京都には「野心」を存ぜぬ旨を、鎌倉の瑞泉寺の古天《こてん》和尚を通じて伝え、了承を得た。その直後に下野の小山義政《よしまさ》と宇都宮基綱《もとつな》の間で争いが起きるとこれに介入、基綱を敗死させた義政の追討を、上杉憲方・朝宗《ともむね》に命じ、永徳《えいとく》二年・弘和《こうわ》二年（一三八二）に義政を破り、鎌倉府の体制が安定した。

鎌倉府の体制は、管領が上杉氏一門から選ばれ、上杉憲房の子憲顕《のりあき》の流れを山内家、憲藤《のりふじ》の流れを犬懸《いぬかけ》家、重能《しげよし》の流れを詫間《たくま》家、憲房の兄弟重顕《しげあき》の流れを扇谷《おうぎがやつ》家というが、その家名は鎌倉の邸宅の地に由来する。そのうち山内上杉家は伊豆・武蔵・上野の守護となって、鎌倉周辺の六浦本郷、神奈川郷、山内庄の岩瀬郷など多くの所領を得て大勢力を築き、犬懸上杉氏や扇谷上杉氏も関東一帯に勢力を広げていった。

花の御所と相国寺

永和四年（一三七八）の祇園祭に、義満は寵愛の藤若（後の世阿弥《ぜあみ》）を伴って四条東洞院の桟敷で見物した。能は、応安七年（一三七四）に京の新熊野社で観阿弥《かんあみ》の演じた猿楽能以来、将軍保護のもとで芸が高められてきた。観阿弥は、猿楽に拍子主体の曲舞節《くせまいぶし》を導入し『白髭《しらひげ》』『由良湊《ゆらみなと》』『西国下り』、禅師の芸能の『自然居士《じねんこじ》』、『源融《みなもとのとおる》』や『卒塔婆小町』『通小町』など劇的葛藤が濃厚な対話劇を創作したが、至徳《しとく》元年（一三八四）五月に駿河の浅間神社での法楽後の猿楽を演じたのを最後に、その半月後に亡くなる。

義満は二年後にも祭見物で十間の桟敷を設けて見物しており、以後、将軍の祇園祭見物は「祇園会御成」として恒例化した。その祇園祭の費用を負担する馬上役も、洛中の土倉に馬上方一衆という組織を作らせて負担させた。永和四年（一三七八）には、室町に幕府御所の造営を始めた。東西二町からなるその御所には、庭園や会所が設けられ、「花の御所」と名付けられたように、華やかな武家の王権を象徴した。

権大納言、右大将に任じられると、右大将就任の拝賀の作法は二条良基《にじょうよしもと》が指導した。永徳元年（一三八一）三月に後円融天皇を完成した室町殿に迎えたのは、その良基の企画によるもので、関白以下が天皇の伴をし、舞や蹴鞠、詩歌会が行なわれ、「廃れるを興す今日の儀、いとめでたし」と『さかゆく花』に良基が記している。武家への行幸は初めてのことであった。

四月二十九日には「室町殿家司」（義満家司）を選んだが、そのメンバーは山科教冬《のりふゆ》などの山科家、清閑寺氏房《うじふさ》・勧修寺頼房《よりふさ》などの勧修寺流の家、柳原資冬《すけふゆ》・広橋兼宣《かねのぶ》などの日野流の家、学者の清原良賢《よしかた》もおり、実務にすぐれた廷臣を集めた。六月に内大臣になると、七月に任大臣節会と大臣大饗を、慣例を破って白昼に行なっており、現任の公卿二十九人のうち二十六人が出仕した。

永徳二年（一三八二）正月に左大臣になって、「近日、左相府（左大臣義満）の礼、諸家崇敬君臣の如し」（『荒暦《こうりゃく》』）と称され、後円融天皇が四月に後小松《ごこまつ》天皇に譲位し院政を開始すると、院庁の執事別当になった（『良賢真人記《よしかたまひとき》』）。

同年には花の御所の東に相国寺を創建するが、これは春屋妙葩《しゅんおくみょうは》や義堂周信《ぎどうしゅうしん》から大伽藍建立を勧められたもので、「君の位は大相府に至る」という、義満が太政大臣（相国）になる意がこめられ、義堂周信に「相国承天禅寺」と命名され、亡き夢窓疎石を開山、春屋妙葩を事実上の開山とした。永徳三年（一三八三）六月に准三宮となって最高の身位を獲得した。

義満と禅宗

室町幕府は、鎌倉幕府に倣って五山制度を導入、禅宗寺院を武家沙汰の寺として保護・統制してきた。暦応四年（一三四一）に南禅寺・天龍寺・建仁寺・東福寺・万寿寺の五寺を五山と定め、南禅寺をその筆頭に置いた。夢窓派を重視し、後醍醐天皇が帰依した宗峰妙超《しゅうほうみょうちょう》開創の大徳寺を入れなかった。宗峰は書をよくしその雄渾な墨蹟は、宗峰の推挙で関山慧玄《かんざんえげん》が開山の妙心寺に伝わる。

義満と夢窓派との関係は、貞治六年（一三六七）に初めて天龍寺に義満が参り、夢窓から受法していた春屋妙葩から法を伝授され、僧衣を与えられたことに始まる。春屋は、応安元年（一三六八）、南禅寺住持の定山祖禅《じょうざんそぜん》が『続正法論《しょうぼうろん》』を著し、延暦寺・興福寺を罵倒したことから、山門が南禅寺の楼門破却を求めて強訴に及ぶ事件が起きた際、諸大名の声に押され、幕府が楼門を撤去したので、これに抗議し丹後国に隠棲していた。

義満は応安五年十一月に夢窓疎石の墓所を拝して受衣され、道号を天山、法名が道義になると、康暦元年・天授五年（一三七九）に春屋を五山十刹以下の官寺の住持を推挙し、その任免の実務や訴訟などを統括する僧録に任じた。永徳元年（一三八一）、足利氏の菩提寺の等持院で管領斯波義将や春屋妙葩、義堂周信らと会し、五山十刹以下の住持の任期などの規式を定め、相国寺の創建に及んだのである。至徳三年・元中三年（一三八六）七月に五山の上に南禅寺を置き、京五山に天龍・相国・建仁・東福・万寿五寺、鎌倉五山に建長・円覚・寿福・浄智・浄妙五寺を定め、以後、幕府の禅宗寺院に関する法令は姿を消すことになる。

明徳三年（一三九二）に武蔵の品川湊に入港した船の帳簿「湊船帳」には、三十艘の船名・船主・問名が記されている。永和四年（一三七八）に鎌倉公方氏満は「神河・品河以下の浦々出入の船」に課した帆別銭《ほべちせん》三百文について、その三年分を円覚寺仏日庵造営のために寄進しており、明徳三年からは両湊の帆別銭が五年間で三百四十貫文にも及んで、それらは応永《おうえい》二年（一三九五）から始まる金沢称名寺の修造に当てられた。

二つの湊での帆別銭の徴集の場は「宿屋」であり、神奈川湊では道阿弥がその徴集に関わっていて、阿弥号から時宗の「有徳人」であった。品川湊の妙国寺は弘安八年（一二八五）に日蓮の弟子天《てん》目上人《もくしょうにん》開基と伝え、品川湊の有徳人の鈴木道胤《すずきどういん》親子がここに梵鐘を寄進し、七堂伽藍を十七年の歳月をかけて整備した。鎌倉府の御所は、由比浜の近くの町と、鎌倉の外港の六浦を結ぶ朝比奈切通近くの浄妙寺辺に置かれており、鎌倉府は二つの町の繁栄とともにあって、為替商人の「六浦の得阿弥」は称名寺の年貢納入に関わっていた。

明徳三年（一三九二）八月、相国寺の落慶供養が御斎会《ごさいえ》に準じて行なわれ、応永六年（一三九九）には父義詮の三十三回忌にあたり、相国寺境内に七重塔を建てた。白河院が建立した法勝寺の九重塔が焼失して再建されないなか、代わって相国寺の七重塔が王権を示威するモニュメントとなった。

大名と国人の館

京で義満が支配権を強化していた頃、地方では大名が勢力を広げていた。大内氏は周防国の在庁官人出身で、鎌倉期には在京人として六波羅に伺候し、建武二年（一三三五）の尊氏東上に加わり、観応の擾乱では南朝方になったが、周防・長門に勢力を広げていた。

大内弘世《ひろよ》は、貞治二年（一三六三）に周防・長門両国守護職を条件として幕府に降り、上洛した時には、「数万貫の銭貨・新渡《しんわたり》の唐物等」を奉行人や頭人、評定衆、傾城《けいせい》、田楽、遁世者に引き与えたという。その豪勢な富は、山口の居館の発掘調査から知られる。

近くの益田氏は、石見の在庁官人であったが、南北朝の動乱で勢力を広げた。鎌倉期の地頭とは違い、広範な政治経済活動を行なって国人領主として成長、益田川下流の中須の湊町の発展とともにあり、その居館「三宅御土居《みやけおどい》」は、応安元年（一三六八）に益田兼見《かねはる》により築かれ、益田川が平野部に出た右岸の微高地上に、土塁に囲まれ周囲を堀で廻らして立地する。

兼見は永徳三年（一三八三）に本領を義満に安堵され、居館の周辺には、万福寺という時宗の寺院、式内社の染羽《そめは》天石勝神社《あめのいわかつじんじゃ》は熊野権現を勧請して瀧蔵権現《たきのくらごんげん》と称され、勝達寺がその別当寺として建立され、医光寺《いこうじ》が臨済宗寺院として造営され宗教文化が広がった。

益田氏と同じような国人の居館には、伊豆出身の江馬氏が飛騨に遷って築いた江馬氏館がある。飛騨市神岡町の殿に所在し、西側に薬研堀、北・南に箱堀が設けられ、会所や常御殿、対屋、台所、宿直屋が並び、厩があり、工房施設も発掘され、会所が復元され、庭園は中世の武家屋敷のものと

復元された江馬氏館（© 飛驒市観光協会）

しては希少である。

ほかに下総の千葉氏の一族の東氏が美濃に遷って築いた東氏館、信濃の高梨館など各所に認められ、この頃から国人領主が土塁や溝濠に囲まれた居館を築き、安定した支配を進めるようになった。『庭訓往来《ていきんおうらい》』が記す「御館」の造作は、「四方に大堀を構へ、その内に築地を用意すべし」と、堀を廻らし築地で館を囲み、門を構えるもので、主屋の寝殿は「厚萱葺、板庇、廊中門・渡殿は裏板葺、侍・御厩・会所・囲炉裏間、学文所、公文所、政所」からなる。周囲の造作は、南向に笠懸の馬場を通し、埒《らち》を結び、的山を築く。東向に蹴鞠の坪を構え、四本懸《かかり》を植え、泉水・立石・築山・遣水は、眺望や方角にも注意して設ける。客殿、檜皮葺の持仏堂、板葺の礼堂・庵室・休所、傍らに土蔵・文庫を構え、その間は塀とし、後背の園地には樹木、四壁の脩竹《しゅうちく》、前栽の茶園を植えるようにするなど、指示は細かい。この時期から武家屋敷の型が定まったのである。

『庭訓往来』には、幕府への訴訟手続きも記され、「市町の興行」についても、市町には辻子・小路を通し、見世棚を構え、絹布の類や贄菓子などの売買の便があるよう計らうこと、多くの職人を招くことなどを求め、その職人の種類も多彩で、猿楽や田楽、師子舞、「手くぐつ」(人形遣いの傀儡子)も含まれている。京都のみならず地方の経済は活性化していた。

『庭訓往来』は応永末年には広く流布しているので、永和から応永初年の十四世紀末成立と見られ、編者は諸国の事情に詳しい連歌師と考えられ、広く書写されて江戸時代には手習所のテキストとされているように、さまざまな階層に行き渡った。

地侍の一揆と国人一揆

大名や国人領主は、幕府と直接の関係を結んだが、中小の領主である地侍は守護と結んだり、あるいは一揆を結んで自立をはかった。その一揆の代表的存在が肥前の下松浦郡を中心に五島列島にひろがる地侍の一揆である。

応安六年(一三七三)五月、五島列島の宇久・有河・青方・多尾一族三十一名は、「君の御大事の時は一味同心の思をなし、一所において軍忠を抽《ぬき》んずべし」と契約を結び、所務相論や弓矢相論には「談合」して、「多分の儀」(多数決)で決めること、縁者や親類、他人によらず、意見は道理・理運に基づいて心底を残さずに申すこと、郎従に関しても多分の儀によるなど五か条を定めている。

東大寺が寺領の荘園に祭礼費用を負担させてきたが、東大寺郷の関与が深まって祭礼は郷民の手に握られるようになった。七郷の郷民には八朔《はっさく》などの折、京の権門寺社に瓜や筍・柿などの産物、鏡餅、麺や饅頭などの箱詰食品を運送する人夫役を課され、「奈良巡人夫」と称される建築や作事、庭園の造り、池浚いにも動員された。

嘉慶二年・元中五年（一三八八）六月一日に春日若宮臨時祭があった。前年二月に弘安六年の例にならって再興することに決まり、二年二月に児舞始、四月二十三日に児会合始、陵王荒序《りょうおうこうじょ》伝授、青海波習礼《しゅうらい》を経て、五月十八日に舞習礼、十九日に試楽《しがく》があって当日を迎えた。渡物《わたしもの》は、左児車三両が藤若殿以下六人、右児車三両が鶴殿に続き、祝、小忌《おみ》舞人、日使《ひのつかい》、陪従《べいじゅう》、巫女三騎、細男《せいのお》二行（豊田一党）、中楽（三棟等、播磨公以下十六人、脇田一党、春藤殿以下、十九人）、馬長二騎、競馬《くらべうま》二行、流鏑馬三騎（随兵は一番金藤殿以下五番、二番福寿殿以下五番、三番三郎殿以下五番）、田楽（戌亥《いぬい》脇《わき》一党、十三人、編木《びんざさら》衆・うつら衆）、中綱、仕丁である。

御旅所は興福寺境内の中門北に設けられ、管絃役人・楽所（遊僧《ゆそう》十二人、声明師《しょうみょうし》八人）が出仕し、舞台と東西に見物席が設けられ、十二人による童舞が行なわれ、左が賀殿《かてん》・青海波・太平楽・抜頭《ばとう》・還城楽《げんじょうらく》・陵王、右が地久《ちきゅう》・古鳥蘇《ことりそ》・狛桙《こまぼこ》・林歌《りんが》・八仙《はっせん》・納蘇利《なそり》で、延年は乱拍子・開口、田楽は一乗院桟敷の前で高足、刀玉立会、白拍子・乱拍子があった。この祭礼には、四国管領で、前管領細川頼之の夢想から、四国の輩にも祭礼を見物するように触れられたという。

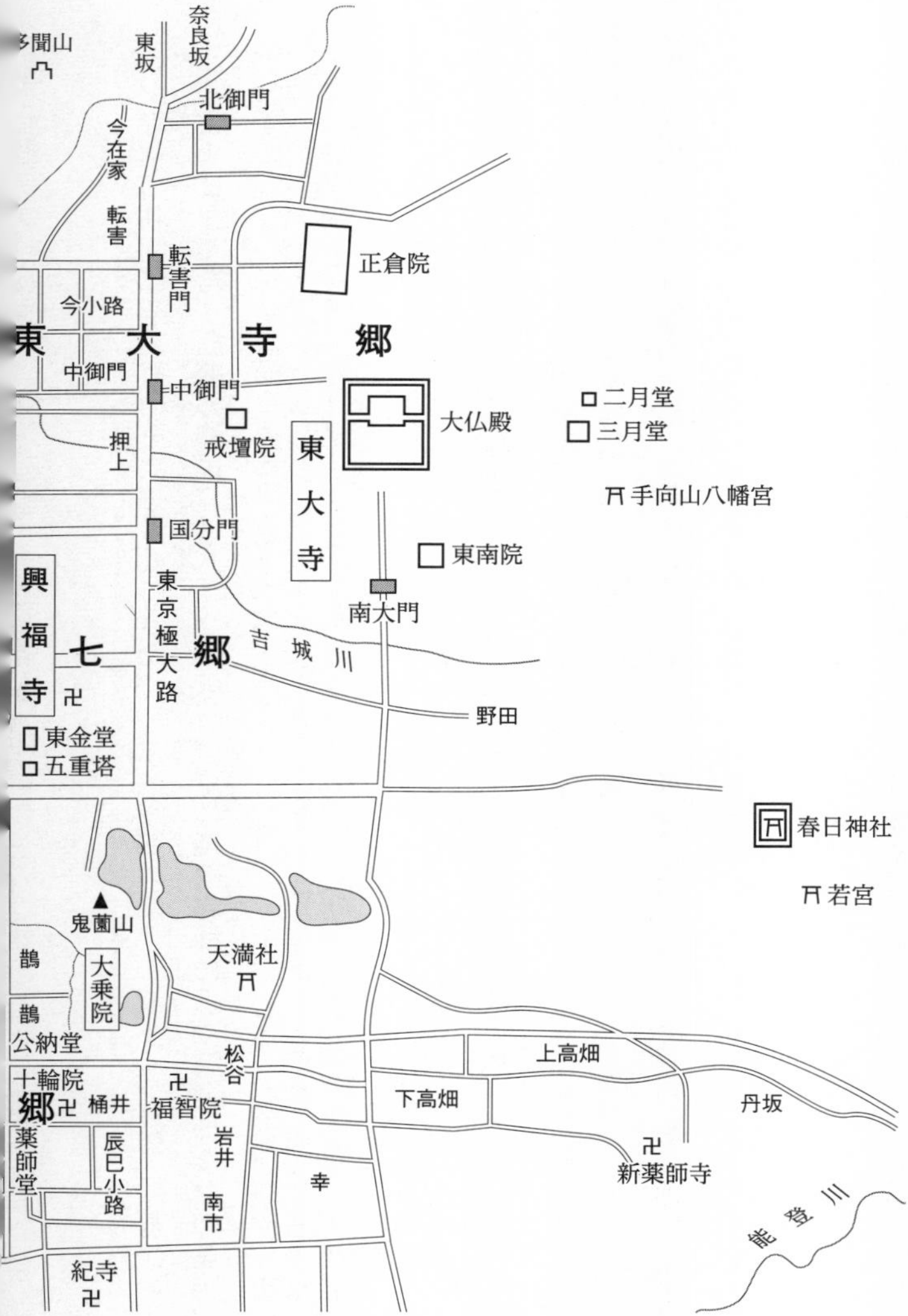
多聞山
東坂
奈良坂
北御門
今在家
転害
転害門
正倉院
今小路
東大寺郷
中御門
中御門
大仏殿
二月堂
三月堂
戒壇院
押上
東大寺
手向山八幡宮
国分門
東南院
南大門
興福寺
七郷
東京極大路
吉城川
野田
東金堂
五重塔
春日神社
若宮
鬼薗山
鵲
大乗院
天満社
鵲
公納堂
松谷
上高畑
十輪院
郷
桶井
福智院
下高畑
丹坂
薬師堂
辰巳小路
岩井
新薬師寺
幸
南市
能登川
紀寺

一条大路
佐保川
法蓮
一
条
院
郷
北市
称名寺
船橋
北小路
宿院
二条大路
内侍原
一乗院
芝辻
高天市
符坂
南
西坂
今辻子
漢国社
小西
三条大路
角振
橋本
元林院
小守社
中市
椿井
餅飯
率川
城戸
脇戸
小南院
十念寺
高御門
北室
元興寺
木辻子
大
乗
花園
瓦堂
N
0
400m

中世の奈良略図

諸国遊覧、明徳の乱、世阿弥の能

義満は嘉慶二年（一三八八）に紀伊の高野山粉河寺《こかわでら》に参り、八月に駿河の富士山を見物、翌康応《こうおう》元年三月には西に向かって安芸の厳島社に参詣した。今川了俊の『鹿苑院殿厳島詣記《ろくおんいんどのいつくしまもうでき》』によれば、三月に讃岐の細川頼之が船を百艘用意し、管領斯波義将の子義種《よしたね》や細川頼元《よりもと》、畠山貞清《さだきよ》・基国《もとくに》、山名満幸《みつゆき》・今川了俊などの大名を供に出発して、播磨で赤松、讃岐で頼之、周防・長門では大内義弘の接待を受けている。山陽道・四国の大名対策であり、三月二十三日には義満は管領を退いた頼之を招いて懇談している。

義満は高野山を振り出しに富士山を遊覧、安芸の厳島に赴いたのであって、明徳元年（一三九〇）九月には越前の気比社や伊勢大神宮にも参っている。これらいずれも大日如来の信仰に関わる社であり、その大日如来信仰を背景に権威と実力を見せつけるべく、大名権力の削減へと進んだ。

明徳元年に土岐《とき》一族の内部対立を利用し、土岐康行《やすゆき》の尾張・伊勢の守護を没収して仁木満長《にきみつなが》に与えると、次の標的は山陰諸国や和泉・紀伊国など一族で十一か国もの守護職を保有する山名氏であった。惣領の時義《ときよし》は「六分一殿《ろくぶんのいちどの》」と称されていたが、その時義が康応《こうおう》元年（一三八九）に亡くなると、義満は一門の勢力削減を狙い、内部対立を煽って時義の兄氏清《うじきよ》・甥の満幸らに長男の時熙《ときひろ》を攻めさせたが、時熙らは義満に取り入り、二年後には赦免された。

一方、満幸を出雲の院領を押領したとして京都から追放したので、これに満幸が抵抗、氏清らを誘って明徳二年（一三九一）に挙兵し、京都に攻め入った（明徳の乱）。この少し前、細川頼之が上洛して政界に復帰しており、「天下悉帰服《きふく》して権勢万人の上に出づ。御所様も政道の事は毎事武州禅門（頼之）に仰下されしかば、理民《りみん》安世の儀をも申し沙汰し給ひける」と、政治の主導権を握っていて（『明徳記』）、乱に対応した。合戦は内野の戦いなどで二、三千人もの戦死者を出し、氏清が戦死、満幸は出雲に逃れて乱は終わり、山名氏は但馬・因幡・伯耆三か国に削減された。

乱後、五山の清衆《せいしゅう》千人が大施餓鬼を行ない、氏清を始めとする亡卒《ぼうそつ》の霊を弔って回向した。戦乱の終わりを見届けた頼之は、「近年山名の一族の者共、ややもすれば上意を忽諸《こつしょ》申す」ことを知り、わが命の間に御戒《いまし》めが必要と申し沙汰してきたが、それが叶ったので死んでも本意、と義満に伝えて亡くなったという。

義満は「御所様も御馬廻三千余騎にて、中御門大宮へ打て出させ給」と、奉公衆三千騎を率いて自ら出陣、京都から撤退せずに守り抜き、多くの諸大名を動員して勝利したことで、武威を世に知らしめた。『明徳記』は、これまでの軍記とは違って、勝者の義満側がいかに戦ったのかに焦点をあて描いていて、新たな歴史書、軍記物の誕生であり、その影響は大きかった。山名氏清が合戦の吉凶を占わせたのは、戦国大名の出陣の際に大きな影響をあたえることになり、頼之が亡くなった後、三島入道が朱雀の時衆の道場に参って、念仏十念を唱え、「腹十文字にかき切て、刀をのどに付き立てて、手をあわせて臥したり」と亡くなったのは、武士の殉死の初見である。

小林上野介義繁《よししげ》は、氏清に種々の諫言をし、戦いを止めるよう訴えた末、「只今、今度合戦あらば、義繁に於いては一番に討死仕って泉下に忠義をあらはすべきにて候」と語り、二条大宮の戦に討死したが、これは能『小林』の素材とされ、演劇化された。現行の謡曲にはないが、応永二十三年（一四一六）にその上演記録がある（『看聞日記』）。

能や狂言などの演劇は、人物を造形化し、人の生き方や型を伝えた。世阿弥の『風姿花伝《ふうしかでん》』の「物学ぶ条々」は、物真似をいかにすべきかの基本を語り、女、老人、直面、物狂、法師などについて演じる上でのポイントを指摘している。能は『明徳記』『太平記』などのこの時代に生きた人物、さらに『平家物語』『寺社縁起』など過去ないしは伝説上の人物の生き方を造形化し、平曲とともども幕府の式楽の性格を帯び、この時代のみならず後世に著しい影響を与えた。天下人の織田信長や豊臣秀吉、徳川家康は自ら能を舞っている。

世阿弥は童の時代を経て秦元清《はたもときよ》と名乗るとともに、義満の寵愛が薄れゆくなか、康応元年（一三八九）の義満の厳島詣に同行したのは近江猿楽の犬王《いぬおう》であった。世阿弥は父から継承した芸風を確立することに邁進し『風姿花伝』を応永七年（一四〇〇）に著し、翌応永八年に犬王が義満の法名道満の一字を与えられて道阿弥《どうあみ》と名乗ると、元清にも観世の一字があたえられ世阿弥と名乗り、能の家の継承が認められた。

南北朝の合一と義満の政治体制

義満は明徳の乱で活躍した大内義弘に和泉・紀伊二か国を与えたが、その視野には南北朝合一が入っていた。義弘に明徳三年（一三九二）に南朝方を攻めさせ、義弘を通じて南北朝合一をはからせたのである。合一の条件は三つ、ひとつは三種の神器を南朝の後亀山天皇から後小松天皇に「譲国の儀」によって渡すこと。第二に、後亀山流と後小松流の両統が交互に皇位につく両統迭立《りょうとうてつりつ》とすること、第三に諸国国衙領は後亀山流が、長講堂領は後小松流が管轄することであった。

後亀山がこの条件をのんで講和が成立し、吉野を出て閏十月に嵯峨の大覚寺に入ったが、三つの条件は悉く反故にされてしまう。後亀山が条件をのんだのは、南朝方の勢力が弱体で、もはや朝廷として機能しなくなっていたことを自覚していたからであろう。

義満は、後小松天皇が反対するのを押し切って合一をはかったが、これは国際情勢の変化もあったからでもある。この年七月、朝鮮半島では高麗の李成桂《りせいけい》が最高合議機関の都評議使司に推戴されて国王となり（太祖）、明に使節を送って外交関係継続の確認と国王交代の承認を求めて認められていた。李成桂は、倭寇や元の残存勢力、北方勢力との戦いで頭角を現し、一三九一年に高麗の行政・軍事の最高権力を握って土地政策を断行していた。

南北朝合一がなると、義満は十二月に高麗への国書の作成を絶海中津《ぜっかいちゅうしん》に命じ、倭寇の禁圧、俘虜の送還を伝えたが、李成桂が国号を「朝鮮」と改め、明と朝鮮とが結んで日本にあたることを恐れていた。康暦二年（一三八〇）九月、「日本征夷将軍源義満」と名乗って、二人の僧を明に派遣していたが、上表がないことから洪武帝に退けられ、以後、明との接触のない時期が続いていた。

明徳四年（一三九三）四月に後円融院が亡くなると、義満の意を奉じた伝奏奉書が出されるようになった。伝奏は、治天の君である院への訴訟の窓口であるが、義満は伊勢神宮に万里小路嗣房《までのこうじつぐふさ》、賀茂社に坊城《ぼうじょう》俊任、南都に広橋仲光《ひろはしなかみつ》をそれぞれ伝奏として、その訴えを受理して裁き、院政と同じような政治体制をしいた。

明徳四年十一月には、「洛中并辺土散在土倉并酒屋役」の法令を出し、諸寺諸社の神人や諸権門が扶持する奉公人の有す免除特権を取り上げ、土倉・酒屋に平均に役を勤めさせ、京都の土倉・酒屋役の一律賦課を衆中《しゅちゅう》という組織に徴収させ、幕府政所年中行事の費用六千貫文にあてた。これにより幕府政所の財源は、諸国の料所とともに、京都の土倉・酒屋役となった。その見返りとしての山門への対策として、応永元年（一三九四）九月に日吉社に参詣、出家後の応永三年九月には公卿二十六人を率いて延暦寺で受戒している。

義満は応永元年（一三九四）十二月に征夷大将軍を辞し、九歳の義持を元服させ征夷大将軍となすと、自らは太政大臣に任じられ、上皇としての礼や対応を公卿に要求した。翌年六月に出家すると、管領斯波義将や大内義弘など武家や貴族も出家した。義満の家礼となった貴族は義満から「御家門ならびに家領等の事、一円御管領相違あるべからず」という家門安堵を受けた。家門とは家職に関わる家財・道具、父祖からの日記や菩提寺などの総称である。

北山殿造営から応永の乱へ

義満は、九州の今川了俊の勢力が大きくなったことから、応永二年（一三九五）八月に九州探題職を突如解任し、足利一門で高い家格の渋川満頼《しぶかわみつより》を探題に任じたので、了俊は「大敵難義は了俊骨を折り、静謐の時になりて、功なき縁者を申し与え」た、と嘆いて帰洛するが、弁明の機会を与えられず、十一月に駿河守護になって駿河に下った。

応永二年（一三九五）、薩摩の島津元久の子で、福昌寺三世の仲翁守邦《ちゅうおうしゅほう》禅師が「学校」に入って経史を学び、応永十一年に足利庄今福郷で「礼記《らいき》集説《しゅうせつ》」を著録している（『仲翁和尚行状記』『経籍訪古志《けいせきほうこし》』）。足利学校には遠く九州からも入学するようになっていた。

応永四年（一三九七）四月、義満は北山の西園寺邸を入手して北山第の造営を諸大名に命じた。完成した北山第は南北に寝殿があって、北御所に義満が住み、寝殿の西に三層の舎利殿、北に会所（天鏡閣）を設けて舎利殿と渡り廊下で繋ぐ。三層の舎利殿は、金箔が施されて金閣と称され、第一層の法水院《ほっすいいん》と第二層の潮音洞《ちょうおんどう》はともに寝殿造で、第三層の舎利安置の禅宗様の究竟頂《くっきょうちょう》と相俟って、和様と唐様を総合し、武家の王権を荘厳した。

造営にあわせ、斯波義将や廷臣など公武の人々、僧らが移り住むようになるが、出家後の義満に近侍する僧も禅僧から顕密僧へと変わり、応永六年五月から大がかりな祈禱が行なわれ、陰陽師は私邸で陰陽道祭を行なった。北山第は単なる山荘ではなく、一条大路に大門が設けられ、そこから一直線の大路を通し北山第の惣門へと至った。その間の大路に柳を植え、応永五年八月に朝鮮の回礼使秘書監の朴敦之は、大内義弘の使者とともに京都に入り、大門から北山第へと向かった。

北山第の整備に関連して、義満は大内義弘が朝鮮と強いつながりを持つことに懸念を抱いていた。大内氏は朝鮮との貿易で巨富を蓄え、朝鮮の要請に沿って倭寇禁圧に努力し、朝鮮国王から称賛されていたからであって、度々義弘に上洛を催促するが、「和泉、紀伊の守護職を召され」「上洛したところを誅殺される」という噂が流れたことから義弘は、鎌倉公方の足利満兼《みつかね》と密約を結び、応永六年（一三九九）十月に軍勢を率い、和泉堺の浦に着くと、家臣の平井新左衛門を入洛させた。

義満から派遣された絶海中津に、義弘が来月二日に関東軍とともに上洛すると言い放ったので、絶海は説得を諦め、その報告を受けた義満は、義弘討伐を命じる治罰御教書を発し、馬廻二千余騎を率いて石清水八幡まで進み、管領畠山基国《もとくに》と前管領斯波義将率いる主力三万騎を和泉堺に発向させた。

義弘は評定を開いて籠城策を採用、堺に方十八町の強固な城を築き、百万騎の軍勢でも破ることはできまい、と豪語したが、幕府軍三万余騎に包囲され、海上も四国・淡路の海賊衆百余艘で封鎖されてしまい、十二月に幕府軍が総攻撃し、城中に火を放って攻め寄せた。

杉備中守は今日が最後の戦いになると覚悟して、山名満氏の陣に突撃して討死を遂げると、これを見た義弘は、幕府軍の北側の陣に斬り込み、大太刀を振るって奮戦、「天下無双の名将、大内義弘入道を討ち取って将軍の御目にかけよ」と大音声を発し、討ち取られた。東側を固めていた大内弘《ひろ》茂《しげ》は、平井備前入道に降伏を勧められ、堺は落城した。

「日本国王臣源」

応永六年（一三九九）十一月二十九日、幕府軍が一斉に堺の大内氏を総攻撃する情勢に、鎌倉公方足利満兼は、武蔵府中の高安寺《こうあんじ》まで進んでいたのを、関東管領上杉憲定《のりさだ》に諫められて上洛を止め、武蔵府中から下野足利荘まで進軍したところで、義弘敗死の報を聞いて、鎌倉に引き返し、翌年三月、伊豆三島神社に願文を奉献し、幕府に二心を起こしたことを謝罪した。

満兼を謀叛に誘ったとされた今川了俊は、幕府の討伐の命を受けたために上洛して謝罪し、助命されるが、遠江・駿河守護職を没収され、甥の今川泰範《やすのり》に与えられ、大内の周防・長門は降参した弘茂に与えられた。乱を経て、有力大名の在京が原則になった。この応永の乱の経緯は『応永記』(『大内義弘退治記』)に記されたが、作者や成立年代は不詳、乱終結から時間をおかずに書かれた。

大内氏を退けた義満は、応永八年(一四〇一)五月に、側近の僧祖阿《そあ》と博多商人の肥富《こいづみ》を明に派遣して通交を試みた。商人を派遣したのは対明貿易で莫大な利益が得られることを知ってのことであり、使者は明皇帝宛ての「日本准三后道義、書を大明皇帝陛下に上る」と始まる書簡を帯び、多くの方物を積んで船が中国に着くと、建文《けんぶん》帝が受け入れ、翌年に義満を冊封する国書が与えられた。

明からの使節天倫道彝《てんりんどうい》・一庵一如《いちあんいちにょ》を北山殿で義満は引見したが、公卿を連れて四脚門まで出迎え、皇帝からの天書に対し、蹲踞《そんきょ》・三拝《さんぱい》の最敬礼をした。書には「日本国王道義」とあって、義満は「日本国王」と認められた。明使は倭寇の鎮圧を求め、義満の歓待を受けて翌年に帰国の途につくが、この時の絶海中津の執筆した義満の書には、義満を「日本国王臣源」と記されていた。

明使の在日中に靖難《せいなん》の変が起きて永楽《えいらく》帝が即位すると、再び使節団が応永十一年四月に兵庫に到着、北山殿で使節引見の儀が行なわれ、日明間の国交と通商の合意が成立し、勘合百通が下賜され、これを所持した者にのみ通商が限られた。

室町幕府将軍は明皇帝から「日本国王」として冊封を受け、明皇帝に朝貢し、明皇帝の頒賜物を持ち帰る建前の公式の貿易が行なわれることとなった。遣明船に同乗した商人は、帰国後に持ち帰った輸入品の日本国内の相場相当額の一割にあたる金額を抽分銭《ちゅうぶん》として幕府に納付した。

応永十三年（一四〇六）の明皇帝の下賜品は、銀千両、綵幣二百疋、綺繡衣六十件、銀茶壺三、盆四、海船二艘にも及んで、その膨大な唐物は北山殿内の会所（天鏡閣）に「御物」として飾られ、側近の目利きの遁世者（同朋衆）に管理された。義満は応永十五年（一四〇八）五月、寵愛の義嗣が内裏で元服したその二日後に病に倒れ、後継者を遺言する暇もなく亡くなり、子の義持が継承した。

四　室町期の政治と文化

義持の政治

義持は祖父の将軍足利義詮の住んでいた三条坊門邸に移り、北山殿は金閣を除いて取り壊され、公武一統型の政治路線は武家政権の路線へと変更され、積極的な所領政策を推進し、諸大名・諸寺に所領安堵を行なった。

日明関係については、義満が「日本国王」に封じられたことを斯波義将が強く批判していたこともあって、その義将が応永十七年（一四一〇）五月に死去すると、明の永楽帝の使者を兵庫から帰国させ、翌年に明と国交を断絶、冊封関係は消滅した。

応永十七年、南朝最後の天皇であった後亀山上皇が、吉野に出奔する事件が起きると、これを機に各地の南朝系の勢力が蜂起、翌年七月に飛驒国司家の姉小路尹綱《あねがこうじただつな》が、応永十九年八月に称光《しょうこう》天皇の即位では同二十二年に河内で楠木氏、伊勢国司家の北畠満雅《みつまさ》も反乱を起こしたが、まもなくこれら勢力と和解し、後亀山上皇も幕府の説得により応永二十三年秋に帰京した。

その直後、関東で上杉禅秀《ぜんしゅう》の乱が起きた。山内犬懸家の禅秀が鎌倉公方の足利持氏《もちうじ》と衝突して管領を辞め、上杉山内家の憲定の子憲基《のりもと》が管領に就任すると、関東の広範な武士の支援を得て一旦は持氏を鎌倉から追い、持氏の叔父満隆《みつたか》を公方とするが、応永二十四年（一四一七）に幕府の支援を得た持氏によって鎮圧され、禅秀は自害した。

　義持政権は政治的・文化的に経験を積んできた有力大名たちに支えられていた。応永三十年（一四二三）七月、鎌倉の持氏の件を諸大名に諮問した際、管領の畠山満家《みついえ》邸には細川満元《みつもと》・斯波義淳《よしあつ》・山名時熙《ときひろ》・赤松義則《よしのり》・一色義範《よしのり》・今川範政《のりまさ》が集まり、義持の顧問格の醍醐寺満済《まんさい》が同席して評定が開かれている。このように将軍専制ではなく、有力大名連合に基づいていた。

　朝廷とは良好な関係を保ち、義持は後小松上皇の院別当を務め、参内・院参も確認できるだけで相当な回数にのぼり、上皇とは緊密な政治関係を築いた。それとともに禅文化に心酔し、大名や五山の禅僧の参集する文化サロンを形成、夢窓派の占める相国寺に他派の僧を入れ、禅宗の境地を求め、隠遁志向の禅僧と好んで交流した。

　その文雅の交わりの「友社」の禅僧は、建仁寺の惟忠通恕《いちゅうつうじょ》、南禅寺の玉畹梵芳《ぎょくえんぼんぽう》、厳中周噩《げんちゅうしゅうがく》、相国寺の大岳周崇《だいがくしゅうすう》、東福寺の東漸健易《とうぜんけんえき》ら義堂周信《ぎどうしゅうしん》の薫陶を受けた人々、相国寺の鄂隠慧奯《がくいんえかつ》、南禅寺の惟肖得巌《いしょうとくがん》、建仁寺の西胤俊承《さいいんしゅんしょう》ら絶海中津の教化を受けた人々であった。

　応永二十六年（一四一九）、対馬守護の宗貞茂《さだしげ》が亡くなって倭寇の動きが活発になり、朝鮮がその根拠地をたたくべく一万七千の軍勢を派遣して対馬を襲う事件が起きるが（応永の外寇）、朝鮮軍がすぐに引き上げて大問題にならず、義持は僧無涯亮倪《むがいりょうげい》を正使、博多商人平方吉久《ひらかたよしひさ》を副使として朝鮮に派遣した。

朝鮮は義持の要求に応じて『大蔵経』を贈り、無涯らの帰国にあたって日本回礼使として宋希璟《そうきけい》を派遣した。希璟は翌年の六月に京都に着いて将軍に謁見、ソウルに帰着して『老松堂日本行録《ろうしょうどうにほんこうろく》』を著し、日本の事情を記している。義持は同年十月に「顕山居士」名で、「山門条々規式」十五か条の禅院の禁制を出し、「比丘尼女人入門を容るべからず」「酒門内に入るべからず」など、武器を所持し傍若無人な振る舞いをくり返す僧を徹底的に取り締まった。

翌応永二十七年（一四二〇）高熱をともなう病を発し、九月に近習三十三人を代官として伊勢に旅発たせ、病が治癒した冬には、自身参宮して願を果たそうとするが、大名に止められ、御台所《みだいどころ》（日野栄子《えいし》）を代参させている。かつて義持が病になった時、医師の坂士仏《さかしぶつ》が脈をとったところ、「御風気」であると知らされて驚き、治療したが治らず、伊勢神宮に三十三人を代参させ病の平癒を祈らせたことがあり、伊勢の神は病を治すと信じられていた。

疫病と能、一揆

応永二十八年正月、天下飢饉・疫病により万人が死亡、「去年炎旱飢饉の間、諸国貧人上洛し、乞食充満、餓死者数知らず。路頭に臥す」という事態から、義持は五条河原に仮屋を立て、諸大名に施行するよう命じると、食を受くる者が千万、今春の疫病で「万人死去」ということもあり、天龍寺・相国寺の施行には貧人が群集したという（『看聞日記』）。

疫病と飢饉が重なったもので、四月に朝廷は五条天神に流罪の宣下を祇園社に命じている。『徒然草』には、天皇の病気や「世の中さわがしき時」には、「五条天神に靫《つぼやなぐひ》をかけらる」と見えるが、この時には流罪宣下になったわけで、伊勢の神といい、五条天神の神といい、疫病の流行とともに新たな形で登場してきた。

能は世阿弥の芸が新たな段階に入っていた。義満が亡くなったときに世阿弥は四十代半ば、『風姿花伝』によれば、「まことの花」を追求する時期で、応永二十年（一四一三）に北野で七日間の勧進興行を行なっている。義持は応永二十四年に奈良の一乗条院で四座立会能《よざたちあいのう》と増阿弥《ぞうあみ》の能を見物しており、能の演者が義持や大名の鑑識眼にさらされるなか、世阿弥は執筆活動に入った。

応永二十五年に『花習《かしゅう》』から『能序破急事《のうにじょはきゅうこと》』を抜出し、翌年に『音曲声出口伝《おんぎょくこわだしくでん》』、二十七年に『至花道《しかどう》』を著し、そのなかで「当世は御目をいよいよたけて、少しきの非をも御讃談に及ぶ」と、今の貴人は目利きであり、批評眼が肥えているので、「玉を磨き、花を摘める幽曲」でなければ、その意に叶わなくなっている、と記していて、世阿弥の最大の支援者は管領の細川満元であった。

狂言も猿楽能とともに成長しつつあり、『看聞日記』応永三十一年三月十一日条に「猿楽狂言、公家人疲労の事、種々狂言せしむ」と、狂言が笑いをとるために貴人の機嫌を損ねるようなことも起きていた。

応永三十年（一四二三）八月、足利学校では、「学校省行堂日用憲章」という禅院での病舎「省行堂」（入院心得）五か条が定められ、この規則に反したものは、「堂主」が学徒と協議し、学校への出入りを禁止しているが、これは疫病流行による措置であったろう。

義持は応永三十年（一四二三）に子の義量《よしかず》に将軍職を譲り、翌年に等持院で出家するが、義量が早世したうえ、応永三十五年に自らも重体に陥った。そのため管領の畠山満家が満済を訪ねて、斯波義淳、山名時熙らを集めて話し合い、後継者の指名を義持に求めるが、義持は「管領以下の面々寄り合って相はからうべし」と指示するのみで亡くなる。

やむなく畠山満家の提案で、石清水八幡宮でくじ引きを行ない、将軍を選ぶこととし、候補は、青蓮院義円《ぎえん》、大覚寺僧正義昭《ぎしょう》、相国寺永隆《えいりゅう》蔵主、梶井僧正義承《ぎしょう》の四人の兄弟のうち、くじを開いたところ「青蓮院殿」と出て、将軍義教《よしのり》が誕生することになった。

将軍が義教に代わり、天皇が後花園天皇に代替わりした正長《しょうちょう》元年（一四二八）八月、近江での馬借の一揆に始まり、近江から京都・奈良へと一揆が波及、「私徳政」を行ない、幕府に徳政令の発給を迫った。管領の畠山満家は一揆勢を撃退して徳政令を出さなかったが、大和の守護権を握る興福寺は、十一月に借銭破棄の徳政を宣言した。

一天下の土民蜂起す。徳政と号し、酒屋・土倉・寺院等を破却せしめ、雑物等恣《ほしいまま》にこれを取り、借銭等悉くこれを破る。管領これを成敗す。凡そ亡国の基、これに過ぐべからず。日本開白以来、土民の蜂起是れ初めなり。（『大乗院日記目録』）

この一揆がいかに支配者を驚かせたのかがわかるが、それだけではすまず、翌年には播磨で蜂起した「土民」は、「侍をして国中に在らしむべからざる」と豪語、「国中の侍」を攻め、荘園代や守護方の軍兵を追い払ったという。

義教の専制

義教は、義満時代を目標に幕府権威の復活と将軍親政に力を注ぎ強権を発揮した。管領の主導で行なわれていた政務や裁判を、将軍の御前で行なう御前沙汰へと改め、事務官僚の奉行人を指揮して判決案を作成させ、承認する将軍の花押を加える方式を採用、将軍の諮問に評定衆や奉行人が「意見」を答申する意見制度も整えた。

称光天皇死後の皇位継承問題に介入し、後花園天皇の『新続古今和歌集』撰集を執奏、三宝院満済を政治顧問として政治・儀礼の形式を整え、中断していた勘合貿易を再開させた。父義満の室町殿跡に新御所を造営して、翌年移り住むと、遊興空間ともいうべき南向会所《かいしょ》を、翌年には会所泉殿を設けた。勘合貿易では、永享《えいきょう》四年（一四三二）八月に使者に表を持たせ、明に派遣、兵庫津まで見送るという力の入れ様で、同六年には、明使が京に入って「日本国王」に封じられた。

だが、義教の強権政治は多くの軋轢を生むことになる。世阿弥は甥の音阿弥《おんあみ》を後援する将軍との関係が悪化し、永享六年（一四三四）に佐渡に流罪となった。都を出て小浜に至り、海路で佐渡島の太田の浦に到着したが（『金島書《きんとうしょ》』）、以後の消息は明らかでない。世阿弥の能は、『鵺《ぬえ》』や『檜垣《ひがき》』のような複式夢幻能が多かった。

七月、山門延暦寺が山徒の光聚院猷秀《ゆうしゅう》の不正を幕府に訴えてきた。猷秀が金融業を営みその財力により山門の修造事業を行なうなか、将軍近習の赤松満政《みつまさ》や山門奉行の飯尾為種《ためたね》に賄賂を渡している、と強訴に及んできたのだが、これに怒った義教は、強訴の首謀者を流罪、山門の征伐、山門領没収を試み、山門使節を自害に追い込み、果ては山門を焼いた。

その最中、管領畠山満家が亡くなり、「天下の義者」と称されて将軍を補佐してきた三宝院満済、宿老の山名時熙らも相次いで亡くなったため、義教の政治に抑制をかける政治家がいなくなり、そうした時に再び関東の問題が浮上した。

鎌倉公方の足利持氏は、義教が将軍になった時にも将軍になることを狙っており、将軍に対抗して専制化を強めていたので、危機感を抱いた関東管領の上杉憲実《のりざね》は持氏を諫めたが、憲実の諫言を持氏が聞き入れないので、永享九年（一四三七）四月、憲実は相模の藤沢に逃れた。この時は持氏の慰撫で復帰するが、続いて持氏が幕府に無断で子の賢王丸を元服させて義人《よしひと》と命名したので、憲実は上野国に下り、そのことから持氏は憲実討伐に出陣した。

この報を聞いた義教は、錦の御旗と治罰の綸旨を朝廷に要請して与えられると、駿河守護の今川範忠《のりただ》と奥州派遣の篠川御所の足利満直《みつなお》、京都扶持衆と称される国人らに憲実への合力を命じ、永享十年十一月、憲実は持氏の鎌倉を落とした（永享の乱）。

憲実は持氏の赦免を義教に嘆願するが、認められぬまま、翌年に鎌倉の永安寺に籠る持氏を攻めて自刃においやると、永享十一年に足利学校に五経『尚書』『毛詩』『礼記』『春秋左伝』『周易』の宋刊本を寄せ、足利学校を再興した。持氏との抗争から武士にも学問が必須と考えたのであり、その後、憲実は出家、伊豆の国清寺《こくせいじ》に遁世した。

ところが、結城氏朝《うじとも》らが翌年に持氏の遺児春王丸・安王丸を奉じ挙兵したので（結城合戦）、幕府の強い要請に屈した憲実は復帰し、これを退けると、関東で幕府と連携して支配を固めた。この結城合戦の最中、義教は大和の衆徒・国民の越智・箸尾の征伐のために軍を出していたが、大和の陣中で一色義貫《よしつら》・土岐持頼《もちより》を謀殺している。

嘉吉の乱と義政の政治

義教の政治は、大名家の家督相続に介入することが多く、永享十三年（一四四一）には畠山家の家督を畠山持国から畠山持永《もちなが》に委譲させるなど、「万人恐怖」と呼ばれる政治を展開したので、危機感を覚えたのが赤松満祐《みつすけ》・教康《のりやす》父子で、義教の謀殺を計画し、同年（嘉吉元年）六月二十四日、関東の結城合戦の戦勝祝宴を名目に、義教を自邸に招き、暗殺した（嘉吉の変）。

義教が殺害されると、大名の評定によって、子の千也茶丸《せんやちゃまる》を後継者に定めるが（義勝《よしかつ》）、再び「代初めの徳政」を求めて、近江坂本の馬借を中心に一揆が蜂起、これに地侍指導の一揆が加わり数万人に膨れ上がって京都を包囲、九月には東寺、北野社を占拠し、丹波口や西八条をも封鎖した。一揆勢は外部の連絡を断った上、酒屋や土倉、寺社を襲撃した。

これに管領細川持之《もちゆき》は、土倉方一衆から賄賂一千貫を得てその保護のため出兵命令を出し、これが有力守護の耳に入って、出兵拒否が起きるなど、混乱がおきたが、新将軍足利義勝の名で一揆側の要求を受け入れたので、山城一国平均に徳政令が出されて収拾された。

文安《ぶんあん》三年（一四四六）三月十七日、聖護院の住心院で田楽能が行なわれた。まず楽は、万歳楽・五常楽急・太平楽急《たいへいらくのきゅう》があり、次に田楽となり、中門口《ちゅうもんぐち》、立会い、刀玉《とうだま》があった後、田楽能が「勢田熱田の春敲門《しゅんこうもん》の能」「女沙汰の能」以下十番があり、翌日にも「水くみの能」「あつもりの能」など八番があった。

文安年間に成った『文安年中五番帳』は「公方様五番衆」として一番から五番までの奉公衆の交名を記し、各番の申次や詰衆・在国衆の名、奉行衆、評定衆、外様衆、三管領、四職の名を載せており、整った幕府体制を記すもので、さまざまな故実が整えられていた。

武家故実の伊勢流は、伊勢貞長《さだなが》や伊勢守貞経《さだつね》ら伊勢氏により整えられ、小笠原流も小笠原持長《もちなが》が犬追物の故実『犬追物草根集《そうこんしゅう》』を嘉吉元年（一四四一）に著し、馬の手綱の故実『小笠原流手綱之秘書』を宝徳《ほうとく》二年（一四五〇）八月十七日に著している。

義勝が早くに亡くなったので、弟の義政（初名は義成《よししげ》）が後を継ぎ、文安六年（一四四九）に判始《はんはじめ》を行ない、先例にならって公家や武家の所領を安堵する御判御教書《ごはんのみぎょうしょ》を出し、管領は将軍に代行して発給する管領下知状を出す形で、義政の治政が始まった。

義政は、五山の人事や訴訟を申し次ぐ蔭凉軒《いんりょうけん》主の季瓊真蘂《きけいしんずい》を復権させて、五山関係諸法令の順守を命じ、相国寺鹿苑院の不知行所領の還付を認め、以後、寺社本所領還付政策を展開してゆく。政所執事の伊勢貞親《さだちか》も重用し「室町殿御父《むろまちどのおんちち》」に遇した。貞親は、享徳《きょうとく》三年（一四五四）九月に起きた徳政一揆の要求に対し、徳政を申請した者には債務破棄を認める代わりに債務額の十分の一を幕府に納入を命じると、この手数料である徳政分一銭《ぶいちせん》を滞納する債務者が続出したため、翌年に徳政奉書を回収、分一銭の支払者にのみ貞親の裏判を据えて再給付し、裏判を受けていない場合は、土倉が債権額の五分の一を納入すれば土倉の債権を保護することとした。

関東の足利成氏

幕府は、鎌倉府の再興を願い出た武士団の要求に応え、持氏の子万寿王（足利成氏《しげうじ》）を公方にすることを認めたので、成氏は文安四年（一四四七）に信濃から鎌倉に入って鎌倉府を再興し、代始めの徳政を行ない関東統治への意欲が強く、結城氏や里見・小田氏を重用、上杉氏を遠ざけ始めたので、憲実の子憲忠《のりただ》が反発、成氏と憲忠家臣との対立が深まった。

享徳三年（一四五四）十二月、成氏は憲忠を屋敷に招いて殺害、里見・武田氏らの成氏側近が山内上杉邸を襲撃したことから、この後、成氏は山内・扇谷の両上杉方と戦い、武蔵国分倍河原の戦いで破ると、彼らの逃げ込んだ常陸の小栗城を落し、宇都宮氏を降して各地を転戦するなど、長い関東の大乱への幕開けとなった（享徳の乱）。

その成氏征討の要請を受けた幕府は、駿河守護今川範忠《のりただ》に出陣を命じ、康正《こうしょう》元年（一四五五）六月に範忠が鎌倉を占拠したことから、成氏は下総国古河《こが》に入り、以後、古河を本拠として古河公方と呼ばれた。

公方の成氏は幕府の年号を用いず、享徳の年号を使い続けたが、その自立の証ともいうべき書物が、享徳五年（一四五六）六月一日に御所奉行の海老名季高《すえたか》が編んだ『鎌倉年中行事』である。七十七項目からなり、元旦から十二月までの殿中で行なわれる年間の行事、若君・姫様の誕生や公方の元服・御所移修・発向など特別な行事をはじめ、最後に管領・一家中・奉公中の間の書札礼《しょさつれい》や路頭礼《ろとうれい》、猿楽能での給禄について記している。

将軍義政は父義教の政治に回帰することを願って、長禄《ちょうろく》二年（一四五八）、弟政知《まさとも》を鎌倉公方として関東に送るが、関東の武士の支持・協力を得られず、鎌倉に入れないまま伊豆の堀越に入ったので堀越公方と称された。

関東では戦乱が各地で広がってゆき、康正二年（一四五六）に武蔵に入り、成氏と交戦した扇谷上杉房顕《ふさあき》が、長禄三年（一四五九）の戦いに大敗を喫し、両陣営は武蔵の五十子《いかこ》を挟んで長期にわたる戦闘状態に入るなか（五十子の戦い）、房顕は病に倒れて亡くなる。

京の町人

かつて京都は検非違使の支配下にあり、洛中は横大路の間を単位とする十二の保に保検非違使が配され、行政や警察を担っていたが、室町幕府は縦小路の間の町を単位に支配した。康正二年（一四五六）に内裏造営賦課の棟別銭は、右筆方の奉行が「町別」に割り当てられ、侍所の被官を添えられて徴収に臨んでいる。

寛正《かんしょう》六年（一四六五）、節季の費用を洛中の町に課した時には、十四人の奉行人が縦小路間を徴収の単位として割り当てられたが、その範囲は、東は鴨川に沿う東朱雀大路、西は大宮大路であった。貞治六年（一三六七）の洛中棟別銭は十文宛て一万疋が課され、一万棟が負担したが、文安三年（一四四六）には百文宛てで二万貫、二十万棟が負担している。数字の通りではないにしてもこの間に十倍以上の人口増加があったことは疑いない。

その町は、小路や辻子と称される小道を挟んだ両側を単位とする両側町で、それを母体として祇園祭を担ったのが山鉾町であって、その山鉾町は北は二条、南は五条、東は万里小路、西は猪熊小路の範囲に分布していた。

京都への出入口の関所は延慶《えんきょう》四年（一三一一）に「東三ケ口」が見え、南北朝の動乱とともに増加して「京都七口」と称され、嘉吉の一揆はこの七口の撤廃を要求、幕府は受け入れたが、禁裏や権門の復活要求により四宮河原関、八瀬口、今路道下口、東寺口、法性寺口、鳥羽口、七条口、長坂口が復活し、東海道口と木幡口も開設された。

町に成長してきたのが「町人」で、『庭訓往来』に「京の町人」と見え、応永二十六年（一四一九）に将軍義持は、北野社の西京《にしのきょう》神人《じにん》に麹の専売特権を与え、「東京酒屋」の麴室を破却したが、その時に土倉が提出した請文に「町人」の名が見える（『北野天満宮史料』）。五条坊門小路と室町小路の辻の西側の南頬にある土倉の祐光が麴の停止を誓った文書であり、連署した「町人かうあみ」は同じ

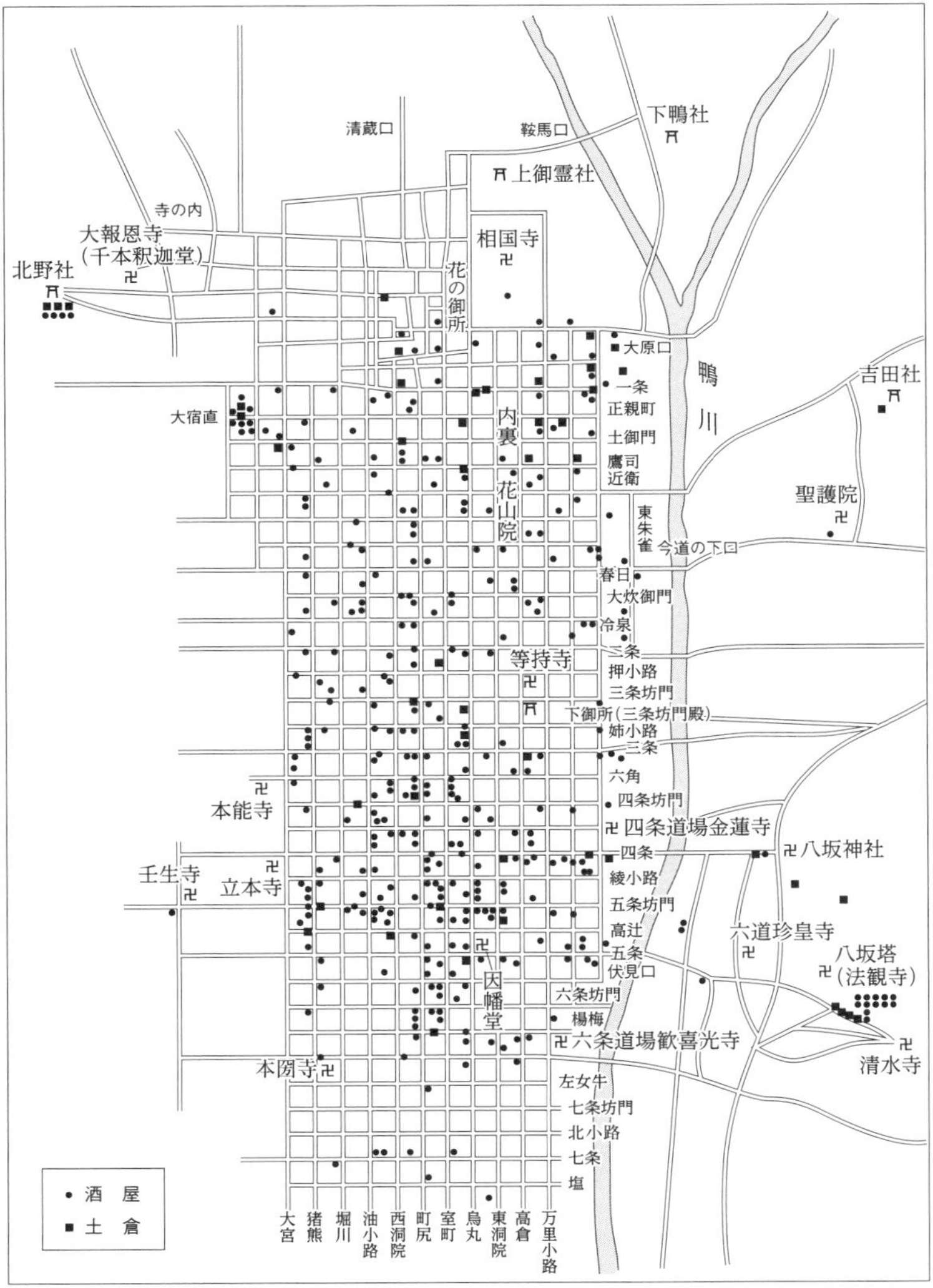

京都の酒屋・土倉（永原慶二監修『岩波 日本史辞典』による）

町に住む町人であろう。

応永二十五年に五条東洞院にある因幡堂が、園城寺の末寺から離れようとする動きがあり、園城寺の僧が押し寄せる噂が広がると、「近辺の町人」が昼夜警護したという（『康富記《やすとみき》』）。町人の家々の前の道には井戸があって、生活用水として使われ、道の真中を流れる小川も多様に使われていた。トイレも道にあり、遊びも道で行なわれていた。道から侵入する暴力には、出入り口に木戸（釘貫《くぎぬき》）をつくって防ぐなど、道は町の共同性をよく示している。家の間口は狭く、奥は深いが、これはさまざまな賦課が家の間口の長さに応じて課されたことによる。

応永三十二、三年（一四二五、六）に作成された京の酒屋名簿によれば、北は一条から南は七条まで、西は大宮から東は東朱雀（鴨川の東の大路）までの洛中に酒屋が満遍なく分布し、一条以北、河東など洛外にまで及んだ。前頁の図は酒屋や土倉を示した。

京の文化と経済

応永二十五年（一四一八）、外記の中原康富《やすとみ》は、向かいの住人から子にせがまれ『童子教《どうじきょう》』を貸して欲しい、と頼まれた。『童子教』は人の守るべき徳目を記したもので、京の町人は『実語教《じつごきょう》』や『庭訓往来』を読み、『御伽草子』（室町物語草子）も娯楽として読むようになった。

そのうち御伽草子の『文正草子《ぶんしょうぞうし》』は、常陸の鹿島宮司に仕える文太が、塩焼を経営するうちに富貴の身になった話、『猿源氏草紙《さるげんじぞうし》』は、伊勢の阿漕浦《あこぎがうら》の鰯売りが都に上って立身出世した話など、多くの作品は地方の動きを語っている。謡曲『婆《ば》相天《そうてん》』や説経節『さんせう大夫』に見える越後の直江津は、東国・西国の船が出入りし、人買い商人の活動する繁華な湊として描かれるなど、列島の各地や都の内外で台頭してきた大名や職人の生態を生き生きと描いている。

絵巻も『御伽草子』風のものが多く作られ、『百鬼夜行絵』は鬼神や怪獣、古い器物の妖怪である付喪神《つくも》が繰り広げる百鬼夜行の様を描き、『祭礼草紙』は、会所での饗宴の光景や、祭礼の準備の様子に始まり、女房たちの騎馬姿、甲冑の武者、馬長の行列、弁天・那須与一の飾り物を頭上に戴《いただ》いての歩行、最後を童子が歩む姿を描いている。

洛中の産物は、大舎人綾《おおとのえのあや》・六条染物・猪熊紺・大宮絹・烏丸烏帽子・室町伯楽《はくろ》・姉小路針で、洛外の産物には「小柴黛《こしばのまゆずみ》・城殿《きどの》扇・仁和寺眉作《まゆづくり》・東山蕪《かぶら》・西山心太《こころぶと》・嵯峨土器・大原薪・小野炭・鞍馬木芽漬《きのめづけ》」があり、その交易売買の利により「四条五条の辻」が潤っていた（『庭訓往来』）。

経済的繁栄を謳歌する洛中の町のうち大舎人綾を産する大宿直《おおとのい》には酒屋が八軒、土倉が二軒あって、祇園会には「大舎人の笠鷺鉾《かささぎほこ》」を出している。もとは中務省に属する大舎人が宮中に宿直する詰所で、大内裏の敷地であったのが、衰微して人家が建ち始め、織部司に属する官衙工房があったことから織物業の中心地となり、綾が名産となった。

料理の文化は、長禄三年（一四五九）に将軍御所で御前点があり、「点心六点、菓子七種、茶」が出た後、精進七種が振舞われ、最後に唐餅・菓子・茶で締めくくられ、精進三の膳の中央に本膳、右に二の膳、左に三の膳が置かれた（『蔭涼軒日録』）。『尺素往来《せきそおうらい》』には「本膳、追膳、三膳、大汁、小汁、冷汁、山海苑池之菜、誠に調百味候也」と見え、本膳料理の形式が整っていた。『酒飯論絵《しゅはんろんえ》』には、会所での武家の本膳料理が描かれ、本膳と二の膳、三の膳の折敷が並び、中央に中酒を給仕する女性がいて、隣の部屋では本膳の料理が置かれ、会所には畳が敷きつめられている。

京都は南北朝期から室町期にかけて商業活動が盛んになり、南北朝期に祇園社の綿座商人のような散在商人が増え、東寺の南大門前に一服一銭の茶売りが現れた。この南大門前は交通の要衝で、南口に応永十一年(一四〇四)に関が置かれ、関銭を車別十銭、旅人一銭、商人二銭、商売馬疋別三銭と定めている。人と物資は京の七口を経て運ばれ、列島の各地からは次のような名産品が持ちこまれた(『庭訓往来』)。

衣　料　加賀絹・丹後精好《せいごう》・美濃上品《じょうぼん》・尾張八丈《はちじょう》・信濃布・常陸紬《つむぎ》・上野綿《わた》
工　芸　伊予簾《すだれ》・讃岐円座《えんざ》・讃岐檀紙《だんし》・播磨杉原《すぎはら》・備前太刀・刀　出雲鍬・奥漆《うるし》
金　属　上総鞦《しりがい》・武蔵鐙・能登釜・河内鍋
原材料　土佐材木・安芸榑《くれ》・甲斐駒・長門牛・奥州金・備中鉄
食　料　越後塩引・隠岐鮑《あわび》・周防鯖・近江鮒・淀鯉・備後酒・和泉酢・若狭椎《しい》・宰府栗
　　　　宇賀昆布・松浦鰯・夷鮭《えぞ》・筑紫穀《こめ》

惣村の武力行使

正長・嘉吉の一揆以来、畿内周辺では一揆が頻発しており、山城の山科七郷などでも一揆が多発するなか、琵琶湖の北端、葛籠尾崎《つづらおざき》の狭小な扇状地に形成された菅浦でも一揆がおきた。文安二年(一四四五)と寛正二年(一四六一)の二度にわたる日指《ひさし》・諸河《もろかわ》の地をめぐる大浦荘との相論により、周辺の地頭や荘民等をまきこんで合戦となった。

この時の合戦は、「七、八十の老共《おとな》も弓矢を取、女達も水をくミ、たてをかつく事」など、老若男女が総動員されて、訴訟費用には銭二百貫文・兵粮米五十石、酒五十貫文がかかった。寛正二年には「余所勢ハ一人も不入、只地下勢はかり、湯にも水にも成候わんとて、一味同心候て、枕をならへ打死仕候わんとおもいきり、要害をこしらえ相待」と、一味同心しての結束をはかった。

菅浦は貞和二年・正平元年(一三四六)に「ところのおきふミ」(所の置文)を定め、隣接する大浦庄との間の係争地の日指・諸河の田畠について、一、二年の年紀売りは認めても、永代の売買を禁じ、違反した場合は「惣の出仕」を止めると定め、十二人の住民が署判《しょはん》を加えた。この「惣」は乙名・中老・若衆と呼ばれる東・西各十名の二十名によって運営され、領主の検注を拒否し、年貢の減免を要求、年貢の地下請《じげうけ》を行なった。

回船や漁業活動も盛んで、応永四年(一三九七)に海津《かいづ》の地頭の仲介で堅田《かたた》と湖上の漁場の四至《しし》をとりきめている。応永十九年(一四一二)からは領家の日野家に年貢二十石、銭を春秋十貫文ずつ納めていたが、ここでも年貢の減免を要求、山門には前田の地の年貢を納入し、琵琶湖の竹生島に海上の安全を祈って初穂の米を納め、内蔵寮を管轄する山科家には供御として、大豆・小麦・鯉・枇杷などを納めていた。

備中の新見荘《にいみのしょう》は、中国山地と吉備高原の中間の新見盆地に位置し、中央を高梁川《たかはしがわ》が南流する東寺領荘園で、南北朝の動乱期に国人領主の新見氏が勢力を広げ、応永元年(一三九四)に、東寺は細川氏被官の新見清直《きよなお》と所務代官の契約をしていた。

荘の百姓は応永五年(一三九八)四月に旱魃・大風・洪水などが続く大不作を理由に、年貢の損免を要求、東寺は代官として新見氏、続いて山伏の宣深《せんしん》を起用、この代官支配に「当庄御百性等、誅罰の欝憤により逃散《ちょうさん》せしむ」と荘民が抵抗し、応永三十四年(一四二七)には百姓が上洛して訴状を提出、細川氏家臣の代官安富宝城《やすとみほうき》を訴え、代官支配に対し荘民は抵抗を繰り広げてきた。

長禄三年(一四五九)頃から始まった天候異変が終息していないなか、寛正二年(一四六一)に名主百姓四十一名が連署して、代官の安富智安《ともやす》の罷免を東寺に要求すると、これに東寺は使者を送り現地の情勢を調べさせ、次の報告を得た。

新見荘は南北七里、東西は一里で総じて山家であり、中央に川が流れ、その南と西は東寺領、東は地頭方領である。守護所とは十五里の位置にあり、一里を隔てた多治部《たじべ》という在所に国衙の政所がある。管領細川勝元《かつもと》の指示があれば守護方が当荘へ打ち入るとの風聞があるが、三職・地下人らの一族が集まれば四百から五百人になり、三か国から攻めてこようとも当荘は落ちない。

当荘には市場があってその半分は領家方、半分は地頭方で、国衙・守護方の商人が入りまじり、弓矢の争いに及ぶ時があるとすれば、この辺かと考えられる。将軍の下知や管領の介入で東寺が前代官の安富と契約を結ぶならば、地下一同は他国への逃散を辞さないことを一味神水で定めている。

その市場は、高梁川に沿いにあり、代官の山伏宣深は、米や麦・茶・塩などの食品、御器《ごき》や折敷《おしき》、炭などの日用品、有力者と交際する酒宴に必要な酒、鯛・小魚・昆布や素麵などを購入し、「市ハにて、酒、さかな」と、市で酒宴を開いていた。山間の市でも、魚や昆布などの海産物が見えるのは、高梁川を下り瀬戸内海の湊と結ばれていたからである。寛正三年（一四六二）に代官になった祐清《ゆうせい》は、割符《さいふ》を送金手段に用いているが、それには山崎や尼崎の割符屋が関わっており、山間の荘園も湊町と浅からぬ繋がりのあったことがわかる。

保内商人と小浜・安濃津

琵琶湖東岸の蒲生郡の荘園得珍保《とくちんのほ》は、保内上下各四郷で編成され、各郷に山王権現を勧請しており、そのうちの今堀郷が惣村結合の中心で、永徳三年（一三八三）の「今堀郷結鎮頭定書《けちのとう》」では、今堀十禅師権現の宮座の行事を定め、十四紀前半頃までには下四郷七箇村の保内商人が成長していたという。琵琶湖を渡り西に出て九里半街道・七里半街道を経て若狭小浜湊に出るルート、東の鈴鹿山脈を越えて伊勢湾へ抜けるルートなどを利用、美濃・尾張から京都に至る行商区域を形成、美濃紙・陶器・木綿・麻苧《あさお》・呉服・馬・塩・干魚などを京に運んだ。

小浜は若狭湾の奥の小浜湾に面し、若狭府中の国府津であったが、小浜湊の湊機能が西津へと移って、南北朝期には若狭守護の支配下に置かれ、暦応三年（一三四〇）、幕府は、守護に対し、臨川寺領の加賀国大野荘の年貢が若狭に着いたならば、「小浜津の問居」に命じて検納せよ、と命じている（「天竜寺文書」）。以後、問の活動が盛んになり、津の刀禰《とね》は、湊に入る船から馬足料を徴収、文和四年（一三五五）に守護の細川氏は、この徴収分のうちの三貫文を大島八幡宮に寄進している（「大谷文書」）。

貞治五年（一三六六）から、守護の一色氏は、小浜八幡宮の修造に力を入れ、同社に多宝塔を造営し、その供養に千部経を応安年間に奉納している（「八幡神社文書」）。近くの東寺領太良荘《たらのしょう》の農民は「一日も小浜へ出入候ハでハかなわぬ」と述べている（『東寺百合文書』）。

応永十五年（一四〇八）六月に南蛮船が小浜に到来、小浜の問の本阿弥の家を宿舎とし、「日本国王」足利義満への進物として黒象一頭・山馬一隻・孔雀二対・鸚鵡二対を贈っている。使者は明王朝から宣慰使という職務に任じられ、スマトラ島のパレンバンに派遣されていた施進卿で、その後も黒鳥や黒象などの将軍へ進物をもたらした。

応永十九年（一四一二）十二月に幕府は小浜に着岸する美保関などからの鉄船に課した公事を直納するよう、禁裏料所（天皇の所領）の小浜湊に伝えている（「若狭国税所次第」）。禁裏料所となったことで、小浜は諸勢力から守られ、蓮華王院の宝蔵にあった絵巻『吉備大臣入唐絵巻《きびだいじんにっとうえまき》』『伴大納言絵詞《ばんだいなごんえことば》』『彦火火出見尊絵巻《ひこほほでのみのみことえまき》』は、戦乱を避けて室町院領・松永荘の明通寺《みょうつうじ》に避難、新八幡宮の造営とともに神宝として寄せられた（『看聞日記』）。

応永三十年（一四二三）に安藤陸奥守が、将軍に馬二十匹、鳥五千羽、銭二万匹、海虎皮三十枚、昆布五百杷を進上したが、これは小浜を経由して京にもたらされたもので、津軽の十三湊に根拠地を置く安藤氏は幕府に従っていた。寛正四年（一四六三）には小浜湊に十三湊と関係する「十三丸」が入港した記録が見える（『政所内談記録』）。小浜の羽賀寺《はがじ》の堂舎が永享七年（一四三五）に焼失すると、翌八年四月の本堂再建には、十三湊の「日之本将軍安倍康季《やすすえ》」が莫大な銭を奉加し、文安四年（一四四七）十一月に本尊の遷座となっている。

山陰ルートと北陸ルートから小浜に運ばれた産物は、九里半街道を経て琵琶湖の今津に出、京に向かうルートや、その街道の途中から朽木を経て京に向かうルートなどで京に運ばれ、逆に京の文化も小浜に伝わった。守護の一色義貫《よしつら》が足利義教に謀殺されると、謀殺に加担した安芸の武田氏が若狭守護となり、京都から多くの貴族を招くなどして、文化の華が開いた。

伊勢湾の良港安濃津《あのつ》は、伊勢神宮参詣が増加し、連歌師で医師坂士仏の紀行文『太神宮参詣記』康永元年（一三四二）十月十日条は「江めぐり浦はるかにして、ゆききの船人の月に漕ぐ声、旅泊の暁の枕に聞こえ」と、船人の漕ぐ舟で賑わう様子を記しており、応永二十五年（一四一八）に公家の花山院長親《ながちか》は『耕雲紀行《こううんきこう》』に「あの、津につきぬ。念仏の道場にやどる。ここはこの国のうちの一都会にて、封疆《ほうきょう》もひろく、家の数も多くて、いと見所あり」と、都会というにふさわしい賑やかさであったと記す。安濃津と同じく伊勢湾岸にあって、伊勢神宮の外港として発展したのが大湊で、東国と伊勢神宮を結び、明徳三年（一三九二）、武蔵の品川湊に入港した船の帳簿に見える「湊船」

には大湊と品川を往来する船もあった。

兵庫関の世界

京から瀬戸内海ルートに沿った湊町を宋希璟の寄港地から見てゆくと、淀川を下って尼崎に着いた希璟は、尼崎の宿で農家が「耕地は三たび穀を刈る」と、稲・木麦（蕎麦）、麦の三毛作であったと記す。尼崎は四町が成立した後、応永二十七年（一四二〇）に、真宗の本興寺が、大覚寺の西側に背を向けて創建され、寺内の周囲を惣堀で囲って要害をなし、西門前に抱えた町屋から地子を取っていた。東大寺の大仏殿の材木の中継基地で、京や奈良に材木を供給、番匠が住み、京や奈良、摂津の勝尾寺の造作に赴いていた。

尼崎の次の兵庫では、風に阻まれたため長福寺に泊まるが、「帆影は前浦に飛び、鐘声は遠空に動く」と、湊は帆船で満ち、鐘の声が聞こえる町であった。大輪田泊の後身で日宋貿易の貿易港となり、関が置かれてその関料が寺社の造営や修復に使われた。延慶元年（一三〇八）に東大寺に関料の徴収権が与えられ、南北朝期には興福寺にも与えられ、それぞれ北関、南関と称された。北関の帳簿である文安二年（一四四五）の『兵庫北関入船納帳』は、入船の船籍地、積載品目と数量、関料とその納入日、船頭名、船主の問を記している。

文安二年分の年間通関船数は約千九百隻、百石以下の小型船が半数を占め、千石以上の大型船も四隻ある。運んだ船の船籍の湊は百余り、積荷は主に塩（年間約十万石）で、そのうち備後塩が五万千六百石と五十パーセント弱に及び、米が約二万五千石、木材が約二万五千石と続き、他にも海産物や油、瀬戸内海沿岸を中心とした西国諸国の特産品が運ばれた。米に対しては積載重量の一パーセントを「升米」、旅客や薪炭には一隻あたり四十五文が「置石」（兵庫津修理用）として賦課された。兵庫は瀬戸内航路の流通の要であった。

続く備前の牛窓《うしまど》は通過するが、備前邑久郡《おくぐん》にあって牛窓湾に面し、『万葉集』に歌われた早くからの湊で、院政期に西行が書写山を訪ねた後、讃岐に向かうなか、牛窓の瀬戸に出て、「栄螺《さざえ》住む瀬戸に岩壺求め出でて　急ぎし海人《あま》の気色《けしき》なるかな」と詠み、平清盛は厳島社に参詣する途中で宿泊する「宿屋」があったという（『山槐記』）。義満も牛窓で宿泊しており、日蓮宗本蓮寺が建てられ「牛窓千軒」という湊町になっていた。牛窓は泊（中浦）・関（関町）・綾（綾浦）の三つの湊からなり、『兵庫北関入船納帳』に見える牛窓船は、延べ百三十三艘もあり、泊船が六十五艘、関船が四十八艘、綾船が十八艘あった。

牛窓の次は備前児島郡南端の下津井《しもつい》で、海賊が居ることから、風も逆向きなので海辺に停泊したのだが、護送船は西を目指した。人家に皆が帰ってゆくなか、日が没すると、船が近づいてきたので、海賊の船かと恐れたが、そうでなく漁船といわれて安堵し、護送船も戻ってきて湊に泊まったという。海賊を恐れての旅であったことがわかる。

尾道に行く途中の鞆は、南北朝期に足利直冬が一時、中国探題として拠点を置き、義満の厳島参詣でも寄港地となった。『兵庫北関入船納帳』には鞆船籍の船が十七回入関しており、寛正六年（一四六五）に兵庫を出発した遣明船の船舶調査に鞆の「宮丸」の名が見え、鞆津の代官「藤原朝臣光吉」が使者を朝鮮に派遣している。

町跡の発掘によると、鎌倉期後半の土師質土器の碗や小皿・鍋、常滑焼甕、輸入青磁碗・白磁壺や石鍋、硯などが、室町期の瀬戸焼のおろし皿、備前焼の壺、古銭などが出土している。鞆城跡の南からは青磁と白磁あわせて二十個以上、青磁は龍泉窯系で碗は鎬蓮弁《しのぎれんべん》を有す。さらに近くからは町跡と同様なものが出土し、小都市の湊町であることが発掘からも知られる。

五　列島の社会

草土千軒と尾道浦

鞆の近くには、『兵庫北関入船納帳』にその名はないが、江戸期に埋もれた「草戸千軒《くさどせんげん》」が芦田川《あしだがわ》河口の三角州上の微高地にあった。観応の擾乱で足利直義方の上杉朝定《ともさだ》が山城の八幡から海路、鞆に上陸し、「草井地」で高師泰を追撃したとあるが、これが草戸千軒の地と見られ、西には常福寺（明王院）がある。

草戸は長和荘《ながわのしょう》の荘域にあって、両者の関わる湊町として発展、十三世紀後半から十四世紀初頭にかけ、道路や溝が設けられていた。十四世紀前半から中頃にかけ、遺跡の北半に堂（寺院）や屋敷、大工仕事や漆塗り関連の仕事場があり、柵・溝・水路で区画され、水路には小舟が通行可能であった。南半では溝や柵で区切られた短冊形の細長い区画が並び、その地割りの短辺の一方が道路に面し、もう一方が堀割に接し、商業や手工業に関係した人々の居住地と見られる。

十五世紀になると、寺や集落が廃絶し、新たに寺院が造営され、南に四脚門と土塀の柵が建てられ、本格的寺院として整備され、道も作り直された。多くの木簡が出土し、それには商品取引や金融に関わる記述があり、商業・金融活動が盛んだったことがわかる。闘茶札《とうちゃふだ》や聞香札《もんこう》もあり、風流で裕福な人々が暮らし、羽子板や独楽など子どもの遊び道具も出土している。

宋希璟は上洛した際、尾道について「長橋は短岸に横たわり、衆室は平湖に圧したり。千里遠遊の客、一身生事の老、憐れむべし。渺々たり海東の隅」と記し、民家が岸辺にまで迫り、多くの旅人で賑わっていたという。尊氏はこの地の浄土寺で戦勝祈願を行ない、直義は浄土寺に利生塔を設け、鞆の金宝寺を安国寺と定めた。今川了俊の『道ゆきぶり』は「この所のかたちは、北に並びて、あさぢ深く岩ほこりしける山あり。麓にそひて家々所せくなり。西より東に入海遠く見えて、朝夕潮の満ち干もいとはやかりけり」と、山の麓や海辺に家々が並び、湊には「遥かなるみちのく、つくし路の船も多く」「一夜のうきねする君ども（遊女）」が多く賑わっていたという。

貞治六年（一三六七）に尾道の万代道円《まんだいどうえん》の発願により、将軍足利義詮が天寧寺《てんねい》を創建、開山は天龍寺の住持の春屋妙葩で、義満が厳島参詣の折に宿泊しており、了俊は「海中まで浮橋をかけて御道とせり。なにとなく珍かなり」と記す。希璟は天寧寺について「江に臨みて塔（五重塔）は幾層なる。門前に価客（商人）喧しく、堂上に禅僧定たり」と、湊町の商人の賑わう様子を記している。希璟は律宗の浄土寺、時宗の海徳寺（沖の道場）、常称寺にも参った。

ここに記されていないが、西国寺は院政期に建立され、室町期になって山名氏の檀那寺となり、一四二〇年代後半から毎年千貫が寄進されて再興された。山名氏は高野山領太田荘の年貢を請け負い、尾道には「尾道目代」「太田荘目代」がおり、堂崎・土堂・御所崎所属の船が運送し、船持ちの祐宗《ゆうそう》は、堂崎・土堂に船を持っていた。

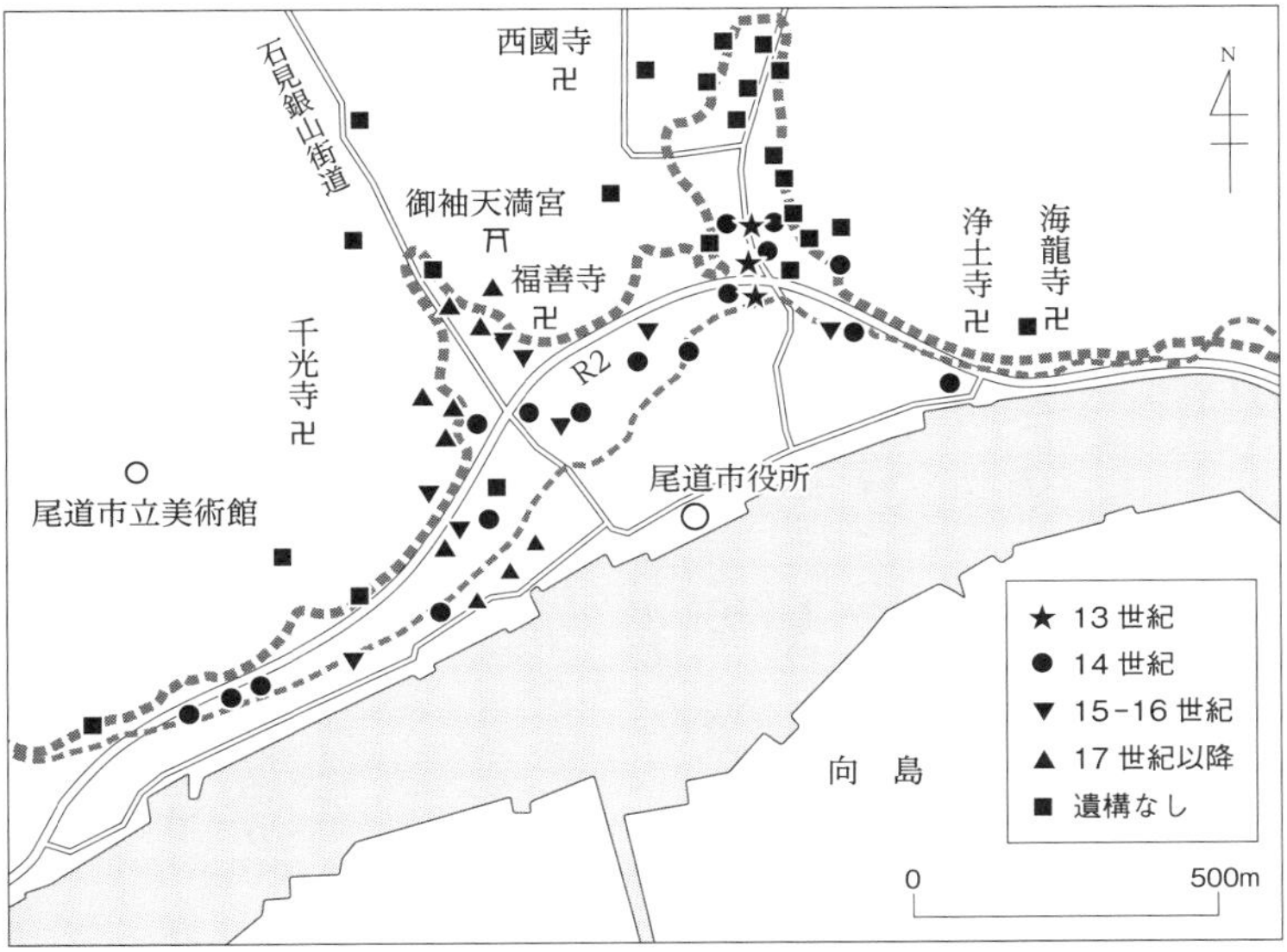

尾道の遺跡分布と中世の海岸線推定図（『よみがえる中世８　埋もれた港町 草戸千軒・鞆・尾道』による）

町の拡大とともに土砂を海に向かって運び、平地をかさ上げしながら海を埋め立て、緩やかな傾斜地を少しずつ広げていった。町割に関わる道路や敷地を区画する柵や石列、積み石、溝、護岸となる石列・しがらみ、居住に関わる礎石建物跡や掘立柱建物跡、石組・木組みの井戸、備前焼甕、土坑、寺院の建物跡、供養塚などの遺構、木簡や呪符、転読《てんどく》札、木製塔婆、青銅鏡なども出土している。

尾道を出て、安芸の蒲刈《めかま》島などの湊を経て、瀬戸内海西端に位置する長門の赤間関に至るが、ここは周防の竈戸関（上関）に対し下関とよばれ、了俊が「宇治の早瀬よりも猶おちたき」と評したように潮流が速く、関が置かれ、湊として発展してきた、鎌倉期に安徳天皇を祀る阿弥陀寺が造られ、長門国司は船二艘分の関役を灯油料として寄進した。鎌倉後期には阿弥陀寺近くの西方二町への在住を禁じられるなど、人口が増加していた。

希璟は往路で西光舎に泊まったが、そこは「山麓」にあり、「人居は水の汀」にあったという。帰路に全念寺に泊まり「此の津の下に極浦ありて、中に人家あり。上に僧舎あり。一寺の内に僧は東、尼は西にて居す」と記しているのは、時宗の寺であったからである。

博多と坊津

宋希璟は八月に博多に着いたが、三月に来た時に一行を迎えた九州探題の渋川義俊《しぶかわよしとし》は、市中の道路を清掃させ、溝と堀を覆土して待っていた。人々が見る中を、旦過寺《たんがじ》で下馬し、庁に入り、そこで作った詩は、博多を「淼々《びょうびょう》たる石城」と記したが、応安時に来日し博多の息浜《おきのはま》にあった妙楽寺《みょうらくじ》に滞在した明の使者も、博多を「石城」と呼び、船舶が出入りし商人が集まる「関西之要津」と記している(「雲門一曲」)。石築地に守られた博多は「石城」と称されたのである。

希璟は承天寺に赴き、箱崎の松亭を見物、妙楽寺の禅僧と茶を煎じ、時宗の念仏寺で「戯題《ぎだい》」して、盛福寺の禅僧に詩を与え、旦過寺で僧宗金《そうきん》・善珍《ぜんちん》・宝倪《ほうげい》・吉久《よしひさ》らの博多商人と交遊を重ねた。宗金は早田左衛門太郎、板倉義景《よしかげ》とともに日朝貿易に従事しており、後に大友氏に仕えて「石城府代官」となり、朝鮮から国王使にしか許されない『大蔵経』を賜与された。

博多を領有していた探題の渋川氏は、少弐氏との抗争から応永三十二年(一四二五)に没落、博多の支配は大友・少弐・大内三氏が争った。豊後の大友氏が博多に進出するようになったのは、元弘三年（一三三三）に大友貞宗《さだむね》が鎮西探題を滅ぼした功で博多息浜を与えられてからのことで、貞宗は「円覚経」を開板し、博多・香椎・志摩郡を拠点とした。

永享元年（一四二九）に大友持直《もちなお》は「石城博多津」の領有を告げて「大般若経」などを求めて朝鮮に通交しており（『世宗実録』）、内陸部の博多浜では、大内氏と少弐氏とが支配権を争い、箱崎宮の油座神人を務める博多商人奥堂氏への諸役免除の「筥崎宮神人御《おん》油座の古証文」の発給は、両氏でしばしば変わった。

『戊子入明記《ぼしにゅうみんき》』は、日明貿易で活躍した商人に、奥堂右馬大夫・奥堂五郎次郎・奥浜《おきのはま》新左衛門らがいたといい、朝鮮の高官申叔舟《しんしゅくせん》は一四七一年（文明三）に国王に撰進した『海東諸国紀《かいとうしょこくき》』に、住民は一万戸余り、少弐殿と大友殿が分治し、西南の四千余戸が少弐、東北の六千余戸が大友氏で、住人は行商を生業とし、琉球・南蛮の商船が集まり、「我が国に往来する者は、九州中に於いて博多最も多し」と記し、日朝貿易で活躍した博多商人について、道安《どうあん》とその子林左衛門、宗金《そうきん》の子宗家《いえ》茂《しげ》、信盈《しんえい》、佐藤信重《のぶしげ》、与三郎重家《しげいえ》らを記している。

この博多からは日本海へと通じる海路、琉球に向かう海路、薩摩の「房津《ぼうのつ》」（坊津）に向かう海路が『海東諸国紀』に記されているが、そのうち坊津は薩摩半島の南西端、東シナ海に面し、リアス式海岸で古くからの海上交通の要衝であって、遣唐使船の寄港地であった。鑑真上陸の「薩摩国阿多郡秋妻屋浦」は、当港北の秋目《あきめ》と考えられている。坊津の地名は竜厳寺一乗院の僧坊によるという。

竜厳寺は敏達天皇の時に百済僧の日羅が建立したと伝えられ、長承《ちょうしょう》二年（一一三三）に鳥羽院の院宣で「如意珠山一乗院」の勅号を受け、紀州根来寺の別院となった。湾の奥に所在し、近くには島津荘が近衛家領であり、近衛屋敷跡がある。倭寇の根拠地のひとつと目され、応永二十六年（一四一九）に南蛮船の寄港があり、琉球の交易船も来航するなど、島津氏の対外貿易の良港であり、島津氏はここで琉球からの物資を得ていた。

琉球の港と王府

『海東諸国紀』の琉球図に「賀津勝城」とある勝連《かつれん》グスクは、勝連半島の南の付け根部にある標高六十メートルから百メートルの丘陵に位置し、南城（ヘーグシク）、中間の内、北城（ニシグシク）で構成され、交易のための港城であって南側に南風原《はえばる》集落がある。

北城は石垣で仕切られた一の郭、二の郭、三の郭からなり、一の郭には瓦葺の建物が立ち、二の郭と三の郭には正面約十七メートル、奥行き約十五メートルの板葺礎石立の正殿があり、三の郭の御庭に入る門には飾りのあるアーチ門で東に向いていた。

遺物には元様式の染付を含む大量の中国陶磁、鎧の小札、鉄鍋・刀子《とうす》・鉄釘・玉類、カムィ焼、東南アジア・朝鮮の陶磁器、日本の瓦質土器、高麗系瓦、大和系瓦、グスク土器などが出土し、『おもろさうし』にその繁栄が京・鎌倉にたとえられ、一四一八年に「賀通連寓鎮」が琉球国王の次男と称し、丹木・白幡・青磁・沈香《じんこう》などの船来品を持参して朝鮮国王に通行を求めている。十四世紀初頭、勝連按司によって築城されたと考えられ、最後の城主・阿麻和利《あまわり》が護佐丸《ごさまる》を討ち取った後、尚《しょう》泰久《たいきゅう》王をも倒そうと琉球の統一を目論んだが、一四五六年に王府によって滅ぼされた。

『海東諸国紀』の琉球図には首里城が描かれているが、その港を那覇に置く尚巴志《しょうはし》は、明から冊封

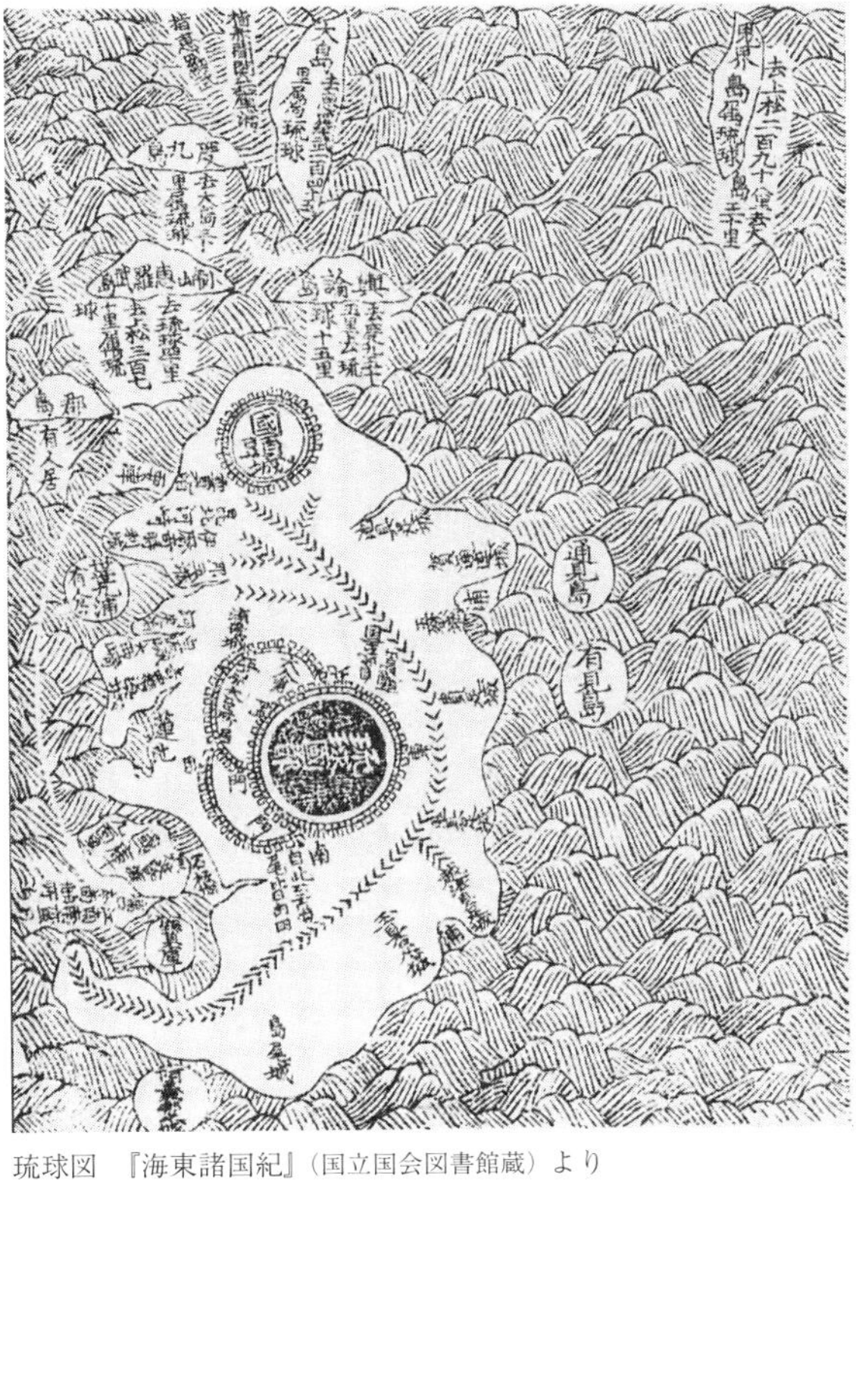

琉球図　『海東諸国紀』（国立国会図書館蔵）より

されると、本拠を浦添から首里に遷して首里城を整備、一四一六年に今帰仁城を陥落させ、一四二九年に島尻大里城に拠る山南王をも滅し、三山を統一して琉球王国を形成した。那覇は王府の対外貿易の重要な拠点で、「親見世」(交易施設)、「御物グスク」(王府の倉庫)、「硫黄グスク」(硫黄貯蔵倉庫)が置かれ、『琉球国図』に「那波皆津口、江南・南蛮・日本の船、この浦に入る」と記され、「おもろ」に「唐・南蛮寄り合う那覇泊」と謡われた。

首里城正殿に一四五八年に掛けられた梵鐘「万国津梁《ばんこくしんりょう》の鐘《かね》」の銘文に「琉球国は南海の勝地にして、三韓の秀を鍾《あつ》めて、大明を以て輔車《ほしゃ》となし、日域を以て唇歯《しんし》となす、この二中間に在りて湧き出ずる蓬萊島なり」と、琉球国が南海の景勝の地であって、三韓(朝鮮)のすぐれたところを集め、明国や日本と密接な関係にあり、この日明の間にあって、湧き出た理想の島であると語り、船を万国の架け橋となし、珍しい重宝はいたるところに満ちている、と述べている。琉球の文化は日本・朝鮮・中国との交流で培われた。

日本海沿岸の湊の繁栄

博多から日本海海岸へと通じる海路上には、益田氏の湊である中須遺跡がある。元代の鉄絵瑠璃釉大鉢やベトナム・タイの鉄絵皿など、博多息浜出土と同じ製品が出土し、遺跡は西と東の二つの遺跡から成る。西遺跡の面積は四千三百平方メートル、街区があって掘立柱建物が二棟、鍛冶炉二十三基、鉄滓《てっさい》廃棄土坑十九基、墓十一基、溝跡が検出され、南側の潟湖の汀線に沿って長さ約二十五メートル、幅約十メートルの礫敷遺構は十五世紀前半の築造とされる。

東遺跡は約四万二千平方メートルで汀線に沿って東西二百メートルにおよび西遺跡と繋がる。東西四十メートル、南北十メートルの礫敷遺構には円礫や角礫からなる船着き場、荷揚げ場と見られる遺構が三地点から発見され、集落は道路や溝で区画され、掘立柱建物や鍛冶炉の遺構がある。

この湊への支配を強化した益田氏は、三宅御土居《みやけおどい》を築いていて、それは東西が百九十メートル、南北が百十メートルあって、東北部に出張った不整形をなし、東西と北側に堀があり、その東部域からは五間×四間の総柱建物や石積み井戸が見つかり、礎石建物跡からは石敷き面が検出され、鞴《ふいご》の羽口《はぐち》や鉄滓が出土、鍛冶に関わる施設と見られ、遺跡全体に輸入陶磁器が多く出土している。

居館と湊の間には今市が生まれ、益田川を挟んで八百七十メートルの七尾山に城郭を築いたが、発掘調査により、大小四十あまりの曲輪・空堀・土塁・井戸跡が発掘されている。南北朝期の建武三年・延元元年（一三三六）に南朝方の三隅氏が急襲した「北尾崎木戸」がその始まりと見られている。城郭と居館、今市、湊との関係がわかる稀有の遺跡群である。

若狭小浜から北に向かう日本海の海路にある越前三国湊《みくにみなと》は、九頭竜川の河口部の右岸に生まれた湊町で、興福寺領河口《かわぐち》荘の坪江郷に属し、周辺の荘園公領の年貢積み出し港として始まり、元応元年（一三一九）の坪江郷の年貢夫役注文によれば、公文・田所・下司・番頭からなる番頭制をとり、年貢夫役は反別四十文で三貫四百三十文、「越中網鮭」「能登鯖」「鱒網」が各一艘別に課され、田地が十六町六反半、梶浦・三保浦・前浦の三ヶ浦の年貢、金津宿の在家二十二宇が見える。

荘政所は湊に置かれ、弘安五年（一二八二）頃に平泉寺《へいせんじ》の大塔の勧進のため津料があてられ、若狭志積浦の廻船人が所持物を点定されたと訴えており正応四年（一二九一）に日吉社十禅師社の神人「散在商人」が、湊の津料・河手の停止を訴え、天台座主に認められた。正和四年（一三一五）に津料が院宣により大和の長谷寺に寄せられ、また内侍所の日次供御料にあてられた。三国湊には若狭の浦々の船や津軽船、日吉社十禅師社の神人の船など多くの船が出入りし、権益が錯綜していたこともあって、元弘三年（一三三三）には強盗・殺害刃傷の悪党が三国湊に乱入し、その二十人の名が注進されている。

観応二年・正平六年（一三五一）に長谷寺からの津料の訴えが、応永三年（一三九六）には三国湊の土民による「古江の出来島」への違乱停止の訴えがあり、同十九年には内膳司が越前国住人による三国湊の地への違乱停止の訴えを、応永二十一年（一四一四）は同内膳司が興福寺による三国湊、廻船、交易船方の諸公事、関役の違乱を訴えているが、三国湊の賑わいは続いた。

応永二十一年の訴えでは、近江の粟津、橋本・五箇、松下の商人が日吉神人と号し、万雑公事を違乱するのを停止するよう求めていて、これは三国湊に進出したことを物語るものであり、湊は河口から二キロさかのぼる「下町」辺、竹田川と九頭竜川の合流点にあった。

直江津と十三湊

直江津は、越後の国府津で、謡曲『婆相天《ばそうてん》』や説経節『さんせう大夫』に見えるように、東国・

西国の船が出入りし、人買い商人が活動する繁華な湊町になっていた。『婆相天』には人身売買文書を挿入している。

ここだけ　何々売り渡す人の事ていれば、あさなしせんくわうによ
右此女は、ばいとくさうでんたりといへ共、やうやうの子細あるにより、東国船の船頭に売り渡す処、実正也。向後の証文のため売券の状、件の如し

直江の津の問の左衛門権介が、相伝の字《あざな》「しせんくわう女」を東国の船頭に売り渡した証文である。湊町の中核をなす国府の位置は、日本海の海岸段丘上に府中八幡宮と五智《ごち》国分寺があって、この周辺に府庁と国分寺があったと見られる。府中八幡は多くの国では国府の鎮守として勧請されるが、越後の守護の上杉氏の崇拝も篤く、近くの至徳寺《しとくじ》遺跡は二町四方の居館であって、守護館と考えられ、元染付の酒会壺や豪華な陶磁器類が出土している。

五智国分寺は府中八幡から西へ一キロの地に位置し、国分寺の名があり、その伝統を引き継いでいて、本尊の五智如来は大日・釈迦・宝生・薬師・阿弥陀如来で、長享《ちょうきょう》二年（一四八八）には相国寺の僧万里集九《ばんりしゅうく》が立ちより、詩を作っている。五智国分寺の西の居多《こた》神社には配流となった親鸞が、近くの居多ヶ浜海岸から上陸して訪れたといわれる。直江津の湊は、直江津が「今町」と称されていることから、府中八幡から東に一キロの、関川が日本海に注ぐ河口部に開かれたと見られ、この

地には町に賑わいを示す八坂神社があり、河口部に「水門」の地名が残る。

津軽安藤氏の根拠地である十三湊遺跡は、発掘調査によって湊町の全体像がほぼ明らかになっている。全体は北が港湾施設域で、それに沿って南北に長い前潟地区があり、湊町は中央の大土塁を境に北側地区と南側地区からなり、南側地区はさらに町屋地区と檀林寺地区からなる。永享四年(一四三二)に安藤氏と南部氏の抗争で、安藤氏は蝦夷島に逃れたが、永享八年から文安四年(一四四七)に安藤康季《やすすえ》が小浜の羽賀寺の建設をすすめるなか、嘉吉二年(一四四二)に安藤氏は南部氏との戦いで、再び渡海した。

この動きのなかで遺跡の状況を見ると、港湾施設域からは護岸やもやい杭が出土し、前潟地区の中央部からは中国産の青磁坏《せいじはい》や瀬戸焼の梅瓶《めいぴん》や四耳壺《しじこ》、珠洲焼の甕・壺、越前焼、常滑焼の陶器が出土し、一帯は鎌倉末期の湊に近かったと見られる。東西の方向に堀を伴った大土塁は、領主館のもので、そこから北側には、領主館とその家臣と見られる屋敷群があり、大土塁と堀跡に平行して柵囲いの道が通り、屋敷割が認められ、掘立柱建物と井戸がある居住空間をなしていた。遺物には珠洲焼や瀬戸製品など国産陶磁器が多く、京都系の土器も目立つ。領主館からは掘立柱建物と竪穴遺構、井戸の遺構、遺物に青磁の酒会壺《しゅかいこ》や仏花瓶などの奢侈品があった。

土塁の南地区は南北に延びる中軸道路とそれに交わる形で平行して等間隔に延びる側溝をともなう道路が造られ、大規模な整備がなされて短冊状に並び、掘立柱建物と井戸の建物配置をとる。遺物は青磁・白磁の中国陶磁器が全体の六割を占め、瀬戸・珠洲等の国産陶磁器は四割ほどである。檀林寺地区は檀林寺があったとされる一帯で、遺物は中国陶磁器と国産陶磁器の比率が同じで、唐物天目碗や茶壺など茶道具に関わる優品が多く出土しており、寺院で使用されたものと考えられる。

全盛を誇った十三湊も、土塁北側地区で大規模な火災に見舞われたらしく火事場整理のために角

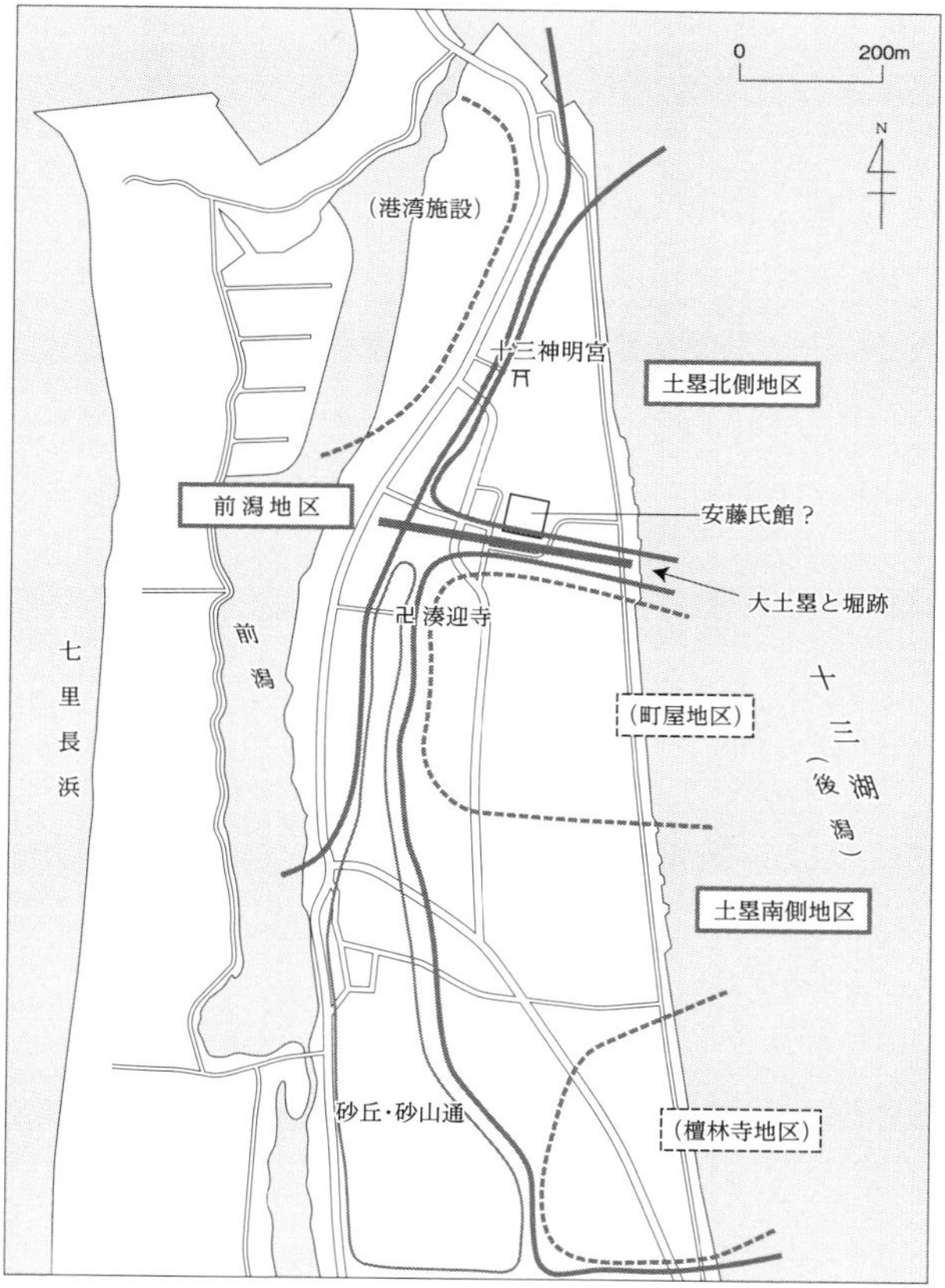

中世の十三湊概念図

礫を一括廃棄した土坑が広範囲に認められ、それは永享四年（一四三二）の安藤氏と南部氏の抗争によるものと見られている。それでも南側地域は健在であったが、日本海特有の飛砂《ひさ》層の堆積が確認され、その影響もあって衰退した。

蝦夷地の館と湊町

津軽半島から蝦夷地に渡ると松前に至るが、この地の松前大館は、将軍山連峰の突端部の丘陵上に築かれた山城で、津軽の下ノ国の安東盛季《もりすえ》が嘉吉二年（一四四二）に南部義政《よしまさ》に攻められ、津軽の十三湊を放棄して翌年に蝦夷地に渡り居住したものという（『新羅之記録《しんらのきろく》』）。その松前の湊町は、津軽海峡に面して広がっている。

松前の北、渡島《おしま》半島の渡島山地から発し、大澗《おおま》湾に流れ込む天の川に沿っては花沢館や洲崎館など幾つかの館が点在し、その西方に位置して発掘で明らかになったのが勝山《かつやま》館である。若狭武田氏の一族の季繁《すえしげ》は、嘉吉三年（一四四三）六月に若狭から蝦夷地に渡り、下ノ国安東政季《まさすえ》の女婿となって蠣崎《かきざき》修理大夫と号し花沢館で勢力を広げており、勝山館はその季繁一族の館と考えられる。

館は「無碇」という名の良港を見降ろす、八幡平の台地の東端、夷王山の山麓にあり、二つの川に挟まれた台地上に築かれ、幅は最大百メートル、長さ約四百メートルで、標高百十メートルの館神八幡宮跡から、北東へと低くなって段状に郭が設けられ、途中に荒神堂館や井戸・空堀があり、台地の先端に四段の削平地がある。館の直下の海岸沿いで珠洲焼壺などが出土、花沢館や洲崎館などと結ばれて街区や市が形成されていた。

勝山館からは、青磁・白磁・染付の中国陶磁器や、瀬戸・美濃・志野など国産陶磁器を始め、鉄や銅・石製品・古銭・木製品などが大量に出土し、アイヌがこの館に住んでいた形跡の、アイヌが使う小刀や丸木船、鏃《やじり》や銛《もり》先などの骨角器、魚網の錘、アイヌの印と見られる刻印のある白磁皿、イクスパイという儀礼具などが出土する。勝山館の背後の段丘から夷王山中腹にかけて夷王山墳墓群があり、そこにはアイヌの墓と和人の墓が混在している。

和人とアイヌとの交流をさらに物語るのが、「道南十二館」と称される館のうちの函館のその東部にある志苔《しのり》館である。志苔の地で和人の鍛冶屋にアイヌの客が小刀（マキリ）を注文してトラブルがあり、怒った鍛冶屋がその小刀で客を刺し殺す事件をおこした。これを切っ掛けに、首領のコシャマイン中心にアイヌが蜂起、長禄《ちょうろく》元年（一四五七）五月に戦端が開かれ、志苔に結集したアイヌ軍が小林良景《よしかげ》の志苔館を攻め落として進撃を続け、道南の十二館の内の十の館まで落としたという。

その志苔館は、津軽海峡に面した標高二十五メートルの海岸段丘上の南端に位置し、四方に土塁が築かれ、郭内は東西七十〜八十メートル、南北五十〜六十五メートルのほぼ長方形で、土塁の高さは北側で四メートル、南側で一メートルほど、土塁の頂には幅約二メートルの平坦部がある。

発掘調査によって掘立柱の建物跡が六つ、礎石建物跡がひとつ、青磁・白磁、瀬戸・越前・珠洲系などの陶磁器類や金属製品・石製品・木製品が出土し、館が築かれたのは十四世紀末頃とみられ、十五世紀を通じて存在していた。館の直下からは三十七万余枚もの古銭が越前古窯二と能登珠洲窯一の壺に入って見つかり、銭の下限は一三六八年製の洪武通宝で、湊町となっていて、この地を経て宇賀の昆布が都に運ばれたのであろう。日明貿易を通じて日本列島がひとつの流通圏を形成するようになったことを物語っている。

奥羽東の城館

十五世紀には城館が発達しており、志苔の館から遥か南に臨む下北半島の付け根の八戸《はちのへ》に築造された根城《ねじょう》は、連郭式の城館で、太平洋にそそぐ馬淵川南岸の河岸段丘上にある。正慶二年・元弘三年(一三三三)に北畠顕家は陸奥国司として義良親王を奉じて陸奥国に下向したが、この時に甲斐国波木井の地頭の南部師行《もろゆき》が供奉し、翌建武元年(一三三四)に糠部《ぬかのぶ》郡八森に城を構え、「根城」と名付けたという。

師行は大光寺合戦などで戦って津軽地方に勢力を伸長、暦応元年・延元三年(一三三八)に北畠顕家とともに遠征、和泉の石津川の地で高師直との戦いで亡くなったので弟の政長《まさなが》が跡を継ぐが、南朝方の衰退とともに弱体化、明徳四年(一三九三)、八戸政光《まさみつ》が本領の甲斐から移って南部氏の再興を図り一族が広がり、同族の三戸南部氏が有力になって城を整えた。

その城は、西から本丸・中館が並び、中館の東北に東善寺、東南に岡前館、岡前館の西南に沢里館の五つの館(曲輪)の連なる連郭式の平山城で、本丸からは主殿や奥御殿、常御殿のほか門、柵、端、工房、倉庫、厩の遺構が出土し、ほかに館跡からは礎石、空堀、土塁が遺構として認められ、遺物には白磁梅瓶、酒梅壺、青磁盤、天目茶碗に、武具や工具、大量の姥貝《うばがい》、墓葬具があった。外郭や東構地区からも屋敷地が発見され、鋳型や坩堝《るつぼ》・羽口の出土から鍛冶・鋳物師の居住地と考えられ、城館北側の下町地区の発掘で、沢に限られ四区画からなり、沢里館以外の四曲輪に対応する人々の居住区と考えられている。本丸に主殿・中馬屋・工房・鍛治工房・板倉・納屋・東門が復元されている。

津軽平野から陸奥湾に注ぐ浪岡川と正平津川の北側の浪岡城は、急峻な崖上に築かれ、両河川は天然の堀と水源を兼ねていた。北畠家の支族である浪岡北畠氏の居城として十五世紀に築城された。城域は東に加茂神社、西に八幡宮を配置し、東西千二百メートル、南北六百メートルの敷地に、幅十〜三十メートルの二重堀で分けられた八つの曲輪があり、丘陵を掘切るように構築され、東から順に新館、東館、猿楽館、北館、内館、西館、検校館で、曲輪には掘立柱建物、竪穴建物、井戸、枡形遺構、溝跡などが出土する。

そのうち内館は、広さが東西約百二十メートル、南北約八十五メートル。南に正門、北に裏口があって土塁に通じる。楚盤石建物が検出され、銭貨が埋蔵されており城主の居館と見られる。内館の西にある西館は、広さが東西は北から約八十・百・十八メートル、南北約百五十メートルで北館と検校館の間には二重の掘割があり、中央に土居がある。北館は内館や西館の北にあって、全郭中でもっとも広く東西約二百メートル、南北約百メートル、全面が二重の堀で囲まれ、堀の中央に土居があり家臣の屋敷と見られ、アイヌの好んだ鍔の鋳型や多数の坩堝、多量の中国製陶磁器や骨角製中柄も出土し、鋳物師も居住していた。

東館は北館の東にあり、最も広くは東西が約百二十メートル、南北が約七十メートルで、北・南に二重の堀があって、南の猿楽館の堀は中央に土居がある。その猿楽館の最も広くは、東西が約八十メートル、南北が約八十メートルで、西・北に二重の堀があり、東は断崖となる。名称はこの地で猿楽が催されたことによるという。検校館は西館の西にあって、東西約八十メートル、南北約百八十メートル、東側に二重の堀、全方向に堀がある。新館は東館の東にあって南北約九十メートルで西に掘割があり、南は断崖となっている。

赤松氏と大内氏の城館

播磨の白旗城は、播磨国赤穂郡の佐用荘《さよ》にある標高の四百四十メートルの白幡山に築城された山城で、赤松則村《のりむら》（円心）築城といわれ、東上する足利軍を迎え撃つ新田軍約六万を五十日あまりの間、足止めさせたという（『太平記』）。円心は佐用荘の地頭茂則《しげのり》の子で、播磨の守護になって観応の擾乱では尊氏方についた。

康安元年（一三六一）に円心の子則祐《のりすけ》が、南朝方の襲撃で京都を逃れた春王（足利義満）らを避難させたといわれ、則祐の孫の赤松満祐《みつすけ》が正長の播磨一揆を平定し、領国の支配機構を整備するが、足利義教が弟義雅《よしまさ》の所領を没収するなど圧迫を加えたこともあって、嘉吉元年（一四四一）に義教を殺害して白旗城に拠った。

しかし幕府軍の山名持豊《もちとよ》(宗全《そうぜん》)が「河を渡し城山の麓に陣をとり、十重二十重に取り巻きて日夜息をも継がず」攻撃したことにより落城(嘉吉の乱)、満祐は自刃し、赤松本宗家は断絶した。そのため、庶流の赤松則尚《のりひさ》が享徳三年(一四五四)に白旗城に入って、矢野荘に年貢を納めるよう命じ、城の修築・改修のために人夫も徴用した。本宗家は義雅の孫赤松政則《まさのり》が長禄二年(一四五八)に再興を認められた。

博多を朝鮮通交の港湾とした大内氏は、京都に倣って山口の町づくりを始め、大内教弘の時に館の北隣に別の一画として築山館を設け、応永二十七年(一四二〇)二月の国清寺条々で、国清寺の僧の市町の徘徊を禁じており、市町が生まれていた。永享三年(一四三一)に九州経略を幕府に委ねられた大内盛見《もりみ》は、豊前の宇佐宮の造営にあたるなど九州に進出したが、大友・少弐両氏と戦って敗死し、その跡は甥の持世《もちよ》が兄弟の持盛《もちもり》と戦い破って継承し、周防・長門・筑前の守護となり、大友・少弐両氏をも破って九州を平定したが、嘉吉の乱の負傷で亡くなり、その跡を教弘《のりひろ》が継承した。

教弘は享徳三年(一四五三)に朝鮮に使者を派遣して国王から通信符を与えられて日朝貿易に関わるなか、長禄三年(一四五九)に「夜中に大路往来のこと、辻ずまうの事」などを禁じ、寛正《かんしょう》二年(一四六一)に「山口より御分国中における行程日数の事」として、山口から防長国内ほか豊前・筑前・安芸・石見・肥前などに至る行程の日数を定め、翌年には「分国中」の布の長さを定めるなど分国支配を強め、画人の雪舟《せっしゅう》を山口に迎えるなどして本格的な町の形成を始めた。

日明貿易にも関わり、天与清啓《てんよせいけい》を正使とする第十二次遣明船は、門司で造船された幕府船と細川船、大内船の三船からなり、博多商人宗金の子性春《せいしゅん》が土官として乗船し、寛正六年（一四六五）に大陸に渡航したが、細川船は南海路を経て堺に帰着した。

朝家の「家の道」

長禄二年（一四五八）に空蔵主《くうぞうす》が著した『公武大体略記《こうぶだいたいりゃっき》』は、禁裏・仙院・后宮・親王から始まり、五摂家（近衛・鷹司・九条・二条・一条）の執柄家《しっぺいけ》、閑院・中院・花山院の三家、武家、名家、菅家・諸道などの家の流れと家の「道」について記す。

天皇家は「禁裏」の項で「帝王の御事は一天の主」と記し、当今は後崇光院の子で、「人王の御始神武天皇より今一百五世の御後に当たらせ給」と、百五代の後花園天皇の治世が今年の長禄二年まで三十年に及んでいて目出度いという。その後花園天皇は、勅撰和歌集『新続古今和歌集』の撰集を命じ、これが最後の勅撰集となった。永享・嘉吉の乱では幕府の要請で朝敵治罰の綸旨を出して天皇権威の向上につとめ、寛正二年（一四六一）に『源氏物語』の進講を一条兼良《かねよし》に行なわせ、寛正六年には勅撰和歌集の撰進を飛鳥井雅親《あすかいまさちか》に命じるなど、古典文化の学習や復活に力を注いだ。

執柄家の一条家は、「一天の君万乗の主に御師範として、摂政関白の御職を受け継がしめ給」五摂家のひとつで、九条道家の子実経《さねつね》に始まり「前摂政関白太政大臣准三宮兼良公に至るまで七世なり」と一条兼良に至るまでを記す。その兼良は、応永二十二年（一四二九）に故実書『公事根源《くじこんげん》』を著し、『新続古今和歌集』の和漢の序を記し、二度も摂関となり、公武の詩歌会に参って、『源氏物語』の進講には将軍義政が陪聴することもあった。

執柄家に次ぐ「三家」のうちの中院家は源師房《もろふさ》から今の久我通尚《こがみちひさ》まで十七代と記し、門葉に堀川以下土御門・三条坊門などを記す。飛鳥井家は花山院流で、参議雅経から雅親まで八世、「専ら和歌蹴鞠の二つを家業とす」と見える。雅親は歌人として享徳元年に飛鳥井家を継ぎ、寛正六年（一四六五）に勅撰集の撰集を命じられる。閑院流の西園寺家は通季《みちすえ》から公名《きんな》まで十四代と見える。

名家の世尊寺家については「日本無双の右筆たる条、世以て称美し侍る」行成卿に始まり、参議伊忠《これただ》までが十五世であると記し、同じ名家の綾小路家は郢曲《えいきょく》を「家業」とした家と記している。「諸道」の清原・中原両氏は、「累代の家業」として「天下の公事を記録し、四書五経等の読書に参仕す」「公武の御沙汰事、賞罰の次第、御尋に付て、旧記を引勘侍りて注進申す重職なり」と、朝廷の事務を行なう局務家の家業を遂行していた。

職人については、『三十二番職人歌合』がこの頃に制作され、千秋万歳法師・絵解《えとき》、獅子舞・猿牽《さるひき》、鶯飼《うぐいすかい》・鳥さし、大鋸《おおか》ひき・石切、桂の女・鬘捻《かつらひねり》、算置《さんおき》・こも僧、高野聖・巡礼、鉦叩《かねたたき》・胸叩、へうぼう絵師・はり殿、渡もり・輿舁、農人・庭掃《にわはき》、材木売・竹売、結桶師《ゆいおけし》・火鉢売、糖粽売《あめちまきうり》・地黄《じおう》煎売《いりうり》、箕《み》つくり・樒《しきみ》売、菜売・鳥売などで、判者は勧進聖である。

寛正の飢饉

文安六年（一四四九）六月十二日に「疫癘《えきれい》の苦因」「飢饉の憂」から、朝廷は仁王経・般若経の転読を祇園社に命じて厄を払わせ、十六日には五畿七道に祈禱を命じた。宝徳《ほうとく》二年(一四五〇)は大疫癘で、京中で一日に千人が亡くなり、享徳元年(一四五二)・二年と小児が「いもやみ」で多く亡くなり、長禄元年(一四五七)七月二十日に「炎旱《えんかん》彗星疫疾」等から「五畿七道及び洛中外の道俗男女」に般若心経を読むよう宣下があった。

長禄三年も天候が不順で、九月の台風で賀茂川が氾濫、京中の溺死者は膨大になった。京に米が入らなくなり、米価が暴騰、餓死者がでて一揆が頻発した。翌年も天候不順がいっそうひどくなり、旱魃で全国的飢饉となった(長禄・寛正の飢饉)。各地で餓死者が続出し、飢饉とともに大量の流民が京に入ってきて、人肉を食うという噂も飛び交った。東福寺霊陰軒の太極《たいきょく》が記す『碧山《へきざん》日録』はその情景を記している。

京の六条町で一人の老女が子供を抱いてしきりに名前を呼んでいた。しかし何度呼んでも子が返事しないので女は声をあげて哭き伏した。見ると、子はすでに死んでいて、母親は慟哭し続けていた。生まれを尋ねると河内からの流民という。三年もの旱魃が続き、稲が実らない上に重税をかけられ、出さないと刑罰を加えられるので、流浪して食を求め京までやって来たが、遂に子が餓死してしまったという。

この惨状に時衆の願阿弥《がんあみ》が粥の施行に乗り出し、寛正二年(一四六一)二月二日に将軍の許可を得て、六角堂の南の道に十数間、東洞院から烏丸まで横長の草屋を設け、六日に飢えた人々を竹輿《たけごし》に載せ収容をはかったところ、群集したので粥を与えたが、九日に死者五、六十人、十三日に流民九十人が亡くなった。十日に三条大納言が「飢人」に膳を与え、十四日に将軍が銅銭数百枚を道路で飢えた者に分ち与え、十七日に願阿弥が死者を鴨川の河原や油小路の隙地《げきち》(あき地)に葬り、叢塚《くさむらづか》を築いて高い樹を立てて霊を慰めた。十九日に木幡の境内には死者百人、流死者はこれの倍はあって、二十一日に太極も飢人に鉢飯を与えた。

四条坊門橋の上から見ると、上流の死骸は石の塊のようになって流水を塞ぎ、腐臭が耐えられない。正月からの城中の死者は八万二千人、城北の僧が小木片で八万四千の卒塔婆を死者の上に置いたところ、二千ばかり余ったといい、郭外の原野や溝の死者には置くことができなかった。

願阿弥は力無く撤収し、死者は養和の飢饉の二倍あった。将軍が五山に四条・五条の橋の上で施餓鬼を行なわせると、五条橋で建仁寺が、四条橋で相国寺・東福寺・万寿寺・南禅寺が、法輪寺橋で天龍寺が行なった。

飢饉対策を行なうべき幕府では大名の家で内紛がおきていた。管領家の畠山氏は持国《もちくに》から家督を譲られた義就《よしなり》と、反義就派の家臣が一族の政長《まさなが》を擁立して対立、斯波氏でも義健《よしたけ》が後継ぎのないままに亡くなり、一族から迎えられた義敏《よしとし》と、九州探題渋川氏から迎えた義廉《よしかど》が家督を争った。そこに山名宗全と細川勝元が幕府の実権を狙って勢力を拡大していた。

寛正五年(一四六四)、鴨川の糺河原《ただすがわら》で鞍馬寺の善盛《ぜんせい》による勧進の猿楽興行が行なわれた。三日間

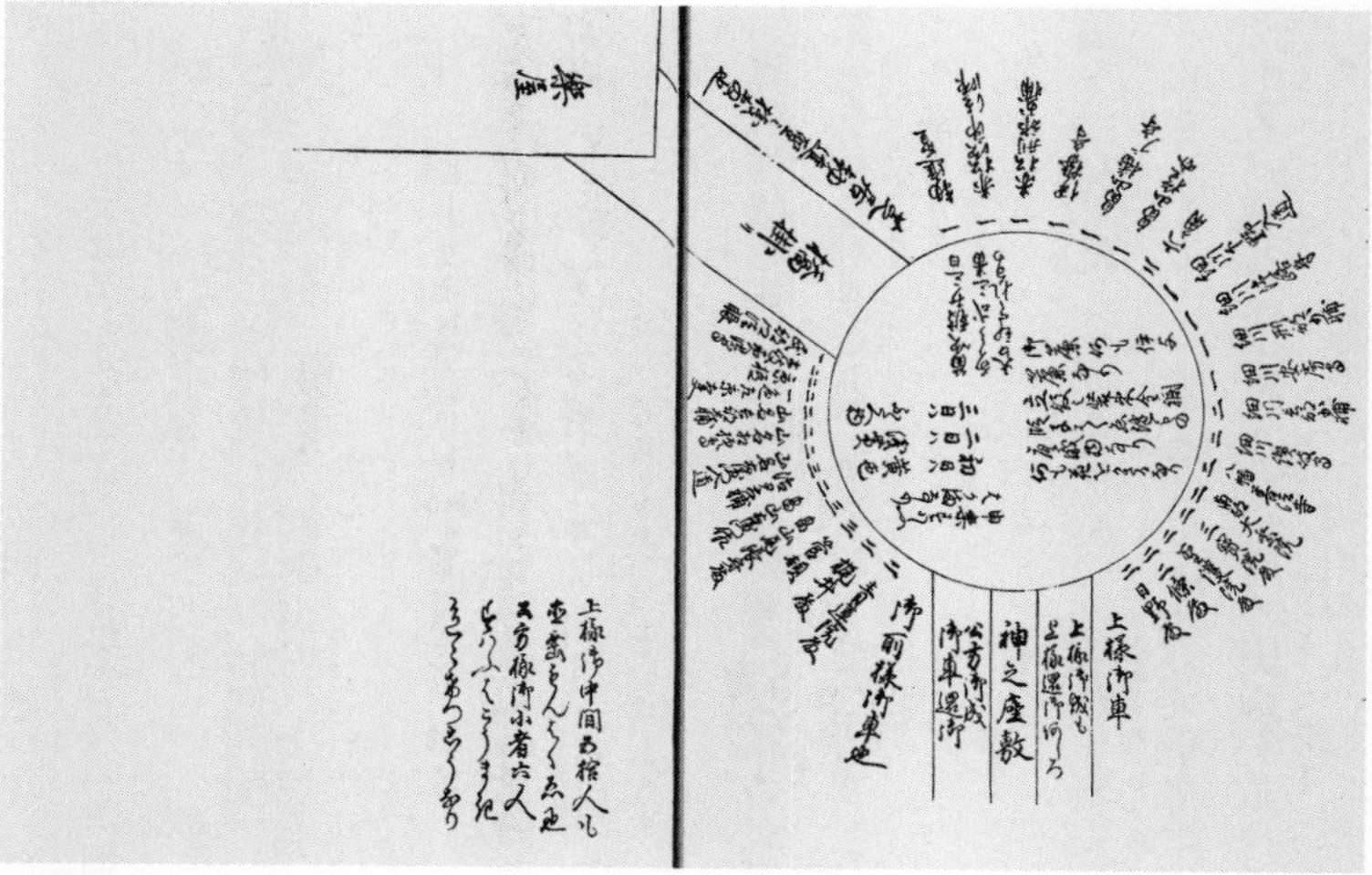

『紀河原勧進申楽記』（国立国会図書館蔵）

にわたって桟敷六十三間がうたれ、将軍をはじめ多くの武家が見物した。その記録『紀河原勧進申楽記』は、観世大夫又三郎と音阿弥《おんあみ》のもと、二十五番の能の演目が載り、「相生八嶋」、「敦盛」「自《じ》然居士《ねんこじ》」、音阿弥の「源氏供養」「実盛」「鞍馬天狗」などが演じられ、二十一の狂言の演目が載り、「三の丸長者」「鉢叩き」「入間川」「三本の柱」、三郎太郎の「八幡の前」などが演じられた。桟敷は舞台を円形にとりまき、丑寅の楽屋から舞台に橋掛かりがあり、上にその図を載せる。

寛正五年、隠居を考えていた義政は、富子《とみこ》との間に子が恵まれなかったため、実弟の義尋《ぎじん》を還俗させ、足利義視《よしみ》と名乗らせて養子となし、次期将軍への道を開いた。その翌六年に富子に男児が誕生したことから（後の足利義尚《よしひさ》）、家督相続争いが起き、富子は将軍後継を望んで山名宗全に協力を頼み、義視は管領の細川勝元《かつもと》と手を結んだ。

【参考文献】

玉田芳英編『列島文化のはじまり』（史跡で読む日本の歴史1）吉川弘文館　二〇〇九年
白石太一郎編『倭国誕生』（日本の時代史1）吉川弘文館　二〇〇二年
石川日出志『農耕社会の成立』（シリーズ日本古代史1）岩波新書　二〇一〇年
五味文彦『伝統文化』（日本の伝統文化1）山川出版社　二〇一九年
『文学で読む日本の歴史』（全五巻）山川出版社　二〇一五〜二〇二〇年
『武士論——古代中世史から見直す』講談社選書メチエ　二〇二一年
『絵巻で歩む宮廷世界の歴史』山川出版社　二〇二一年
『学校史に見る日本——足利学校・寺子屋・私塾から現代まで』みすず書房　二〇二一年
河竹繁俊『日本演劇全史』岩波書店　一九五九年
石井進・大三輪龍彦編『よみがえる中世3　武士の都 鎌倉』平凡社　一九八九年
佐藤信・吉田伸之編『都市社会史』（新 体系日本史6）山川出版社　二〇〇一年
角田文衛監修／古代学協会・古代学研究所編集『平安京提要』角川学芸出版　二〇一一年
吉田伸之・高橋康夫ほか編『図集日本都市史』東京大学出版会　一九九三年
東京大学史料編纂所データベース
石井寛治『開国と維新』（大系日本の歴史12）小学館　一九八九年

坂野潤治『近代日本の出発』(大系日本の歴史13) 小学館　一九八九年
鈴木　淳『維新の構想と展開』(日本の歴史20) 講談社　二〇〇二年
辻　惟雄『日本美術の歴史』東京大学出版会　二〇〇五年
徳丸吉彦『ものがたり日本音楽史』岩波ジュニア新書　二〇一九年
牧原憲夫『文明国をめざして』(全集 日本の歴史13) 小学館　二〇〇九年
江口圭一『二つの大戦』(大系日本の歴史14) 小学館　一九八九年
吉田裕編『戦後改革と逆コース』(日本の時代史26) 吉川弘文館　二〇〇四年
佐藤信・五味文彦・高埜利彦・鳥海靖編『詳説日本史研究』山川出版社　二〇一七年
『日本史広辞典』山川出版社　一九九七年
『岩波日本史辞典』岩波書店　一九九九年

五味文彦（ごみ・ふみひこ）
一九四六年生まれ。東京大学文学部教授を経て、現在は東京大学名誉教授。放送大学名誉教授。『中世のことばと絵』（中公新書）でサントリー学芸賞を、『書物の中世史』（みすず書房）で角川源義賞を受賞するなど、常に日本中世史研究をリードしてきた。近年の著作に『絵巻で歩む宮廷世界の歴史』（山川出版社）、『文学で読む日本の歴史』五部作（古典文学篇、中世社会篇、戦国社会篇、近世社会篇、近代的世界篇。山川出版社）、四部作となる『後白河院─王の歌』（山川出版社）、『西行と清盛─時代を拓いた二人』（新潮社）、『後鳥羽上皇─新古今集はなにを語るか』（角川書店）、『鴨長明伝』（山川出版社）のほか、『日本の中世を歩く─遺跡を訪ね、史料を読む』（岩波書店）、『躍動する中世』（小学館）、『『枕草子』の歴史学』（朝日新聞出版）、『伝統文化』（山川出版社）、『『一遍聖絵』の世界』（吉川弘文館）、『武士論』（講談社）、『学校史に見る日本』（みすず書房）、『疫病の社会史』（ＫＡＤＯＫＡＷＡ）など多数。共編に毎日出版文化賞を受賞した『現代語訳 吾妻鏡』（吉川弘文館）など。

明日《あした》への日本歴史《にほんれきし》1 古代国家《こだいこっか》と中世社会《ちゅうせいしゃかい》

二〇二三年五月 十五日 第一版第一刷印刷
二〇二三年五月二十五日 第一版第一刷発行

著 者 五味文彦
発行者 野澤武史
発行所 株式会社 山川出版社
東京都千代田区内神田一─一三─一三
〒一〇一─〇〇四七
https://www.yamakawa.co.jp/
電 話 〇三(三二九三)八一三一(営業)
〇三(三二九三)一八〇二(編集)
印刷所 半七写真印刷工業株式会社
製本所 株式会社ブロケード

造本には十分注意しておりますが、万一、乱丁・落丁本などがございましたら、小社営業部宛にお送りください。送料小社負担にてお取替えいたします。
定価はカバーに表示してあります。

ISBN 978-4-634-15221-2

明日への日本歴史【全巻目次】

1　古代国家と中世社会

2　戦国の社会と天下人の国家

3　近世の政治と文化の世界

4　近代社会と近現代国家